21世纪全国高等院校物流专业创新型应用人才培养规划教材

运输组织学

主　编　孟祥茹
副主编　姜　华
参　编　周才云

内容简介

本书以公路运输为主,系统地阐述了运输组织学的理论与实务,兼顾综合运输体系的完整性。全书共分 10 章,包括运输概论、客货流分析和运输量预测、运输组织评价指标、货物运价与运费、货运车辆运行组织、公路货物运输组织、集装箱运输组织、公路旅客运输组织、运输优化与决策、信息技术在运输中的应用。

书中提供了与运输组织有关的案例分析和综合练习,以供读者阅读、训练使用。本书通俗易懂,可作为高等院校交通运输、物流工程和物流管理专业的教材,也可作为大中专院校相关专业的参考教材,或者供从事交通运输与物流管理工作的技术人员和管理人员自学参考。

图书在版编目(CIP)数据

运输组织学/孟祥茹主编. —北京:北京大学出版社,2014.3
(21 世纪全国高等院校物流专业创新型应用人才培养规划教材)
ISBN 978-7-301-23885-1

Ⅰ. ①运… Ⅱ. ①孟… Ⅲ. ①交通运输管理—高等学校—教材 Ⅳ. ①F502

中国版本图书馆 CIP 数据核字(2014)第 020501 号

书　　　名:运输组织学
著作责任者:孟祥茹　主编
策　划　编　辑:李　虎　刘　丽
责　任　编　辑:刘　丽
标　准　书　号:ISBN 978-7-301-23885-1/U·0107
出　版　发　行:北京大学出版社
地　　　　址:北京市海淀区成府路 205 号　100871
网　　　　址:http://www.pup.cn　新浪官方微博:@北京大学出版社
电　子　信　箱:pup_6@163.com
电　　　　话:邮购部 62752015　发行部 62750672　编辑部 62750667　出版部 62754962
印　刷　者:北京宏伟双华印刷有限公司
经　销　者:新华书店
　　　　　787 毫米×1092 毫米　16 开本　25.25 印张　587 千字
　　　　　2014 年 3 月第 1 版　2019 年 7 月第 4 次印刷
定　　　　价:48.00 元

未经许可,不得以任何方式复制或抄袭本书之部分或全部内容。
版权所有,侵权必究
举报电话:010-62752024　电子信箱:fd@pup.pku.edu.cn

21世纪全国高等院校物流专业创新型应用人才培养规划教材编写指导委员会

(按姓名拼音顺序)

主任委员	齐二石			
副主任委员	白世贞	董千里	黄福华	李向文
	刘元洪	王道平	王海刚	王汉新
	王槐林	魏国辰	肖生苓	徐琪
委员	曹翠珍	柴庆春	陈虎	丁小龙
	杜彦华	冯爱兰	甘卫华	高举红
	郝海	阚功俭	孔继利	李传荣
	李学工	李晓龙	李於洪	林丽华
	刘永胜	柳雨霁	马建华	孟祥茹
	乔志强	汪传雷	王侃	吴健
	于英	张浩	张潜	张旭辉
	赵丽君	赵宁	周晓晔	周兴建

编写人员名单

主　编　孟祥茹（山东交通学院）

副主编　姜　华（山东交通学院）

参　编　周才云（山东交通学院）

丛书总序

物流业是商品经济和社会生产力发展到较高水平的产物，它是融合运输业、仓储业、货代业和信息业等的复合型服务产业，是国民经济的重要组成部分，涉及领域广，吸纳就业人数多，促进生产、拉动消费作用大，在促进产业结构调整、转变经济发展方式和增强国民经济竞争力等方面发挥着非常重要的作用。

随着我国经济的高速发展，物流专业在我国的发展很快，社会对物流专业人才需求逐年递增，尤其是对有一定理论基础、实践能力强的物流技术及管理人才的需求更加迫切。同时随着我国教学改革的不断深入以及毕业生就业市场的不断变化，以就业市场为导向，培养具备职业化特征的创新型应用人才已成为大多数高等院校物流专业的教学目标，从而对物流专业的课程体系以及教材建设都提出了新的要求。

为适应我国当前物流专业教育教学改革和教材建设的迫切需要，北京大学出版社联合全国多所高校教师共同合作编写出版了本套《21世纪全国高等院校物流专业创新型应用人才培养规划教材》。其宗旨是：立足现代物流业发展和相关从业人员的现实需要，强调理论与实践的有机结合，从"创新"和"应用"两个层面切入进行编写，力求涵盖现代物流专业研究和应用的主要领域，希望以此推进物流专业的理论发展和学科体系建设，并有助于提高我国物流业从业人员的专业素养和理论功底。

本系列教材按照物流专业规范、培养方案以及课程教学大纲的要求，合理定位，由长期在教学第一线从事教学工作的教师编写而成。教材立足于物流学科发展的需要，深入分析了物流专业学生现状及存在的问题，尝试探索了物流专业学生综合素质培养的途径，着重体现了"新思维、新理念、新能力"三个方面的特色。

1. 新思维

(1) 编写体例新颖。借鉴优秀教材特别是国外精品教材的写作思路、写作方法，图文并茂、清新活泼。

(2) 教学内容更新。充分展示了最新最近的知识以及教学改革成果，并且将未来的发展趋势和前沿资料以阅读材料的方式介绍给学生。

(3) 知识体系实用有效。着眼于学生就业所需的专业知识和操作技能，着重讲解应用型人才培养所需的内容和关键点，与就业市场结合，与时俱进，让学生学而有用，学而能用。

2. 新理念

(1) 以学生为本。站在学生的角度思考问题，考虑学生学习的动力，强调锻炼学生的思维能力以及运用知识解决问题的能力。

(2) 注重拓展学生的知识面。让学生能在学习到必要知识点的同时也对其他相关知识有所了解。

(3) 注重融入人文知识。将人文知识融入理论讲解，提高学生的人文素养。

3. 新能力

(1) 理论讲解简单实用。理论讲解简单化，注重讲解理论的来源、出处以及用处，不做过多的推导与介绍。

(2) 案例式教学。有机融入了最新的实例以及操作性较强的案例，并对案例进行有效的分析，着重培养学生的职业意识和职业能力。

(3) 重视实践环节。强化实际操作训练，加深学生对理论知识的理解。习题设计多样化，题型丰富，具备启发性，全方位考查学生对知识的掌握程度。

我们要感谢参加本系列教材编写和审稿的各位老师，他们为本系列教材的出版付出了大量卓有成效的辛勤劳动。由于编写时间紧、相互协调难度大等原因，本系列教材肯定还存在不足之处。我们相信，在各位老师的关心和帮助下，本系列教材一定能不断地改进和完善，并在我国物流专业的教学改革和课程体系建设中起到应有的促进作用。

齐二石
2009年10月

齐二石 本系列教材编写指导委员会主任，博士、教授、博士生导师。天津大学管理学院院长，国务院学位委员会学科评议组成员，第五届国家863/CIMS主题专家，科技部信息化科技工程总体专家，中国机械工程学会工业工程分会理事长，教育部管理科学与工程教学指导委员会主任委员，是最早将物流概念引入中国和研究物流的专家之一。

前　言

本书是为满足我国高等院校交通运输与物流专业本科生的专业学习而编写出版的。

运输生产与工业生产不同，其生产和消费是同一个过程，而且是在流动分散、点多线长、广阔的空间范围内进行的。因此，运输组织是组织生产和组织销售交织在一起的过程，组织工作尤为复杂，是运输企业经营管理的中心环节。运输组织学是一门正在发展中的综合性边缘学科，涉及交通运输学、组织学、管理学和经济学等多个学科。本书以公路运输为主，兼顾综合运输体系的完整性，本着理论联系实际的原则，在前人研究的基础上，参考近期的研究成果对运输组织进行了深入系统的研究。总体来说，运输组织学是以研究运输生产过程中生产力诸要素和各环节、各工序的整体结合运动为研究对象，系统地研究运输组织理论、形式、方法、手段和制度，寻求有效的组织途径和措施，实现运输生产力诸要素的最优结合和各环节、各工序的紧密配合，形成有序、协调、均衡、连续的整体运动，争取以一定的劳动消耗，获得最高的运输效率、最好的服务质量和最佳的经济效益，以发展各种运输方式的生产力，充分发挥其最大效力，满足社会对运输服务的需要。其核心问题是运用现代科学管理方法，组织旅客、货物同运输工具在空间上和时间上的有效结合，提高运输生产能力和服务质量。

本书具有以下特点。

（1）逻辑性强。章节设计按照运输基本知识、运输组织的评价、运费计算、货运车辆运行组织、运输优化与决策的思路进行，符合读者循序渐进的学习习惯。

（2）实践性和应用性较强。每章开始提供了导入案例供学习者分析、研读，章后还提供了多样的练习题，以便学习者巩固、运用所学的运输理论和实务。

（3）内容丰富，结构新颖。每章开始为读者提供了本章的学习目标，给出了教学要求，对于各知识点及需要读者掌握的程度进行了说明。

（4）内容完整系统、重点突出，所用资料力求更新、更准确地解读问题点。本书在注重运输组织理论知识的同时，强调运输组织知识的实用性。

本书由孟祥茹负责全书的结构设计、草拟编写提纲、组织编写和最后的统稿定稿工作。各章具体编写分工如下：第1～4、8、9章由孟祥茹编写，第5～7章由姜华编写，第10章由周才云编写，全书绘图及习题由孙建萌编写。在编写过程中，本书参考了有关书籍和资料，在此向其作者表示衷心的感谢！本书在出版过程中，得到北京大学出版社的大力支持，在此一并表示衷心的感谢！

由于编者水平所限，书中难免存在疏漏之处，敬请广大读者批评指正。

编　者
2013年11月

目 录

第1章 运输概论 ... 1
1.1 运输概述 ... 3
1.1.1 运输的概念 ... 3
1.1.2 运输的功能 ... 3
1.1.3 运输结点的种类 ... 4
1.1.4 运输原理 ... 5
1.1.5 运输的发展趋势 ... 5
1.2 运输的作用与运输业的类型 ... 6
1.2.1 运输的地位 ... 6
1.2.2 运输在物流中的作用 ... 7
1.2.3 运输业的类型 ... 8
1.3 运输服务及运输供求的基本特征 ... 8
1.3.1 运输服务的基本特征 ... 8
1.3.2 运输供求的基本特征 ... 10
1.4 运输方式的技术设施 ... 12
1.4.1 铁路运输 ... 12
1.4.2 道路运输 ... 13
1.4.3 水路运输 ... 14
1.4.4 航空运输 ... 16
1.4.5 管道运输 ... 16
1.4.6 运输方式的优缺点和适用范围 ... 16
1.5 运输合理化 ... 17
1.5.1 运输合理化的影响因素 ... 17
1.5.2 不合理运输的表现形式 ... 17
1.5.3 运输合理化措施 ... 21
本章小结 ... 23
案例分析 ... 23
综合练习 ... 25

第2章 客货流分析和运输量预测 ... 27
2.1 货流分析 ... 28
2.1.1 货物的分类 ... 28
2.1.2 货运产品的基本指标 ... 30
2.1.3 货流及货流图 ... 31
2.1.4 货流的不均衡性分析 ... 33
2.2 客流分析 ... 36
2.2.1 旅客的分类 ... 36
2.2.2 客流及其分类 ... 37
2.2.3 客流图 ... 37
2.2.4 客流的不均衡性分析 ... 38
2.2.5 客流动态及其演变规律 ... 39
2.3 运输量预测 ... 42
2.3.1 运输量预测概述 ... 42
2.3.2 运输量预测的定性预测法 ... 44
2.3.3 运输量预测的定量预测法 ... 45
本章小结 ... 49
案例分析 ... 49
综合练习 ... 50

第3章 运输组织评价指标 ... 53
3.1 汽车运输过程及基本术语 ... 55
3.1.1 汽车运输过程 ... 55
3.1.2 汽车运输基本术语 ... 56
3.2 评价汽车运用程度的单项指标 ... 58
3.2.1 车辆时间利用指标 ... 58
3.2.2 车辆速度利用指标 ... 60
3.2.3 车辆行程利用指标 ... 62
3.2.4 车辆载重(客)能力利用指标 ... 63
3.2.5 车辆动力利用指标 ... 66
3.3 评价汽车运输工作的综合指标 ... 67
3.3.1 汽车运输生产率 ... 67
3.3.2 汽车运输成本 ... 73
3.4 铁路运输组织评价指标 ... 76
3.4.1 货车运用指标 ... 77
3.4.2 客车运用指标 ... 79
3.4.3 机车运用指标 ... 81
3.5 水路运输组织评价指标 ... 82
3.5.1 水路运输量指标 ... 83
3.5.2 港口运输指标 ... 84
3.5.3 船舶营运指标 ... 87
3.6 航空运输组织评价指标 ... 90
3.6.1 航空运输量指标 ... 90
3.6.2 航空运输效率指标 ... 92
3.6.3 机场利用指标 ... 93
3.6.4 飞行安全指标 ... 95
本章小结 ... 96

案例分析 …………………………… 96
综合练习 …………………………… 97

第4章 货物运价与运费 …………… 99

4.1 运输价格 ……………………… 101
4.1.1 运价及其特点 …………… 101
4.1.2 运价的种类 ……………… 102
4.1.3 运价的结构 ……………… 102
4.1.4 运价的影响因素 ………… 103

4.2 公路运价与运费 ……………… 105
4.2.1 公路货物运费的计价标准 … 105
4.2.2 公路货物运价价目 ……… 106
4.2.3 公路货物运输的其他费用 … 107
4.2.4 公路货物运费的计算 …… 107

4.3 铁路运价与运费 ……………… 109
4.3.1 铁路货物运价核收依据 … 109
4.3.2 铁路货物运价类别 ……… 109
4.3.3 货物运费计算步骤 ……… 110
4.3.4 铁路运费计算 …………… 111
4.3.5 铁路其他费用计算 ……… 114

4.4 水路运价与运费 ……………… 116
4.4.1 水路货物运价的分类 …… 116
4.4.2 国内水路货物运费的计算 … 118
4.4.3 班轮运费的计算 ………… 120

4.5 航空运价与运费 ……………… 123
4.5.1 货物运费计算中的基本知识 ………………………… 123
4.5.2 国际货物运价的种类及使用规定 …………………… 125
4.5.3 普通货物运费计算 ……… 126
4.5.4 指定商品运费计算 ……… 127
4.5.5 等级货物运费计算 ……… 129
4.5.6 贵重货物运费计算 ……… 130
4.5.7 书籍、杂志类运费计算 … 131
4.5.8 行李运费计算 …………… 132

本章小结 …………………………… 133
案例分析 …………………………… 133
综合练习 …………………………… 134

第5章 货运车辆运行组织 ………… 137

5.1 汽车货运生产计划 …………… 138
5.1.1 汽车货运生产计划概述 … 138
5.1.2 运输量计划的编制 ……… 142
5.1.3 车辆计划的编制 ………… 143
5.1.4 车辆运用计划的编制 …… 145
5.1.5 车辆运行作业计划的编制 … 148

5.2 运输车辆的选择 ……………… 150
5.2.1 车辆类型的选择 ………… 150
5.2.2 车辆载重量的选择 ……… 151
5.2.3 新能源汽车的选择 ……… 153

5.3 车辆行驶路线的优化 ………… 155
5.3.1 车辆行驶路线类型 ……… 155
5.3.2 汇集式行驶路线的选择 … 160

5.4 货运车辆运行组织形式 ……… 167
5.4.1 多班运输 ………………… 167
5.4.2 甩挂运输 ………………… 169
5.4.3 联合运输 ………………… 171
5.4.4 定点运输与定时运输 …… 172

本章小结 …………………………… 173
案例分析 …………………………… 173
综合练习 …………………………… 173

第6章 公路货物运输组织 ………… 176

6.1 公路货物运输概述 …………… 178
6.1.1 公路货物运输的分类 …… 178
6.1.2 公路运输的优缺点 ……… 179
6.1.3 公路货运站 ……………… 179

6.2 整车货物运输组织 …………… 180
6.2.1 整车货物运输的概念和生产过程 …………………… 180
6.2.2 整车货物运输的站务工作 … 181
6.2.3 货物装卸 ………………… 181
6.2.4 整车货物运输单据及其管理 ………………………… 183

6.3 零担货物运输组织 …………… 184
6.3.1 零担货物运输的特点 …… 184
6.3.2 开展零担货物运输的条件 … 185
6.3.3 零担货源组织方法 ……… 185
6.3.4 零担货物运输组织方式 … 186
6.3.5 零担货物运输的作业程序 … 187

6.4 冷链运输组织 ………………… 195
6.4.1 冷链物流 ………………… 195
6.4.2 冷链运输 ………………… 196
6.4.3 冷链运输车辆的选择 …… 198
6.4.4 冷链运输控制 …………… 200
6.4.5 冷链运输组织工作 ……… 200

6.5 危险货物运输组织 …………… 201

6.5.1 危险货物概述 ………… 201
　　　6.5.2 危险货物运输资质管理 … 203
　　　6.5.3 危险货物运输组织管理 … 204
　6.6 大件货物运输组织 ………… 207
　　　6.6.1 大件货物的概念 ……… 207
　　　6.6.2 大件货物运输的特殊性 … 208
　　　6.6.3 运输过程的受力分析 … 208
　　　6.6.4 运输组织工作 ………… 209
　本章小结 ……………………… 211
　案例分析 ……………………… 211
　综合练习 ……………………… 211

第7章 集装箱运输组织 ………… 214

　7.1 集装箱运输概述 …………… 216
　　　7.1.1 集装箱的定义及标准化 … 216
　　　7.1.2 集装箱的类型 ………… 219
　　　7.1.3 集装箱的识别标记 …… 224
　　　7.1.4 集装箱运输的优越性及
　　　　　　特点 …………………… 227
　7.2 集装箱货物的交接 ………… 229
　　　7.2.1 集装箱货物 …………… 229
　　　7.2.2 集装箱选择 …………… 231
　　　7.2.3 集装箱货物的装载 …… 234
　　　7.2.4 集装箱调配 …………… 235
　7.3 集装箱运输单证 …………… 236
　　　7.3.1 提单 …………………… 236
　　　7.3.2 场站收据 ……………… 241
　　　7.3.3 交货记录 ……………… 245
　　　7.3.4 集装箱设备交接单 …… 245
　　　7.3.5 集装箱装箱单 ………… 248
　7.4 集装箱运输组织方式 ……… 250
　　　7.4.1 海上集装箱运输 ……… 250
　　　7.4.2 陆上集装箱运输 ……… 251
　　　7.4.3 航空集装箱运输 ……… 252
　　　7.4.4 国际集装箱多式联运 … 253
　本章小结 ……………………… 255
　案例分析 ……………………… 255
　综合练习 ……………………… 256

第8章 公路旅客运输组织 ……… 259

　8.1 城间公路客运组织 ………… 260
　　　8.1.1 公路汽车客运站 ……… 261
　　　8.1.2 公路客运营运方式 …… 264
　　　8.1.3 公路客运班车的分类 … 265
　　　8.1.4 客运班次计划的编制 … 266
　　　8.1.5 客车运行作业计划的编制 … 273
　8.2 城市公交客运组织 ………… 277
　　　8.2.1 城市公交客运方式及营运
　　　　　　方式 …………………… 277
　　　8.2.2 城市公交线路网 ……… 279
　　　8.2.3 公共汽车营运组织 …… 284
　　　8.2.4 公共汽车行车作业计划的
　　　　　　编制 …………………… 288
　8.3 城市轨道交通运输组织 …… 297
　　　8.3.1 城市轨道交通的类型 … 297
　　　8.3.2 地铁与轻轨的技术特征 … 298
　　　8.3.3 列车运行计划 ………… 301
　　　8.3.4 轨道交通输送能力的计算 … 305
　　　8.3.5 列车运行组织 ………… 306
　本章小结 ……………………… 307
　案例分析 ……………………… 307
　综合练习 ……………………… 308

第9章 运输优化与决策 ………… 310

　9.1 运输方式选择 ……………… 312
　　　9.1.1 各种运输方式的技术经济
　　　　　　特征 …………………… 312
　　　9.1.2 影响运输方式选择的因素
　　　　　　分析 …………………… 314
　　　9.1.3 运输方式选择的成本
　　　　　　比较法 ………………… 315
　　　9.1.4 考虑竞争因素的方法 … 316
　9.2 运输服务商选择 …………… 318
　　　9.2.1 服务质量比较法 ……… 318
　　　9.2.2 运输价格比较法 ……… 319
　　　9.2.3 综合选择法 …………… 319
　　　9.2.4 层次分析法选择运输服务
　　　　　　供应商 ………………… 319
　9.3 运输问题的图上作业法 …… 323
　　　9.3.1 图上作业法概述 ……… 323
　　　9.3.2 线路不成圈的图上作业法 … 326
　　　9.3.3 线路成圈的图上作业法 … 327
　9.4 运输问题的表上作业法 …… 328
　　　9.4.1 表上作业法概述 ……… 328
　　　9.4.2 表上作业法在运输问题中的
　　　　　　应用 …………………… 329
　　　9.4.3 供需不平衡的物资调运
　　　　　　问题 …………………… 336

9.5 最短路线与最大流量 …………… 338
 9.5.1 最短路线 ………………… 338
 9.5.2 最大流量 ………………… 339
本章小结 ………………………………… 341
案例分析 ………………………………… 341
综合练习 ………………………………… 342

第 10 章　信息技术在运输中的应用 …… 345

10.1 条码技术 …………………………… 347
 10.1.1 条码技术概述 …………… 347
 10.1.2 条码的术语及分类 ……… 348
 10.1.3 物流条码 ………………… 350
10.2 射频识别技术 ……………………… 355
 10.2.1 RFID 的定义、特性及应用领域 …… 355
 10.2.2 RFID 的组成 …………… 357
 10.2.3 RFID 的工作原理 ……… 358
 10.2.4 RFID 技术在集装箱运输中的运用 …… 359
10.3 全球卫星定位系统 ………………… 360
 10.3.1 GPS 技术简介 …………… 361
 10.3.2 GPS 的分类 ……………… 362
 10.3.3 GPS 的组成 ……………… 363
 10.3.4 GPS 的工作原理 ………… 364
 10.3.5 GPS 在运输中的应用 …… 365
10.4 地理信息系统 ……………………… 366
 10.4.1 GIS 概述 ………………… 367
 10.4.2 GIS 的组成 ……………… 368
 10.4.3 GIS 的功能 ……………… 368
 10.4.4 GIS 在运输中的应用 …… 370
10.5 智能交通系统 ……………………… 371
 10.5.1 ITS 概述 ………………… 371
 10.5.2 ITS 体系结构 …………… 373
 10.5.3 ITS 的内容 ……………… 377
 10.5.4 我国 ITS 的发展思路和目标 …… 378
 10.5.5 ITS 提供的服务 ………… 379
10.6 物联网技术 ………………………… 380
 10.6.1 物联网技术概述 ………… 380
 10.6.2 物联网系统的结构 ……… 382
 10.6.3 物联网的作用 …………… 384
 10.6.4 运输与物联网的结合 …… 386
本章小结 ………………………………… 387
案例分析 ………………………………… 387
综合练习 ………………………………… 388

参考文献 ……………………………………… 390

第1章 运输概论

【学习目标】

通过本章的学习,学生应了解运输的概念、功能及运输的发展趋势;了解运输业的类型;掌握运输的地位及不合理运输的表现形式;掌握运输原理;掌握运输服务及运输供求的基本特征;了解五种运输方式的技术设施。

【导入案例】

某公司首次承揽到三个集装箱运输业务,需要从上海运输到大连,时间较紧,该公司靠自己现有的资源无法完成该业务。从上海到大连铁路1 200km,公路1 500km,水路1 000km。该公司自有10辆10t普通卡车和一个自动化立体仓库,经联系得知附近一家联运公司虽无集装箱卡车,但却有专业人才和货代经验,只是要价比较高。对于零星集装箱安排和落实车皮和船舱,该公司实在心中无底。

问题:你认为采取什么措施比较妥当?

(1) 自己购买若干辆集装箱卡车然后组织运输。

(2) 想办法请铁路部门安排运输。

(3) 水路路程最短,请航运公司来解决运输。

(4) 联运公司虽无集装箱卡车,但可请其租车完成此项运输。

(5) 没有合适运输工具,辞掉该项业务。

【本章知识架构】

运输是物流过程的主要职能之一,也是物流过程各项业务的中心活动。物流过程中的其他各项活动,如包装、装卸搬运、物流信息等,都是围绕着运输而进行的。可以说,在科学技术不断进步、生产的社会化和专业化程度不断提高的今天,一切物质产品的生产和消费都离不开运输。

1.1 运输概述

1.1.1 运输的概念

中华人民共和国国家标准 GB/T 18354—2006《物流术语》中对"运输"的定义为:"运输是用运输设备将物品从一地点向另一地点运送。其中包括集货、分配、搬运、中转、装入、卸下、分散等一系列操作。"货物运输示意如图 1.1 所示。运输是指人或货物借助运输工具和运输基础设施在空间产生的位置移动。运输包括生产领域的运输和流通领域的运输。生产领域的运输一般在企业内部进行,称为企业内部物流。企业的内部物流包括原材料、在制品、半成品、成品的运输,是直接为产品服务的,也称为物料搬运。流通领域的运输则是在大范围内,将货物从生产领域向消费领域转移,或从生产领域向物流网点,或物流网点向消费所在地移动的活动。流通领域的运输与搬运功能相近似,它们的区别仅仅在于空间范围的大小。流通领域的空间范围较大,可以跨城市、跨区域、跨国界,而搬运仅限于一个部门内部,如车站内、港口内、仓库内或车间内。

图 1.1 货物运输示意

1.1.2 运输的功能

运输是物流作业中最直观的要素之一。运输之所以要使用财务资源,是因为产生于驾驶员劳动报酬、运输工具的运行费用,以及一般杂费和行政管理费用分摊。运输的主要目的就是要以最低的时间、财务和环境资源成本,将产品从原产地转移到规定地点。运输提供两大功能:产品转移和产品储存。

1. 产品转移

无论产品处于哪种形式,是材料、零部件、装配件、在制品,还是制成品,也不管是在制造过程中将被转移到下一阶段,还是更接近最终的顾客,运输都是必不可少的。运输的主要功能就是产品在价值链中的来回移动。既然运输利用的是时间资源、财务资源和环境资源,那么,只有当它确实提高产品价值时,该产品的移动才是重要的。

运输之所以涉及时间资源,是因为产品在运输过程中是难以存取的。这种产品通常是指转移中的存货,是各种供应链战略,如准时化和快速响应等业务所要考虑的一个因素,以减少制造和配送中心的存货。运输之所以要使用财务资源,是因为产生于驾驶员劳动报酬、运输工具的运行费用,以及一般杂费和行政管理费用分摊。此外,还要考虑因产品灭失损坏而必须弥补的费用。运输直接和间接地使用环境资源。在直接使用方面,运输是能源的主要消费者之一;在间接使用环境资源方面,由于运输造成拥挤、空气污染和噪声污染而产生环境费用。

运输的主要目的就是要以最低的时间、财务和环境资源成本,将产品从原产地转移到规定地点。此外,产品灭失损坏的费用也必须是最低的;同时,产品转移所采用的方式必须能满足顾客有关交付履行和装运信息的可得性等方面的要求。

2. 产品储存

对产品进行临时储存是一个不太寻常的运输功能,即将运输车辆临时作为储存设施。然而,如果转移中的产品需要储存,但在短时间内(如几天后)又将重新转移的话,那么,该产品在仓库卸下来和再装上去的成本也许会超过储存在运输工具中每天支付的费用。

在仓库空间有限的情况下,利用运输车辆储存也许不失为一种可行的选择。可以采取的一种方法是,将产品装到运输车辆上去,然后采用迂回线路或间接线路运往其目的地。对于迂回线路来说,转移时间将大于比较直接的线路。当起始地或目的地仓库的储存能力受到限制时,这样做是合情合理的。在本质上,这种运输车辆被用作一种临时储存设施,但它是移动的,而不是处于闲置状态。

概括地说,如果用运输工具储存产品可能是昂贵的,但当需要考虑装卸成本、储存能力限制,或延长前置时间的能力时,那么从物流总成本或完成任务的角度来看或许是正确的。

1.1.3 运输结点的种类

运输结点按主要功能划分为转运型结点、储存型结点、流通型结点。运输结点的种类见表1-1。

表1-1 运输结点的种类

转运型结点	陆运转运站
	港口
	空港
储存型结点	按服务对象划分:自备仓库和营业仓库
	按所属职能划分:生产仓库和储备仓库
	按结构划分:平房仓库、楼房仓库、高层货架仓库、罐式仓库
	按保管方式划分:普通仓库、冷藏仓库、恒温仓库、露天仓库、危险仓库、散装仓库
	特种仓库:移动仓库、保税仓库

续表

流通型结点	流通仓库
	转运仓库
	集货中心
	分货中心
	加工中心

1.1.4 运输原理

1. 规模经济原理

规模经济的特点是随装运规模的增长，单位重量的运输成本降低。例如，整车的每单位成本低于零担运输。就是说诸如铁路和水路之类的运输能力较大的运输工具，它每单位的费用要低于汽车和飞机等运输能力较小的运输工具。运输规模经济的存在是因为转移一批货物的固定费用可以将整批货物的重量分摊。所以一批货物越重就越能分摊费用。

2. 距离经济原理

距离经济指每单位距离的运输成本随距离的增加而减少。例如，800km的一次装运成本要低于400km二次装运。运输的距离经济也指递减原理，即费率或费用随距离的增加而减少，运输工具、装卸所发生的固定费用必须分摊到每单位距离的变动费用上，运输距离越长每单位支付的固定费用就越低。

1.1.5 运输的发展趋势

1. 运输的集约化

依靠提高科技水平，增加运输业的科技含量，加强科学管理和建立合理的运输体制，通过提高运输效益来达到运输发展。集约化经营的优势之一是规模效益，是一种"高投入、高产出、高效益"的经营方式。建立有效的经营管理系统，是运输集约化经营的一项基本要求。有效的经营管理系统包括三个层次的含义：经营管理权限的完整性，能保证运输过程按照运输的要求进行；权限的有效性，保证企业各项管理权能落到实处；高效率管理，运输生产点多面广，需要及时决策处理，没有高效率的管理，很难做出正确的决策。

2. 运输的标准化

交通运输标准化是指以交通运输为一个大系统，制定系统内部设施、机械装备（包括专用工具等）的技术标准，仓储、配送、装卸、运输等各类作业标准，以及作为交通运输突出特征的信息标准，并形成与物流其他环节及和国际接轨的标准化体系。交通运输标准化主要涉及的四个方面：基础性标准；现场作业标准；信息化标准；物流服务规范。

3. 运输的信息化

我国的交通运输信息化建设应该集中于以下几个方面。

（1）搞好交通行业各级政府办公业务系统的建设，形成系统规范、内容丰富、及时更新的各级政府办公业务资源网,在信息安全保密的前提下,实现各级政府间办公业务的网络化,信息资源共享化和公开化,最大限度地满足交通行业和社会需求。

(2) 建立客运、货源管理信息系统和信息服务系统,实现运输服务管理的现代化。

(3) 采用3S(地理信息系统,GIS;全球定位系统,GPS;遥感,RS)技术开发交通事故紧急救援系统和安全运营保障技术,开发路况信息系统和车辆调度技术等,完善网络环境下的电子收费系统、路政运政管理信息系统和高效公路监控系统等。

(4) 将3S技术应用于交通运输企业,推动传统交通运输企业向现代物流企业的转变。

(5) 做好智能运输系统(Intelligent Transportation System,ITS)的基础工作,并在完善基础设施(包括道路、港口、机场和通信等)的基础上,致力于关键技术的开发和示范工程的建设,从个别已经可以应用或有条件应用或者当前迫切需要解决的项目入手,选择适当的切入点,发展我国的ITS。

4. 运输的智能化

运输的智能化就是将先进的信息技术、数据通信技术、电子控制技术以及计算机处理技术等有效地运用于整个运输管理体系,从而将道路使用者、交通管理者、汽车、道路及其相关的服务部门有机地联结起来,使交通运输的运行功能进入智能化阶段。

5. 运输的绿色化

运输的绿色化指在运输过程中抑制运输对环境造成危害的同时,实现对运输环境的净化,使运输资源得到充分利用。

1.2 运输的作用与运输业的类型

1.2.1 运输的地位

1. 运输是物流的主要功能要素之一

按物流的概念,物流是"物"的物理性运动,这种运动不但改变了物的时间状态,也改变了物的空间状态。而运输承担了改变空间状态的主要任务,运输是改变空间状态的主要手段,运输再配以搬运、配送等活动,就能圆满完成改变空间状态的全部任务。在现代物流观念诞生之前,甚至就在今天,仍有不少人将运输等同于物流,其原因是物流中很大一部分内容是由运输承担的,是物流的主要部分,因而出现上述认识。

2. 运输是社会物质生产的必要条件之一

运输是国民经济的基础和先行。马克思将运输称为"第四个物质生产部门",将运输看成是生产过程的继续,这个继续虽然以生产过程为前提,但如果没有这个继续,生产过程则不能最后完成。所以,虽然运输的这种生产活动和一般生产活动不同,它不创造新的物质产品,不增加社会产品数量,不赋予产品以新的使用价值,而只变动其所在的空间位置,但这一变动则使生产能继续下去,使社会再生产不断推进,所以将其看成一个物质生产部门。

运输作为社会物质生产的必要条件，表现在以下两个方面。

(1) 在生产过程中，运输是生产的直接组成部分，没有运输，生产内部的各环节就无法连接。

(2) 在社会上，运输是生产过程的继续，这一活动联结生产与再生产、生产与消费的环节，联结国民经济各部门、各企业，联结着城乡，联结着不同国家和地区。

3. 运输可以创造"场所效用"

场所效用的含义是同种"物"由于空间场所不同，其使用价值的实现程度则不同，其效益的实现也不同。由于改变场所而发挥最大使用价值，最大限度提高了产出投入比，这就称为"场所效用"。通过运输，将"物"运到场所效用最高的地方，就能发挥"物"的潜力，实现资源的优化配置。从这个意义来讲，也相当于通过运输提高了物的使用价值。

4. 运输是"第三个利润源"的主要源泉

(1) 运输是运动中的活动，它和静止的保管不同，要靠大量的动力消耗才能实现这一活动，而运输又承担大跨度空间转移的任务，所以活动的时间长、距离长、消耗也大。消耗的绝对数量大，其节约的潜力也就越大。

(2) 从运费来看，运费在全部物流费中占最高的比例，一般综合分析计算社会物流费用，运输费在其中占接近50%的比例，有些产品运费高于产品的生产费。

(3) 由于运输总里程大，运输总量巨大，通过体制改革和运输合理化可大大缩短运输吨·公里数，从而获得比较大的节约。

1.2.2 运输在物流中的作用

物流合理化，在很大程度上取决于运输合理化，所以，在物流过程的各项业务活动中，运输是关键，起着举足轻重的作用。运输工作是整体物流工作中一个十分重要的环节，搞好运输工作对企业物流的意义可以体现在以下几个方面。

(1) 运输是物流系统功能的核心。物流系统具有创造物品的空间效用、时间效用、形式效用三大效用（或称三大功能）。时间效用主要由仓储活动来实现，形式效用由流通加工业务来实现，空间效用通过运输来实现。运输是物流系统不可缺少的功能。物流系统的三大功能是主体功能，其他功能（装卸、搬运和信息处理等）是从属功能。而主体功能中的运输功能的主导地位更加凸现出来，成为所有功能的核心。

(2) 运输影响着物流的其他构成因素。运输在物流过程中还影响着物流的其他环节。例如，运输方式的选择决定着装运货物的包装要求；使用不同类型的运输工具决定其配套使用的装卸搬运设备及接收和发运站台的设计；企业库存储存量的大小直接受运输状况的影响，发达的运输系统能比较适量、快速和可靠地补充库存，以降低必要的储存水平。

(3) 运输费用在物流费用中占有很大比例。在物流过程中，直接耗费的活劳动和物化劳动所支付的直接费用主要有运输费、保管费、包装费、装卸搬运费和物流过程中的损耗等。其中，运输费用所占的比例最大，是影响物流费用的一项重要因素，是运输降低物流费用、提高物流速度、发挥物流系统整体功能的中心环节，特别在我国交通运输业还很不发达的情况下更是如此。因此，在物流的各环节中，如何搞好运输工作，开展合理运输，不仅关系到物流时间占用多少，而且还会影响到物流费用的高低。不断降低物流运输费用，对于提高物流经济效益和社会效益都起着重要的作用，所谓物流是企业的"第三利润源"，其意义也在于此。

1.2.3 运输业的类型

现代运输业按不同的标准可划分为不同的类型，通常有以下分类方法。

1. 按运输对象分类

(1) 旅客运输，为实现人的空间位移所进行的运输服务活动，简称客运。
(2) 货物运输，为实现物的空间位移所进行的运输服务活动，简称货运。

2. 按服务性质分类

(1) 公共运输，为社会性运输需求提供服务，发生各种方式的费用结算。
(2) 自用运输，为本单位内部工作、生产、生活服务，不发生费用结算的运输，具有非营业性质。

3. 按服务区域分类

(1) 城市运输，其服务区域范围为一座城市的市区之间，以及市区与郊区之间的运输。
(2) 城间运输，其服务区域范围为不同城市间广大地区的运输。

4. 按运输工具分类

(1) 铁路运输，是以铺设的轨道为移动通路，以铁路列车为运输工具的运输方式。
(2) 公路运输，是以城间公路及城市道路为移动通路，以汽车为主要运输工具的运输方式。
(3) 水路运输，是以水路（江、河、湖、海等）为移动通路，以船舶为主要运输工具的运输方式。
(4) 航空运输，是以空路为移动通路，以飞机为主要运输工具的运输方式。
(5) 管道运输，是以管路为移动通路和运输工具的一种连续运输方式。

5. 按运输作用与距离分类

(1) 干线运输，是利用铁路、公路的干线，大型船舶和飞机的固定航线进行的长距离、大运量的运输。干线运输是运输的主体。
(2) 支线运输，是与干线相接的分支线路上的运输。支线运输路程较短、运输量相对较小，支线的建设水平和运输水平往往低于干线，因而速度较慢。
(3) 城市内运输，又称末端运输，一般具有运量小、运距短、送达地点不固定且较分散的特点。

1.3 运输服务及运输供求的基本特征

1.3.1 运输服务的基本特征

运输生产是指向运输需求者（用户）提供运输服务的过程，而运输生产的成果则称为运输产品。运输服务具有以下基本特征。

1. 运输服务的公共性

运输服务的公共性是指运输服务在广泛的社会范围内与广大群众均有利害关系的特性。主要表现在以下几个方面。

(1) 它为保证人在生产和生活过程中的"出行"需要提供运输服务，利用者广泛。在现代社会生活中，人们不可能在同一地点得到工作、生活及教育、娱乐等各方面需要的满足，因而产生"出行"的需求。即人们要经常产生出门活动的需求，那么，当出行的距离超过一定的步行范围时，就要乘用交通工具，所以因人的移动而产生的运输需求是非常广泛的。

(2) 它为保证社会经济活动中"物"的运输需求提供运输服务，利用者也十分广泛。"物"的生产过程中所发生的原材料、半成品、成品、加工设备及辅助用品的运输，需要者(单位)非常广泛。与此同时，上述产品进入流通领域，特别是人民生活的必需品、消费品在流通过程中的运输，几乎与每个家庭甚至每个居民的生活都密切相关，可见运输服务的需求者十分广泛。

总之，无论是人的出行，还是物质的移动都是在整个社会范围内普遍发生的运输需求，因而运输服务对整个社会的经济发展和人民生活水平的提高，均有着广泛的影响，从而表现出运输服务的公共性特征。

2. 运输产品的特殊性

1) 运输产品是无形产品

在广义的生产概念中，就生产结果而言，主要有以下三种生产方式。

(1) 劳动对象发生质的或形态的变化，如工业产品及建筑业产品等。

(2) 劳动对象发生空间位置的变化，如运输生产。

(3) 劳动对象发生时间位置的变化，如物品的储存。

第一种生产形式的产品为有形产品，因此，也称为有形产品生产。第二种和第三种生产形式的产品为无形产品，称为无形产品生产。例如，运输生产并没有改变人或物的形态，只是使他们进行了空间场所的移动，使之具有移动价值，运输生产为社会提供的并不是实物形态的产品，而是一种服务，其产品为无形产品。

服务的无形性给顾客带来问题。在购买有形产品时，顾客可以在购买前观察、触摸和测试产品；而对于服务，顾客必须依靠服务企业的声誉来购买。所以，服务企业在经营的过程中一定要注意声誉的塑造。购买者在选购有形产品时考虑与其身份和地位相符的产品。有形产品的经营者在经营过程中要增加其产品的抽象概念。例如，金利来、奔驰、劳斯莱斯等企业通过增加品牌的内涵来提升产品质量。而服务的购买者为降低服务质量的不确定性，在选择服务时会寻求服务质量的标志和证据。顾客一般从服务人员、设备、沟通材料、象征、价格、非官方认证证书或声明、官方证书几个方面对服务质量作出判断。

2) 运输产品是即时产品

即时产品，是指只能在其生产与消费过程中即时存在的产品。也就是产品只能在其生产与消费同时进行的过程中存在，生产与消费两个环节不可分割，在时间与空间上重合。运输过程对于运输供给者来说是生产过程，对于运输需求者来说是消费过程。

即时性对供给方的影响：运输生产只能在有运输需求的时间、空间进行；每一运输生产过程必须保证质量,一旦运输质量不合格将造成巨大影响。

即时性对需求者的影响:乘客只有在有运输生产的时间、空间去利用这种服务,其运输需求才能满足。

3) 运输产品以复合指标为主要计量单位

复合指标是由两种计算单位组合构成的计量指标。

运输企业的生产,是通过提供运输工具来实现运输对象的空间位置的移动。这就使运输产品同时体现两种量,即运输对象的量(人或 t)和移动距离的量(km)。

一般用运输对象的量和其被移动的量的乘积来计量运输产品。计量指标为人·km 或 t·km。

复合指标具有以下优缺点。

(1) 优点:便于对利用各种运输方式完成运输产品的产量进行统计、分析和比较,计算统计期内企业和单个车辆的产量,同时可作为计算运费的依据。

(2) 缺点:不能准确表示出全部的移动内容。

这样,运输业也常以运输对象的数量辅助计量运输产品。

3. 运输服务的准公费服务性

准公费服务是介于纯私费服务和纯公费服务之间的服务。

纯私费服务,系指由社会成员通过市场用私人费用按等价交换原则购买所需服务,而由服务供给者提供的服务。

纯公费服务,系指由社会公共事业部门支付费用,免费向各社会成员提供的服务,如社会治安保障、广播电视、免费教育等。

1.3.2 运输供求的基本特征

运输供求的特征,是指运输供给者与需求者所具有的特征,主要包括运输需要的异质性、运输供求的波动性、运输供求的价格弹性等。

1. 运输需要的异质性

运输需要的异质性,是指不同类型的运输需求者均对运输服务具有多种要求的特性。

无论是旅客还是货物的运输需求者,都不仅仅只要求由出发至目的地的单纯的空间场所的移动,还对所提供的运输服务质量提出各种要求,如安全、迅速、准确、方便、经济、舒适等。而且不同类型的运输要求者对各项质量要求也各有侧重,从而表现出各种运输对象对运输服务质量的不同要求。

以上分析,表明不同类型的运输需求者都对运输质量有其基于本身需要的不同要求,并有一定程度的针对性,从而表现出运输需要的异质性特征。

2. 运输供求的波动性

运输供求的波动性,包括运输供给的波动性和运输需要(或称运输需求)的波动性。

运输需要的波动性,是指按运输时间及空间分布的不均匀性,使旅客运输变动表现得比较明显,也就是客流分布的波动性。

运输需要按运输时间分布的波动性,主要表现为以下几个方面。

(1) 一年之内季节性波动,如收获季节的农副产品运输、学校放寒假学生的运送、春秋旅游旺季游客的运输等，均表现出一年之内的季节性波动。

（2）日间波动，如节假日期间、周五晚、周一早城间和城市客运所表现的客流波动，月初与月末的货物运输表现出的日间波动等。

（3）日内沿不同小时分布的波动，如一日之内早晚上下班时出现的客运高峰及平时的低峰运输，以及夜间客、货运输表现日内沿不同小时分布的波动等。

运输需要按运输空间分布的波动性，主要表现为以下几个方面。

（1）运输区域分布的不均匀性，如市区内客流多于郊区，市区内繁华街道线路的客流多于一般线路，城市运输需要多于农村，沿海经济发达地区及平原地区的运输需要多于山区和边远地区等。

（2）运输方向分布的不均匀性，如每日早晨乘客多向工作地点流动，而傍晚则向家庭所在方向流动。货物运输中的农副产品主要运输方向为大中城市，而工业产品则主要流向农村及小城镇等。

充分研究运输需要沿运输时间、方向及区域分布的波动性，其目的是适时提供相应的运输服务，以提高运输服务质量和经济效益。所谓运输供给的波动性，是指运输企业所提供的运输能力必须根据运输需要的波动性而适时加以调整，因此出现运输供给的不均匀性。

在一般情况下，运输需要量是正常的、较有规律的波动，可以通过运输工具的数量及运行次数的增减来进行平衡，但是，要做到运输需要与运输供给完全一致，在技术上则是很困难的。

有时为了满足波动性的运输需要，常常在短时间内提供最大的运输能力，由于是按运输高峰需要而组织的运输能力，在非高峰运输的情况下，就会有相当一部分运力不能被利用而剩余，这就是通常所称的剩余运力。

为了尽量减少这种运力的浪费，运输企业可以采取各项措施。

（1）利用运输平峰期间对车辆进行维修。

（2）实行分散运输，如在城市中错开一些单位的上下班时间，组织时差通勤与通学运输，尽量减少高峰时期的压力。

（3）开辟平峰期间的运输市场，如利用剩余车辆组织临时客、货运输，开辟平峰期间的客运路线。

（4）实行不同运输时间的差别运价，如将高峰期间扩大运输能力的费用由高峰时的用户负担，而对平峰及低峰期间的用户，特别是夜间的用户，在价格上给予某种优惠，以增加平峰和低峰期间的运量，尽量减少剩余运力所造成的浪费。

3. 运输供求的价格弹性

运输供求的价格弹性，包括运输需要的价格弹性和运输供给的价格弹性。

运输需要的价格弹性，简称需要弹性，指运输需要量变化率（$\Delta Q'/Q'$）与运价变化率（$\Delta P'/P'$）之比，用以表示运输需要随运价变化而变化的程度大小。

在通常情况下，价格与消费的关系是：对价格提高的商品消费减少，而对价格降低的商品消费增多。

影响运输需要价格弹性的主要因素有：有无可代替运输需要的其他方式；运输费用在产品总成本中或家庭生活费用中所占比例大小；运输需要的必要性大小等。

运输供给的价格弹性，简称供给弹性，以运输供给的变化率与运价的变化率之比（E_s）来表示。

影响运输供给弹性大小的主要因素有运输设施的投资额、剩余运力、运输市场情况及运输服务的即时性等。

原始投资越小，运输供给弹性就越好。

运输服务即时性的影响，主要表现在即时产品不能储存，不能调拨，因而与有形产品生产相比，运输供给弹性较小。

1.4 运输方式的技术设施

在物流所有的功能中，运输是一个最基本的功能，是物流的核心。人们提到物流，首先想到的便是运输。货物从甲地运到乙地可以产生地点或场所效用，产生这种效用的是运输，运输就是通过运输手段使货物在物流据点之间流动。运输业作为物质生产部门，与其他物质生产部门一样，经历了不同的发展时期，为了满足社会各种需求，形成了铁路、公路、航空、水运、管道五种运输方式。这几种交通运输方式在满足人或物的空间位移的要求上具有同一性，即安全、迅速、经济、便利、舒适。但各种运输方式所采用的技术手段、运输工具和组织形式等都不相同。因此，形成的技术性能（速度、重量、连续性、保证货物完整性和旅客的安全、舒适性等）、对地理环境的适应程度及经济指标（如能源和材料消耗、投资、运输费用、劳动生产率等）都不尽相同。

1.4.1 铁路运输

铁路运输是指在铁路上以车辆编组成列车载运货物、由机车牵引的一种运输方式。铁路运输系统主要由铁路线路、机车车辆、信号设备和车站四部分组成。

1. 铁路线路

铁路线路是列车运行的基础，承受列车重量，并且引导列车的行走方向。

线路包括以下组成。

（1）路基：主要承受轨道、机车车辆及其载荷的压力。

（2）桥隧建筑物：使铁路能够跨越河谷、穿过山岭。

（3）轨道：直接承受车轮的压力和冲击力并将其传给路基，引导车轮的运行方向。轨道由钢轨、轨枕、道岔、道床、联结零件、防爬设备等组成。

2. 机车车辆

机车车辆包括机车和车辆。

（1）机车是铁路运输的动力源，牵引列车运行。机车包括以下几种。

① 蒸汽机：以蒸汽驱动的机车，结构简单、制造成本低、驾驶与维修都简单，但热率低，功率与速度都受到限制，已经被淘汰。

② 内燃机：以内燃机为原动力的机车，其热效率比蒸汽机高，可达20%～30%，加足燃料后可长时间运行，但机车构造复杂，制造与维修困难，运营费用较高。

③ 电力机车：从铁路沿线的接触网上获取电能产生牵引力的机车，热效率最高，功

率大、运输能力大、启动快、速度高、爬坡能力好、污染小、噪声小，是最有发展前途的一种机车，但其供电系统的投资较大，是目前我国铁路运输的主体。

（2）车辆主要用于承载货物和旅客，无动力，需由机车牵引。

（3）货运车的种类：棚车、敞车、平车、罐车、保温车等。

（4）客车的种类：座车、卧车、餐车、行李车、邮政车等。

（5）铁路货物列车一般载重为3 000～5 000t，载重在6 000t以上的称为重载列车。

3. 信号设备

信号设备的作用是保证列车运行与调车安全和提高铁路的通过能力，包括铁路信号、连锁设备、闭塞设备。

（1）铁路信号是对列车运行、停止和调车工作的命令，是保证列车行车安全和作业效率的重要手段。我国规定用红色（停止）、黄色（注意或减速慢行）、绿色（按规定的速度运行）、蓝色（准许越过信号机调车）和白色（不准越过该信号机调车）作为铁路信号。铁路信号按信号形式可分为视觉信号和听觉信号；按设备形式可分为固定信号、移动信号、手信号。

（2）连锁设备的主要作用是保证站内列车运行和调车作业的安全，以及提高车站的通过能力。

（3）闭塞设备是用来保证列车在区间内运行安全的区间信号设备。它能控制列车运行，保证在一个区间内同时只有一个列车占用。

4. 车站

车站按技术作业性质可分为编组站、区段站、中间站；按业务性质可分为货运站、客运站、客货运站。

（1）编组站：解体和编组各类货物列车；组织和取送本地区车流；供应列车动力，整备检修机车；货车的日常技术保养。

（2）区段站：大多设在中等城市和铁路网上牵引区段的分界处。其主要任务是办理货物列车的中转作业，进行机车的更换或机车乘务组的换班，以及解体、编组区段列车和摘挂列车。

（3）中间站：主要办理列车的到发、会让、越行及客货运业务。中间站数量很多，设备规模较小，遍布全国铁路沿线中小城镇和农村。

1.4.2 道路运输

道路运输又称为公路运输，是指在公路上使用机动车辆或是人力车、畜力车等非机动车辆载货运输的一种方式，适用于近距离、小批量的货运，或是水运、铁路难以到达地区的长途、大批量货运。道路运输系统技术设施的组成为道路、车辆、汽车站。

1. 道路

道路是指通行各种车辆和行人的工程基础设施。

公路根据使用任务、功能和适应的交通量有以下分类。

（1）高速公路：专供汽车分向、分车道行驶并全部控制出入的干线公路。四车道高速公路一般能适应按各种汽车折合成小客车的远景设计年限年平均昼夜交通量为25 000～

55 000 辆；六车道高速公路一般能适应按各种汽车折合小客车的远景设计年限年平均昼夜交通量为 45 000～80 000 辆；八车道高速公路一般能适应按各种汽车折合成小客车的远景设计年限年平均昼夜交通量为 60 000～100 000 辆。

（2）一级公路：供汽车分向、分车道行驶的公路，一般能适应按各种汽车折合成小客车的远景设计年限年平均昼夜交通量为 15 000～30 000 辆。

（3）二级公路：一般能适应按各种车辆折合成中型载重汽车的远景设计年限年平均昼夜交通量为 3 000～7 500 辆。

（4）三级公路：一般能适应按各种车辆折合成中型载重汽车的远景设计年限年平均昼夜交通量为 1 000～4 000 辆。

（5）四级公路：一般能适应按各种车辆折合成中型载重汽车的远景设计年限年平均昼夜交通量为双车道 1 500 辆以下，单车道 200 辆以下。

各级公路远景设计年限：高速公路和一级公路为 20 年；二级公路为 15 年；三级公路为 10 年；四级公路一般为 10 年，也可根据实际情况适当调整。

2. 车辆

（1）厢式货车：本身带有载货车厢，有防雨、防丢失作用，货物安全性好。厢式货车只适用于装运特殊货物，往往只能单向运输，效率低。

（2）普通载货汽车：根据载货量的不同，可分为大型(8t 以上)、中型(2～8t)、小型(2t 以下)三种。

（3）专用载货汽车。

（4）牵引车和挂车：牵引车是一种有动力而无装载空间的车辆，是专门用来牵引挂车的运输工具，挂车是无动力但有装载空间的车辆。挂车可分为全挂车和半挂车。

3. 汽车站

汽车站的功能主要是对汽车运输活动进行组织管理和为运输车辆提供后勤技术保障。根据运输对象的不同，汽车站分为客运汽车站和货运汽车站。

（1）客运站的组成：客运服务区、停车场、维修厂、油库。

（2）货运站的组成：停车场、维修厂、油库、货运业务。

1.4.3 水路运输

按船舶航行区域划分，水路运输可分为远洋运输、近洋运输、沿海运输、内河运输。水路运输系统的组成：船舶、港口、航道。

1. 船舶

货物运输船舶按照其用途不同，可分为干货船(Dry Cargo Ship)和油槽船(Tanker)两大类。

1) 干货船

（1）杂货船(General Cargo Ship)一般是指定期航行于货运繁忙的航线，以装运零星杂货为主的船舶。这种船航行速度较快，船上配有足够的起吊设备，船舶构造中有多层甲板把船舱分隔成多层货柜，以适应装载不同货物的需要。

(2) 干散货船(Bulk Cargo Ship)是用以装载无包装的大宗货物的船舶。依所装货物的种类不同，干散货船又可分为粮谷船(Grain Ship)、煤船(Collier)和矿砂船(Ore Ship)。这种船大都为单甲板，舱内不设支柱，但设有隔板，用以防止在风浪中运行时舱内货物错位。

(3) 冷藏船(Refrigerated Ship)是专门用于装载冷冻易腐货物的船舶。船上设有冷藏系统，能调节多种温度以适应各舱货物对不同温度的需要。

(4) 木材船(Timber Ship)是专门用以装载木材或原木的船舶。这种船舱口大，舱内无梁柱及其他妨碍装卸的设备。船舱及甲板上均可装载木材。为防甲板上的木材被海浪冲出舷外，在船舷两侧一般设置不低于一米的舷墙。

(5) 集装箱船(Container Ship)可分为部分集装箱(Container)船(Partial Container Ship)、全集装箱船(Full Container Ship)和可变换集装箱船(Convertible Container Ship)三种。

① 部分集装箱船仅以船的中央部位作为集装箱的专用舱位，其他舱位仍装普通杂货。

② 全集装箱船指专门用于装运集装箱的船舶。它与一般杂货船不同，其货舱内有格栅式货架，装有垂直导轨，便于集装箱沿导轨放下，四角由格栅制约，可防倾倒。集装箱船的舱内可堆放3～9层集装箱，甲板上还可堆放3～4层。

③ 可变换集装箱船的货舱内装载集装箱的结构为可拆装式的。因此，它既可装运集装箱，必要时也可装运普通杂货。

集装箱船航速较快，大多数船舶本身没有起吊设备，需要依靠码头上的起吊设备进行装卸。这种集装箱船也称为吊上吊下船。

(6) 滚装船，又称滚上滚下船(Roll on/Roll off Ship)，主要用来运送汽车和集装箱。这种船本身无须装卸设备，一般在船侧或船的首、尾有开口斜坡连接码头，装卸货物时，或者是汽车，或者是集装箱(装在拖车上的)直接开进或开出船舱。这种船的优点是不依赖码头上的装卸设备，装卸速度快，可加速船舶周转。

(7) 载驳船(Barge Carrier)又称子母船，是指在大船上搭载驳船，驳船内装载货物的船舶。载驳船的主要优点是不受港口水深限制，不需要占用码头泊位，装卸货物均在锚地进行，装卸效率高。目前较常用的载驳船主要有"拉希"型(Lighter Aboard Ship, LASH)和"西比"型(Seabee)两种。

2) 油槽船

油槽船是主要用来装运液体货物的船舶。油槽船根据所装货物种类不同，又可分为油轮(Oil Tanker)和液化天然气船(Liquefied Natural Gas Carrier)。

(1) 油轮主要装运液态石油类货物。它的特点是机舱都设在船尾，船壳衣身被分隔成数个贮油舱，由油管贯通各油舱。油舱大多采用纵向式结构，并设有纵向舱壁，在未装满货时也能保持船舶的平稳性。为取得较大的经济效益，第二次世界大战(以下简称二战)以后油轮的载重吨位不断增加，目前世界上最大的油轮载重吨位已达到60多万吨。

(2) 液化天然气船专门用来装运经过液化的天然气。

2. 港口

港口是供船舶停靠、集散客货、为船舶提供各种服务，具有综合功能的场所。港口的主要功能有装卸运输功能、服务功能、工业功能，以及贸易和商业功能。

3. 航道

航道是供船舶安全航行的通道。航道一般分为自然航道和人工航道。

1.4.4 航空运输

航空运输是利用飞机或其他航空器在空中进行货物运输。航空运输系统的组成：航空港、航空线网、飞机。

（1）航空港一般叫作机场。它由飞行区、运输服务区、机务维修区组成。

（2）航空网线由航线、航路组成。

（3）飞机依动力的不同，可分为螺旋桨式飞机、喷气式飞机和直升机。

1.4.5 管道运输

管道运输是指由钢管、泵站和加压设备等组成的利用管道加压输送气体、液体、粉状固体的运输方式。管道运输系统的组成：管线、管线上的各个站点。

1. 管线

管线一般使用钢质的管道焊接而成，能承受较大的压力。

2. 输油站

管道运输站点分为首站、中间站、末站。

1.4.6 运输方式的优缺点和适用范围

现代运输的五种基本方式在运输工具、线路设施、营运方式及技术经济特征等方面各不相同，因而各有优势，各有其不同的适用范围。五种运输方式的优缺点和适用范围见表 1-2。

表 1-2 运输方式的优缺点和适用范围

运输方式	优　　点	缺　　点	适用范围
铁路	运输能力大；运行速度快；运输成本低（长距离、大批量）；受自然条件影响小；运输经常性好；能耗低；通用性好	机动性差；投资大，建设周期长；占地多	大宗低值货物的中、长距离运输；大批量、时间性强、可靠性要求高的货物运输
道路（汽车）	机动灵活；驾驶员容易培训；包装简单，货损少	运输成本高；运输能力小；占地多；劳动生产率低；能耗高；环境污染严重	中、短距离运输
水路（船运）	运输能力大；能耗低；运输成本低；建设投资少；土地占用少；劳动生产率高；平均运距长	运输速度慢；受自然条件影响大；可达性差	运距长、运量大、对送达时间要求不高的大宗货物运输，也适合集装箱运输

续表

运输方式	优　点	缺　点	适用范围
航空	高速可达性；安全性高；经济价值独特；包装要求低	载运量小；投资大，成本高；易受气候条件限制；机动性差	适宜运送价值高、体积小、送达时效要求高的特殊货物
管道	运输量大；管道建设周期短、投资费用低；占地少；符合绿色运输要求；能耗小，成本低	灵活性差，只适合气体、液体和少量固体运输；当管道运输量明显不足时，运输成本会显著提高	适合于单向、定点、量大的流体状且连续不断货物的运输

1.5 运输合理化

1.5.1 运输合理化的影响因素

由于运输是物流中最重要的功能要素之一，物流合理化在很大程度上依赖于运输合理化。运输合理化就是按照货物流通规律，组织货物运输，力求用最少的劳动消耗，得到最高的经济效益。运输合理化的影响因素很多，起决定性作用的有五方面的因素。

（1）运输距离。在运输时，运输时间、运输货损、运费、车辆或船舶周转等运输的若干技术经济指标，都与运距有一定比例关系，运距长短是运输是否合理的一个最基本因素。缩短运输距离从宏观、微观看都会带来好处。

（2）运输环节。每增加一次运输，不但会增加起运的运费和总运费，而且必须要增加运输的附属活动，如装卸、包装等，各项技术经济指标也会因此下降。所以，减少运输环节，尤其是同类运输工具的环节，对合理运输有促进作用。

（3）运输工具。各种运输工具都有其使用的优势领域，对运输工具进行优化选择，按运输工具特点进行装卸运输作业，最大限度地发挥所用运输工具的作用，是运输合理化的重要一环。

（4）运输时间。运输是物流过程中需要花费较多时间的环节，尤其是远程运输，在全部物流时间中，运输时间占绝大部分，所以，运输时间的缩短对整个流通时间的缩短有决定性的作用。此外，运输时间短，有利于运输工具的加速周转，充分发挥运力的作用，有利于货主资金的周转，有利于运输线路通过能力的提高，对运输合理化有很大贡献。

（5）运输费用。运费在全部物流费中占很大比例，运费高低在很大程度上决定整个物流系统的竞争能力。实际上，运输费用的降低，无论对货主企业来讲还是对物流企业来讲，都是运输合理化的一个重要目标。运费的判断，也是各种合理化措施是否行之有效的最终判断依据之一。

1.5.2 不合理运输的表现形式

不合理运输是指在组织货物运输过程中，违反货物流通规律，不按经济区域和货物自然流向组织货物调运，忽视运输工具的充分利用和合理分工，装载量低，流转环节多，从而造成了运力浪费、运输时间增加、运费超支等问题的运输形式。目前我国存在的不合理运输形式主要有以下几种。

1. 空车行驶

空车行驶是不合理运输的最严重形式，是最典型的不合理运输表现形式。在实际运输组织中，有时候必须调运空车，从管理上不能将其看成不合理运输。但是，因调运不当、货源计划不周、不采用运输社会化而形成的空驶，是不合理运输的表现。造成空驶的不合理运输主要有以下几种原因。

（1）能利用社会化的运输体系而不利用，却依靠自备车送货提货，这往往出现单程重车、单程空驶的不合理运输。

（2）由于工作失误或计划不周，造成货源不实，车辆空去空回，形成双程空驶。

（3）由于车辆过分专用，无法搭运回程货，只能单程重车，单程回空周转。

2. 对流运输

对流运输亦称相向运输、交错运输，是指同一种货物或彼此之间可以相互代用而又不影响管理、技术及效益的货物，在同一条运输线路或平行运输线路上做相对方向的不合理运输。对流运输主要有以下两类形式：明显的对流运输，即在同一运输线路上的对流，如图 1.2 所示；隐含的对流运输（易被忽视），如图 1.3 所示。不同运输方式在平行线路或不同时间进行相反方向的运输。

图 1.2 明显的对流运输示意

注：○为发货地；□为收货地；----▶为对流运输流向线。

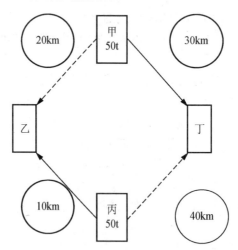

图 1.3 隐含的对流运输示意

注：——▶表示正确运输路线；----▶表示不正确运输路线。

3. 迂回运输

迂回运输是指货物绕道而行的运输现象。由甲地发运货物到丁地，本来可以直接到达丁地，却经过了乙地至丁地，则在从甲地到丁地的过程中发生了迂回运输，如图1.4所示。迂回运输有一定复杂性，只有当计划不周、地理不熟、组织不当而发生的迂回，才属于不合理运输，如果最短距离有交通阻塞、道路情况不好或有对噪声、排气等特殊限制而不能使用时发生的迂回，不能称为不合理运输。

4. 倒流运输

倒流运输是指货物从销地或中转地向产地或起运地回流的一种不合理运输现象。其不合理程度要甚于对流运输，因为往返两程的运输都是不必要的，形成了双程的浪费。倒流运输如图1.5所示。

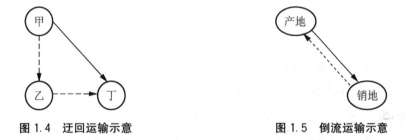

图1.4 迂回运输示意　　　　　图1.5 倒流运输示意

注：──▶表示正确运输路线；----▶表示不正确运输路线。　　注：──▶表示正确运输路线；----▶表示不正确运输路线。

5. 重复运输

重复运输是指一种货物本来可以直达目的地，但是却在目的地之外的其他场所将货卸下，再重复装运送达目的地，这是重复运输的一种形式。另一种形式是，同品种货物在同一地点一面运进，同时又向外运出。重复运输增加了不必要的中间环节，这就延缓了流通速度，增加了费用，增大了货损。重复运输如图1.6所示。

图1.6 重复运输示意

注：──▶表示正确运输路线；----▶表示不正确运输路线。

6. 过远运输

过远运输是指舍近求远的货物运输现象，如图1.7所示。近处有资源不调而从远处调，这就造成可采取近程运输而未采取，拉长了货物运距的浪费现象。过远运输占用运力时间长，运输工具周转慢，物资占压资金时间长，而且易出现货损，增加了费用支出。

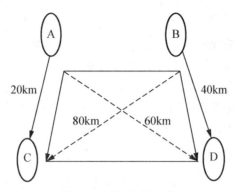

图 1.7 过远运输示意

注：──▶ 表示正确运输路线；----▶ 表示不正确运输路线。

7. 无效运输

无效运输是指被运输的货物杂质过多，如原木的边角余料、煤炭中的煤矸石等，使运输能力浪费于不必要物资的运输。我国每年有大批原木进行远距离的调运，但是原木的直接使用率只有70%，其30%边角余料的运输基本上属于无效运输。

8. 运力选择不当的不合理运输

运力选择不当的不合理运输是在选择运输工具时，未选择各种运输工具优势而不正确地利用运输工具造成的不合理现象，常见的有以下几种形式。

(1) 弃水走陆。在同时可以利用水运及陆运时，不利用成本较低的水运或水陆联运，而选择成本较高的铁路运输或汽车运输，使水运优势不能发挥。

(2) 大型运输工具的过近运输，即不是大型运输工具的经济运行里程却利用这些运力进行运输的不合理做法。主要不合理之处在于大型运输工具起运及到达目的地的准备、装卸时间长，且机动灵活性不足，在过近距离中利用，发挥不了运速快的优势。相反，由于装卸时间长，反而会延长运输时间。另外，与小型运输设备比较，大型运输工具装卸难度大，费用也较高。

(3) 运输工具承载能力选择不当，即不根据承运货物数量及重量选择，而盲目决定运输工具，造成过分超载、损坏车辆及货物不满载、浪费运力的现象，尤其是"大马拉小车"现象发生较多。由于装货量小，单位货物运输成本必然增加。

(4) 托运方式选择不当，即对于货主而言，可以选择最好托运方式而未选择，造成运力浪费及费用支出加大的一种不合理运输。例如，应选择整车未选择，反而采取零担托运，应当直达而选择了中转运输，应当中转运输而选择了直达运输等都属于这一类型的不合理运输。

以上对不合理运输的描述，主要就形式本身而言，是从微观观察得出的结论。在实践中，必须将其放在物流系统中做综合判断，在不做系统分析和综合判断时，很可能出现"效益背反"现象。单从一种情况来看，避免了不合理，做到了合理，但它的合理却使其他部分出现不合理。只有从系统角度综合进行判断才能有效避免"效益背反"现象，从而优化全系统。

1.5.3 运输合理化措施

1. 提高运输工具实载率

实载率有两层含义：一是单车实际载重与运距之乘积和标定载重与行驶里程之乘积的比率，这在安排单车、单船运输时，是判断装载合理与否的重要指标；二是车船的统计指标，即一定时期内车船实际完成的货物周转量（以 t·km 计）占车船载重吨位与行驶公里之乘积的百分比。在计算时车船行驶的公里数，不但包括载货行驶，也包括空驶。提高实载率的意义在于：充分利用运输工具的额定能力，减少车船空驶和不满载行驶的时间，减少浪费，从而求得运输的合理化。

我国曾在铁路运输上提倡"满载超轴"，其中，"满载"的含义就是充分利用货车的容积和载重量，多载货，不空驶，从而达到合理化之目的。这种做法对推动当时运输事业发展起到了积极作用。当前，国内外开展的"配送"形式，优势之一就是将多家需要的货和一家需要的多种货实行配装，以达到容积和载重的充分合理运用，比起以往自家提货或一家送货车辆大部空驶的状况，是运输合理化的一个进步。在铁路运输中，采用整车运输、合装整车、整车分卸及整车零卸等具体措施，都是提高实载率的有效措施。

2. 采取减少动力投入、增加运输能力的有效措施求得合理化

这种合理化的要点是，少投入、多产出，走高效益之路。运输的投入主要是能耗和基础设施的建设，在设施建设已定型和完成的情况下，尽量减少能源投入，是少投入的核心。做到了这一点就能大大节约运费，降低单位货物的运输成本，达到合理化的目的。国内外在这方面主要采取以下有效措施。

(1) 我国在客运紧张时，采取加长列车、多挂车皮办法，在不增加机车情况下增加运输量。

(2) 水运拖排和拖带法。竹、木等物资的运输，利用竹、木本身浮力，不用运输工具载运，采取拖带法运输，可省去运输工具本身的动力消耗从而求得合理；将无动力驳船编成一定队形，一般是"纵列"，用拖轮拖带行驶，可以有比船舶载乘运输运量大的优点，求得合理化。

(3) 顶推法。是我国内河货运采取的一种有效方法，即将内河驳船编成一定队形，由机动船顶推前进。其优点是航行阻力小，顶推量大，速度较快，运输成本很低。

(4) 汽车挂车。汽车挂车的原理和船舶拖带、火车加挂基本相同，都是在充分利用动力能力的基础上，增加运输能力。

3. 发展社会化的运输体系

运输社会化的含义是发挥运输的大生产优势，实际专业分工，打破一家一户自成运输体系的状况。一家一户的运输小生产，车辆自有，自我服务，不能形成规模，且一家一户运量需求有限，难于自我调剂，因而经常容易出现空驶、运力选择不当（因为运输工具有限，选择范围太窄）、不能满载等浪费现象，且配套的接、发货设施，装卸搬运设施也很难有效地运行，所以浪费颇大。实行运输社会化，可以统一安排运输工具，避免对流、倒流、空驶、运力不当等多种不合理形式，不但可以追求组织效益，而且可以追求规模效益，所以发展社会化的运输体系是运输合理化的非常重要的措施。当前火车运输的社会化运输体系已经较完善，而在公路运输中，小生产生产方式非常普遍，是建立社会化运输体系的重点。社会化运输体系中，各种联运体系是其中水平较高的方式，联运方式充分利用面向社会的各种运输系统，通过协议进行一票到底的运输，有效打破了一家一户的小生产，受到了欢迎。我国在利用联运这种社会化运输体系时，创造了"一条龙"货运方式，对产、销地及产、销量都较稳定的产品，事先通过与铁路、交通等社会运输部门签订协议，规定专门收、到站，专门航线及运输路线，专门船舶和泊位等，有效保证了许多工业产品的稳定运输，取得了很大成绩。

4. 开展中短距离铁路公路分流、"以公代铁"的运输

这一措施的要点，是在公路运输经济里程范围内，或者经过论证，超出通常平均经济里程范围，也尽量利用公路。这种运输合理化的表现主要有两点：一是对于比较紧张的铁路运输，用公路分流后，可以得到一定程度的缓解，从而加大这一区段的运输通过能力；二是充分利用公路从门到门和在中途运输中速度快且灵活机动的优势，实现铁路运输服务难以达到的水平。我国"以公代铁"目前在杂货、日用百货运输及煤炭运输中较为普遍，一般在200km以内，有时可达700~1 000km。山西煤炭外运经认真的技术经济论证，用公路代替铁路运至河北、天津、北京等地是合理的。

5. 尽量发展直达运输

直达运输是追求运输合理化的重要形式，其对合理化的追求要点是通过减少中转过载换载，从而提高运输速度，省却装卸费用，降低中转货损。直达的优势，尤其是在一次运输批量和用户一次需求量达到了一整车时表现最为突出。此外，在生产资料、生活资料运输中，通过直达，建立稳定的产销关系和运输系统，也有利于提高运输的计划水平，考虑用最有效的技术来实现这种稳定运输，从而大大提高运输效率。特别需要一提的是，如同其他合理化措施一样，直达运输的合理性也是在一定条件下才会有所表现，不能绝对认为直达一定优于中转。这要根据用户的要求，从物流总体出发做综合判断。如果从用户需要量看，批量大到一定程度，直达是合理的，批量较小时中转是合理的。

6. 提高车辆的装载技术

提高车辆的装载技术是充分利用运输工具载重量和容积，合理安排装载的货物及载运方法以求得合理化的一种运输方式。配载运输也是提高运输工具实载率的一种有效形式。配载运输往往是轻重商品的混合配载，在以重质货物运输为主的情况下，同时搭载一些轻泡货物，如海运矿石、黄沙等重质货物，在舱面捎运木材、毛竹等，铁路运矿石、钢材等重物上面搭运轻泡农副产品等，在基本不增加运力投入或基本不减少重质货物运输情况下，解决了轻泡货物的搭运，因而效果显著。

7. "四就"直拨运输

"四就"直拨是减少中转运输环节，力求以最少的中转次数完成运输任务的一种形式。一般批量到站或到港的货物，首先要进分配部门或批发部门的仓库，然后再按程序分拨或销售给用户。这样一来，往往出现不合理运输。"四就"直拨，首先是由管理机构预先筹划，然后就厂或就站(码头)、就库、就车(船)将货物分送给用户，而无须再入库了。

8. 发展特殊运输技术和运输工具

依据科技进步是运输合理化的重要途径。例如，专用散装及罐车，解决了粉状、液状物运输损耗大、安全性差等问题；袋鼠式车皮、大型半挂车解决了大型设备整体运输问题；滚装船解决了车载货的运输问题，集装箱船比一般船能容纳更多的箱体，集装箱高速直达车船加快了运输速度等，都是通过用先进的科学技术实现合理化。

9. 通过流通加工，使运输合理化

有不少产品，由于产品本身形态及特性问题，很难实现运输的合理化，如果进行适当加工，就能够有效解决合理运输问题。例如，将造纸材料在产地预先加工成干纸浆，然后压缩体积运输，就能解决造纸材料运输不满载的问题。轻泡产品预先捆紧包装成规定尺寸，装车就容易提高装载量；水产品及肉类预先冷冻，就可提高车辆装载率并降低运输损耗。

10. 提高货物包装质量并改进配送中的包装方法

货物运输线路的长短、装卸操作次数的多少都会影响到商品的完好，所以应合理地选择包装物料，以提高包装质量。另外，有些商品的运输线路较短，且要采取特殊放置方法，则应改变相应的包装。

11. 正确选择运输路线

一般应尽量安排直达、快速运输，尽可能缩短运输时间。否则可安排沿路或循环运输，以提高车辆的容积利用率和里程利用率。

本 章 小 结

根据我国的国土、人口、资源分布和产业布局等特点，综合评估各种运输方式造成的土地占用、能源消耗、运输费用、环境影响、运输安全等成本效应，未来我国交通运输应选择"优先发展铁路、促进铁路公路协调发展"的战略模式，既要摆脱对公路运输过于依赖的发展束缚，也不能因强调铁路发展而削弱其他运输方式的发展。其发展思路可概括为三点：通过增加铁路投资，加快铁路发展，逐步提高铁路在运输市场中的份额并维持在合理水平；确保公路、水运、管道稳步发展，实现航空运输快速发展；通过增量调整和存量升级，推动各种运输方式在发展过程中按照比较优势进行分工与协作，使运输结构和运输布局不断趋于优化。

案 例 分 析

"十二五"时期交通基础设施建设的六个重点任务

一是公路交通方面：全面完善公路网规划，推进国家公路网建设，形成布局合理、层次清晰、功能完善、权责分明的干线公路网络。重点建设国家高速公路网，实施国、省干线公路升级改造，继续推进农村公路建设。到2015年，公路总里程达到450万km，国家高速公路网基本建成，高速公路总里程达到10.8万km，覆盖90%以上的20万以上城镇人口城市，二级及以上公路里程达到65万km，国、省道总体技术状况达到良等水平，农村公路总里程达到390万km。

二是沿海港口方面：有序推进主要货类运输系统码头建设，加强航道、防波堤、公共锚地等港口公共基础设施建设，优化沿海港口结构与布局，促进港口结构调整，着力拓展港口功能，提升港口的保障能力和服务水平。到2015年，形成布局合理、保障有力、服务高效、安全环保、管理先进的现代化港口体系，沿海港口深水泊位达到2 214个，能力适应度达到1.1。

三是内河水运方面：认真贯彻落实《国务院关于加快长江等内河水运发展的意见》，实施长江干线航道系统治理，加快以高等级航道为重点的内河航道建设，加快内河港口规模化、专业化港区建设，推进内河船型标准化，加强航道养护管理。到2015年，内河航道通航条件显著改善，"两横一纵两网十八线"1.9万km高等级航道70%达到规划标准，高等级航道里程达到1.3万km，内河水运优势进一步发挥。

四是民航方面：以建设民航强国战略统领民航业发展，以确保持续安全为前提，加快基础设施建设，完善航空运输网络，全面提升运输质量，积极发展通用航空。到2015年，民用航空保障能力整体提高，初步建成布局合理、功能完善、层次分明、安全高效的机场体系，运输机场数量达到230个以上，大型机场容量饱和问题得到缓解。

五是邮政方面：充分依托综合运输体系，加强邮政和交通运输资源的合理配置，强化邮政基础网络，促进快递大发展、上水平。到2015年，邮政服务范围进一步扩大，能力进一步增强。基本建成覆盖城乡、惠及全民、水平适度、可持续发展的邮政普遍服务体系，邮政普遍服务局/所总数达到6.2万个。

六是综合运输方面：统筹各种运输方式发展，加快综合运输体系建设，强化基础设施优化衔接，优化综合运输基础设施网络布局，加快综合运输枢纽建设，发挥综合运输的整体优势。到2015年，运输枢纽建设取得明显进展，建成100个左右铁路、公路、城市交通有效衔接的综合客运枢纽，建设200个功能完善的综合性物流园区或公路货运枢纽，使交通运输服务水平显著提高。

问题：

(1) "十二五"时期交通运输发展的思路和重点是什么？

(2) 如何加快交通运输发展方式转变，推进现代交通运输业发展？

关键术语

运输原理　公路运输　铁路运输　水路运输　航空运输　管道运输

综合练习

一、单项选择题

1. 以下不是运输业发展的趋势的是（　　）。
   A. 运输产业化　　B. 运输智能化　　C. 运输标准化　　D. 运输信息化
2. 下列措施不一定能很好地实现运输的合理化的是（　　）。
   A. 正确选择运输路线　　　　　　B. 发展社会化运输系统
   C. 充分利用运输工具装载能力　　D. 对配送尽量使用小吨位运输车
3. 能实现门到门运输的运输方式是（　　）。
   A. 铁路运输　　B. 公路运输　　C. 航空运输　　D. 水路运输
4. 旅客或货主对运输供给部门提出实现旅客或货物空间位移的有支付能力的要求称为（　　）。
   A. 运输供应　　B. 运输投资　　C. 运输要求　　D. 运输需求
5. （　　）运输是长途客运和精密仪器、鲜活易腐货物及急救物资的理想运输方式。
   A. 航空　　B. 水运　　C. 管道　　D. 公路

二、多项选择题

1. 评价运输合理化的要素有（　　）。
   A. 运输距离　　B. 运输时间　　C. 运输线路
   D. 运输环节　　E. 运输费用
2. 运输业有着与工农业生产不同的特点，具体表现在（　　）。
   A. 运输业不生产新的实物形态的产品　　B. 运输业是处于流通过程中的生产部门
   C. 运输产品的生产和消费是同一过程　　D. 运输产品具有非同一性
3. 公路运输的技术特征有（　　）。
   A. 投资小　　B. 机动灵活　　C. 单位载重量大　　D. 送到速度快
4. 铁路线路由三部分组成，即（　　）。
   A. 路基　　B. 轨道　　C. 桥隧
   D. 路面　　E. 垫层
5. 运输服务的公共性主要表现在（　　）。
   A. 保证为社会物质在生产和流通过程中提供运输服务
   B. 保证为人们在生产和生活过程中的出行需要提供运输服务
   C. 运输产品是有形产品
   D. 运输生产与运输消费同时进行
   E. 运输产品具有非储存性

三、名词解释

1. 运输
2. 规模经济原理

3. 距离经济原理
4. 旅客运输
5. 货物运输
6. 铁路运输

四、简答题

1. 运输的主要目的是什么?
2. 简述运输的发展趋势。
3. 运输的地位如何?
4. 如何实现运输合理化?

五、实务题

假定你是一家物流公司的运输管理人员,客户向你咨询以下问题:

(1) 从北京到德国法兰克福,50kg 展览会急需展品。

(2) 从深圳到美国旧金山,5 000 台电视机。

(3) 连云港某食用油工厂到乌鲁木齐,500 箱食用油。

(4) 某牛奶工厂在方圆 50km 内收购牛奶,然后将生产好的包装牛奶运送到本市的超市。

(5) 从武汉到美国纽约,20TEU(标准集装箱)服务。

问题:请你针对上述情形,从客户利益出发,考虑不同运输方式的优缺点和适用范围,为客户选择合理的运输(联运)方式,并简要说明理由。

第 2 章 客货流分析和运输量预测

【学习目标】

通过本章的学习，学生应了解货物的分类、货运产品的基本指标；掌握货流及货流图；明确客货流的不均衡性；了解客流及其分类；掌握客流图及客流动态；了解运输量预测的定性预测法；掌握运输量预测的定量预测法。

【导入案例】

2013 年一季度铁路运输，铁路客运增速加快，铁路货运小幅下降。呈现"客涨货跌"态势。2013 年一季度，全国铁路旅客发送量完成 50 181 万人，同比增加 6 440 万人，增长 14.7%。数据显示，2013 年春运期间，全国铁路共发送旅客 24 047 万人，创历年春运之最；同比增长 12.1%，增幅创 2000 年以来最高纪录。

此外，2013 年 3 月以来，受宏观经济影响，铁路货运装车需求呈现下滑趋势，货运形势比较严峻。一季度，全国铁路货运发送量完成 99 074 万 t，较去年同期减少 787t，同比下降 0.8% 左右。从各主要品类来看，一季度，全国铁路煤炭运量完成 58 451 万 t，石油运量完成 3 505 万 t，粮食运量完成 2 584 万 t，化肥及农药运量完成 2 696 万 t。

问题：

铁路是运输主体，铁路货运出现小幅下降的原因是什么？

【本章知识架构】

做好客货流分析和运输量预测对于保证运输业适应国民经济的发展和人民物质文化生活水平的提高有重要意义。预测的运输量包括铁路、公路、水路、航空等运输方式的旅客运量、旅客周转量、货物运量和货物周转量，以及管道运输的货物运量和货物周转量。运输量预测按期限通常分近期预测、中期预测和长期预测。一般5年以内为近期，5～10年为中期，10年以上为长期。

2.1 货流分析

2.1.1 货物的分类

货物是运输的直接对象，是物流中的流体，它与运输组织工作有密切的关系。为了有效地实现货物的运输组织工作，常常将货物按运输组织工作的需要进行分类。一般可按货物装卸方法、运输和保管条件、托运批量、物理属性、重要程度等因素进行分类。

1. 按货物的装卸方法分类

按货物的装卸方法可以将货物分为计件货物和散装货物。

(1) 计件货物，是可以用件计数的货物。每一件货物都有一定的质量、形状和体积，可按件重或体积计量装运。带运输包装的件装货物，按其包装物的形状可分为桶装货物、箱装货物和袋装货物等多个种类；按其包装物的性质，又可分为硬质包装、软质包装和专业包装。集装货物可以视作成件货物的一种特殊形式，如采用托盘、集装箱、集装袋等运输的货物。

(2) 散装货物，又可分为堆积货物和灌装货物。堆积货物是指不能计点件数，可以用堆积方法来装卸的货物，即允许散装散卸的货物，如煤炭、砂石、矿石、土等。灌注货物一般指液体货物，如油类、液体燃料、水等，用罐装方法进行装卸搬运的货物。

2. 按货物的运输和保管条件分类

按货物的运输和保管条件可以将货物分为普通货物和特种货物。

(1) 普通货物，是指在运输、配送、保管及装卸搬运过程中，不必采用特殊方式或手段进行特别防护的一般货物。

(2) 特种货物，是指在运输、配送、保管及装卸等过程中必须采取特别措施，才能保证其完好无损和安全的货物。特种货物又可分为危险货物、大件(长大、笨重)货物、鲜活易腐货物和贵重货物等。

3. 按照货物的批量分类

按照货物的批量可分为整车货物和零担货物。

(1) 整车货物。汽车运输整车货物是指一次托运货物的质量在 3t 以上或虽不足 3t，但其性质、体积、形状需要一辆汽车运输的货物；铁路运输整车货物是指一批货物的质量、体积或形状需要一辆 30t 或 30t 以上货车运输的货物。整车货物的特点是货流较稳定，装卸地点变动较少，如粮食、煤炭、建筑材料等，因此宜采用大载质量运输工具运输，并使用高生产率的装卸机械。

(2) 零担货物。汽车运输零担货物是指一次托运货物的质量在 3t 及其以下或不满一整车的小批量货物；铁路运输零担货物是指不够整车运输条件的货物，且一件体积最小不得小于 $0.02m^3$（一件质量在 10kg 以上的除外），每批货物不得超过 300 件。零担货物的主要特点是货物种类繁多，批量小，货流不稳定，装卸地点经常变动，因此宜采用小载质量运输工具进行运输。

4. 按货物的物理属性分类

按货物的物理属性可以将货物划分为固体、液体、气体三种不同性质的货物。

在不同地理和经济区域以及产业发展的不同阶段，三种不同物理属性的货物量构成是不同的。就我国现阶段的货物物理属性构成而言，以固体货物的运输量为最大，而其中又以块状货物(如煤炭、矿石等)和粉末状货物(如水泥、化肥等)居多。

5. 按运输对象的重要程度分类

按运输对象的重要程度可将货物分为重点物资货物和一般物资货物。货物运输时间的缓急，主要是依据国家政策及有关规定确定的。

(1) 重点物资货物,指在运输时间上对国民经济、人民生活、宏观效益等方面有重要影响的物资,如抢险救灾、战备急需的物资。

(2) 一般物资货物,指相对重点物资货物而言的其他各种货物。一般物资货物在运输时间上没有特殊的要求。托运人自己要求优先运输的货物一般不算重点物资货物。有些一般物资有较强的时间性,如农业生产用的种子、农药、化肥、薄膜等,为了不误农时,承运人应以支农物资对待,优先安排运送。

2.1.2 货运产品的基本指标

衡量交通运输业产品多少的标准是客运或货运周转量,或称运输工作量,它是运量和运距的乘积。故客货运输产品的基本指标有运量、运距(运程)和周转量(工作量)。以下就货运分别阐述其含义和影响因素。

1. 货运量

货运量是指运输企业在一定的时期内实际运送的货物数量,其计量单位为 t。不论货物运输距离长短或货物种类如何,凡货物重量达到 1t 者,即计算为一个货物吨。货运量是反映运输生产成果的指标,体现着运输业为国民经济服务的数量。一定时期货运数量的大小,也是反映国力状况的一个重要指标。反映货运量的指标有发送货物吨数、到达货物吨数和运送货物吨数。

(1) 发送货物吨数是指货物在发送站(港)始发的货物重量,表明物质生产部门交给运输业运送的产品数量,也说明运输业满足国民经济对运输需要的程度,它直接关系运输工具的调度。国家计划的货运量,就是按发送吨数计算的。

(2) 到达货物吨数是指到达目的站(港)的货物重量。它是从一批货物的运输已经完成的角度来反映运输业的成果。它能准确地反映货物运输的最终结果。通过运到站(港)所在地区的产品种类和数量,在一定程度上反映出此地区的经济特征并表示此地区还需要其他地区供给的产品种类及数量。

(3) 运送货物吨数是指运输企业为完成运输任务而从事运送工作的货物重量,一项运输任务由同一运输方式、同一运输企业来完成时,发送、到达和运送货物吨数都是相同的。但是当它由不同的运输企业来承担时,运送货物吨数的计算方法就不一样了。这主要发生在铁路运输上。由于全国铁路划分为若干个铁路局,对于仅仅通过的铁路局来说,就只有运送货物吨数而无发送或到达货物吨数。

对于公路、水路而言,其货运量按报告期到达货物数量统计,即报告期内已送达目的地并卸完的货物数量为该报告期的运输量。

2. 运距

运输工具载运旅客或货物的起讫点(旅客为上车点至下车点、货物为装货点至卸货点)之间的路程长度。一般以千米为计量单位。在经济管理工作中有重要意义的是测算和分析平均运距和经济运距两个指标。

(1) 平均运距是指一定时期内,平均每位旅客、每吨货物被运送的公里数。在客、货运量既定的情况下,平均运距决定着客、货周转量的大小,影响着运输过程中劳动消耗量的多寡,以及车辆周转时间,客、货运达期限,在途物资数量,运输成本水平等。

(2) 经济运距是指在运网布局、客货源状况、各种运输方式的技术经济特性等一定的运输条件下,某种运输方式能发挥最佳经济效益,即达到社会劳动消耗最小的运距。它是在各种运输方式之间相互比较而测算出来的具有一定变化范围和幅度的数值。对不同种类的货物、不同的运输方式和同一运输方式中不同类型的运输工具,经济运距各不相同。测算和分析经济运距可以为确定各种运输方式的合理使用范围提供依据。随着经济的发展和生产技术的进步,以及各种运输方式技术装备的进步、经营管理水平的提高,经济运距也在不断地发生变化。

3. 货物周转量

货物周转量是指运输货物的数量(t)与运输距离(km)的乘积,其计量单位为 t·km 或 t·海里(海运为 t·海里,1 海里≈1.852km)。计算公式为

$$货物周转量 = 实际运送货物吨数 \times 货物平均运距 \quad (2-1)$$

货物周转量指标不仅包括了运输对象的数量,还包括了运输距离的因素,因而能够全面地反映运输生产成果。

换算周转量,是指将旅客周转量按一定比例换算为货物周转量,然后与货物周转量相加成为一个包括客货运输的换算周转量指标。它综合反映了各种运输工具在报告期实际完成的旅客和货物的总周转量,是考核运输业的综合性的产量指标。计算公式为

$$换算周转量 = 货物周转量 + (旅客周转量 \times 客货换算系数) \quad (2-2)$$

客货换算系数的大小,取决于运输 1t·km 和 1 人·km 所耗用人力和物力的多少。目前我国统计制度规定的客货换算系数,按铺位折算,铁路、远洋、沿海、内河运输的系数为 1;按座位折算,内河为 0.33,公路为 0.1,航空国内为 0.072,国际为 0.075。

2.1.3 货流及货流图

1. 货流及其分类

货流是在一定时期和一定范围内,一定种类和一定数量的货物,沿一定方向有目的的位移。货流是一个经济范畴的概念,本身包含着货物的流向、流量、流时、运距和类别五个方面的要素。流向是货物运输的方向,有顺向和反向之别,一般以货流量较大的方向为顺向,反之为反向;流量是一定流向内的货物运量;流时是货流发生的时间。货流可以在一定程度上反映一个国家工农业之间、城乡之间、地区之间和企业之间的经济联系,以及国家的经济状况和运输业水平。货流的大小通常可借助货流量表示。

路段的货流量是指在一定时间内沿该路段的一个方向通过的货物数量(t/h)。路段货流量的计算公式为

$$I = \frac{Q}{T} \quad (2-3)$$

式中:I——路段的货流量(t/h);

Q——统计期内沿路段单方向通过的货物数量(t);

T——统计期时间(h)。

货流具体反映地域间货物运输联系,按照不同的需要,有不同的分类方法。

(1) 按照调运的方向,可以把每条交通线上的货流分作"往"、"返"两个方向,在我

国铁路上称作上行和下行方向。凡由各地到北京的货流称为上行货流；由北京到各地的货流称作下行货流。内河水运常把顺水方向的货流称作下行货流，逆水方向货流称作上行货流。在公路中往往以实际方位来标示货流方向。两个方向中，货运密度较大的称为主要货流方向。交通线路上一定地点的货流量，称为货运密度。

（2）按照货物的种类，可以把货流分作若干类。例如，我国铁路和水运干线上，过去把货流分作12类。目前，铁路的货运已扩大为26类：煤、石油、焦炭、金属矿石、钢铁及有色金属、非金属矿石、磷矿石、矿物性建筑材料、水泥、木材、粮食、棉花、化肥及农药、盐、化工品、金属制品、工业机械、电子（电气）机械、农业机具、鲜活货物、农副产品、饮食品及烟草制品、纺织品（皮革、毛皮）及其制品、纸及文教用品、医药品及其他货物。货流的货种分类，可以根据调查的目的，因地区、因交通线而有所不同。各个货种货流的总和称为集中即总和货流。

（3）按照运输枢纽工作性质，可以把货流分为始发货流，由当地发出的货流；到达货流，由当地收入的货流；中转货流，在当地改换交通工具的货流；通过货流，单纯在当地枢纽经过的货流。

（4）按照经由区域，可以把货流分为区内货流、区间（区际）货流和过境货流。区内货流的发点和收点均在同一区域；区间货流只有发点或收点在该区；过境货流则收、发点均不在本区，而只是由通过本区的交通线经过，因而使不同区域经济发生直接联系。

2. 货流图

为了清晰地反映货物种类、数量、方向等因素构成的货流量和流向，可以采用货流图来描述。货流图是用于表示一定时期内沿某运输路线货流特征的图形。

绘制货流图时，把货物沿实际运输路线的曲线流动表示成直线，从起运点开始，以运输路线的轴线为横坐标，按比例绘出各有关货运点间的距离，再将不同种类的货物数量按一定比例，用不同符号（或颜色）标在纵坐标上，将同一方向的货流表示在横坐标的一侧，而将相反方向的货流表示在另一侧。这样就得出一个表明不同货物种类构成的流向和流量的货流图，货流图上每个矩形面积表示出不同种类构成的货物周转量。

货流图可针对某一地区、某一调度区、某车站、车队或班组营运范围的主要货物种类或重要物资绘制，对一些运量较大的主要路线，也可视情况需要分别绘制。为了便于绘制货流图和分析货流，可先编制各货运点的货流表（表2-1）。据此可以很方便地绘出货流图，如图2.1所示。

表2-1 货流表 单位：t

发货点 \ 收货点	A	B	C	共计发送
A		200	300	500
B	500		300	800
C	200	400		600
共计到达	700	600	600	1 900

图 2.1 货流图

注：货流图上每个矩形面积表示出不同种类构成的货物周转量。

货流图的主要作用体现在以下几方面：①能够清晰地表明各种货物的流量、流向、运距，便于进行有计划的组合与安排；②便于发现运输组织计划中存在的问题，增强货物流向的合理性；③便于根据货流特点组织车辆，进行装卸设备等的配置与调度；④便于编制和检查车辆运行作业计划，组织合理运输；⑤便于确定线路的通过能力、装卸站点的作业能力，为线路、站点的新建、扩建提供必要的基础资料。

利用计算机，开发有关应用软件，则可使得货流图的绘制工作变得更为简单、实用、高效。

2.1.4 货流的不均衡性分析

货流的不均衡性表现在方向和时间两个方面。

1. 货流方向上的不均衡性分析

所谓货流方向上的不均衡性，即货流在相向方向之间的差异，以回运系数 K_v 示之。如以 $G_{轻}$ 表示轻载方向货流量，$G_{重}$ 表示重载方向货流量，则

$$K_v = \frac{G_{轻}}{G_{重}} \quad (K_v \leqslant 1) \tag{2-4}$$

【例 2-1】AB、BC 间距为 100km 及 50km，AC、CB、BA 之货运密度为 1 000t、1 000t 和 500t，得出各区段回运系数如下：

$$K_v(A-B) = \frac{500}{1\,000} = \frac{1}{2}$$

$$K_v(B-C) = \frac{1\,000}{1\,000} = 1$$

$$K_v(A-C) = \frac{1\,000 \times 50 + 500 \times 100}{1\,000 \times 150} = \frac{2}{3}$$

故回运系数必须分区段计算。

1) 货流方向不均衡的生产力布局因素

生产力布局是造成货流方向上不均衡性的主要原因。这首先表现在采掘工业和加工工业分布的地域差异上。一般说来，采掘工业生产的产品在重量上远远超过其消费掉的材料，例如煤矿运入的坑木，在重量上只是产煤量的1/10至1/8，这样，就使采掘工业所在地成为"出超"区。加工工业情况较复杂，其中有一些部门，原料和燃料失重性很大，如2t铁矿石(含铁50%)和1.2～1.6t煤才能炼1t铁。在制糖和榨油工业中，成品和原料的重量比为1∶6左右。这样，有些加工工业集中地便成为"入超"区。另外在大中城市，因居民生活需要，造成对粮食、副食品、民用煤的大量消费，亦引起运入、运出的不均衡。由于许多大中城市同时就是大的加工工业中心，这一趋势更为严重。

2) 货流方向不均衡的经济后果

从运营上来看，方向不均衡造成了空车(船)的调拨。空车走行不完成货运吨公里数，但仍要消耗一定的费用，如铁路上空车$1t \cdot km$成本约为重车$1t \cdot km$成本的一半。这便使交通线总的运营费提高。重车流和空车流产生重车公里$\sum ns_{重}$和空车公里$\sum ns_{空}$，后者与前者的比例称为空率(α)，即

$$\alpha = \frac{\sum ns_{空}}{\sum ns_{重}} \qquad (2-5)$$

如果例2-1中货流通过铁路上载重50t的棚车运输，则

$$\alpha(A-C) = \frac{10 \times 100}{20 \times 150 + 10 \times 50 + 10 \times 150} = \frac{1}{6}$$

实际情况下，由于车船的专门化和不同物料对运输工具的特殊要求，如石油要求油罐车承运、鲜肉要求冷藏车承运，又使空率大为增加。如例2-1中由C至B一半为石油货流，需用载重50t的油罐车运送，此时

$$\alpha(A-C) = \frac{10 \times 150 + 10 \times 50}{20 \times 150 + 10 \times 150 + 10 \times 50} = \frac{2}{5}$$

可见，即使货流在方向上较均衡，亦不排除空车调拨的可能性。例如，大庆油田的原油南运，设备、建材、日用品运入，并不能在车辆上利用回空，这也是敷设油管的一个原因。在海上运输，回空船只为了保持其稳定性，又往往需人为地增加载重量，形成更大的浪费。货流方向上的不均衡性，造成了新修或改建交通线投资的增加，因为路线及枢纽均需以重车方向的货流为设计依据，从而大大减低线路的经济效果。

3) 货流方向不均衡的改善措施

想绝对消除方向上的不均衡性是不现实的。但是，通过一些技术经营措施和生产布局

措施，可以使这种不平衡得到缓和。技术经济措施是一些治标的办法。路线采用有利于重车方向的运营制度，如单线铁路使用不成对运行图，双轨铁路一线当作单线使用；车辆与船舶不过分狭隘专门化；设计陆路交通线时，将空车方向采用较陡的上坡；空车方向运价给以折扣等。

生产力布局措施是改善货流方向上不均衡的治本办法。这方面必须注意以下各点：尽量使采掘工业和原料、燃料失重性很大的加工工业在地域上结合，组织联合企业，如将采矿、焦化、钢铁冶炼工业结合在一起；在大城市、工业区附近建立粮食、副食品、燃料基地；布局工业时，考虑到货流方向上的均衡，如在交通线两端的煤炭和铁矿石基地各建钢铁企业并进行原料互换；适当选择分布广泛的原材料如砂石、黏土、石灰石等的产地和加工厂，使其能利用回空方向运输。

2. 货流时间上的不均衡性分析

所谓货流时间上的不均衡性是指货流在不同时间的货流量不相等，包括年度的和季度的。这种不平衡程度可用波动系数进行度量。波动系数指全年运量最大季度（或月份）的货流量与全年平均季度（或月份）货流量之比。波动系数越小，表明货流的时间不平衡程度越小；反之，则表明不平衡程度越大。

1) 货流季节不均衡性

货流季节不均衡性以季节波动系数 K_s 表示。以 $G_{平均}$ 表示交通线网或枢纽全年平均货流量，以 $G_{最大}$ 表示其某一时期最大货流量，则

$$K_s = \frac{G_{最大}}{G_{平均}} \quad (K_s \geqslant 1) \qquad (2-6)$$

以上公式反映了最大货流量与平均货流量的关系，对于组织运输，准备后备运力有巨大意义。但要表示货流变动一般情况，可求均方差 σ。如以 G_i 表示每一时期的货流量，N 表示时期的总和数，则

$$\sigma = \sqrt{\frac{\sum (G_i - G_{平均})^2}{N-1}} \qquad (2-7)$$

根据均方差求变差系数 C，则

$$C = \frac{\sigma}{G_{平均}} \qquad (2-8)$$

例如，两个码头的货物吞吐量季度分配分别为 2、3、4、3（万 t）和 1、3、4、4（万 t），两个码头的 $G_{平均}$ 均为 3（万 t），季度波动系数 K_s 均为 1.33，而变差系数分别为 0.24 和 0.41，即后一码头货流的波动要比前一码头大些。

2) 货流季节不均衡对交通运输的影响

货流量在时间上的分布一般是不均衡的，如农产品生产有季节性，其货流量也呈相应的季节性变化。货流季节不均衡对交通运输的影响非常大，交通路线和站港不能根据平均货流量，而是要根据最紧张时期的货流量来确定，这样，平时的固定设备便搁置不用，影响资金的周转。日常的运输组织工作，也因为货流的季节波动而引起许多麻烦，如必须调配劳动力、调剂车船利用等。

2.2 客流分析

旅客的空间位移是交通运输的另一种产品,旅客运输的基本指标是客运量、运距,以及二者乘积的总和旅客周转量(客运工作量)。具有一定距离和方向的客运量称为客流,其单位为人·km。交通线路上一定地点的客流量,则称为客运密度,单位为人·km/km。

2.2.1 旅客的分类

旅客运输的基本任务就是最大限度地满足人民群众对于出行乘车的需要,确保安全、迅速、经济、便利地将旅客送往目的地。旅客通常有以下几种分类方法。

1. 按旅客出行目的分类

按旅客出行目的,可以将旅客分为公务出差、商务、旅游、探亲、通勤、外出打工、生活购物等不同类型。就市县间长途客运而言,一般探亲访友的旅客数量较大,其次是经商和出差的旅客;在城市公交客运中,通勤乘客所占比重较大。近年来,农村外出打工人数急剧增加,在春节前后形成巨大的客流量。不同类型的旅客需要不同的运输服务要求,针对不同出行目的旅客展开有关服务,可以大大提高旅客运输服务水平和运输组织水平。

2. 按发送区域分类

按发送旅客的区域,可以将旅客分为市内乘客、城乡旅客、城间旅客和国际旅客。

(1) 市内乘客,出行范围主要在城区,此类乘客在时间、空间上分布很不均衡,客运工作的主要特点是行车频率高、运输距离短、交替频繁、停车次数多,大多由城市公交系统提供服务。

(2) 城乡旅客,出行范围主要在城市与乡村之间,此类旅客多为早进城市晚回乡,出行距离较短,多由短途客运系统提供相应服务。

(3) 城间旅客,出行范围主要在城市之间,此类旅客流量相对稳定,在短时间内不会出现偶然性的高峰;旅客平均运距长,多由长途客运系统提供相关服务。

(4) 国际旅客,出行范围在国与国之间,这部分旅客流量较小且较集中,多由航空客运系统和铁路客运系统提供运输服务。

一般而言,长途旅客构成的客流较稳定,对舒适性、定时性和快速性要求较高,特别是有些旅客还要转乘其他运输工具,因此编制行车(航班)时刻表或船期表时应与其他运输方式的运输时刻相衔接;而短途旅客构成的客流在时间与空间上分布往往不均匀。

3. 按旅客是否包租运输工具分类

按旅客是否包租运输工具,可将旅客分为团体旅客和零散旅客。

(1) 团体旅客是指一次出行人数较多且目的地一致,由运输企业安排专车(船、机)运送的旅客。这类旅客运输具有直达运输、统一结算运费、规定旅行线路等特点。

(2) 零散旅客是指同时出行人数不多,到达地点各异,搭乘既定线路的运输工具的旅客。

2.2.2 客流及其分类

客流是旅(乘)客因生产、工作和生活需要,在一定时期内沿运输路线某一方向有目的的流动。客流同样包括流量、流向、运距、时间和类别五个基本因素。其中类别是指旅(乘)客的构成,流量表示旅(乘)客数量的多少,流向即旅(乘)客流动的方向,时间表示旅(乘)客出行所耗费的时间。客流量是反映一定时期社会经济发展、人民物质文化生活水平以及旅游业发展和人口增长速度等因素的一个综合性指标。

客流是合理组织客运业务的基本依据,也是规划客运站场,进行客运基础设施建设的基础数据资料。根据旅(乘)客活动范围,一般可将客流分为以下几种。

(1) 市区客流。主要指城市道路上流动的乘客;其中,城市公共交通客流占很大比例。

(2) 郊区客流。主要指在相邻城市公路干线上流动的乘客。

(3) 县区客流。主要指在县境范围内流动的乘客。

(4) 区内客流。通常指在行政专区范围内流动的乘客。

(5) 跨区客流。通常指经过两个以上专区范围内流动的乘客。

(6) 跨省客流。通常指经过两个以上省境范围内流动的乘客。

(7) 跨国客流。通常指经过两个以上国家范围内流动的乘客。

影响客流形成的因素很多,通常有人口数量及其分布、人口构成、人均收入、经济发展水平、运输业的发展和运输网布局、旅游业的发展及客运服务质量等。此外,经济体制也在很大程度上影响客流的形成。例如,随着农业经济体制改革和农业机械化的发展,农业人口中已形成了较多的富余劳动力,这些劳动力向城市的移动,形成了巨大的民工客流,而且这种民工客流在时间和空间的分布是极不均衡的,在很大程度上影响到运输组织工作。所以,铁路、公路、航空、水运等各种运输方式间,要协调组织,密切配合,努力做好客流组织与分流工作。

2.2.3 客流图

客流的基本表示方法可以用客流量和流向表示。为便于研究客流的特性,亦可采用编制客流表和绘制客流图的方法,其编制和绘图过程与货流表及货流图相似。表 2-2 和图 2.2 是以公共汽车为例的客流表和客流图。

表 2-2 公共汽车路段小时客流统计表

项目	停车站	交校路	八里桥	西市场	经五路	经七路
站距 L_j/km		0.9	0.8	1	0.7	
路段序号 i		1	2	3	4	
路段客流量 Q_i/人	上行方向	800	1 000	1 200	800	
	下行方向	1 000	1 400	1 600	1 200	

图 2.2 客流图

在编制客流图时,在客运服务区域很大的情况下,因区域内客运点较多,客流方向也多变,为使编制工作简化,可以将整个服务区域划分为若干小区,而把各小区视作客运点,并按主要客流线路去绘制和编制整个区域的客流图和客流表。

2.2.4 客流的不均衡性分析

客流分析的核心是分析客流在时间和空间上分布的不均衡性,以及它们与运输组织和行车组织的关系。

1. 客流的时间分布不均衡分析

1) 一日内小时客流的不均衡性

小时客流随人们的生活节奏和出行特定目的而变化。通常是夜间少,早晨渐增,上班和上学时达到高峰,午间稍减,傍晚又因下班和放学再次形成高峰,此后逐渐减少,子夜最少。这种规律在国内外的城市交通线路上几乎都是一样,只是程度不同而已。交通线路单向分时客流不均衡系数可按规定计算,单向分时客流不均衡系数越趋向于零,则单向分时最大断面客流不均衡程度越大。在单向分时客流不均衡系数较小,即在单向分时最大断面客流不均衡程度较大的情况下,为实现城市交通运输组织合理性和运营经济性,可考虑采用小编组、高密度行车组织方式,即在客流高峰时间段开行较多的班车以满足乘客需求,而在客流低谷时间段则减少开行班车数以提高车辆时间满载率。

由于一日内小时客流分布的不均衡,在确定全日行车计划应以分时最大断面客流作为依据。另外,在高峰小时内,客流的分布也是不均衡的,存在一个 15~20min 的超高峰期。据有关资料,超高峰期的客流强度要比高峰小时的平均客流强度大 20%~40%。因此,在设计车站设备容量时应考虑高峰小时内短期客流分布的不均衡因素。

2) 一周内全日客流的不均衡性

由于人们的工作与休息是以周为循环周期进行的,这种活动规律性必然要反映到一周内各日客流的变化上来。在以通勤、通学客流为主的交通线路上,双休日的客流会有所减少;而在连接商业网点、旅游景点的交通线路上,客流又往往会有所增加,另外星期日与节假日后的早高峰小时客流和星期五与节假日前的晚高峰小时客流，都会比其他工作日早、晚高峰小时客流要大。

根据全日客流在一周内分布的不均衡和有规律的变化，从运营经济性考虑，交通系统常在一周内实行不同的全日行车计划和班车运行图。

3）季节性或短期性客流的分布不均衡性

在一年内，客流还存在季节性的变化，如由于梅雨季节和学生复习迎考等原因，6月份的客流通常是全年的低谷。另外在旅游旺季，城市中流动人口的增加又会使交通客流增加。短期性客流急增通常发生在举办重大活动或天气骤然变化的时候。对季节性的客流变化，可采用有效的措施来缓和运输能力紧张情况。当客流在短期内增加幅度较大时，运营部门应针对某些作业组织环节、某些设备的运用方案采取应急调整措施，以适应运输需求。

2. 客流的空间分布不均衡分析

1）上下行客流的不均衡

在交通线路上，由于客流的流向原因，上下行方向发、到的客流通常是不相等的。在发射状的交通线路上，早、晚高峰小时的上下行方向客流不均衡尤为明显。交通线路上下行方向不均衡系数可按相应的公式计算。上下行方向不均衡系数越趋向于零，则上下行方向最大断面客流不均衡程度越大。在上下行方向客流不均衡系数较小，即在上下行方向最大断面客流不均衡程度较大的情况下，直线线路上要做到经济合理的配备运力比较困难，但在环行线路上可采取内、外环线路安排不同运力的措施。

2）各个断面客流的不均衡

在交通线路上，由于各个车站乘降人数不同，线路单向各个断面的客流存在不均衡现象是不可避免的。交通线路单向各个断面客流不均衡系数可按相应公式计算。单向断面不均衡客流系数越趋向于零，则线路单向最大断面客流不均衡程度越大，在单向断面客流不均衡系数较小，即在线路单向最大断面客流不均衡程度较大的情况下，可采用在客流较大的区段加开区间车的措施，但在行车密度较大的情况下，加开区间车会有一定难度，并且加区间车对运营组织和车站折返设备都会提出新的要求。

3）各个车站乘降人数的不均衡

交通线路各个车站的乘降人数不均衡，甚至相差悬殊的情况并不少见，在不少线路上，全线各站乘降量总和的大部分往往是集中在少数几个车站。此外新的居民住宅区形成规模和新的交通线路投入运营，也会使车站乘降量发生较大变化及带来不均衡的加剧或新的不均衡。

2.2.5 客流动态及其演变规律

1. 线路网上的客流动态

线路网上的客流动态是指全市性的平面图上的客流动态。它反映全市公共交通线路网上客流量的多少及分布特点：一般城市的中心区客流量总是最集中、最稠密的，边缘地区则相对稀疏。线路网上的客流动态一般来说是由中心区的集散点逐渐向外延伸。客流的动态分布与城市的总体布局有很大关系，并受道路格局的制约。线路网上客流动态数值是用通过量表示的。各个路段的通过量按照时间顺序排成数列，即可显示线路网上客流动态数值及变化特点。根据线路网上客流量动态变化方向和数值及波动的幅度，可以提供研究线路的新途径，调整运营车辆的选型及配备各阶段的车辆数，以及修改班车时刻表等资料。

2. 方向上的客流动态

一般线路上都有上下行两个方向。两个方向的客流量在同一时间分组内是不相等的，有的线路双向的客流量几乎相等，有的线路则相差很大。由于方向上的客流动态不同，可计算出两个数值，其动态类型也可分为两种：双向型和单向型。

1) 双向型

上下行的运量数值接近相等，市区线路属于双向型的较多。这种线路在车辆调度上比较容易，同时车辆的利用率比较高，如图 2.3 所示。

图 2.3 双向型线路

2) 单向型

上下行的运量数值差异很大，特别是通向郊区或工业区的线路，很多是属于单向型的。这样的线路上比较复杂，车辆的有效利用率较双向型线路低，如图 2.4 所示。

图 2.4 单向型线路

3. 断面上的客流动态

线路上各停车站的上下车人数是不相等的，因此车辆通过各断面时的通过量也是不相等的，若把一条线路各断面上的通过量的数值按上行或下行各断面的前后次序排成一个数列，这个数列就能显示断面上的客流动态。从这些数量关系中，可以看出客流在不同时间内在断面上的分布特点与演变规律。客流在线路各断面上的动态分布是有一定特点的，但从整条线路归纳起来，大致有以下几种主要类型。

1) "凸" 形客流

各断面的通过量以中间几个断面数值为最高，断面上的客流量成凸出形状，如图 2.5 所示。

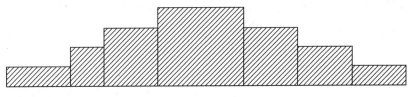

图 2.5 "凸"形客流示意

2) "平"形客流

各断面的通过量很接近,客流强度几乎在一个水平。有些线路在接近起、终点站前的 1~2 站断面通过量较低,但其余断面的通过量很接近,也属于此类型,如图 2.6 所示。

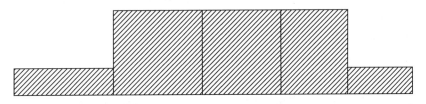

图 2.6 "平"形客流示意

3) "斜"形客流

线路上每个断面的通过量由小至大逐渐递增,或者由大至小逐渐递减。在断面上显现梯形分布,整体构成斜形,如图 2.7 所示。

图 2.7 "斜"形客流示意

4) "凹"形客流

与"凸"形断面的通过量动态特点正好相反,中间几个断面的通过量低于接近两端端面的通过量,全线路断面的通过量分布呈凹形,如图 2.8 所示。

图 2.8 "凹"形客流示意

5) 不规则形客流

线路上各断面的通过量分布高低不能明显地表示为某种类似的形状。

总之,分析断面上的客流动态,可以为经济合理地编制班车时刻表及选择调度措施提供重要的依据。

4. 客流动态的演变规律

客流动态是受外界因素影响而经常变动的。但经过充分的调查研究后可以看到,在一定的时间与范围内,其变异程度具有某些规律性。掌握客流动态的变化规律,是公共交通企业组织运营计划的基础。从季节、周日、昼夜三种不同的时间角度可以探求出一定的演变规律。

1) 季节性变化

一年中每月的客流量互有差距而不平衡,有一定的起伏变化。在一般情况下,冬季每月的客流量比较高,夏季则比较低。这是因为冬季寒冷,部分骑车人或步行者往往改乘公共交通工具。岁尾年初人们的生活出行增多,所以市郊区的客流量都有大幅度的上升。夏季城市居民的一般社会活动量减少,导致客流量普遍下降。季节性客流动态及其指标是制订客运计划的主要资料,也是编制各月行车计划的主要依据之一。

2) 周日间变化

在一个星期的七天中,由于受到生产和休假日的影响,每天的客流量是不等的。但变化较为稳定,每周的客流量将会有重复出现的规律。其特点是每周一早高峰、周五晚高峰。周六、周日的客流量较高,近郊线路比市区线路尤为明显。市区线路在周六、周日,因休假单位量大且集中,通勤客流大幅下降,而平日低峰时间的生活娱乐性客流量在周六、周日则有很大增加。

3) 昼夜变化

一昼夜内各个单位的时间的客流动态是不相同的。公共交通的基本客流主要是由工作性客流构成的,在一天的运营时间内出现两个客运高峰。在工业区行驶的线路,受三班工作制的影响,还会形成中午与夜间两个客运小高峰。一天的客流变化规律动态,要以小时为单位,调度员要结合动态类型及变化规律进行分析,安排好线路的运营时间,劳动班次、车辆使用和行车调度方法等。

2.3 运输量预测

2.3.1 运输量预测概述

1. 运输量预测的定义

运输量预测,就是指根据国民经济和社会发展对运输的需求,就未来的旅客和货物运输量作定性和定量的计算和分析。运输量预测是国家经济预测的组成部分之一,也是研究分析交通运输发展战略的重要内容和决策的依据。它是研究分析未来运输业需要担负的任务,寻求发展运输能力的目标和途径,研究各种运输方式之间运输量的合理分配和综合运输网建设,以形成合理的运输业结构的依据。

2. 运输需求与运输量预测

运输需求与运输量是两个不同的概念。运输需求是社会经济生活在货物与旅客空间位移方面所提出的具有支付能力的需要;而运输量则是指在一定的运输供给条件下所能实现的货物与旅客的空间位移量。社会经济生活中的货物与旅客空间位移是通过运输量的形式反映出来的。运输需求、运输供给与运输量相互关系如图2.9所示。

图 2.9　运输需求、运输供给与运输量相互关系的示意

过去许多预测工作没有分清运输需求与运输量的区别，在大部分预测过程中主要采用了以过去的历史运输量预测未来运输需求的方法，以运输量预测简单代替运输需求预测，这种概念上的误差在一定程度上影响了预测的准确程度。

在运输能力满足需求的情况下，运输量预测尚可以代表对运输需求量的预测；而在运输能力严重不足的情况下，不考虑运输能力限制的运输量预测结果，就难以反映经济发展对运输的真正需求。

3. 运输量预测的步骤

运输量预测的步骤大致分为以下三步。

(1) 系统分析客货运输量和工农业生产之间关系的历史和现状，分析确定未来旅客平均行程延长或缩短的趋势及其影响因素，寻求它们之间关系数量上变化的趋势，掌握预测计算用的数据和成因。

(2) 调查了解预测期内发展国民经济的方针政策和有关工农业生产等社会经济发展的主要指标，分析引起未来运输量需求的因素变化的趋势。

(3) 采用多种方法进行预测，综合比较，确定预测运输量的速度和规模，力求提高预测的准确性和及时性。

4. 运输量预测的内容

(1) 社会总运输量预测。社会总运输量是指全国、省、市、区域内可能发生的客、货运输总量，是由各种运输方式的营业性和非营业性运输单位承运的所有运输需求量，包括国民经济（或某一种运输方式）的正常运量、转移运量和新增加运量。它是编制国民经济计划和进行运输基础设施建设的重要依据，是各种运输方式进行规划和编制运输生产计划的重要依据。

(2) 各种运输方式的运输量预测。包括铁路、公路、内河、海运及民航等运输方式的货运量、客运量、货物周转量和旅客周转量等的预测。

(3) 地区之间的运输量预测。在各地区的客货发到量确定之后，还需要预测各地区之间的交流量。地区间的客货交流量是反映地区社会经济空间结构与关系的一个重要方面。

(4) 运输企业在运输市场上的占有率预测。运输企业在运输市场上的占有率在很大程度上反映该企业的竞争能力，因此占有率预测是对运输企业竞争能力的预测。

在四类预测中，前两类属于宏观预测的范畴，后两类属于微观预测的范畴。由于预测的目的要求不同，因此内容的粗细也不同。一般来讲，宏观预测与长期预测内容要粗一些，微观预测和短期预测的内容则要细一些。例如，列入本企业经营的运输量，不仅有

客、货运量和周转量,还应包括上行、下行的运输量,淡、旺季的运输量,货物运量中主要货物的分类和比例等。

2.3.2 运输量预测的定性预测法

运输量预测的方法有多种,归纳起来大体可分为两大类:定性预测方法和定量预测方法。在进行运输量预测时,要根据社会经济现象的不同特点和所掌握的资料等选择合适的预测方法进行预测。由于预测方法对预测结果有很大影响,因此不同的预测方法会有不同的预测结果,甚至会得出不同的结论。

定性预测法主要依据调查研究,采用少量数据和直观材料,预测人员再利用自己的知识和经验,从而对预测对象作出预测。定性预测方法主要用于对预测对象的未来性质、发展趋势和发展转折点进行预测,适合于缺乏充分数据的预测场合。常用的定性预测方法有以下几种。

1. 德尔菲法

定性预测最常用的方法是德尔菲(Delphi)法。它是在 20 世纪 40 年代由美国兰德公司创立并使用的。其预测过程大体包括以下内容。

(1) 由预测组织人员将需要预测的问题一一拟出,然后将这些问题连同本次预测活动的目的、意义等背景材料,一并寄给预测专家。

(2) 预测专家各自独立地回答各个预测问题,并将答案回寄给预测组织人员。

(3) 预测组织人员对收集的专家意见汇总、分类和整理,将那些专家意见相差较大的问题再抽出来,附上几种典型意见请专家进行第二轮预测。

(4) 重复上述过程,直到专家的意见趋向一致或更加集中在一两种意见上为止。

以上述专家的最终意见作为预测结果。

德尔菲预测方法的基本特点包括:①参与预测的专家比较多,有尽可能全的代表面;②征集意见的方法是"背靠背",彼此不见面,不通气,避免了受"权威"人士的影响,从而有利于预测活动的民主性和科学性;③多次反复,以便能够充分运用所有参与者的知识、经验和能力,这样可以获得更为准确的结果。

2. 经验判断法

经验判断法的基本特点是在资料缺乏的情况下,依据有关人员的经验和判断能力,根据已掌握的情况,对运输量的发展趋势作出分析和预测。根据参加预测人员的不同,此方法可分为两大类。

(1) 领导干部判断法。由运输部门负责人召集部门管理人员,通过会议听取他们的预测意见,然后由负责人在听取意见的基础上进行最后预测。此方法简便迅速,但主要取决于领导者的经验和判断能力,有时会不准确。

(2) 专业人员分析法。召集有关专业人员通过会议进行预测。由于专业人员的工作范围有限,不掌握全部资料,故他们的看法也有局限性,易出现预测数过大或过小的现象。为克服这一缺点,可采用推定平均值的方法加以预测,其计算公式为

$$推定平均值 = \frac{最高估计值 + 4 \times 最可能估计值 + 最低估计值}{6} \qquad (2-9)$$

2.3.3 运输量预测的定量预测法

定量预测方法是依据必要的统计资料，借用一定的数学模型，对预测对象的未来状态和性质进行定量测算等方法的总称。运输预测常用的定量预测方法有以下几种。

1. 增长率统计法

增长率统计法是指根据预测对象在过去的年均增长率，类推未来某期预测值的一种简便预测方法。计算公式为

$$\hat{Y}_t = Y_n(1+r)^t \tag{2-10}$$

$$r = \left(\sqrt[n]{\frac{Y_n}{Y_0}} - 1\right) \times 100\% \tag{2-11}$$

式中，$\hat{Y}_t$——预测对象在未来第 t 期的预测值；

Y_0——预测对象在统计期期初的统计值；

Y_n——预测对象在统计期期末的统计值；

n——统计期包含的时期数减 1；

t——预测期离统计期期末的时期数；

r——预测变量在统计期内的年均增长率。

【例 2-2】某运输企业 2013 年 1～11 月的货运量见表 2-3。试用增长率统计法预测 2014 年 3 月份的货运量。

表 2-3 某企业货运量统计表

月　份	1	2	3	4	5	6	7	8	9	10	11
货运量/万 t	10	11	10	12	16	12	15	13	19	18	20

解：
$$r = \left(\sqrt[n]{\frac{Y_n}{Y_0}} - 1\right) \times 100\% = \left(\sqrt[10]{\frac{20}{10}} - 1\right) \times 100\% = 7.2\%$$

$$\hat{Y}_t = Y_n(1+r)^t = 20 \times (1+7.2\%)^4 = 26.4 (万 t)$$

2014 年 3 月的货运量预测值为 26.4 万 t。

2. 最小平方法

这是测定长期趋势最普遍使用的方法，所以，也称作趋势延伸法。其基本思想是把历年的运量实绩，按年顺序排列，构成一个统计数列，建立适宜的数学模型，配合一条较为理想的趋势线，并使其延伸来预测运输量未来的发展趋势。

数学模型一般通过计算历年运量逐年的增减量，并观察增减量的变化情况来确定。常用的数学模型有三种：直线型、指数型、抛物线型。如运量逐年增减量大致相同，则用直线方程；如运量逐年增减率大致相同，则用指数方程；如运量逐年增减量的差分数值大体相同，则用抛物线型方程。下面以配合一条趋势直线为例来进行说明，趋势直线方程为

$$Y_t = a + bt \tag{2-12}$$

式中，Y_t——第 t 期的预测运输量；

a、b——常数；

t——时间变量。

运用最小平方法,可求得标准方程组:

$$\begin{cases} \sum y = na + b\sum t \\ \sum (ty) = a\sum t + b\sum t^2 \end{cases} \quad (2-13)$$

式中,n——统计期包含的时期数。

设法使 $\sum t = 0$,求常数 a、b。

$$a = \frac{\sum y}{n}, \quad b = \frac{\sum (ty)}{\sum t^2} \quad (2-14)$$

然后将 a、b 代入式(2-12),进行运量预测。

【例 2-3】某汽车运输公司连续六年的客运量统计资料见表 2-4,试利用最小平方法预测第 7 年的客运量。

表 2-4 某汽车运输公司客运量

年 份	1	2	3	4	5	6	合计
客运量 y/万人	100	105	110	115	110	120	660

解:首先做出趋势方程计算表(表 2-5)。

表 2-5 趋势方程计算表

年 份	客运量 y/万人	t	t^2	ty
1	100	-5	25	-500
2	105	-3	9	-315
3	110	-1	1	-110
4	115	1	1	115
5	110	3	9	330
6	120	5	25	600
合计	660	0	70	120

然后将计算表中的计算数据代入式(2-14),得

$$a = \frac{\sum y}{n} = \frac{660}{6} = 110$$

$$b = \frac{\sum (ty)}{\sum t^2} = \frac{120}{70} = 1.7$$

趋势方程为

$$Y_t = 110 + 1.7t$$

第 7 年客运量预测为

$$y_7 = 110 + 1.7 \times 7 = 121.9(万人)$$

3. 回归分析法

回归分析法是最常用的预测模型之一。所谓回归分析法是指利用大量统计数据,找出不具备——对应函数关系的变量之间的数量统计规律,利用得出的回归方程进行预测。

通常情况下,一元线性回归预测模型较简便,使用较多,但预测精度受到限制,主要用于中、短期预测。其模型的标准形式为

$$y = a + bx \tag{2-15}$$

式中,y——预测值,即预测对象所代表的变量;

x——影响因素,即相关变量;

a、b——回归系数。

回归系数 a、b 的计算公式为

$$a = \frac{\sum y_i - b \sum x_i}{n} \tag{2-16}$$

$$b = \left(n \sum x_i y_i - \sum x_i \sum y_i\right) / \left[n \sum x_i^2 - \left(\sum x_i\right)^2\right] \tag{2-17}$$

式中,x_i,y_i——原始观察值;

n——统计数据项数。

上述模型建立后,必须对模型进行检验。只有经检验合格的模型,方可用于实际预测。这种检验常通过计算相关系数 $r(0 \leqslant |r| \leqslant 1)$ 来进行。$|r|$ 值越大,说明 x 与 y 线性相关程度越高,具体计算见例 2-4。

【例 2-4】居民的人均收入与客运量之间存在相关关系,根据表 2-6 的统计资料(实际工作中一般要取 20 对以上的数据,这里为简化计算,只取了 6 对数据),利用回归分析法预测 2015 年的客运量(设 2015 年的人均年收入为 330 百元)。

表 2-6 某地 2008—2013 年居民人均收入与客运量

序 号	年 度	年人均收入 x/百元	年客运量 y/千万人次
1	2008	116	43.5
2	2009	149	58.0
3	2010	158	69.3
4	2011	177	102.6
5	2012	208	129.9
6	2013	292	207.5

解:经过初步分析,年人均收入与年客运量之间存在一元线性相关关系。若 x 表示年人均收入,y 表示年客运量,则建立的回归模型为 $y = a + bx$。由于 $n=6$,所以回归系数为

$$b = \frac{n \sum x_i y_i - \sum x_i \sum y_i}{n \sum x_i^2 - \left(\sum x_i\right)^2} = \frac{18\,415.56}{18\,811.34} = 0.979$$

$$a = \frac{\sum y_i - b \sum x_i}{n} = \frac{610.8 - 0.979 \times 1\,100}{6} = -77.68$$

所以，回归模型就可确定为

$$y = -77.68 + 0.979x$$

计算相关系数 r：

$$r = \frac{n\sum x_i y_i - \sum x_i \sum y_i}{\sqrt{[n\sum x_i^2 - (\sum x_i)^2][n\sum y_i^2 - (\sum y_i)^2]}} = 0.992$$

x 与 y 为高度相关，故可以利用年人均收入对年客运量进行预测，预测 2015 年的客运量为

$$y = -77.68 + 0.979x = -77.68 + 0.979 \times 330 = 245.39（千万人次）$$

4. 指数平滑法

指数平滑法的原理就是通过对历史观察值进行加权处理，平滑掉部分随机信息，并根据观察值的表现趋势，建立一定模型，据此对预测对象作出预测。指数平滑法包括一次指数平滑、二次指数平滑和三次指数平滑。其中，一次指数平滑计算公式为

$$\hat{Y}_{t+1} = \alpha Y_t + (1-\alpha)\hat{Y}_t \tag{2-18}$$

式中，$\hat{Y}_{t+1}$——$t+1$ 期的预测运输量；

Y_t——t 期的实际运输量；

α——平滑系数（$0 \leq \alpha \leq 1$）；

$\hat{Y}_t$——t 期的预测运输量。

平滑系数 α 的值越小，说明近期数据对预测值影响越小，预测得到的结果比较平稳；反之，则近期数据对预测值的影响越大，远期数据对预测值的影响小。

α 取值问题的确定有两种方法：一是由经验确定，若统计资料实际值的长期趋势为接近稳定的常数，应取居中的 α 值（一般取 0.4～0.6）；若统计资料实际值呈明显的季节性波动（即波动大），则应取较大的 α 值（一般取 0.6～0.9），使近期的实际值在指数平滑值中有较大作用，从而使近期的实际值能迅速反映在未来的预测值中；若统计资料实际值长期趋势变动较缓慢（即波动小），则应取较小的 α 值（一般取 0.1～0.4），使远期资料值的特征也能反映在指数平滑值中。二是试验法，选择几个不同的 α 值进行试算，取其平均误差小者进行预测。

【例 2-5】 试用一次指数平滑法预测例 2-2 中 12 月份的货运量（$\alpha = 0.8$）。

解： 计算过程略，计算结果见表 2-7。

表 2-7 指数平滑法数据计算表　　　　　　单位：万 t

项目 月份	Y_t ①	αY_t ②	$(1-\alpha)\hat{Y}_t$ ③	$\hat{Y}_{t+1}$ ④=②+③
1	10	—	—	10
2	11	8.0	2.0	10
3	10	8.8	2.0	10.8
4	12	8.0	2.2	10.2
5	16	9.6	2.0	11.6

续表

月份 \ 项目	Y_t ①	αY_t ②	$(1-\alpha)\hat{Y}_t$ ③	$\hat{Y}_{t+1}$ ④=②+③
6	12	12.8	2.3	15.1
7	15	9.6	3.0	12.6
8	13	12.0	2.5	14.5
9	19	10.4	2.9	13.3
10	18	15.2	2.6	17.8
11	20	14.4	3.6	18.0
12		16.0	3.6	19.6

通过表 2-7 的平滑计算可知，12 月份货运量的预测值为 19.6 万 t。

本章小结

客、货流分析，又称为运输对象分析。运输对象随时间和地点而改变，不同的运输对象，具有各自不同的特征，并且不同地点的不同特征还相互影响。例如，在公路上的客货流，前一段时间的流动情况对后续时间的情况是有影响的。在不同的路线地段，其客货流情况也是相互影响的。对于各种不同的运输方式，客货流的流动也是有相互影响的。铁路运输对公路运输的客货流有影响，公路运输反过来又影响着铁路运输的客货流。同样，运输系统中的几种运输方式的客货流，形成了相互依存、相互影响、相互制约的关系。因此，在整个交通运输体系中，客、货流形成了一个动态的系统。

运输量预测是指根据国民经济和社会发展对交通运输的需求，探索未来旅客和货物运量发展的趋势，对未来一定时期内交通运输业所应承担的工作量所做的测算和判断。是国家经济预测的组成部分之一，也是研究分析交通运输发展战略的重要内容和决策的依据。

案例分析

我国航空运输行业的发展

2012 年 12 月份我国航空运输行业完成运输总周转量 51.70 亿 t·km，同比增长 9.0%，2012 年全年累计完成运输总周转量 608.16 亿 t·km，同比上涨 6.1%。全年我国民航累计完成旅客运输量 3.19 亿人次，同比增长 9.2%；累计完成货邮运输量 541.60 万 t，同比下降 2.0%。货邮运输量虽然在个别月份出现反弹，但全年总体走势一直比较疲软。2013 年民航业整体运行态势将有所改善，航空公司盈利情况将"略有改善、小幅增长"，但这些仍需看整体经济形势的"脸色"。

改革开放以来，我国航空运输持续快速发展。机场作为民航主要基础设施得到不断建设,在为航空运输提供安全、正常、高效的运营保障的同时,为促进国家经济社会特别是带动地区经济和对外开放发挥了重要作用。通过不断新建和改造机场,经过几十年的建设和发展,我国机场体系已初具规模,机场密度逐渐加大,机场等级和规模逐步提高,现代化程度不断增强,初步形成了以北京、上海、广州等枢纽机场为中心,以成都、昆明、重庆、西安、乌鲁木齐、武汉、沈阳、深圳、杭州等省会或重点城市机场为骨干以及众多其他城市干、支线机场相配合的基本格局。从全国范围来看,三大机场继续保持原有的格局,各项业务指标仍居全国机场前列。但随着国家对中西部开发力度的加大,中国民用航空局对中西部机场给予更多政策上的支持,中西部机场的发展加快,近年来成渝、昆明、西安等西部大三角机场旅客吞吐量增速都在15%以上,西部大三角机场群日益成形,逐步具备与京津、珠三角、长三角地区机场竞争的实力。近年来,我国航空货运总量增长迅猛,航空物流已进入高速发展期,但国内航空运输企业所占货运份额却在不断下降,货运能力增长力度不大,载运率依然很低,面临着严峻的挑战。但与发达国家相比,我国通用航空整体发展尚处于较低水平。尤其是与日益增长的社会经济发展需求相比,主要存在区域发展不平衡、作业服务能力严重不足等问题。

到2020年,全国机场货邮吞吐量、旅客吞吐量将分别保持15%和11.4%的年均增长速度。年旅客吞吐量超过3 000万人次的机场将达到13个(目前只有3个),旅客吞吐量2 000万~3 000万人次的机场将达到6个(目前只有2个),1 000万~2 000万人次的机场将达到10个(目前只有5个)。

问题:
根据案例所提供的材料,试分析我国航空运输行业的发展趋势。

 关键术语

货运量　货运周转量　货流图　客流图　运输量预测

综合练习

一、单项选择题

1. 客流的大小可以用(　　)来反映,它是指某一方向上单位时间内流动的旅客人数。
   A. 客时　　　　B. 客流量　　　　C. 客流强度　　　　D. 流距
2. 客流调查方法中的(　　)是由调查人员用目测方法,记录乘客上下车人数以及其他资料的方法。
   A. 观察法　　　B. 发票法　　　　C. 填表法　　　　D. 问讯法
3. 在公路旅客运输中,客运弹性系数是(　　)增长速度的比值。
   A. 客运量与地区人口　　　　　　B. 客运周转量与地区人口
   B. 客运量与国民收入　　　　　　D. 客运周转量与国民收入
4. 定性预测方法的依据是(　　)。
   A. 比较原则　　B. 因果分析原则　C. 时间序列原则　D. 类推原则

5. 到目前为止，我国旅客运输市场预测中成熟的预测方法仍然停留在对（　　）的预测上。
   A. 运输密度　　　B. 运输需求　　　C. 运输市场　　　D. 运输总量

二、多项选择题

1. 客流的分布特点包括（　　）。
   A. 客运量降低　　　　　　　　B. 不均衡性渐缓
   C. 往返方向较货流平衡　　　　D. 有强烈的季节性
2. 货流包含着货物的（　　）等基本要素。
   A. 类别　　　　B. 数量　　　　C. 方向
   D. 运距　　　　E. 时间
3. 按货物运输的地点，可以将货流分为（　　）。
   A. 区内货流　　B. 区间货流　　C. 始发货流
   D. 中转货流　　E. 到达货流
4. 在货流图上可表示的要素有（　　）。
   A. 货物流量　　B. 货物周转量　　C. 货物流时　　D. 货物类别
5. 公路货运工作量调查包括（　　）阶段。
   A. 准备　　　　B. 现场调研　　　C. 实施　　　　D. 结果处理

三、名词解释

1. 货运量
2. 货运周转量
3. 运输量预测
4. 定性预测方法

四、简答题

1. 试分析客流的时间分布不均衡。
2. 试分析货流时间上的不均衡性。
3. 试分析运输需求与运输量预测的关系。

五、计算题

某城市地铁客运量的历史数据列表见表2-8。试建立线性方程预测公式，并预测2016年客运量。

表2-8　某市2001—2012年地铁客运量(百万人)数量

年　　度	t	客运量(Y_t)
2001	1	58
2002	2	64
2003	3	72
2004	4	82

续表

年　度	t	客运量(Y_t)
2005	5	91
2006	6	101
2007	7	111
2008	8	122
2009	9	133
2010	10	143
2011	11	152
2012	12	162

六、实务题

客运量预测可以采用国内交通规划中经常采用的四阶段法：先汇总各种运输方式基年旅客运输量表，然后预测综合客运量，再通过交通分布得到超未来特征年旅客综合运输量表。根据旅客出行目的、出行时间和费用进行未来状况下有无拟建项目两种情况的交通方式分担，得出将来有无拟建项目状况下的公路和其他方式旅客运输量表，通过交通分配和不同车型构成及实载率，预测出有无拟建项目状况下公路不同车型客运交通量（有无拟建项目状况下公路客运交通量的差值即为客运转移交通量），同时得出将来有无拟建项目其他运输方式客运量。根据目前我国现状，综合交通客运量预测一般在公路与铁路之间展开。通过对调查得到的公路资料和铁路资料的分析，以及对这两种运输方式运输特点的分析。

货运量预测的总体思路是在综合交通运输分析的基础上，选择几种可能发生转移的主要货类的综合运量进行交通方式分担分析，再结合各种运输方式运输规划预测。

问题：

运输量预测具体采用的步骤是什么？

第 3 章　运输组织评价指标

【学习目标】

通过本章学习，学生应了解汽车运输过程及基本术语；掌握评价汽车运用程度的五个方面单项指标；明确评价汽车运输工作的综合指标；掌握铁路运输组织评价指标；掌握水路运输组织评价指标；了解航空运输组织评价指标。

【导入案例】

某货运企业承揽了一项两城市之间的货物运输项目，城市 A 与城市 B 之间的距离为 2 490km，该货运企业车辆营运速度为 50km/h，车辆每天出车时间为 12h。从受理货物开始，该物流公司 15h 后就将货物送到了 B 地收货人。根据以上资料，回答下列问题。

问题：

(1) 该批货物的运送速度为多少？
(2) 影响运输速度的主要因素有哪些？
(3) 该企业的平均车日行程为多少千米？
(4) 在该项业务中，影响车辆技术速度的因素有哪些？

【本章知识架构】

运输过程服务质量、效率、成本控制需要测量相应指标,这就是运输组织评价指标。运输组织评价是指对运输活动过程中的组织绩效进行评价,它一般按照统一的评价标准,采用一定的评价指标,按照一定的程序,运用定性和定量的方法,对一定时期内的运输量、运输服务质量、运输效率及运输成本与效益等方面作出综合判断。

3.1 汽车运输过程及基本术语

3.1.1 汽车运输过程

运输过程主要包括两大组成部分:运输用户与运输企业之间的运输商务过程和运输企业运送旅客和货物的运输生产过程。运输商务过程其实是运输用户与运输企业之间,围绕运输服务需求、运输服务质量和价格,明确双方权利义务进行交易并最终形成契约关系,订立运输合同的过程。运输生产过程,则是运输企业履行上述契约要求,提供相应的运输产品,将运输对象从始发地送到目的地的过程。这一过程是在运输企业内部,借助一定的运载工具,并综合运用相关技术设备和人力资源,组织有关部门和环节的协调与配合,实现运输对象的运送过程及其相关技术、经济和安全管理过程。

汽车运输生产过程是指货物或旅客被移动的过程。通过运输,货物或旅客被移动一定距离,即完成运输工作。一个汽车运输过程,通常由以下几个工作阶段或工作环节组成。

(1) 准备工作:向起运地点提供运输车辆。
(2) 装载工作:在起运地点装货或上客。
(3) 运送工作:自起运地点向运送目的地运送货物或旅客。
(4) 卸载工作:在运送目的地卸货或下客。

如图 3.1 所示,汽车由停车场 P 点空车开往起运地点 A 准备装货或上客(含加油等辅助过程),这是准备工作阶段;在 A 点装货或上客结束,这是装载工作阶段;将货物或旅客由 A 点运至 B 点,这是运送工作阶段;在 B 点将货物卸下或下客,这是卸载工作阶段。有时,因某种原因(如车辆本身就停在起运点),上述四个基本运输工作阶段缺少了第一个准备工作阶段,此时也叫做一个运输过程。

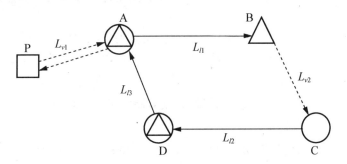

图 3.1 汽车运输过程示意

注:P 代表停车场;A、B、C、D 代表客货运点;L_l 代表重驶行程;L_v 代表空驶行程;实线代表重驶;虚线代表空驶;圆圈代表装货或上客;三角形代表卸货或下客。

3.1.2 汽车运输基本术语

1. 运次

在上述运输过程中，通常将包括准备、装载、运送及卸载几个工作环节在内的一个循环的运输过程称为运次，显然，运次包括完整循环过程(存在准备工作环节)的运次和不完整循环过程(缺乏准备工作环节)的运次两种情况。如图 3.1 所示，若在 D 点卸载或下客完毕后，又在原地装载或上客，然后运送至目的地 A 点卸货或下客，也构成一个运次，但由于从 D 点到 A 点的运输过程中缺少了准备工作阶段，称为不完整循环过程或运次。

2. 车次

如果在完成运输工作的过程中，车辆自始点行驶到终点，途中存在车辆停歇并存在货物装卸或旅客上下，则这一运输过程称为车次或单程。在一个车次中，为了货物装卸或旅客上下的中途停歇，可能只有一次，也可能有多次。在一个车次中每经历一次中途停歇，便经历了一个运次。因而一个车次是由两个或两个以上的运次组成。

运次与车次分别是两种不同运输过程的计量单位，运次适用于直达运输过程，车次适用于沿途有"收集"和"分散"的运输过程。

3. 周转

若车辆在完成运输工作过程中，又周期性地返回到第一个运次的起点，那么这个运输过程称为周转。因此，一个周转可能由一个运次或几个运次组成，周转的行车路线，习惯上称为循环回路。

4. 运量

汽车运输在每一运输过程中，所运送的货物重量称为货运量，所运送的旅客人数称为客运量。货运量和客运量统称为运量。运量是衡量汽车运输工作成果的一项重要的统计指标。

5. 周转量

运量与相应货物货旅客被移动的距离的乘积，通常称为周转量，其计量单位是 t·km 或人·km。

换算周转量，是指将旅客周转量按一定比例换算为货物周转量，然后与货物周转量相加成为一个包括客货运输的换算周转量指标。它综合反映了各种运输工具在报告期实际完成的旅客和货物的总周转量，是考核运输业的综合性的产量指标。计算公式为

$$\text{换算周转量} = \text{货物周转量} + (\text{旅客周转量} \times \text{客货换算系数}) \qquad (3-1)$$

在汽车运输中换算周转量：

$$1 \text{换算吨·公里}(t \cdot km) = 1 t \cdot km = 10 \text{人} \cdot km$$

6. 运输工作量

将汽车运输完成的运量及周转量统称运输工作量，亦称为运输产量。故运输工作量或产量分别包括运量和周转量两种指标，而不是指运量和周转量之和。运量、周转量和运输工作量三者的关系如图 3.2 所示。

图 3.2　运量、周转量和运输工作量关系

7. 车日

企业拥有的车辆包括营运车辆和非营运车辆。营运车辆是指企业专门用于从事营业性运输的车辆;非营运车辆是指企业用于其他用途的车辆,如工程急救车、公务车、教练车等。以营运车辆为讨论对象,车日是指运输企业的营运车辆在企业内的保有日数(在册车日)。我国有关部门规定,凡企业的营运车辆,不论其技术状况如何,是工作还是停驶,只要在本企业保有一天,就计为一个车日,即营运车日或营运车辆的在册车日。在统计期内,企业所有营运车辆的总车日(U),等于营运车辆数与其在企业内保有的日历天数的乘积的累计数。

由于企业的营运车辆,按其技术状况可以分为完好(技术状况完好,具备参加营运的条件)和非完好(技术状况不好,不具备参加营运的条件)两种状态;而车况完好的营运车辆又可能处于正在进行运输作业或在车场(库)内等待运输工作两种状态,非完好的营运车辆也可能处于维修(维护或修理)状态或处于等待报废状态(车辆已被封存,待从企业资产账目中清除),因此,根据营运车辆可能所处的各种状态,总车日可以分为完好车日(记为 U_a)和非完好车日(U_n)。其中前者又包括工作车日(U_d)和待运车日(U_w),后者则包括维修车日(U_{mr})和待废车日(U_b)。由于在待运车日、维修车日和待废车日中,车辆均处于非运输作业或停驶状态,因而这三种车日又统称为停驶车日(U_p)。由此可见,总车日由停驶车日和工作车日组成。营运总车日的构成如图 3.3 所示。

图 3.3　营运总车日构成示意

【例 3-1】　某企业有营运车辆 30 辆,4 月 21 日报废 5 辆,4 月 26 日调征外用 5 辆,求该企业 4 月份的营运总车日。

解:4 月份的日历天数为 30 天,则
$$营运总车日 = 5 \times 20 + 5 \times 25 + 20 \times 30 = 825(车日)$$
该企业 4 月份的营运总车日为 825 车日。

8. 车时

车时(车辆小时),是指营运车辆在企业内保有的小时数。企业所有营运车辆的车时总数,等于营运车辆数与其在企业内保有日历小时数的乘积的累计数,亦叫做营运总车时。营运车时的构成也可以按车辆所处的状态进行划分。由于车辆或者处于在路线上工作,或者处于在库(场)内停驶,因而车时也可以分为工作车时(H_d)和停驶车时(H_p)。其中车辆在路线上的工作状态,又包括行驶状态和停歇状态,相应的车时即为行驶车时(H_t)和停歇车时(H_s)。处于行驶状态的车辆又可能处于重车行驶状态,也可能处于空车行驶状态,其相应的车时分别为重车行驶车时(H_{tl})和空车行驶车时(H_{tv})。而处于停歇状态的车辆,其停歇可能是因装载而停歇、因卸载而停歇、因车辆技术故障而停歇及因组织原因而停歇,故停歇车时可以分为装载车时(H_l)、卸载车时(H_u)、技术故障车时(H_{st})及组织故障车时(H_{so})。依据前述对车辆停驶原因的分析,可以将库内停驶车时分为维修车时(H_{mr})(由维护车时H_m和修理车时H_r构成)、待运车时(H_w)和待废车时(H_b)。以上对营运总车时的构成分析可用图 3.4 表示。

图 3.4 营运总车时构成示意

3.2 评价汽车运用程度的单项指标

3.2.1 车辆时间利用指标

以车日和车时为基础,用以反映车辆时间利用的指标主要有完好率($α_a$)、工作率($α_d$)、总车时利用率($ρ$)和工作车时利用率($δ$)4 项。

1. 完好率

完好率是指统计期内企业营运车辆的完好车日与总车日的百分比。完好率表明了总车日可以用于运输工作的最大可能性,故又称完好车率。完好率与非完好率($α_n$)是互补指标，即两者的和是100%。

$$\alpha_a = \frac{U_a}{U} \times 100\% = \frac{U - U_n}{U} \times 100\% \quad (3-2)$$

$$\alpha_n = \frac{U_n}{U} \times 100\% = 1 - \alpha_a \quad (3-3)$$

完好率是一种车辆技术管理指标，用于表示企业营运车辆的技术完好状况和维修工作水平。完好率指标的高低虽不直接影响车辆生产率，但能说明企业进行运输生产活动时，车辆在时间利用方面可能达到的程度。只有提高了完好率，提高车辆工作率才有可能。

完好率的高低受很多因素的影响，车辆本身所特有的技术性能就是一个很主要的方面，如车辆的使用寿命、坚固性和可靠性，对维护和修理的适应性，行车安全性等。车辆的生产活动是在复杂的运用条件下进行的，不利的运输条件常会导致车辆技术状况的恶化，如道路状况对于车辆的完好程度也有很大影响，即使车辆在城市道路和公路干线上行驶，也会因路面的等级和种类、交通量的大小等不同，致使同一种型号车辆的技术状况出现很大的差别。恶劣的气候条件，也会给车辆的技术状况带来不利的影响。

在上述条件一定情况下，车辆完好率主要取决于企业对车辆的技术管理、使用状况及维修质量。汽车运输企业应加强技术管理和维修工作，特别要注意车辆的例行维护。除了要合理地改进维护作业的劳动组织，改进操作工艺和方法，改进机具设备和广泛采用新技术外，还应建立和健全岗位责任制，不断提高维修工人的技术水平和管理水平，保证原材料的及时供应和质量等。驾驶员的技术操作水平和熟练程度，对于车辆的技术状况也有很大的影响。科学地采用定车、定挂、定人的管理方式，经常注意对驾驶员的技术培训和安全教育等，也是提高完好率的重要措施。

2. 工作率

工作率是指统计期内工作车日与总车日的百分比，反映企业总车日的实际利用程度，故又称工作车率或出车率。工作率与停驶率（α_p）是互补指标，即两者的和是100%。

$$\alpha_d = \frac{U_d}{U} \times 100\% = \frac{U - U_n - U_w}{U} \times 100\% \quad (3-4)$$

$$\alpha_p = \frac{U_p}{U} \times 100\% = 1 - \alpha_d \quad (3-5)$$

车辆工作率反映了企业营运车辆的技术状况及运输组织工作水平，它对车辆生产率有直接的影响。要提高工作率，就必须努力消除导致车辆停驶的各种原因，才有可能使工作率维持在较高水平。提高工作率的具体措施：加强企业的物资管理工作和生产调度工作，注意有计划地培养驾驶员；加强与路政部门的联系和协作，逐步有计划地改善路面质量，提高路面等级，改善交通管理，保证路线畅通；加强与气象部门的联系，注意天气变化规律，及时采取必要措施；加强计划运输和货（客）源组织工作，提高车辆完好率等。

3. 总车时利用率

总车时利用率是指统计期工作车日内车辆在路线上的工作车时与总车时的百分比，用以表示平均一个工作车日的24h中，有多少时间用于出车工作，因此，也称作昼夜时间利用系数。

$$\rho = \frac{H_d}{24 U_d} \times 100\% \tag{3-6}$$

对于单辆车辆在一个工作车日内的总车时利用率为

$$\rho = \frac{T_d}{24} \times 100\% \tag{3-7}$$

式中，T_d——车辆一个工作车日内在路线上的工作时间(h)。

提高总车时利用率，就是要延长车辆在工作车日内的出车时间。所谓出车时间是指车辆由车场驶出，直到返回车场时止的延续时间(扣除计划规定的驾驶员进餐、休息等时间)。要延长出车时间除了提高完好率外，还应努力开拓运输市场，提高企业的运输组织工作水平。实践证明，采用适宜的运输组织形式(如实行多班制或双班制工作制度)，是提高总车时利用率，提高车辆运用效率的有效措施。

4. 工作车时利用率

工作车时利用率是指统计期内车辆在路线上的行驶车时与路线上的工作车时的百分比，即统计期内车辆的纯运行时间在出车时间中所占的百分比，又称出车时间利用系数。

$$\delta = \frac{H_t}{H_d} \times 100\% = \frac{H_d - H_s}{H_d} \times 100\% \tag{3-8}$$

提高工作车时利用率的主要途径是最大限度地减少车辆在路线上的停歇时间，即减少装卸停歇时间、因技术故障停歇时间及因组织工作不善而造成的车辆停歇时间等。要减少上述停歇时间，所采取的措施主要是提高企业的装卸机械化水平及运输组织工作水平。

总车时利用率和工作车时利用率，不能全面评价车辆是否得到有效利用。这是因为车辆可能在路线上工作，即 ρ 值较大，但由于某种原因却在路线上停歇，或者车辆可能在行驶，δ 值较大，但却没有载货(客)；同时，当充分利用车辆时，如增加出车次数，这两个系数还有可能下降。因为出车次数增加后，可能使维修停歇时间增加而使 ρ 值下降，也可能使装卸停歇时间增加而使 δ 值下降。所以，总车时利用率 ρ 和工作车时利用率 δ，宜作为企业内辅助评价指标并与其他有关指标结合使用。

上述车辆完好率、工作率、总车时利用率及工作车时利用率四个指标，从不同角度综合反映了车辆的时间利用程度。其中，某一项指标的提高，不一定能保证车辆全部时间的利用程度必然提高。反过来说，每一项指标均降低，则表现为车辆时间利用程度的降低，因此会影响车辆生产率的提高。

3.2.2 车辆速度利用指标

车辆速度是指车辆单位时间内的平均行驶里程。反映车辆速度利用程度的指标有技术速度(v_t)、运送速度(v_c)、营运速度(v_d)及平均车日行程($\overline{L_d}$)。

1. 技术速度

技术速度是指车辆在行驶车时内实际达到的平均行驶速度，即在纯运行时间内平均每小时行驶的里程，用以表示车辆行驶的快慢，计算公式为

$$v_t = \frac{L}{T_t} \tag{3-9}$$

式中，v_t——车辆的技术速度(km/h)；

L——车辆行驶距离(km);

T_t——车辆行驶时间(h),包括与交通管理、会车等因素有关的短暂停歇时间。

汽车在实际行驶过程中,其技术速度受多种因素的影响。汽车本身的技术性能(尤其是速度性能,如动力性能、最高速度、加速性能等)、车辆的结构、制动性能、行驶平顺性和稳定性、车辆的外形、新旧程度等都是影响技术速度的主要因素。在车辆本身的技术性能一定的条件下,道路条件往往也是影响车辆技术速度发挥的一个重要原因。具有良好速度性能的车辆,在恶劣的道路条件下,也不可能达到较高的技术速度。道路条件对于车辆技术速度的影响主要表现在道路的等级、宽度、坡度、弯度、视距、路面状况和颜色等方面。在城市运输中,道路的交通量、照明条件、法定的行驶速度等,对车辆技术速度有很大的影响。另外,天气情况、装载情况、拖挂情况、驾驶员操作技术水平高低等也对技术速度有一定的影响。

技术速度一般低于设计速度,它们之间差距的大小,反映了车辆速度的利用程度。技术速度越高,车辆速度利用就越充分。在保证行车安全的前提下,尽量提高技术速度,意味着在相同的运行时间内,可以行驶更多的里程,使旅客或货物移动更远的距离。但盲目地追求高技术速度,有可能造成行车事故次数的增加,使运输安全性下降,还可能造成燃料消耗的不合理增加,使运输成本提高。

2. 运送速度

运送速度是指车辆在运送时间内,运送货物或旅客的平均速度,用以表示客、货运送的快慢,也是评价运输服务质量的一个指标。计算公式为

$$v_c = \frac{L}{T_c} \quad (3-10)$$

式中,v_c——车辆的运送速度(km/h);

T_c——车辆自起点至终点到达时刻所经历的时间(h),不包括始末点的装卸作业(上、下客)时间,但包括途中的各类停歇时间。

影响运送速度的主要因素有技术速度、企业的营运组织工作水平、驾驶员的驾驶水平、途中乘客的乘车秩序及货物装卸技术水平等。

运送速度是一个重要的质量指标。对用户来说,运送速度快,可以节省旅客的旅行时间,减少旅客的旅途疲劳,减少货物在途资金占用,加快货物及资金的周转速度和商品流通的速度,具有良好的经济和社会效益;对企业来说,不仅可以提高车辆生产率,而且较高的运送速度有利于提高企业在运输市场中的竞争能力。

3. 营运速度

营运速度是指车辆在路线上工作时间内的平均速度,即车辆在出车时间内实际达到的平均速度,用以表示车辆在路线上工作时间内有效运转的快慢。计算公式为

$$v_d = \frac{L}{T_d} = \frac{L}{T_t + T_s} \quad (3-11)$$

式中,v_d——车辆的营运速度(km/h);

T_d——车辆在路线上的工作车时(h);

T_s——车辆的各类停歇时间(h),包括始、末点的装卸作业或上下旅客车时。

营运速度也是反映技术速度利用程度的指标。营运速度既受技术速度的限制,又受工

作车时利用率的影响，三者之间的关系为

$$v_d = v_t \delta \qquad (3-12)$$

凡是影响技术速度和工作车时利用率的因素，同时也是影响营运速度的因素。影响营运速度的主要因素有技术速度、运输组织工作水平、装卸机械化水平、车辆技术状况及运输距离等。

营运速度高，意味着在相同的出车时间内，可以行驶更多的里程，完成更多的运输工作量。营运速度一般比技术速度小 $10\%\sim20\%$。当运输距离很长时，装卸停歇时间所占比例较小，则 v_d 趋近于 v_t。

4. 平均车日行程

平均车日行程是指统计期内，全部营运车辆平均每个工作车日内行驶的里程，是以车日作为时间单位计算的综合性速度指标，计量单位为 km。计算公式为

$$\overline{L_d} = \frac{L}{U_d} \qquad (3-13)$$

式中，L——车辆在统计期工作车日内的总行程(km)。

由于

$$\overline{L_d} = T_d v_d = T_d \delta v_t \qquad (3-14)$$

因此，平均车日行程指标是一个反映营运车辆在时间和速度两方面利用程度的综合性指标。延长出车时间可以提高车日行程，但在出车时间一定的条件下，应从速度方面加以考虑。影响平均车日行程的主要因素有车辆的营运速度、车辆的工作制度及调度形式等。

3.2.3 车辆行程利用指标

营运车辆在一定统计期内出车工作行驶的里程称为总行程(总车公里)。总行程由重车行程和空车行程两部分构成。车辆载有旅客或货物行驶的里程，称为重车行程(亦称重车公里)。重车行程是实现运输生产的有效行程，是总行程的有效利用，属于生产行程。车辆完全无载行驶的里程，称为空车行程(空车公里)。空车行程有空载行程和调空行程。空载行程是指车辆由卸载地点空驶到下一个装载地点的行程；调空行程是指空车由车场(库)开往装载地点，或由最后一个卸载地点空驶回车场(库)的行程。

车辆的行程利用指标，即里程利用率(β)，是指统计期内车辆的重车行程与总行程的百分比，用以表示车辆总行程的有效利用程度。计算公式为

$$\beta = \frac{L_1}{L} \times 100\% = \frac{L_1}{L_1 + L_v} \times 100\% \qquad (3-15)$$

式中，L——统计期内车辆总行程(km)；

L_1——统计期内车辆的重车行程(km)；

L_v——统计期内车辆的空车行程(km)。

【例 3-2】某市汽车运输公司 2012 年平均营运车数 200 辆，车辆工作率 80%，平均车日行程 300km，全年空车行程为 4 380 000km，试计算该公司 2012 年营运车辆的里程利用率。

解： 由已知条件，可计算出该公司 2012 年工作车日数为

$$U_d = 平均营运车数 \times 工作日数 = 200 \times 365 \times 80\% = 58\,400(车日)$$

总行程为

$$L = \bar{L}_d \times U_d = 300 \times 58\,400 = 17\,520\,000\,(\text{km})$$

则里程利用率为

$$\beta = \frac{L_1}{L} \times 100\% = \frac{17\,520\,000 - 4\,380\,000}{17\,520\,000} \times 100\% = 75\%$$

里程利用率是一个十分重要的指标，在总行程一定的前提下，要提高里程利用率，必须增加重车行程的比例，车辆只有在有载运行下才会进行有效生产。车辆空驶是一种很大的浪费，它不仅没有产生运输工作量，相反却消耗了燃料和轮胎，增加了机械的磨损，从而致使运输成本上升。车辆空驶距离越长，这种影响也就越严重。

提高里程利用率，是提高车辆运输工作生产率和降低运输成本的有效措施，对经济效益有重要影响。企业实际里程利用率不高，主要是里程利用率受客流量、货流量在时间上和空间上分布不均衡，以及车辆运行调度等主客观因素的影响。加强运输组织工作是提高里程利用率的一项重要措施。为此应积极做好货(客)源组织工作，正确掌握营运区内货(客)源的形成及其货(客)流的规律，确保生产均衡性；应加强运输市场的管理，坚持合理运输；应不断提高车辆运行作业计划的准确性，积极推广先进的调度方法；应科学地确定收、发车点和组织车辆行驶路线；正确选择双班运输的交接地点；应尽量调派与装运货物相适宜的车型，组织回程专用车辆装运普通货物；应加强经济调查，合理规划车站、车队、车间(包括修理厂)、加油站之间的平面位置等。

编制运输生产计划时，通常要先确定里程利用率，然后再计算重车行程。重车行程的计算公式为

$$L_1 = L\beta \qquad (3-16)$$

确定里程利用率的计划值时，一般以上期实际达到的里程利用率指标值为参考依据，并通过预测分析计划期内客流量和货流量在时间和空间分布的均衡程度测算确定。

3.2.4 车辆载重(客)能力利用指标

车辆的载重(客)能力是指车辆的额定载货重量或额定载客量。反映车辆载重能力利用程度的指标是重车载重(客)量利用率[又称吨(客)位利用率]和实载率。

1. 吨(客)位利用率

吨(客)位利用率是指车辆在重车行程中实际完成的周转量与重车行程载重量的百分比。重车行程载重量的计算方法，是以每辆车的重车行程分别乘以其额定载重(客)量加总求得。

吨(客)位利用率的计算方法有两种：静态的吨(客)位利用率和动态的吨(客)位利用率。

(1) 静态的吨(客)位利用率是按一辆营运车的一个运次(班次)，来考查其载重能力的利用程度。其计算公式为

$$\gamma = \frac{P}{P_0} \times 100\% = \frac{qL_1}{q_0 L_1} \times 100\% = \frac{q}{q_0} \times 100\% \qquad (3-17)$$

式中，P——某运次(班次)车辆实际完成的周转量($t \cdot km$ 或 人 $\cdot km$)；

P_0——某运次(班次)车辆的重车行程载重量($t \cdot km$ 或 人 $\cdot km$)；

q——车辆实际完成的载重(客)量(t 或 人)；

q_0——车辆额定载重(客)量(t 或人),也称额定吨(客)位。

可见,静态的吨(客)位利用率表示车辆额定载重(客)量的利用程度,与重车行程无关。

【例 3-3】 某额定载重量为 8t 的货车某运次实际装载货物 4t,某额定载客量为 45 客位的客车某班次实际载客 40 人,求这两辆营运车的吨(客)位利用率。

解: 吨位利用率为

$$\gamma_{货} = \frac{q}{q_0} \times 100\% = \frac{4}{8} \times 100\% = 50\%$$

客位利用率(也称满载率)为

$$\gamma_{客} = \frac{q}{q_0} \times 100\% = \frac{40}{45} \times 100\% = 88.9\%$$

(2) 动态的吨(客)位利用率是按全部营运车辆一定时期内的全部运次,综合考查其载重能力利用程度。计算公式为

$$\gamma = \frac{\sum P}{\sum P_0} \times 100\% = \frac{\sum (qL_1)}{\sum (q_0 L_1)} \times 100\% \tag{3-18}$$

式中,$\sum P$——统计期内所有营运车辆实际完成的周转量之和(t·km 或人·km);

$\sum P_0$——重车行程载重量(t·km 或人·km)。

考核企业营运车辆载重(客)量利用程度,一般都是考核全部营运车辆。因而,这种动态的吨(客)位利用率应用较广。

【例 3-4】 11 月某企业 A 车(额定载重量为 5t)总行程为 6 400km,其中重车行程 4 460km,共完成货物周转量 22 160t·km;B 车(额定载重量为 5t)总行程为 6 300km,其中重车行程 4 200km,共完成货物周转量 18 160t·km;C 车(额定载重量为 10t)总行程为 6 000km,其中重车行程 3 600km,共完成货物周转量 36 000t·km。试计算 A、B、C 三辆车的吨位利用率。

解: 由已知条件,可求得 A、B、C 三辆车 11 月的重车行程载重量之和为

$$\sum P_0 = \sum (q_0 L_1) = 4\,460 \times 5 + 4\,200 \times 5 + 3\,600 \times 10 = 79\,300 (t·km)$$

A、B、C 三辆车实际完成的货物周转量之和为

$$\sum P = \sum (qL_1) = 22\,160 + 18\,160 + 36\,000 = 76\,320 (t·km)$$

由此可知其载重能力没有被充分利用,则 A、B、C 三辆车的吨位利用率为

$$\gamma = \frac{\sum P}{\sum P_0} \times 100\% = \frac{76\,320}{79\,300} \times 100\% = 96.2\%$$

车辆额定载重(客)量的大小与利用程度的高低,对车辆生产率有显著的影响。一般情况下,额定载(客)量大的车辆具有较高的生产能力,但能力的发挥还取决于载重(客)量的利用程度。载重(客)量利用的愈充分,车辆生产率就愈高。在车辆额定载重(客)量既定的情况下,影响载重(客)量利用程度的因素主要有客、货源条件,车辆调度水平,客运线网密度和发车频率,客运服务质量和服务水平,货物特性及货运种类,车辆类型及车厢几何尺寸,装车方式及装载技术,有关的装载规定和车货适应程度等。

2. 实载率

实载率是按全部营运车辆一定时期内的总行程计算的载重能力利用指标,是指汽车实际完成的周转量占其总行程载重(客)量的百分比,用以反映总行程载重(客)量的利用程度。总行程载重(客)量的计算方法,是以每辆车的总行程分别乘以其额定载重(客)量加总求得。实载率的计算公式为

$$\varepsilon = \frac{\sum P}{\sum P'_0} \times 100\% = \frac{\sum (qL_1)}{\sum (q_0 L)} \times 100\% \qquad (3-19)$$

式中,$\sum P'_0$——总行程载重量(t·km 或 人·km)。

【例 3-5】求例 3-4 中 A、B、C 三辆车 11 月的实载率。

解：A、B、C 三辆车 11 月的总行程载重量为

$$\sum P'_0 = \sum q_0 L = 6\,400 \times 5 + 6\,300 \times 5 + 6\,000 \times 10 = 123\,500(\text{t·km})$$

即三辆车在 11 月总行程可能完成的最大运输工作量为 123 500 t·km,但其实际完成的运输工作量为 76 320 t·km,所以,其实载率为

$$\varepsilon = \frac{\sum P}{\sum P'_0} \times 100\% = \frac{76\,320}{123\,500} \times 100\% = 61.8\%$$

对于单辆车或一组吨(客)位相同的车辆,则其实载率可表示为

$$\varepsilon = \frac{\sum (qL_1)}{q_0 \sum L} \times 100\% = \frac{\sum (qL_1)}{q_0 \dfrac{\sum L_1}{\beta}} \times 100\% = \gamma\beta \qquad (3-20)$$

因此,实载率是反映车辆在行程利用和载重量利用方面的一个综合性指标。要提高实载率,一方面要努力提高吨(客)位利用率,另一方面要减少车辆空车行程,提高里程利用率。

实载率虽然能够综合反映车辆行程和载重能力的利用程度,较全面地评价车辆有效利用程度,但在组织运输过程时不能完全以实载率代替里程利用率和吨(客)位利用率。分析车辆生产率诸多影响因素的影响程度时,也应对里程利用率和吨(客)位利用率分别进行分析。这是因为这两个指标的性质、内涵不同,对组织运输生产各有不同的要求。以实载率代替里程利用率和吨(客)位利用率,会掩盖超载等问题的存在。例如,假设有甲、乙、丙、丁四个货车车组,它们各自的实际里程利用率和吨位利用率见表 3-1。

表 3-1 各车组车辆利用程度数据

组 别	里程利用率 β/%	吨位利用率 γ/%	实载率 ε/%
甲	83.3	96	80
乙	66.7	120	80
丙	50.0	160	80
丁	40.0	200	80

单就实载率而言，四个车组都是 80%。但从里程利用率和吨位利用率两个指标看，情况就大不相同。假如四个车组的货车额定载重量都是 5t，各组车辆平均每次装卸的货物按甲、乙、丙、丁依次是 4.8t、6t、8t、10t。由此可以看出，甲组的运输生产组织工作基本正常，乙组有违章超载现象但不严重，丙组严重违章超载，丁组则更加严重，超载 1 倍。另外，在车辆运行中空驶浪费严重，特别是丁组有 60% 的行程是空驶。如果只考核实载率，这些情况就被掩盖了。

3.2.5 车辆动力利用指标

车辆的动力利用指标即拖运率，是指挂车完成的周转量与主、挂车合计完成的总周转量的百分比。拖运率反映了拖挂运输的开展情况及挂车的载重量利用程度，其计算公式为

$$\theta = \frac{\sum P_t}{\sum P_m + \sum P_t} \times 100\% \qquad (3-21)$$

式中，$\sum P_t$——统计期内挂车完成的周转量（t·km）；

$\sum P_m$——统计期内主车完成的周转量（t·km）。

【例 3-6】 某汽车运输公司 2012 年挂车完成货物周转量 27 600 000t·km，汽车本身完成货物周转量 58 632 000t·km。据此可计算该公司 2012 年的拖运率为

$$\theta = \frac{\sum P_t}{\sum P_m + \sum P_t} \times 100\% = \frac{27\ 600\ 000}{58\ 632\ 000 + 27\ 600\ 000} \times 100\% = 32\%$$

影响拖运率的主要因素有汽车与挂车性能、驾驶技术水平、道路条件及运输组织工作水平等。

开展拖挂运输的经济效益十分显著。在一定的货源、道路、现场等条件下，拖运率水平的高低，与运输组织水平、汽车与挂车的性能、车辆配备及构成及运输法规等密切相关。开展拖挂运输，是提高运输效率和降低运输成本的一个有效途径。

综上所述，评价车辆利用程度的单项指标共有五类十二项指标，如图 3.5 所示。各项指标均从某一方面反映出车辆的利用程度及运输工作条件对车辆利用的影响。

图 3.5　车辆利用的单项指标体系

3.3 评价汽车运输工作的综合指标

评价汽车运输工作效果的综合指标包括汽车运输生产率和汽车运输成本。

3.3.1 汽车运输生产率

汽车运输生产率，通常用单车期产量、车吨(客)位期产量和车公里产量表示。单车期产量是指统计期内平均每辆车所完成的货物(旅客)周转量，它反映汽车单车运用的综合效率；车吨(客)位期产量是指统计期内平均每个吨(客)位所完成的货物(旅客)周转量，它反映汽车每个吨(客)位运用情况的综合效率；车公里产量是指统计期内车辆平均每行驶1km所完成的货物(旅客)周转量。

1. 单车期产量指标

按照计算的时间单位不同，单车期产量指标包括单车年产量、单车季产量、单车月产量、单车日产量和单车车时产量等多个指标。其中，用单车日产量指标来比较不同时期的车辆生产率时，可以避免计算期日历天数可能不同而造成的影响。

1) 单车年(季、月、日)产量

单车年(季、月、日)产量指标可用下述方法计算。

(1) 按周转量和平均营运车数计算，计算公式为

$$W_{P_t} = \frac{\sum P}{A} \qquad (3-22)$$

式中，W_{P_t}——单车期产量(t·km 或 人·km)，是指统计期(年、季、月、日)内单车完成的货物(旅客)周转量；

$\sum P$——指统计期(年、季、月、日)内全部营运车辆完成的货物(旅客)周转量之和(t·km 或 人·km)；

A——平均营运车数(辆)，是指统计期内平均每天拥有的营运车辆数，可按下式计算：

$$A = \frac{U}{D} \qquad (3-23)$$

【例 3-7】某汽车货运公司 9 月 1 日有营运货车 400 辆，9 月 10 日租入营运车 5 辆投入营运，9 月 15 日有 10 辆报废车退出营运，9 月 25 日又有 6 辆新车投入营运，到月底再无车辆增减变动，9 月份共完成货物周转量 7 988 000t·km。求该货运公司的单车月产量。

解：该公司 9 月份的总车日数为

$$U = 400 \times 30 + 5 \times 21 + 6 \times 6 - 10 \times 16 = 11\,981(车·d)$$

平均营运车数为

$$A = \frac{U}{D} = \frac{11\,981}{30} = 399.4(辆)$$

则单车月产量为

$$W_{P_t} = \frac{\sum P_i}{A} = \frac{7\,988\,000}{399.4} = 20\,000(t·km)$$

（2）按车辆运用效率指标计算，计算公式为

$$W_{P_t} = \frac{D\alpha_d L_d \beta q_0 \gamma}{1-\theta} \qquad (3-24)$$

2）单车车时产量

单车车时产量是指运输车辆的工作生产率和总生产率，常用车辆运用单项指标来表示，以便分析各单项指标对运输生产率的影响特性和影响程度。工作生产率是车辆在路线上平均每一工作车时所完成的运量或周转量，又称为工作车辆生产率；总生产率是指车辆平均每一总车时所完成的运量或周转量。按运输形式的不同，又可以分为载货汽车、公共汽车和出租汽车的工作生产率和总生产率。

下面按运输形式不同，分别对载货汽车、公共汽车和出租汽车的工作生产率和总生产率进行确定。

（1）载货汽车的工作生产率和总生产率。

① 工作生产率。载货汽车的运输工作通常是以运次为基本运输过程进行组织。由于在一个运次中的货运量为

$$Q_c = q_0 \gamma \qquad (3-25)$$

一个运次完成的货物周转量为

$$P_c = Q_c L_1 = q_0 \gamma L_1 \qquad (3-26)$$

完成一个运次的工作车时为

$$t_c = t_t + t_{lu} = \frac{L_1}{\beta v_t} + t_{lu}$$

式中，t_c——车辆完成一个运次的工作车时(h)；

t_t——车辆在一个运次中的行驶时间(h)；

t_{lu}——车辆在一个运次中的停歇时间(h)，主要是用于装卸货物而停歇的时间。

工作生产率是单位工作车时所完成的货运量W_q(t/h)或货物周转量W_p[(t·km)/h]，即

$$W_q = \frac{Q_c}{t_c} = \frac{q_0 \gamma}{\frac{L_1}{\beta v_t} + t_{lu}} \qquad (3-27)$$

$$W_P = \frac{P_c}{t_c} = \frac{q_0 \gamma L_1}{\frac{L_1}{\beta v_t} + t_{lu}} \qquad (3-28)$$

② 总生产率。在统计期平均每一总车时内，车辆在路线上的工作车时T'_d为

$$T'_d = \frac{U_d T_d}{24U} = \left(\frac{U_d}{U}\right) \times \left(\frac{T_d}{24}\right) = \alpha_d \rho \qquad (3-29)$$

所以，平均每一总车时车辆所完成的货运量W'_q(t/h)和货物周转量W'_P[(t·km)/h]分别为

$$W'_q = W_q T'_d = \frac{q_0 \gamma \alpha_d \rho}{\frac{L_1}{\beta v_t} + t_{lu}} \qquad (3-30)$$

$$W'_P = W_P T'_d = \frac{q_0 \gamma \alpha_d \rho L_1}{\frac{L_1}{\beta v_t} + t_{lu}} \qquad (3-31)$$

由上述计算公式可知，影响载货汽车工作生产率的因素有额定载重量、吨位利用率、重车行程、里程利用率、技术速度及装卸停歇时间六项。影响总生产率的因素还有工作率及总车时利用率。

在一定的运输工作条件下，上述各指标值都反映了工作条件对生产率的影响，是影响生产率的使用因素。实际工作中，汽车运输企业可以通过优化各使用因素的状态，来提高生产率指标。

（2）公共汽车的工作生产率和总生产率。

① 工作生产率。公共汽车（含公路客运）一般以单程（也称车次）为基本运输过程进行组织。公共汽车工作生产率，是指平均每工作车时车辆所完成的客运量或乘客周转量，用以评价公共汽车在线路上工作车时内的利用效果。

公共汽车在线路上工作时，由于在一个车次内车辆所载运乘客在沿线各停车站不断交替变化（乘客上下车），客流沿各路段的分布具有不均匀性，因此，车辆在各路段的实际载客量可能各不相同。所以在一个车次内，车辆实际完成的载客人数及乘客周转量分别为

$$Q_n = q_0 \gamma \eta_a \tag{3-32}$$

$$P_n = Q_n \overline{L_p} \tag{3-33}$$

式中，η_a——乘客交替系数；

$\overline{L_p}$——平均运距，指统计期内所有乘客的平均乘车距离（km）。

其中，乘客交替系数是指在一个车次时间内，各路段平均载客客位中，每客位实际运送的乘客人数，以车次的线路长度 L_n 与平均运距 $\overline{L_p}$ 之比表示，即

$$\eta_a = \frac{L_n}{\overline{L_p}} \tag{3-34}$$

公共汽车在一个车次中的工作车时为

$$t_n = t_{nr} + t_{ns} = \frac{L_n}{\beta v_t} + t_{ns}$$

式中，t_{nr}——公共汽车在一个车次中的行驶时间（h）；

t_{ns}——公共汽车在一个车次中的沿线各站停歇时间（h）。

因而，公共汽车在一个车次中的单位工作时间内完成的客运量和乘客周转量分别为

$$W_q = \frac{Q_n}{t_n} = \frac{q_0 \gamma \eta_a}{\dfrac{L_n}{\beta v_t} + t_{ns}} \tag{3-35}$$

$$W_P = \frac{Q_n \overline{L_P}}{t_n} = \frac{q_0 \gamma \eta_a \overline{L_P}}{\dfrac{L_n}{\beta v_t} + t_{ns}} = \frac{q_0 \gamma L_n}{\dfrac{L_n}{\beta v_t} + t_{ns}} \tag{3-36}$$

载货汽车和公共汽车的 W_p 在形式上是一样的，所以各个相应的使用因素对生产率的影响也是相似的，但各使用因素的意义不同。而载货汽车和公共汽车的 W_q，在形式上稍有差别，这是由于公共汽车运输是以车次为基本运输过程这一特点所致，故在形式上多了乘客交替系数（η_a）。

② 总生产率。公共汽车总生产率的确定方法类似于载货汽车总生产率的确定方法，

即单位总车时内公共汽车所完成的客运量 W'_q(人/h)和旅客周转量 W'_P[(人·km)/h]。计算公式为

$$W'_q = \alpha_d \rho W_q \tag{3-37}$$

$$W'_P = \alpha_d \rho W_P \tag{3-38}$$

公共汽车运输总生产率在形式上与载货汽车完全一致。

(3) 出租汽车的工作生产率和总生产率。

出租汽车运输,通常按行驶里程与等待乘客的停歇时间收费。所以出租汽车生产率通常用每小时完成的收费行驶里程和收费停歇时间来度量。出租汽车的运输组织通常按运次进行组织,每个运次的时间由四部分组成,即收费里程(L_g)的行驶时间、收费停歇时间(t_g)、不收费里程(L_n)的行驶时间和不收费停歇时间(t_n)。出租汽车的工作车时(t_c)为

$$t_c = \frac{L_g + L_n}{v_t} + t_g + t_n \tag{3-39}$$

出租汽车的里程利用率表明了出租汽车总行程的利用程度,是收费里程与总里程(L)之比,故又称为收费行程系数,计算公式为

$$\beta = \frac{L_g}{L} = \frac{L_g}{L_g + L_n}$$

所以,出租汽车的工作车时(t_c)也可表示为

$$t_c = \frac{L_g}{\beta v_t} + t_g + t_n \tag{3-40}$$

① 出租汽车的工作生产率。

出租汽车在单位工作时间内完成的收费里程 W_l(km/h)及收费停歇时间 W_t(h/h)即为出租汽车的工作生产率,可分别用下两式计算:

$$W_l = \frac{L_g}{t_c} = \frac{L_g}{\frac{L_g}{\beta v_t} + t_g + t_n} \tag{3-41}$$

$$W_t = \frac{t_g}{t_c} = \frac{t_g}{\frac{L_g}{\beta v_t} + t_g + t_n} \tag{3-42}$$

② 出租汽车的总生产率。

出租汽车在单位总车时内完成的收费里程 W'_l(km/h)和收费停歇时间 W'_t(h/h)即为出租汽车的总生产率,分别为

$$W'_l = \alpha_d \rho W_l \tag{3-43}$$

$$W'_t = \alpha_d \rho W_t \tag{3-44}$$

由以上公式可知,影响出租汽车生产率的因素有收费行程、收费行程系数、技术速度、每个运次的收费停歇时间及不收费停歇时间。

2. 车吨(客)位期产量指标

车吨(客)位期产量是指统计期内平均每个吨(客)位所完成的周转量,包括车吨(客)位年产量、车吨(客)位季产量、车吨(客)位月产量及车吨(客)位日产量等多个指标。

用车吨(客)位期产量指标反映和比较车辆运输生产率时,可以消除不同车辆额定吨(客)位不同的影响。其中,车吨位日产量和车客位日产量指标,在反映和比较不同单位或

不同时期的运输生产率时,既可消除车辆不同吨位或客位的影响,也可消除计算期日历天数可能不一致的影响。因此,车吨(客)位日产量指标,可以比较准确地反映汽车运输企业生产组织工作的重量和水平。

车吨(客)位期产量的计算方法有两种:按周转量与平均总吨(客)位计算;按车辆各项运用效率指标计算。

(1) 按周转量与平均总吨(客)位计算,计算公式为

$$W'_{P_t} = \frac{\sum P}{N} \tag{3-45}$$

式中,W'_{P_t}——车吨(客)位期(年、季、月、日)产量(t·km 或人·km);

$\sum P$——统计期内全部营运车辆完成的周转量之和(t·km 或人·km);

N——平均总吨(客)位(吨位或客位),是指统计期内平均每天在用营运车辆的总吨(客)位。

(2) 按车辆各项运用效率指标计算,计算公式为

$$W'_{P_t} = \frac{D\alpha_d \overline{L}_d \beta \gamma}{1-\theta} \tag{3-46}$$

3. 车公里产量指标

车公里产量是指统计期内车辆平均每行驶 1km 所完成的周转量,可按下述方法计算。

(1) 按周转量和总行程计算,计算公式为

$$W_{P_k} = \frac{\sum P}{L} \tag{3-47}$$

式中,W_{P_k}——车公里产量(t·km 或人·km);

L——统计期全部车辆的总行程(km),可以根据每辆营运车累计,也可以按下述公式计算:

$$L = AD\alpha_d \overline{L}_d \tag{3-48}$$

(2) 按有关车辆运用效率指标计算,计算公式为

$$W_{Pk} = \frac{\beta \overline{q}_0 \gamma}{1-\theta} \tag{3-49}$$

显然,完成同样的周转量采用提高车公里产量的办法增加的运行费用不多,增加总行程则会较多地增加运行费。但片面追求较高的车公里产量,可能会引起超载现象的发生。由此可见,车公里产量是一个很重要的、敏感性较强的指标。

4. 汽车运输生产率分析

要提高汽车运输生产率,必须了解各使用因素对生产率的影响特性及影响程度,以便结合企业自身的条件,确定优先改进哪个因素对生产率的提高更为有利。由于公共汽车、出租汽车的工作生产率均相似于载货汽车,因此下面以载货汽车工作生产率为例进行分析。

由载货汽车工作生产率的计算公式可知,影响生产率的因素共有六项,即车载额定载重量、吨(客)位利用率、里程利用率、技术速度、车辆在一个运次中的停歇时间及重车行程,而工作生产率又分为以货运量计算的 W_q 和以周转量计算的 W_P 两种。上述六项使用因素,除平均运次重车行程对 W_q 和 W_P 的影响不同外,其他使用因素对其影响是一致的。

由于各使用因素对生产率的影响关系很复杂,为了分析简便,在分析某一使用因素的变化对生产率的影响时,可以假设其他因素为常数。因此,下面以 W_q 的生产率关系式为对象来分析装卸作业停歇时间对生产率的影响特性和影响程度。

由于载货汽车的工作生产率公式为

$$W_q = \frac{q_0 \gamma}{\frac{L_1}{\beta v_t} + t_{lu}}$$

假设其他使用因素均为常数,只有装卸停歇时间为变量时,令 $b = q_0 \gamma$,$c = \frac{L_1}{\beta v_t}$,则

$$W_q = \frac{b}{c + t_{lu}} \tag{3-50}$$

式(3-48)为等轴双曲线方程,如图 3.6 所示。当装卸停歇时间 t_{lu} 减少时,生产率 W_q 就会提高,但生产率提高的极限值为 $\frac{b}{c}$。

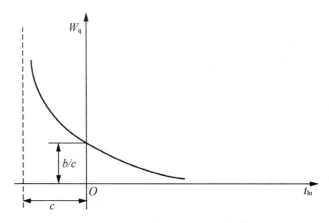

图 3.6 车辆工作生产率与装卸停歇时间的关系

当装卸停歇时间很大时,生产率将降低而趋近于零,因为横坐标轴为双曲线的渐近线。而且 c 值越小(即 L_1 越小),v_t 及 β 值越大时,装卸停歇时间的变化对生产率的影响程度越大。即当运距较短,车辆行驶速度较快时,装卸停歇时间对生产率的影响更为显著。

因此,要提高生产率必须将装卸停歇时间压缩到最低限度。为了缩短装卸停歇时间,应合理组织装卸工作,实现装卸工作机械化,制定汽车装卸作业时间表,有节奏地进行装卸工作,并应简化手续,以减少装卸停歇时间。采用类似的方法,可分析其他使用因素对运输工作生产率的影响特性。

分析各使用因素对生产率的影响程度,可采用绘制生产率特性图的方法。首先逐一分析各使用因素与生产率之间的变化关系,这样便得到一组各使用因素与生产率之间的变化关系曲线。然后,将这些曲线叠加绘制在一张坐标图上,坐标图的纵轴表示生产率,横轴分别表示各使用因素,如图 3.7 所示。

由图 3.7 可知,各使用因素对汽车运输生产率的影响程度由高到低依次为吨位利用率(γ)、装卸停歇时间(t_{lu})、里程利用率(β)及车辆技术速度(v_t)。

因此利用汽车运输生产率特性图可以确定出在某一具体运输条件下提高生产率的最合理方法,如提高吨位利用率和额定载重量是提高生产率最有效的方法,缩短装卸停歇时间

也是提高生产率的有效方法。而提高里程利用率及技术速度,对生产率的影响不显著,但对运输成本却有显著影响,下面对此做进一步分析。

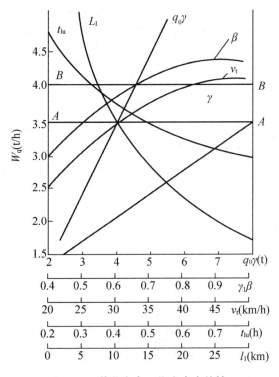

图 3.7 载货汽车工作生产率特性

注:W_q——载货汽车运输生产率(t/h);$q_0\gamma$——实际载重量(t);γ——吨位利用率(%);t_{lu}——装卸停歇时间(h);β——里程利用率(%);v_t——车辆技术速度(km/h);L_1——载重行程(km)。

3.3.2 汽车运输成本

汽车运输成本不仅是评价汽车运输工作效果的综合指标,也是考核运输企业的主要经营指标之一。在汽车运输生产过程中,运输生产率的高低、运输服务质量的好坏、运输组织水平的优劣、车辆维修技术的高低等最终都以货币形式反映到成本指标上来,进而影响汽车运输企业、物流企业的经济效益。因此,在保证运输服务质量的前提下,不断降低运输成本,对于物流企业、运输企业的生存和发展具有重要意义。

1. 汽车运输成本的计算

汽车运输成本(S)通常用单位运输成本来衡量。单位运输成本是指完成每单位运输产品产量所支付的费用,以统计期内汽车运输企业所支出的全部费用($\sum C$)与所完成的运输产品产量($\sum P$)的比值来表示,即

$$S = \frac{\sum C}{\sum P} \tag{3-51}$$

汽车运输成本的计算单位因运输对象、运输条件等不同而异。对于载货汽车与公共汽车运输,S是指完成每单位运输工作量所支付的全部费用,其计算单位分别为元/(t·km)

与元/(人·km);对于出租汽车运输,S是按照每单位收费行程或单位收费停歇时间分摊的全部费用计算,其计算单位为元/km与元/h。

汽车运输企业所支出的全部费用,按照与车辆行驶的关系,一般可分为三部分,即变动费用($\sum C_c$)、固定费用($\sum C_f$)和装卸费用($\sum C_{lu}$)。其中,装卸费用在运输企业中实行单独核算,所以汽车运输企业的运输成本通常只包括前两项费用,即

$$\sum C = \sum C_c + \sum C_f \tag{3-52}$$

在汽车运输企业中,变动费用是指与车辆行驶有关的费用,又叫车辆运行费用,按每公里行程计算。变动费用包括燃料费、润滑油费、轮胎费、车辆折旧费、车辆维修费、计件工资、附加费及其他与车辆行驶有关的杂项费用等;固定费用是指与车辆行驶无直接关系的费用,又叫企业管理费,常按车辆的在册车日或车时计算。这部分费用不论车辆行驶与否,汽车运输企业为组织运输生产必须支付。固定费用包括职工月工资(计时工资等)、行政办公费、水电费、仓储费、房屋修缮费、牌照费、职工培训费、宣传费及业务手续费等。

1) 载货汽车的运输成本

载货汽车单位运输成本可表示为 1t·km 的变动费用与 1t·km 的固定费用之和,即

$$S_g = S_c + S_f \tag{3-53}$$

式中,S_g——载货汽车的单位运输成本[元/(t·km)];

S_c——统计期内单位产量分摊的变动成本[元/(t·km)];

S_f——统计期内单位产量分摊的固定成本[元/(t·km)]。

又

$$S_c = \frac{LC_c}{\sum P} = \frac{(L/H_d)C_c}{(\sum P)/H_d} = \frac{v_d C_c}{W_P} \tag{3-54}$$

$$S_f = \frac{\sum C_f}{\sum P} = \frac{(\sum C_f)/H_d}{(\sum P)/H_d} = \frac{C_f}{W_P} \tag{3-55}$$

式中,C_c——单位行程的变动费用(元/km);

C_f——车辆单位工作车时的固定费用(元/h);

$\sum C_f$——统计期内企业支付的全部固定费用(元)。

则

$$S_g = S_c + S_f = \frac{v_d C_c}{W_P} + \frac{C_f}{W_P} \tag{3-56}$$

又

$$v_d = \frac{L_1 v_t}{L_1 + \beta v_t t_{lu}}$$

$$W_P = \frac{q_0 \gamma L_1}{\frac{L_1}{\beta v_t} + t_{lu}}$$

则载货汽车的单位运输成本为

$$S_g = \frac{1}{q_0 \gamma \beta} \left[C_c + \frac{C_f(L_1 + t_{lu}\beta v_t)}{v_t L_1} \right] \tag{3-57}$$

2) 公共汽车的运输成本

公共汽车的单位运输成本同样可以表示为每人·km 的变动成本与每人·km 的固定成本之和。类似于载货汽车运输成本的求解方法，可得到公共汽车的单位运输成本为

$$S_b = \frac{1}{q_0 \gamma \beta}\left[C_c + \frac{C_f(L_n + t_{ns}\beta v_t)}{v_t L_n}\right] \tag{3-58}$$

式中，S_b——公共汽车的单位运输成本[元/(人·km)]；

L_n——线路长度(km)；

t_{ns}——沿线各站停站时间(h)；

3) 出租汽车的运输成本

出租汽车的单位运输成本可按照每 km 收费里程或每小时收费停歇时间确定。计算公式分别为

$$S_c = \frac{\sum C_c}{\sum L_g} = \frac{\sum C_c}{\beta L} = \frac{\sum C_c/L}{\beta} = \frac{C_c}{\beta} \tag{3-59}$$

$$S_f = \frac{\sum C_f}{\sum L_g} = \frac{\sum C_f}{\beta L} = \frac{\sum C_f/H_d}{\beta(L/H_d)} = \frac{C_f}{\beta v_d} \tag{3-60}$$

其中

$$v_d = \frac{L}{H_d} = \frac{L_g/\beta}{\frac{L_g}{\beta v_t} + t_g + t_n} = \frac{L_g v_t}{L_g + (t_g + t_n)\beta v_t} \tag{3-61}$$

所以出租汽车每公里收费里程的运输成本为

$$S_l = \frac{\sum C}{\sum L_g} = S_c + S_f = \frac{1}{\beta}\left(C_c + \frac{C_f}{v_d}\right) = \frac{1}{\beta}\left(C_c + \frac{C_f[L_g + \beta v_t(t_n + t_g)]}{v_t L_g}\right) \tag{3-62}$$

式中，S_L——出租汽车单位收费里程的运输成本(元/km)；

C_c——出租汽车单位行程的变动费用(元/km)；

C_f——出租汽车单位工作车时的固定费用(元/h)。

同理，出租汽车以单位收费停歇时间表示的运输成本为

$$S_t = \frac{1}{\beta t_g}\left(C_c L_g + \frac{C_f[L_g + \beta v_t(t_n + t_g)]}{v_t}\right) \tag{3-63}$$

2. 汽车运输成本分析

降低汽车运输成本，是汽车运输企业经营的重要工作内容，为此，必须了解每个使用因素对运输成本的影响特性及影响程度，以便确定企业的改进措施。

利用上述公式，不仅可计算汽车运输的成本，而且可以确定各使用因素对运输成本的影响特性和程度，为寻找降低汽车运输成本的有效途径提供理论依据。

1) 各使用因素对运输成本的影响特性

可采用与分析汽车运输生产率同样的方法来分析各使用因素对运输成本的影响特性。以载货汽车运输成本为例，当假设其他使用因素的当前值保持不变的前提下，只考查一个变量因素，可以发现以下结果。

(1) 随着汽车额定吨位及吨位利用率的增加，运输成本将降低，而且固定费用和变动

费用越高。重车行程越短,行驶速度越低时,这种影响越为显著。此外,随着载重量的增加,它对运输成本的影响程度将降低。

(2) 当里程利用率、技术速度及重车行程提高时,1t·km 的运输成本将降低,而且当这些数值越小时,其影响程度越显著。

(3) 每个运次中,车辆装卸停歇时间越长,则运输成本越高。当实际载重量较小,重车行程较短,而每小时工作的固定费用较大时,装卸停歇时间对运输成本的影响特别大。但是,当运距很大时,装卸停歇时间对运输成本的影响将明显减小。

2) 各使用因素对运输成本影响程度

降低运输成本,是汽车运输企业经营的重要工作内容,为此,必须分析各使用因素对运输成本的影响程度,以便确定优先改变哪些因素对降低运输成本更加有利。这种分析可以仿照汽车运输生产率分析方法进行,从而得到汽车运输成本特性图,如图 3.8 所示。

图 3.8 载货汽车运输成本特性

注:S_g—载货汽车运输成本(元/t·km);γ—吨位利用率(%);t_{lu}—装卸停歇时间(h);β—里程利用率(%);v_t—车辆技术速度(km/h)。

由图 3.8 可以看出,各使用因素对运输成本影响程度由高到低排列顺序为:吨位利用率(γ)、里程利用率(β)、装卸停歇时间(t_{lu})、技术速度(v_t)。因此,提高吨位利用率及里程利用率是降低运输成本最有效的方法。

降低运输成本和提高运输生产率是汽车运输企业的两项重要任务,由于各使用因素对运输成本和运输生产率的影响结果不尽相同,因此,在运输企业中应当视不同的运输任务,有针对性地选择不同的措施,以优先满足降低运输成本或提高运输生产率的要求。

3.4 铁路运输组织评价指标

铁路运输组织评价指标主要从货车运用指标、客车运用指标、机车运用指标等几个方面考虑。

3.4.1 货车运用指标

1. 货车静载重

货车静载重是指每一辆货车平均装载的货物吨数,反映了货车在静止状态下载重量被利用的程度,是衡量装车质量的指标之一,是铁路运营工作的重要指标之一。货车静载重只能说明在装车时或重车在静止状态下货车标记载重量的利用程度,而不能反映全部运送过程中货车载重量利用的程度。计算公式为

$$P_{静} = \sum P / U_{装} \tag{3-64}$$

式中,$P_{静}$——货车静载重(t/车);

$\sum P$——一定时间内货物发送总吨数;

$U_{装}$——一定时间内的总装车数。

【例3-8】某站某日装车实际如下:化肥3车(60t棚车1车,装60t;50t棚车2车,各装50t);沙4车(60t敞车1车,装60t;50t敞车3车,各装50t);棉花3车(60t棚车1车,装42t;50t棚车2车,各装35t)。试计算货车静载重。

解:$\sum P = (60 \times 1 + 50 \times 2) + (60 \times 1 + 50 \times 3) + (42 \times 1 + 35 \times 2) = 482(t)$

$$U_{装} = 3 + 4 + 3 = 10(车)$$

$$P_{静} = \sum P / U_{装} = 482/10 = 48.2(t/车)$$

2. 货车动载重

货车动载重指货车平均每运行1km所完成的货物吨公里数。货车动载重分为重车动载重和运用车动载重两种。

1) 重车动载重

重车动载重是指平均每一重车公里所完成的货物周转量。计算公式为

$$P_{动}^{重} = \frac{\sum Pl}{\sum nS_{重}} \tag{3-65}$$

式中,$P_{动}^{重}$——重车动载重[(t·km)/(重车 km)];

$\sum Pl$——一定时间内完成的货物总吨·公里(t·km);

$\sum nS_{重}$——一定时间内重车总走行里程,重车 km。

提高重车动载重的途径:①提高货车静载重;②合理组织不同装载量的车辆装运不同距离的货物。如以装载量大的车辆运送远距离的货物,以装载量小的车辆运送近距离的货物。

【例3-9】设甲站有发往乙站和丙站两批各60t的货物,用60t货车一辆和30t货车两辆装运(里程示意如下),试确定合理的装运方法。

甲 _____100km_____ 乙 _____100km_____ 丙

解:

装运方法一:用一辆60t车装乙站的近程货物,用两辆30t车装丙站的远程货物。

$$P_{\text{静}} = \sum P / U_{\text{装}} = (60+60)/(1+2) = 40 (\text{t/车})$$

$$\sum Pl = 60 \times 100 + 60 \times 200 = 18\ 000 (\text{t·km})$$

$$\sum nS_{\text{重}} = 1 \times 100 + 2 \times 200 = 500 (\text{重车·km})$$

$$P_{\text{重动}} = \sum Pl / \sum nS_{\text{重}} = 18\ 000/500 = 36[(\text{t·km})/(\text{重车·km})]$$

装运方法二：用一辆60t车装丙站的远程货物，用两辆30t车装乙站的近程货物。

$$P_{\text{静}} = \sum P / U_{\text{装}} = (60+60)/(2+1) = 40 (\text{t/车})$$

$$\sum Pl = 60 \times 200 + 60 \times 100 = 18\ 000 (\text{t·km})$$

$$\sum nS_{\text{重}} = 1 \times 200 + 2 \times 100 = 400 (\text{重车·km})$$

$$P_{\text{重动}} = \sum Pl / \sum nS_{\text{重}} = 18\ 000/400 = 45[(\text{t·km})/(\text{重车·km})]$$

2）运用车动载重

运用车动载重是指平均每一运用货车·km所完成的货物吨·公里数。计算公式为

$$P_{\text{运动}} = \sum Pl / \left(\sum nS_{\text{重}} + \sum nS_{\text{空}} \right) \tag{3-66}$$

式中，$P_{\text{运动}}$——运用车动载重[(t·km)/(运用车·km)]；

$\sum nS_{\text{重}}$——一定时间内重车走行里程（重车·km）；

$\sum nS_{\text{空}}$——一定时间内空车走行公里（空车·km）。

（式3-66）中分子和分母同除$\sum nS_{\text{重}}$，则变成

$$P_{\text{运动}} = \frac{P_{\text{重动}}}{1+\alpha} [(\text{t·km})/(\text{车·km})] \tag{3-67}$$

式中，α——车辆空驶率，一定时间内空车走行公里与重车走行公里之比。

3. 货车装载能力利用率

1）货车载重力利用率

货车载重力利用率，又称货车载重力利用系数，是指所装货车的载重能力被利用的百分率。货车载重量利用率是以相对数字反映货车载重能力利用程度的指标，是车站或全路在一定时期内货车静载重与使用车平均标记载重量的比值。计算公式为

$$\lambda = \frac{P_{\text{静}}}{P_{\text{标}}} \times 100\% \tag{3-68}$$

$$P_{\text{标}} = \frac{\sum P_{\text{标}}}{\sum U_{\text{装}}} (\text{t/车}) \tag{3-69}$$

货车载重力利用率的大小同货车静载重成正比。所有提高静载重的措施，也是提高货车载重力利用率的措施。货车载重力利用率比货车静载重能更好地反映车辆装载的质量。为了提高货车载重力利用率，必须注意车种适合货种，标重配合货吨，做好巧装满载工作。

2）货车容积利用率

货车容积利用率，又称货车容积利用系数，是指所装货车的有效容积被利用的百分

率。计算公式为

$$\phi = (V_装 / V_{有效}) \times 100\% \tag{3-70}$$

式中，ϕ——货车容积利用率；

$V_装$——装载货物占用容积（m^3）；

$V_{有效}$——货车有效容积（m^3）。

货车容积利用率是用来考核轻质货物紧密装载程度和利用装载容积的一项指标。

4. 货车生产率

货车生产率（即货车日产量）是指一辆运用车一昼夜平均所完成的货物吨公里数。货车生产率是衡量货车利用质量的综合指标，它既反映货车载重量利用水平，也反映车辆周转的快慢。计算公式为

$$H = \frac{\sum Pl}{n} = \frac{\sum Pl}{\sum nS} \cdot \frac{\sum nS}{n} = P_{运动} S_车 \tag{3-71}$$

式中，H——货车昼夜生产率 [(t·km)/(车·d)]；

$\sum nS$——全路一昼夜的总车·公里(车·km)；

$\sum Pl$——全路一昼夜完成的货物吨·公里数(t·km)；

n——全路运用车数；

$S_车$——每辆车平均一昼夜的走行公里[(车·km)/(车·d)]；

将 $P_{运动} = P_{重动}/(1+\alpha)$ 代入式（3-71）得

$$H = \frac{S_车 P_{重动}}{1+\alpha} \tag{3-72}$$

货车生产率与货车昼夜走行里程及重车动载重成正比，并随着空率的增大而减小。行车与货运部门必须共同配合，才能提高货车生产率。从上述指标分析中，我们不难理解提高货车载重量利用效率的意义。在货车的巧装满载上挖掘潜力，最经济、最有效地使用车辆，充分发挥现有货车载重量利用效率，少用车、多运货，是铁路挖潜、扩能、改革的一个重要方面。

3.4.2 客车运用指标

1. 旅客列车车底周转时间

每对旅客列车的编组辆数、编组结构及车辆编挂次序一般不变动。当往返于起始站与终到站之间，经过沿途各站时，除特殊情况外，通常只有旅客上下，而无车辆摘挂，这种固定连挂在一起的车列，称为客车固定车底。固定车底往返一次所经过的时间，叫做列车车底周转时间。根据车底周转时间，就可以确定车底的数量。例如，某次特快旅客列车从北京站始发的时间是 18:00，到达上海站是第二天 8:00。经过 10h 休整，该次列车 18:00 从上海站始发，第三天的 8:08 回到北京站，每天就这样不间断的运行。据此，我们可以计算出该次列车至少需要 2 组车底。显然，车底周转时间越长，需要的车底就越多。当然，这只是针对长途旅客列车而言，短途的市郊、城际旅客列车的车底往

往一天能周转几次。如图 3.9 所示,车底周转时间为 5 天,每天开行 1 列,该次列车共需 5 组车底。

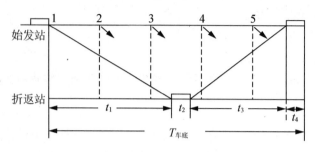

图 3.9 客车车底周转示意

旅客列车车底周转时间是指为了开行运行图中的某一对旅客列车的车底,从第一次由配属站(始发站)发出之时起,到下一次由配属站发出之时止,所经过的全部时间。车底周转时间($\theta_{车底}$)可按式(3-73)计算:

$$\theta_{车底} = \frac{2L_{客}}{v_{直达}} + t_{配}^{客} + t_{折}^{客} \tag{3-73}$$

式中,$L_{客}$——列车全程运行距离(km);

$v_{直达}$——旅客列车直达速度(km/h);

$t_{配}^{客}$——车底在配属站停留时间(h);

$t_{折}^{客}$——车底在折返站停留时间(h)。

2. 旅客列车速度指标

旅客列车速度指标包括列车技术速度、列车运行速度和列车旅行速度(直达速度)。

1) 列车技术速度

列车技术速度是指列车在区段内运行,不包括中间站停站时间及加减速附加时间在内的平均速度,它可按式(3-74)计算:

$$v_{运} = \frac{\sum nL}{\sum nl_{纯运}} \tag{3-74}$$

2) 列车运行速度

列车运行速度是指列车在区段内运行,不包括中间站停站时间,但包括加减速附加时间在内的平均速度,计算公式为

$$v_{技} = \frac{\sum nL}{\sum nt_{纯运} + \sum nt_{加减}} \tag{3-75}$$

3) 列车旅行速度

列车旅行速度是指列车在区段内运行,包括在中间站停站时间及起停车附加时间在内的平均速度,计算公式为

$$v_{旅} = \frac{\sum nL}{\sum nt_{纯运} + \sum nt_{加减} \sum nt_{中停}} \tag{3-76}$$

当已知旅行速度与运行速度的比值或者与技术速度的比值时,旅行速度也可以通过旅

行速度系数来计算，即

$$v_{旅} = \beta_{运} v_{运}$$

$$v_{旅} = \beta_{技} v_{技}$$

旅行速度是表明列车运行图质量的一项重要指标，也是影响机车车辆周转和货物送达的一项重要因素。因此，在编制列车运行图时，应力求把旅行速度同运行速度或技术速度的差别减少到最小程度，亦即必须尽可能减少列车在区段内的停站次数和停站时间。

3. 载客人数

旅客列车载客人数（$A_{列}$）是指在一定时期内，全路、一个铁路局或分局平均每一旅客列车公里所完成的人·km数，计算公式为

$$A_{列} = \frac{\sum Al'}{\sum nL_{客}} \tag{3-77}$$

式中，$\sum Al'$——旅客周转量（人·km）；

$\sum nL_{客}$——旅客列车公里总数（列车·km）。

客车载客人数是指在一定时期内，全路、一个铁路局或分局平均每一客车公里所完成的人·km数，计算公式为

$$A_{客车} = \frac{\sum Al'}{\sum nS_{客}} \tag{3-78}$$

式中，$\sum nS_{客}$——客车公里总数（客车·km）。

4. 客座利用率

客座利用率等于旅客周转量和客座公里总数之比，也就是用百分率表示的平均每一客座公里所完成的人·km数，计算公式为

$$\lambda_{客} = \frac{\sum Al'}{\sum nS_{客}} \times 100\% \tag{3-79}$$

式中，$\sum nS_{客}$——客座公里总数（客座·km）。

3.4.3 机车运用指标

1. 机车全周转时间

机车全周转时间是从时间上反映机车运用效率的指标，是指机车作业完成返回基本段经过闸楼时起，至下一次作业完成返回基本段经过闸楼时止的全部时间，是指机车在一个牵引区段内往返一次平均消耗的时间，计算公式为

$$\theta_{机} = \frac{L}{v_{旅}^{机}} + t_{本} + t_{折} \tag{3-80}$$

式中，L——机车周转跨度（km）；

$t_{折}$——机车在折返及所在站停留时间（h）；

$t_{本}$——机车在本段及所在站停留时间（h）；

$v_{旅}^{机}$——机车旅行速度（km/L）。

2. 机车日车公里

机车日车公里是指全路、铁路局、分局或机务段平均每台货运机车在一昼夜内完成的走行公里数，计算公式为

$$S_{机} = \frac{\sum MS_{沿} - \sum MS_{补}}{M_{货}} \tag{3-81}$$

或

$$S_{机} = \frac{2L \times 24}{\theta_{机}} \tag{3-82}$$

式中，$M_{货}$——运用货用机车台数。

3. 列车平均总重

列车平均总重是指全路、铁路局、分局或机务段平均每台本务机车牵引列车的总重量（包括货物重量和车辆自重），计算公式为

$$Q_{总} = \frac{\sum QS_{总}}{\sum nL_{本}} \tag{3-83}$$

式中，$\sum QS_{总}$——总重吨·公里数。

列车平均总重反映机车牵引力的利用程度，它直接影响到列车次数、机车需要台数、机车乘务组需要数及其他有关支出的大小，是衡量机车运用效率的一个重要指标。

4. 货运机车日产量

货运机车日产量是指在一定时期内全路、铁路局或机务段平均每台货运机车一昼夜内所生产的总重吨·公里数，计算公式为

$$W_{机} = \frac{\sum QS_{总}}{M_{货}} = \frac{Q_{总} S_{机}}{1 + \beta_{辅}} \tag{3-84}$$

$$\beta_{辅} = \frac{\sum MS_{双} + \sum MS_{单}}{\sum nL_{本}} \tag{3-85}$$

式中，$\beta_{辅}$——单机和重联机车走行率。

由式(3-84)和式(3-85)可以看出，$W_{机}$综合反映了列车平均总重、机车日车公里和单机走行三个方面的关系，是考核机车运用质量的一个综合指标。

3.5 水路运输组织评价指标

水路运输组织主要包括港口和船舶的生产组织。港口生产组织的重点是提高装卸机械的利用率和装卸作业水平，减少运输工具在港停留时间，提高港口的吞吐量；船舶运行组织工作的重点是规划航线，努力提高船舶的利用效率，协调好系统内部各环节的关系，如与港口协调。

3.5.1 水路运输量指标

1. 货运量

货运量指报告期内船舶实际运送的货物重量，一般货物按实际重量计算，计算单位为 t。若无法直接取得实际重量的货物，按有关参数进行折算，如木材按 $1m^3$ 折算为 1t；液化石油气按 $1m^3$ 折算为 0.5t；运输汽车按出厂时的标记自重计算，如无标记的汽车，按面包车折算为 2t、大客（卡）车折算为 5t、集装箱车折算为 10t 计算。

2. 货物周转量

货物周转量是指报告期内船舶实际运送的每批货物重量与该批货物运送里程的乘积之和。计算单位为 t·km（t·海里），其统计分组同货运量。计算公式为

$$货物周转量 = \sum (每批货物重量 \times 该批货物的运送距离) \tag{3-86}$$

3. 换算周转量

换算周转量是指报告期内运输船舶完成的客、货周转量按照一定的换算系数得到的周转量，包括船舶自载和拖带所完成的旅客周转量和货物周转量，计算单位为 t·km（t·海里）。铺位及海运座位客运周转量换算：1 人·km＝1t·km；内河座位客运周转量换算：3 人·km＝1t·km。

4. 集装箱运量

集装箱运量指报告期内船舶实际运送集装箱的数量。按集装箱的实际箱数计算，计算单位为箱；按折合为 20ft 集装箱的数量计算，计算单位为 TEU。集装箱按 TEU 折算系数为：45ft 箱＝2.25TEU；40ft 箱＝2.00TEU；35ft 箱＝1.75TEU；30ft 箱＝1.50TEU；20ft 箱＝1.00TEU；10ft 箱＝0.50TEU。

5. 集装箱周转量

集装箱周转量是指报告期内船舶实际运送的每个集装箱与该集装箱运送的标准里程的乘积之和。

（1）按集装箱的实际箱周转量计算，计算单位为箱·km（箱·海里）。计算公式为

$$集装箱周转量 = \sum (每个集装箱 \times 该箱实际运送距离) \tag{3-87}$$

（2）按折合为 20ft 集装箱周转量计算，计算单位为 TEU·km（TEU·海里）。计算公式为

$$集装箱周转量 = \sum (每个集装箱的换算 TEU 数量 \times 该箱实际运送距离) \tag{3-88}$$

6. 集装箱货运量

集装箱货运量指报告期内船舶运送集装箱的实际重量，包括集装箱装载货物的重量和集装箱箱体的重量。计算单位为 t。

一般可按船舶航行区域分为远洋集装箱货运量、沿海集装箱货运量、内河集装箱货运量；按集装箱装载货物的贸易性质可分为内贸集装箱货运量、外贸集装箱货运量、第三国集装箱货运量。

7. 集装箱货物周转量

集装箱货物周转量指报告期内船舶运送每个集装箱货运量与该箱实际运送标准里程的乘积之和。计算单位为 t·km(t·海里)，计算公式为

$$\text{集装箱货物周转量} = \sum (\text{每个集装箱货运量} \times \text{该箱实际运送距离}) \quad (3-89)$$

3.5.2 港口运输指标

1. 船舶平均每次在港停泊天数

船舶平均每次在港停泊天数是指船舶从进港时起到出港时止的平均每艘船在港的停泊时间。一般来说，每艘船舶平均在港停泊的时间越短越好，每艘船舶在港停泊时间的长短，受货种、流向，船舶吨位的大小，装卸效率的高低，装卸作业的性质和自然因素等一系列因素的影响，故船舶平均在港停泊时间的差别会很大，计算公式为

$$\overline{T}_{次} = \sum T_{停} / N_{次} \quad (3-90)$$

式中 $\overline{T}_{次}$——船舶平均每次在港停泊天数(d)；

$\sum T_{停}$——船舶停泊总艘天数(d)；

$N_{次}$——船舶停泊总艘次数，即船舶在港停泊艘次的总和。

一艘船舶从进港起到出港时止，不论是装货还是卸货，或者是又装又卸，也不论移泊次数多少，都只计算为一个停泊艘次。船舶平均每次在港停时是考核船舶在港停泊时间长短，检查港口工作的主要质量指标之一。缩短船舶平均每次在港停泊天数，可以加速船舶周转，提高码头泊位的利用程度。

2. 船舶平均每次作业在港停泊天数

船舶平均每次作业在港停泊天数是指船舶从进港起到出港止平均每艘船每次作业在港的停泊时间。船舶平均每次作业在港停泊天数这一指标与船舶平均每次在港停泊天数指标不同的是，考虑到了船舶在港装卸作业性质。若船舶在港停泊期间其他因素不变的情况下，卸后又装双重作业的船舶，在港停泊时间肯定要比单一作业性质的船舶在港停泊时间长，如果双重作业性质的船在报告期内占的比重越大，则船舶平均每次在港停泊天数数值必然越大。这一指标补充了船舶平均每次在港停泊天数指标这一方面的不足，计算公式为

$$\overline{T}_{作次} = \sum T_{停} / N_{作次} \quad (3-91)$$

式中 $\overline{T}_{作次}$——船舶平均每次作业在港停泊天数(d)；

$\sum T_{停}$——船舶停泊总艘天数(d)；

$N_{作次}$——船舶在港作业总艘次，即船舶在港装卸次数的总和。

一艘船在港单装或单卸都计算为一个作业艘次，而卸货后又装货的双重作业则计算为两个作业艘次。

3. 船舶平均每装卸千吨货在港停泊时间

船舶平均每装卸千吨货在港停泊时间通常简称为千吨停时，它是指在港停泊船舶平均每装卸千吨货(或千标准箱)所消耗的属港方责任的停泊时间，计算公式为

$$\overline{T}_千 = T_千/Q \times 1\,000 \qquad (3-92)$$

式中，$\overline{T}_千$——船舶平均每装卸千吨（或千标准箱）在港停泊时间；

$T_千$——计算千吨货（或千标准箱）停时艘天，等于生产性停泊时间与港方原因造成的非生产性停泊时间之和；

Q——装卸船舶货物吨数之和。

这一指标与船舶平均每次在港停泊天数、船舶平均每次作业在港停泊天数这两种指标比较，首先，它排除了船舶吨位变化对船舶在港停时的影响；其次，分子中的船舶在港停时中只考虑属于港方责任的停泊时间。这样，就能比较准确而又综合的考核港口对船舶在港作业的组织工作。目前，这一指标还是较好的指标。但港口装卸的货种，难易程度相差很大，同是千吨货物的干散货和杂货，其停时相差就很大。

4. 平均每艘船舶载重量

平均每艘船舶载重量是指来港停泊装卸的船舶平均定额载重量，计算公式为

$$d_船 = \sum D_船 / N_次 \qquad (3-93)$$

式中，$d_船$——平均每艘船舶载重量(t)；

$\sum D_船$——所有来港船舶定额载重量之和(t)；

$N_次$——船舶停泊总艘次数，即船舶在港停泊艘次的总和。

一艘船舶从进港起到出港时止，不论是装货还是卸货，或者是又装又卸，也不论移泊次数多少，都只计算为一个停泊艘次。

5. 平均每艘船舶装卸货物吨数

平均每艘船舶装卸货物吨数是指来港停泊装卸的船舶，平均每艘次装卸货物吨数，计算公式为

$$Q_{船装卸} = \sum Q_{船装卸} / N_次 \qquad (3-94)$$

式中，$Q_{船装卸}$——平均每艘船舶装卸货物吨数(t)；

$\sum Q_{船装卸}$——来港船舶装卸货物吨数之总和(t)；

$N_次$——船舶停泊总艘次数，即船舶在港停泊艘次的总和。

6. 平均每次作业装卸货物吨数

平均每次作业装卸货物吨数是指来港停泊装卸的船舶平均每次作业装卸货物的吨数，计算公式为

$$Q_{船装卸次} = \sum Q_{船装卸次} / N_{作次} \qquad (3-95)$$

式中，$Q_{船装卸次}$——平均每次作业装卸货物吨数(t)；

$\sum Q_{船装卸次}$——来港船舶装卸货物吨数之总和(t)；

$N_{作次}$——船舶在港作业总艘次，即船舶在港装卸次数的总和。

7. 船舶平均每停泊艘天装卸货物吨数

船舶平均每停泊艘天装卸货物吨数，又称船舶装卸总定额，是指平均每艘船每停泊一天所装卸的货物吨数（或集装箱标准箱箱量）。船舶装卸总定额和船舶装卸纯定额综合反映

了船舶装卸效率与船舶装卸作业的组织水平,其大小与船型、货种、装卸机械化程度和装卸工艺等因素有关,计算公式为

$$M_{总}=Q/T_{停} \tag{3-96}$$

式中,Q——装卸货物吨数(或集装箱标准箱箱量);

$M_{总}$——船舶装卸总定额,即船舶平均每停泊艘天装卸货物吨数(或集装箱标准箱箱量);

$T_{停}$——船舶总艘天数。

8. 船舶平均每装卸艘天装卸货物吨数

船舶平均每装卸艘天装卸货物吨数是指平均每艘船每装卸一天所装卸的货物吨数(或集装箱标准箱箱量),又称船舶装卸纯定额。船舶装卸总定额和船舶装卸纯定额综合反映了船舶装卸效率与船舶装卸作业的组织水平,其大小与船型、货种、装卸机械化程度和装卸工艺等因素有关,计算公式为

$$M_{纯}=Q/T_{装卸} \tag{3-97}$$

式中,Q——装卸货物吨数(或集装箱标准箱箱量);

$M_{纯}$——船舶装卸纯定额,即船舶平均每装卸艘天装卸货物吨数(或集装箱标准箱箱量);

$T_{装卸}$——船舶装卸作业总艘天数。

【例 3-10】已知统计期船舶在港作业情况见表 3-2。假设船舶在港时间全部属港方责任,计算船舶各运营指标。

表 3-2 统计期船舶在港作业情况

船 名	载重量/t	船舶停泊天数/d	船舶作业次数/次	非生产性停泊天数/d	装货吨数/t	卸货吨数/t
A	12 000	5	2	2	10 000	10 000
B	5 000	2	1	0	5 000	
C	10 000	4	2	1	10 000	5 000
D	16 000	4	1	1		15 000
E	10 000	3	1	0.5	10 000	

解:由以上各指标公式计算得

$$\overline{T}_{次}=(5+2+4+4+3)/5=18/5=3.6(天)$$

$$\overline{T}_{作次}=(5+2+4+4+3)/(2+1+2+1+1)=18/7=2.6(天)$$

$$\begin{aligned}\overline{T}_{千}&=(5+2+4+4+3)/[(10\ 000+5\ 000+10\ 000+10\ 000+10\ 000\\&\quad+5\ 000+15\ 000)/1\ 000]\\&=18/65\\&=0.277(天)\end{aligned}$$

$$\begin{aligned}\text{非生产性停泊时间所占比例}&=(2+0+1+1+0.5)/(5+2+4+4+3)\times100\%\\&=4.5/18\times100\%\\&=25\%\end{aligned}$$

$$d_{船}=(12\,000+5\,000+10\,000+16\,000+10\,000)/(2+1+2+1+1)$$
$$=53\,000/7$$
$$=7\,571.4(t)$$
$$Q_{船装卸}=(10\,000+5\,000+10\,000+10\,000+10\,000+5\,000+15\,000)/5$$
$$=65\,000/5$$
$$=13\,000(t)$$
$$Q_{船装卸次}=(10\,000+5\,000+10\,000+10\,000+10\,000+5\,000+15\,000)/7$$
$$=65\,000/7$$
$$=9\,285.7(t)$$
$$M_{总}=(10\,000+5\,000+10\,000+10\,000+10\,000+5\,000+15\,000)$$
$$/(5+2+4+4+3)$$
$$=65\,000/18$$
$$=3\,611(t/艘天)$$
$$M_{纯}=(10\,000+5\,000+10\,000+10\,000+10\,000+5\,000+15\,000)$$
$$/[(5+2+4+4+3)-(2+0+1+1+0.5))]$$
$$=65\,000/13.5$$
$$=4\,814.8(t/艘天)$$

3.5.3 船舶营运指标

1. 船舶营运率

船舶营运率是指报告期内船舶营运时间占船舶总时间的比例。营运率指标反映船舶在册时间的利用程度。船舶维修保养越好,修期越短,船舶安全生产工作做得越好,则营运率越高。所以提高营运率的主要途径是做好平时维修保养工作和安全预防工作,延长修船间隔时间和缩短修船时间。提高营运率是挖掘运输潜力的重要途径之一,保证船舶有较高的营运率是管理工作的一个关键。对一艘船舶而言,船舶营运率等于船舶的营运时间($T_{营}$)与其在册时间($T_{册}$)之比,计算公式为

$$\varepsilon_{营}=(T_{营}/T_{册})\times 100\% \tag{3-98}$$

对于一组船舶,营运率是一定时间内各船营运吨天之和与其在册吨天之和的比,即

$$\varepsilon_{营}=(\sum D_{定}T_{营}/\sum D_{定}T_{册})\times 100\% \tag{3-99}$$

式中,$D_{定}$——船舶定额吨位。

2. 船舶航行率

船舶航行率是指航行时间在船舶营运时间中所占的比例。船舶航行率是衡量水运企业经营管理水平的参考依据,也是挖掘运输潜力的重要途径。对一艘船而言,它等于船舶航行时间($T_{航}$)与船舶营运时间($T_{营}$)之比,计算公式为

$$\varepsilon_{航}=(T_{航}/T_{营})\times 100\% \tag{3-100}$$

对于一组船舶,其航行率是一定时间内这些船舶的航行吨天之和与其营运吨天之和的比,即

$$\varepsilon_{航} = (\sum D_{定}T_{航} / \sum D_{定}T_{营}) \times 100\% \quad (3-101)$$

式中，$T_{航}$——一定时期内各航次航行时间。

一般讲，船舶航行率小于 1。但只要认真做好航运安排，缩短船舶停泊时间，就会提高航行率，提高船舶经济效益。

3. 船舶平均航行速度

船舶平均航行速度是指船舶平均航行一天所行驶的里程。就一艘船而言，它等于航行距离(L)与航行时间($t_{航}$)的比值。对于一组船舶，其平均航行速度则为船舶航行吨位海里与航行吨位天的比值，计算公式为

$$\overline{V} = \sum D_{定}L / \sum D_{定}t_{航} \quad (3-102)$$

式中，$t_{航}$——船舶在一个航次内的航行时间(天)；

$D_{定}$——船舶定额吨位。

平均航行速度指标不仅反映船舶周转的快慢，其中也包含着货物运送时间的长短，特别是在国际贸易运输中，提高船舶的航行速度，对提高船舶在国际航运市场中的竞争能力具有重要意义。

【例 3-11】某航运公司有三条船舶，2013 年全年营运数据见表 3-3。试求这三条船全年的平均营运率、平均航行率和平均航行速度。

表 3-3 某航运公司营运数据表

船舶	定额吨位/t	在册时间/d	营运时间/d	航行时间/d	航行距离/海里	航次数/次
A	15 000	365	340	250	90 000	10
B	10 000	365	270	185	62 160	7
C	5 000	365	330	220	68 640	8

解：
$$\varepsilon_{营} = \sum D_{定}T_{营} / \sum D_{定}T_{册} \times 100\%$$
$$= \frac{15\,000 \times 340 + 10\,000 \times 270 + 5\,000 \times 330}{15\,000 \times 365 + 10\,000 \times 365 + 5\,000 \times 365} \times 100\%$$
$$= 91.7\%$$

$$\varepsilon_{航} = \sum D_{定}T_{航} / \sum D_{定}T_{营} \times 100\%$$
$$= \frac{15\,000 \times 250 + 10\,000 \times 185 + 5\,000 \times 220}{15\,000 \times 340 + 10\,000 \times 270 + 5\,000 + 365} \times 100\%$$
$$= 70.9\%$$

$$\overline{V} = \sum D_{定}L / \sum D_{定}t_{航} = \frac{15\,000 \times 90\,000 + 10\,000 \times 62\,160 + 5\,000 \times 68\,640}{15\,000 \times 250 + 10\,000 \times 185 + 5\,000 \times 220}$$
$$= 345.5(海里/d)$$

4. 船舶载重量利用率

船舶载重量利用率是指船舶在营运中载重吨位实际利用程度的指标，以一定时期内船舶完成的货物周转量与船舶吨公里(或船舶吨海里)的百分比表示。比值越高表明船舶载重

吨利用程度愈高。船舶载重量利用率分为发航载重量利用率和运距载重量利用率。发航载重量利用率表示船舶离开港口时定额吨位的利用程度。

单船单航次的发航载重量利用率的计算公式为

$$\alpha_{发} = (\sum Q / D_{定}) \times 100\% \tag{3-103}$$

在一个时期内，多航次载重量利用率的计算公式为

$$\alpha_{发} = (\sum Q / \sum D_{定} \times n) \times 100\% \tag{3-104}$$

式中，n——船舶在一定时期内完成的航次数；

Q——航运企业实际运输的货物重量；

$D_{定}$——船舶定额吨位。

运距载重量利用率反映船舶在一定的行驶距离内定额吨位的平均利用程度。计算公式为

$$\alpha = (\sum Ql / D_{定}L) \times 100\% \tag{3-105}$$

式中，l——货物运输距离(海里或 km)；

L——船舶行驶距离(海里或 km)。

【例 3-12】 已知某船 $D_{定}=10\,000$t，自 A 港空放到 B 港装货 9 000t，至 C 港卸掉 3 000t，至 D 港装货 2 000t，最后驶至 E 港卸空。港间距离为：A 港→B 港 220 海里，B 港→C 港 560 海里，C 港→D 港 970 海里，D 港→E 港 320 海里，计算船舶在各港的发航载重量利用率、航次货运周转量、船舶吨里及运距载重量利用率。

解：① 船舶在各港口的发航载重量利用率的计算。

B 港：

$$\alpha_{发} = \frac{9\,000}{10\,000} \times 100\% = 90\%$$

C 港：

$$\alpha_{发} = \frac{6\,000}{10\,000} \times 100\% = 60\%$$

D 港：

$$\alpha_{发} = \frac{8\,000}{10\,000} \times 100\% = 80\%$$

② 完成货物周转量及船舶吨里货物周转量的计算。

$$\sum Ql = 9\,000 \times 560 + 6\,000 \times 970 + 8\,000 \times 320 = 13\,420(千 t \cdot 海里)$$

船舶吨里 $= 10\,000 \times (220+560+970+320) = 20\,700(千 t \cdot 海里)$

③ 运距载重量利用率的计算。

$$\alpha = \frac{9\,000 \times 560 + 6\,000 \times 970 + 8\,000 \times 320}{10\,000 \times (220+560+970+320)} \times 100\% = 64.83\%$$

5. 船舶生产率

(1) 平均每营运吨天生产量(μ)，简称吨天产量，是指船舶在营运期内平均每吨位在一昼夜内完成的周转量，其计算公式为

$$\mu = \sum Ql / \sum D_{定} T_{营} = \alpha \times \overline{V} \times \varepsilon_{航} \tag{3-106}$$

人们常把运距载重量利用率、平均航行速度和航行率指标称为单位指标,把生产率指标称为综合指标。吨天产量指标不仅反映出生产技术设备的利用程度,同时也反映出整个运输生产的组织管理水平。

(2) 平均每吨船生产量(Z),简称吨船产量,是指船舶在报告期内平均每吨位所完成的周转量,其计算公式为

$$Z = \sum Ql / \sum \overline{D}_{定} = \mu \times \varepsilon_{营} \times T_{历} = \alpha \times \overline{V} \times \varepsilon_{航} \times \varepsilon_{营} \times T_{历} \quad (3-107)$$

式中,$T_{历}$——报告期日历天数(天)。

吨船产量指标是一个综合指标,因为它是运距载重量利用率、平均航行速度、航行率、营运率四个单元指标与报告期天数的乘积。吨船产量指标比吨天产量指标多包括了一个营运率因素,因此它能更全面地说明整个航运企业的管理工作水平,具体反映投入每一吨位船所产生的货物周转量。所以它是企业领导关心的,也是目前国家对航运企业考核的主要指标之一。

3.6 航空运输组织评价指标

3.6.1 航空运输量指标

1. 旅客运输量

旅客运输量是指运输飞行所载运的旅客人数。成人和儿童各按一人计算,婴儿因不占座位不计人数。原始数据以人为计算单位。汇总时,以万人为计算单位。一个航班的旅客运量表现为飞机沿途各机场旅客的始发运量之和。其中,机场旅客始发运量是指客票确定的以本机场为起点,始发乘机的旅客。每一特定航班(同一航班)的每一旅客只应计算一次,不能按航段重复计算。唯一例外的是,对同一航班上的既经过国内航段、又经过国际航段的旅客,应同时为一个国内旅客和一个国际旅客。不定期航班运送的旅客则每一特定航班只计算一次。

【例 3-13】某航空公司成都—北京—首尔航线某月统计资料如下,试求该航线当月旅客运输量(按去程、回程分别计算)。

去程:到达 1 450 人
到达 6 300 人 → 始发及联运 1 800 人 → 始发 6 650 人
过站 4 850 人

成都 —————— 北京 —————— 首尔

到达 4 000 人
回程:始发 3 410 人 → 始发及联运 910 人 → 到达 6 500 人
过站 2 500 人

解:去程客运量=6 300+1 800=8 100(人)
回程客运量=6 500+910=7 410(人)
去回程合计客运量=8 100+7 410=15 510(人)

2. 货物运输量

货物运输量是指运输飞行所载运的货物重量，货物包括外交信袋和快件。原始数据以 kg 为计算单位。汇总时以 t 为计算单位。统计方法与旅客运输量一致，即每一特定航班（同一航班）的货物只应计算一次，不能按航段重复计算，但对既经过国内航段又经过国际航段航班的货物，则同时为国内货物和国际货物。不定期航班运送的货物每一特定航班（同一航班）只计算一次。

3. 旅客周转量

旅客周转量是反映旅客在空中实现位移的综合性生产指标，体现航空运输企业所完成的旅客运输工作量。计算单位为人·km（或称客·km）和 t·km。计算公式为

$$旅客周转量(人·km) = \sum (航段旅客运输量 \times 航段距离) \qquad (3-108)$$

汇总时，以万人·km 为计算单位，保留两位小数：

$$旅客周转量(t·km) = \sum (航段旅客运输量 \times 旅客重量 \times 航段距离) \qquad (3-109)$$

成人旅客重量按 0.09t 计算（含行李），儿童、婴儿分别按成人重量的 1/2 和 1/10 计算。

4. 货物周转量

货物周转量是反映航空货物在空中实现位移的综合性生产指标，体现航空运输企业所完成的货运运输工作量。计算单位为 t·km。计算公式为

$$货物周转量(t·km) = \sum (航段货物运输量 \times 航段距离) \qquad (3-110)$$

汇总时以万 t·km 为计算单位，保留两位小数。

5. 运输总周转量

运输总周转量是反映运输量和运输距离即旅客、货物、邮件在空中实现位移的综合性生产指标，综合体现航空运输工作量。计算单位为 t·km。计算公式为

$$运输总周转量 = 旅客周转量 + 货物周转量 + 邮件周转量 \qquad (3-111)$$

或

$$运输总周转量 = \sum (航段运载之和 \times 航段距离) \qquad (3-112)$$

汇总时以万 t·km 为计算单位，保留两位小数。

6. 航段运量

航段运量是指航线中某个航段上的全部的旅客、货物、邮件数量。旅客以人为计算单位，货物、邮件以 t 为计算单位。航段运量与城市对运量不同，航段运量是该航段上的全部旅客、货物和邮件数量，即包括始发运量和过站运量。

【例 3-14】沿用例 3-13 的资料，试求该航线当月航段运量（按去程、回程分别计算）。

解： 去程国内航段客运量 = 6 300（人），国际航段 = 6 650（人）。

回程国内航段客运量 = 3 410（人），国际航段 = 6 500（人）。

合计国内航段客运量 = 9 710（人），国际航段 = 13 150（人）。

7. 城市对运量

城市对是指客票或客票的一部分所规定的可以在其间旅行的两个城市，或者根据货运舱单或货运舱单的一部分所规定的在其间进行货运的两个城市。城市对运量只是两个城市

间的运量,即始发运量。例如,在北京—武汉—广州航线上,航段旅客运输量分别为北京—武汉、武汉—广州两个航段的运量,其中北京—武汉航段旅客运输量为北京—武汉和北京—广州的旅客之和,武汉—广州航段旅客运输量为北京—广州和武汉—广州的旅客之和。城市对旅客运输量则分别为北京—武汉、北京—广州、武汉—广州的旅客数量。

3.6.2 航空运输效率指标

1. 客座利用率

客座利用率是指实际完成的旅客客·km 与可提供客·km 之比,反映运输飞行中的客座利用程度。计算公式为

$$客座利用率 = 旅客周转量/可提供客 \cdot km \times 100\% \tag{3-113}$$

对某一具体的航段,可按以下公式直接计算:

$$客座利用率 = (航班载客人数/航班可提供座位) \times 100\% \tag{3-114}$$

可提供座位指可以向旅客出售客票的最大商务座位数。

可提供客公里指每一航段可提供作为与该航段距离的乘积之和,反映运输飞行运载能力:

$$可提供客 \cdot km = \sum (航段可提供座位数 \times 航段距离) \tag{3-115}$$

2. 载运率

载运率是指运输飞行所完成的运输总周转量与可提供 t·km 之比,综合反映飞机运载能力的利用程度:

$$载运率 = 运输总周转量/可提供 t \cdot km \times 100\% \tag{3-116}$$

对某一具体航段:

$$载运率 = (航班实际业载/航班可提供业载) \times 100\% \tag{3-117}$$

可提供业载指飞机每次运输时,按照有关参数计算出的飞机在该航段上所允许装载的最大商务载量。

可提供吨公里指可提供业载与航段距离的乘积,反映运输飞行中飞机的综合运载能力:

$$可提供吨公里 = \sum (可提供业载 \times 航段距离) \tag{3-118}$$

【例 3-15】某航空公司成都—长沙—上海航线报告期资料见表 3-4,飞机座位数 180,最大业载 22t,飞行班次来回共 80 次。试求:①两个航段的客运量、客座利用率和载运率;②三个城市对的运输量。

表 3-4 某航空公司航线报告期资料

航 段	去 程		回 程	
	旅客/人	货物/kg	旅客/人	货物/kg
成都—长沙	7 200	81 000	过站:2 600	23 400
			始联:3 760	25 600
长沙—上海	过站:3 200	42 200	6 800	5 540
	始联:2 400	24 400		

解：

(1) 两个航段的客座利用率和载运率。

成都—长沙：

客座利用率 $=\dfrac{7\,200+2\,600+3\,760}{180\times 80}\times 100\%=\dfrac{13\,560}{14\,400}\times 100\%=94.2\%$

载运率 $=\dfrac{13\,560\times 0.09+(81+23.4+25.6)}{22\times 80}\times 100\%=76.7\%$

长沙—上海：

客座利用率 $=\dfrac{3\,200+2\,400+6\,800}{180\times 80}\times 100\%=\dfrac{12\,400}{14\,400}\times 100\%=86.1\%$

载运率 $=\dfrac{12\,400\times 0.09+(42.2+24.4+55.4)}{22\times 80}\times 100\%=70.3\%$

(2) 三个城市对的运输量。

成都—长沙：

客运量 $=7\,200-3\,200+3\,760=7\,760$（人）

货运量 $=81-42.2+25.6=64.4$（t）

长沙—上海：

客运量 $=2\,400+6\,800-2\,600=6\,600$（人）

货运量 $=24.4+55.4-23.4=56.4$（t）

成都—上海：

客运量 $=3\,200+2\,600=5\,800$（人）

货运量 $=42.2+23.4=65.6$（t）

3. 平均运程

平均运程指旅客、货物、邮件的平均运送里程，以千米为计算单位。计算公式为

$$\text{平均运程}=(\text{运输总周转量}/\text{运输量})\times 10\,000 \qquad (3-119)$$

其中，运输量等于旅客换算重量加货物、邮件重量。

对旅客、货物、邮件分别计算平均运程的计算公式为

$$\text{旅客平均运程}=(\text{旅客周转量}/\text{旅客运输量})\times 10\,000 \qquad (3-120)$$

$$\text{货物平均运程}=(\text{货物周转量}/\text{货物运输量})\times 10\,000 \qquad (3-121)$$

$$\text{邮件平均运程}=(\text{邮件周转量}/\text{邮件运输量})\times 10\,000 \qquad (3-122)$$

3.6.3 机场利用指标

1. 旅客吞吐量

旅客吞吐量是指报告期内进港（机场）和出港的旅客人数，以人为计算单位。其中，成人和儿童按一人次计算，婴儿不计人次。

【例 3-16】某航空公司一架飞机成都—武汉—上海航线载运情况见表 3-5。求三个机场的吞吐量。

表 3-5 某航空公司航线载运情况

航 段	去程/人			回程/人		
	成人	儿童	婴儿	成人	儿童	婴儿
成都—武汉	320	13	6	过站：323	—	—
				始联：13	5	—
武汉—上海	过站：150	7	4	335	—	—
	始联：170	—	1			

解： 成都机场计算公式为

$$吞吐量 = 进港旅客人数 + 出港旅客人数$$
$$= (323 + 13 + 5) + (320 + 13)$$
$$= 674(人)$$

武汉机场计算公式为

$$吞吐量 = 进港旅客人数 + 出港旅客人数$$
$$= (323 + 13) - (150 + 7) + (335 - 323) + 170 + 13 + 5$$
$$= 379(人)$$

上海机场计算公式为

$$吞吐量 = 进港旅客人数 + 出港旅客人数$$
$$= (150 + 7 + 170) + 335$$
$$= 662(人)$$

2. 货邮吞吐量

货邮吞吐量是指报告期内货物和邮件的进出港数量，以 kg 和 t 为计算单位。其中货物包括外交信袋和快件。汇总时以 t 为计算单位。

进港货邮和出港货邮的统计方法、范围与进港旅客和出港旅客相同。

3. 出港平均客座利用率

出港平均客座利用率是指报告期内机场出港航班承运的旅客数与航班可提供的座位数之比，反映机场出港航班座位的利用程度。出港航班平均座位利用率时所使用的出港旅客数应同时包括出港航班上的始发旅客、联运旅客和过站旅客，出港航班座位数则应是该航班可提供的全部座位数，而非只是在本机场可提供的座位。计算公式为

$$出港平均客座利用率 = \sum(出港旅客 + 过站旅客) / \sum 航班可提供座位数 \times 100\%$$

(3-123)

4. 出港平均载运率

出港平均载运率是指报告期内机场出港航班承运的旅客、货物、邮件重量(t)与航班可提供业载之比(计算标准与出港平均客座利用率相同)，反映机场出港航班吨位的利用程度，用百分比表示。计算公式为

出港平均载运率 = $\sum$(出港载量 + 过站载量)/$\sum$ 商务可提供业载 × 100% (3-124)

以上公式中的载量计算，货物和邮件按实际过磅重量计算，旅客重量按每个成人旅客90kg计算，儿童和婴儿重量分别按成人重量的1/2和1/10计算。

【例3-17】成都—济南—哈尔滨航线载运情况见表3-6，航班可提供150座，可提供业载30t，来回各飞70次，求三个机场的出港平均客座利用率和出港平均载运率。

表3-6　成都—湖南—哈尔滨载运情况

航　段	去　程		回　程	
	旅客/人	货物/t	旅客/人	货物/t
成都—济南	8 800	4 800	过站：5 100	300
			始联：4 400	310
济南—哈尔滨	过站：3 500	320	8 600	490
	始联：4 600	250		

解：

成都航空港：

$$出港平均客座利用率 = \frac{8\ 800}{150 \times 70} = \frac{8\ 800}{10\ 500} = 83.81\%$$

$$出港平均载运率 = \frac{8\ 800 \times 0.09 + 480}{30 \times 70} = \frac{1\ 272}{2\ 100} = 60.57\%$$

济南航空港：

$$出港平均客座利用率 = \frac{3\ 500 + 4\ 600 + 5\ 100 + 4\ 400}{150 \times 70 \times 2} = \frac{17\ 600}{21\ 000} = 83.81\%$$

$$出港平均载运率 = \frac{17\ 600 \times 0.09 + 320 + 250 + 300 + 310}{30 \times 70 \times 2} = \frac{2\ 764}{4\ 200} = 65.81\%$$

哈尔滨航空港：

$$出港平均客座利用率 = \frac{8\ 600}{10\ 500} = 81.9\%$$

$$出港平均载运率 = \frac{8\ 600 \times 0.09 + 490}{30 \times 70} = \frac{1\ 264}{2\ 100} = 60.19\%$$

3.6.4　飞行安全指标

飞行事故是指自任何人登上飞机准备飞行直至这类人员下飞机为止的时间内，在运行过程中发生的人员伤亡、飞机损坏的事件。飞行事故分为特别重大事故、重大飞行事故、一般飞行事故。

1. 每十万架次重大以上飞行事故率

每十万架次重大以上飞行事故率是指飞机平均每十万起飞、降落架次发生的重大以上飞行事故频数。计算公式为

$$每十万架次重大以上飞行事故率 = \frac{报告期内重大以上飞行事故发生次数}{报告期内起降架次} \times 100\,000 \qquad (3-125)$$

2. 每亿飞行公里重大以上飞行事故率

每亿飞行公里重大以上飞行事故率是指飞机平均每亿飞行公里发生的重大以上飞行事故频数。计算公式为

$$每亿飞行公里重大以上飞行事故率 = \frac{报告期内重大以上飞行事故发生次数}{报告期内飞行公里} \times 100\,000\,000 \qquad (3-126)$$

3. 每十万飞行小时重大以上飞行事故率

每十万飞行小时重大以上飞行事故率是指飞机平均每十万飞行小时发生的重大以上飞行事故频数。计算公式为

$$每十万飞行小时重大以上飞行事故率 = \frac{报告期内重大以上飞行事故发生次数}{报告期内飞行小时} \times 100\,000 \qquad (3-127)$$

4. 每亿客公里旅客死亡率

每亿客公里旅客死亡率是指平均每亿旅客客公里发生的旅客死亡人数。计算公式为

$$每亿客公里旅客死亡率 = \frac{报告期内旅客死亡人数}{报告期内旅客客公里} \times 100\,000\,000 \qquad (3-128)$$

本 章 小 结

运输工作的正常开展是在一定的环境条件下进行的。同时,在一定环境条件下,不同的运输企业所完成的运输工作,以及所提供的运输服务质量也不尽一致。为此,必须采用一套科学的评价指标去评价运输组织工作。它为企业改善生产经营活动,以及加强运输行业管理提供了科学而有效的方法。

案 例 分 析

某货运公司 2012 年 11 月统计资料如下:日历天数为 30 天,车辆完好率为 98%,车辆工作率为 80%,平均车日行程为 200km,营运车辆数为 10 辆,额定平均吨位为 8t,载重行程为 18 000km,完成周转量为 144 000t·km。

问题:

(1) 该公司 2012 年 11 月的单车月产量为多少 t·km?

(2) 该公司 2012 年 11 月的车辆实载率是多少?
(3) 该公司 2012 年 11 月的车辆里程利用率是多少?
(4) 该公司 2012 年 11 月的车辆吨位利用率是多少?
(5) 分析说明该公司提高车辆生产效率的主要途径有哪些。

 关键术语

运输组织　平均车日行程　汽车运输生产率　车吨位产量　评价指标

综合练习

一、单项选择题

1. 在航运生产活动中,舱容系数是反映船舶载货性能的重要指标,当舱容系数大于货物积载因数时,一般宜采用(　　)计收运费。
　　A. 从价法　　　B. 体积法　　　C. 综合法　　　D. 重量法
2. 2007 年 1 月 1 日,北京开始实行地面公交全线 1 元起步,刷卡四折、学生票二折。这体现了运输业的(　　)。
　　A. 效率性　　　B. 非储存性　　C. 运输速度快　　D. 车辆线路计划
3. 按运输成本从低到高排列正确的是(　　)。
　　A. 水路运输、道路运输、航空运输　　B. 水路运输、航空运输、道路运输
　　C. 道路运输、水路运输、航空运输　　D. 航空运输、道路运输、水路运输
4. 关于《海商法》,以下描述错误的是(　　)。
　　A.《海商法》是与国际规则接轨的法律
　　B.《海商法》是独具特色的海上风险分担制度
　　C.《海商法》是非强制性的法规
　　D.《海商法》是调整海上运输关系及船舶关系的民事法律
5. 下面不是确定航线集装箱需备量的主要依据的(　　)。
　　A. 航线配置的集装箱船的艘数　　　B. 集装箱船发船间隔
　　C. 集装箱船往返航次的时间　　　　D. 集装箱在内陆平均周转天数

二、多项选择题

1. 降低运输成本的途径有(　　)。
　　A. 选择合理的运输工具　　　　　　B. 降低装卸搬运成本
　　C. 优化运输方式　　　　　　　　　D. 优化运输路线
2. 关于航空货物运输的国际法包括(　　)。
　　A.《华沙公约》　　　B.《海牙议定书》　　　C.《海牙规则》
　　D.《瓜达拉哈拉公约》　E.《汉堡规则》
3. 船舶在港停泊时间的长短会影响(　　)。
　　A. 船舶周转的快慢　　B. 泊位效率的高低　　C. 船舶速度
　　D. 船舶的容量　　　　E. 港口通过能力的大小

4. 送达速度一般由（　　）构成。
   A. 运行时间　　　　　B. 途中的停留时间　　C. 始发的作业时间
   D. 终到的作业时间　　E. 签订承运托运合同时间
5. 下列关于航空运输技术经济特征说法中，正确的是（　　）。
   A. 高速可达性　　　　B. 安全性低　　　　　C. 经济价值独特
   D. 包装要求低　　　　E. 载运量小

三、名词解释

1. 运次
2. 车次
3. 周转
4. 平均车日行程
5. 里程利用率
6. 实载率
7. 重车动载重
8. 运用车动载重
9. 旅客列车车底周转时间
10. 船舶营运率
11. 船舶航行率
12. 船舶载重量利用率

四、简答题

1. 提高运输生产率的途径有哪些？
2. 分析说明各使用因素对运输成本的影响。
3. 从货车运用、客车运用、机车运用等几个方面指标分析铁路运输的组织工作。

五、实务题

某集装箱班轮航线上配置 4 艘载箱量为 4 000TEU 的集装箱船，船舶往返航次时间为 56 天，集装箱在端点港 A 内陆平均周转时间为 6 天，而在端点港 B 内陆周转情况是：70%的箱量在 10 天内抵港待装，20%的箱量在 10～20 天内抵港待装，10%的箱量在 20～50 天内抵港待装。船舶载重量利用率为 85%。

问题：
(1) 该集装箱班轮航线发船间隔为多少天？
(2) 该集装箱班轮航线上集装箱平均周转天数为多少天？
(3) 该集装箱班轮航线上需配备集装箱总套数为多少套？
(4) 该集装箱班轮航线上需配备的集装箱总数为多少？
(5) 确定航线集装箱需备量的主要依据有哪些？

第4章 货物运价与运费

【学习目标】

通过本章学习，学生应了解运价的特点、种类、结构及影响因素；明确公路货物运费的计价标准；掌握公路货物运费的计算；明确铁路货物运价核收依据；掌握铁路运费计算及铁路其他费用计算；了解水路货物运价的分类；掌握班轮运费的计算；明确国际货物运价的种类及使用规定；掌握航空运费的计算。

【导入案例】

甲公司要从位于S市的工厂直接装运500台电视机送往位于T市的一个批发中心。这批货物价值为150万元。T市的批发中心确定这批货物的标准运输时间为2.5天，如果超出标准时间，每台电视机的每天的机会成本是30元。

甲公司的运输经理设计了以下两个运输方案。

(1) A公司是一家长途货物运输企业，可以按照优惠费率每公里0.05元/台来运送这批电视机，装卸费为每台0.10元。已知S市到T市的公路运输里程为1 100km，估计需要3天的时间才可以运到(因为货物装卸也需要时间)。

(2) B公司是一家水运企业，可以提供水陆联运服务，即先用汽车从甲公司的仓库将货物运至S市的码头(20km)，再用船运至T市的码头(1 200km)，然后再用汽车从码头运至批发中心(17km)。由于中转的过程中需要多次装卸，因此整个运输时间大约为5天。询价后得知，陆运运费为每公里0.05元/台，装卸费为每台0.10元，水运运费为每公里每百台0.6元。

问题：从运输成本角度评价这些运输方案的优劣。

【本章知识架构】

运输价格水平的高低,对国民经济其他部门的发展影响很大。特别是货物运费的高低,直接关系到工农业产品的生产和经营费用。

4.1 运输价格

运输价格包括各种运输工具,如飞机、火车、汽车、轮船,甚至包括出租车、三轮车等交通工具的运输服务的价格。货物运输和旅客运输价格,简称运价。

4.1.1 运价及其特点

运价是指运输企业对特定货物或旅客所提供的运输服务的价格,是国民经济价格体系的一个组成部分。运输劳动是创造价值的劳动,虽然运输劳务不同于有形的物质产品,但它也有价值,其价值用货币表现出来,就是运价。运输业是独立的物质生产部门之一,但它不生产有形产品,其生产活动只是使旅客或货物发生空间位移,其生产过程与消费过程是同一过程。这使运输价格不同于一般工农业产品的价格,其具有以下特点。

1. 运价只有销售价格的一种形式

运输产品是货物或旅客的位移,不是实物形态,运价就是运输服务价格。运输服务产品是无形的,不能储存和调拨;运输生产过程也是其产品的消费过程;运价只有销售价格一种表现形式;运输能力调整具有滞后性。

2. 货物运价是商品成本的组成部分

虽然运价仅有销售价格一种形式,但它却是形成商品各种价格形式的重要因素。这是因为商品的运输费用将追加到商品的成本中去,所有商品的运输费用必须在商品销售时收回。运价直接参与了各种商品价格的形成。商品的总成本包括生产成本、运输成本、销售成本,运输成本就是商品作为货物的货物运输价格。货物运价是商品总成本的组成部分。货物运价在商品总成本中的比率根据商品本身的单位重量价值高低来决定。货物运价的高低,会直接影响商品的销售价格。

3. 运价根据运输距离不同而有差别

运输产品即运输对象的空间位置移动是以周转量来衡量的。1 人·km 或 t·km 运价因不同的运输距离而有所差别,甚至差别较大。差别运价率总的趋势是单位运输成本随运输距离延长而逐渐降低,即单位运输成本的递远递减。

4. 运价根据运输线路不同而有差别

采用"航线运价"或"线路运价",基于运输生产的地域性特点,运输工具在不同线路上行驶,因自然条件、地理位置等有显著差别,即使周转量相同,运输企业付出的劳务量及供求关系等却相差很大,有必要按不同航线或线路采用不同的运价。运价在价格构成中包括了距离、重量等因素,其计算单位是吨公里运价或人公里运价(t·海里运价或人·海里运价)。

5. 运价具有复杂的比价关系

运输可采用不同运输方式或工具加以实现,最终达到的效果也各不相同。具体表现为所运货物的种类、旅客舱位等级、运载数量大小、距离、方向、时间、速度等都会有所差别。这些差别均会影响到运输成本和供求关系，进而反映在价格上。运价由运输成本、税金与利润构成，运输成本是制定运价的重要依据。

4.1.2 运价的种类

运价可以从不同的角度，按不同的适用范围和要求划分为不同的种类。

1. 按运输对象不同划分的运价

客运运价(或票价)，货物运价，行李包裹运价。

2. 按运输方式不同划分的运价

铁路运价，公路运价，水运运价(还可细分为沿海海运运价、远洋运价及内河运价等)，航空运价，管道运价。

3. 按适用范围不同而划分的运价

普通运价，特定运价，优待运价。

4. 按货物发送数量划分的运价

整车(船)运价：适用于一批重量、体积或形状需要以一辆火车、卡车或船舶装载。按整车(船)托运的货物的运价，可以按吨计算，也可以按车(船)计算。

零担运价：适用于每批不够整车运输，而按零担托运的货物的运价，它是铁路和公路普遍采用的运价形式。

集装箱运价：适用于集装箱运输的货物运价。

5. 按运价形成的责任划分的运价

协议运价：托运人和运输企业达成正式协议而确认的运价，协议双方各承担相应的责任与义务。

限制责任运价：协议运价的一种，托运人为了交较低的运费，与运输企业达成协议，同意当货物丢失或损失时，仅按商定的限度赔偿部分损失的协议运价。

合同运价：托运人和运输企业在协商的基础上签订运输合同，规定运价水平及其他有关事宜，合同一旦生效，即受法律的保护，海洋运输的运价多属于这一运价形式。

4.1.3 运价的结构

运价结构是指运价内部各组成部分的构成及其相互间的比例关系。运价结构可以分为按距离制定的里程式运价结构，以及按货种和客运类别制定的差别式运价结构，各类运输价格主要是以这两种结构形式为基础形成的。另外还有邮票式运价结构、基点式运价结构和区域共同运价结构等。

1. 里程式运价结构

里程式运价结构是指按运输距离的远近而制定的运价结构，也是最简单最基本的运价结构，分为均衡里程运价和递远递减运价。均衡里程运价是按距离的远近平均计算的，指对同一种货物而言，1t·km 运价不论其运输距离的长短均为一个不变值，目前我国在公路和航空这两种运输方式上实行均衡里程运价；递远递减运价是根据一定距离范围内递远递减的原则确定的。

2. 货种差别式运价结构

货种差别式运价结构是指在货物运输中不同种类的货物，适用于高低不同的运价。实行这种运价结构的运价的主要依据在于不同种类货物的运输价值或运输成本客观上存在着差异。同时根据运价政策的需要和供求状况的变化来确定不同的运价。在制定运价时要根据不同类别的货物制定相应的运价，按货种区分的差别运价是通过货物分类和确定级差来体现的。

3. 客运类别式运价结构

客运类别式运价结构是指同一运输方式不同客运类别所需要的设备、设施，占用的运输能力及消耗的运输成本不同、运输工具运行的速度不同、旅行的舒适程度不同而形成不同的运价。客运运价当然应该根据运输成本、速度、舒适度等的不同而有所差别。

4. 邮票式运价结构

邮票式运价结构是指在一定的区域内，运费就像邮信贴邮票那样，不论距离的长短，都采用同样的运价。邮件及某些货物的运输、市内公共汽车、电车、地铁、市郊列车甚至某些城际客运，经常采用这种运价结构。

5. 基点式运价结构

基点式运价结构是里程式运价结构的变形，往往是不同运输方式或运输线路之间竞争的结果。它是把某一到达站作为基点，并制定基点运价，运费总额是从发站到基点站的运费再加或减从基点到终点站的运费。

6. 区域共同运价结构

区域共同运价结构是里程式运价结构与邮票式运价结构相结合的产物，它是将一系列发运站和到达站划分为不同的地理区域，某一货物从同一发运站到某一指定的地理区域内的所有各到达站均使用同一运价，也就是说，在每一个区域内部均采用邮票式运价结构，但对不同的区域之间，则考虑运距的长短，采用里程式运价结构。

4.1.4 运价的影响因素

1. 货物的性质及数量

运价的高低是按货物种类的不同而异，通常贵重货物、危险品及牲畜等货运运费率较高，托盘等货物则可享受优惠运价；货物本身价值高者其运费率亦较价值低的货物的运费率高；货物积载因数的不同影响到舱容的利用率，自然运费率亦不同；货物批量少的运价通常要高于大批量的货物运价；货物数量的多少也影响舱位和船舶吨位的利用率。当造成较大运力浪费时，其货运运费亦应较高。

2. 货物的始发地和目的地

货物始发地与目的地的不同涉及港口水深、装卸作业条件、港口使费水平、港口间的计费距离、航次作业时间的长短,以及是否需要通过运河、航线上是否有加油港及当地的油价等众多影响航线成本与营运经济效益。显然,港口及航线条件好者因船舶经营者能以较低的成本获得较好的效益其运费率亦应低于条件差者,这样有利于吸引更多的托运人。

3. 订解约日期

订解约日期不同,当时的市场外部条件便会有较大的差异,市场供需情况会有不同,故订约日期和解约日期都会影响货运运价或租金的高低。订约日期的不同对即期市场的货运运价及租金影响尤为明显,当前的货运运价或租金的高低明显地随当时的行情而定;至于解约的行情如何,则要凭经营者的能力和经验进行判断和预测。可以肯定,解约期的市场行情必定会影响订约期的运价费或租金的水平。

4. 合同期的长短

合同期的长短不同,显然也影响着货运运价或租金的高低。众所周知,由长期的运输合同或租船合同洽商的运价或租金通常要低于短期合同。

5. 装货准备完成日期

装货准备完成日期反映了托运人或承租人对所需船舶的急需程度。若托运人或租船人愈希望能将货物早日装船,则愈难找到合适的承运人或出租人,他们必定愿意付出较高的运价或租金,而船方也必定会采取一些为满足托运人或租船人的要求,如加快装卸速度或加快空航船舶的船速,以尽快赶到装货等措施,并为此而付出一定的代价,故双方洽商的货运运价或租金一定偏高。

6. 竞争对手

在市场经济条件下,竞争对手的多少,他们实力的大小以及自己在市场地位中的实力,对于货运运价、运费率或租金的高低影响极大。在垄断市场条件下,运价或租金比较稳定,而在竞争对手众多的自由竞争条件下,强者通过操纵运价或租金的手段来击败弱者,其中压价的竞争手段尤为普遍。在运输业中,竞争对手通过调整运价和租金的高低来保证自己能够取得尽可能大的货运份额。

7. 其他因素

其他因素包括有关法规的约束和影响、其他经营人订立协议的约束和影响、同货主集团或贸易集团的关系及预期的汇率变动的影响等。航运业,尤其是国际航运业已愈来愈受到各国政府的干预和保护,政府的各种措施都会影响到货运运费或租金的水平。例如,越来越多的政府对其某些航线的运费率加以控制或施加影响;某些国家的营运补贴有助于降低运价,鼓励与对手进行竞争等。

在某些竞争激烈又势均力敌的特定范围内,众多运输业竞争者为防止彼此之间因竞争带来经济损失,往往通过协商,在签约成交之前达成统一的运费率标准等。有些运输业集团或贸易集团为保护其成员的利益,往往限制其成员接受不适当的货运运价或租金,以抵制运输经营者任意减价活动等。

4.2 公路运价与运费

4.2.1 公路货物运费的计价标准

1. 计费重量

(1) 计量单位：①整批货物运输以 t 为单位；②零担货物运输以 kg 为单位；③集装箱运输以箱为单位。

(2) 计费重量(箱数)的确定。

① 一般货物。整批、零担货物的计费重量均按毛重(含货物包装、衬垫及运输需要的附属物品)计算。货物计费重量一般以起运地过磅重量为准。起运地不能或不便过磅的货物，由承、托双方协商确定计费重量。

② 轻泡货物。整批轻泡货物的计费重量按车辆标记吨位计算。零担运输轻泡货物以货物包装最长、最宽、最高部位尺寸计算体积，按每立方米折合 333kg 计算其计费重量。

③ 包车运输的货物。按车辆的标记吨位计算其计费重量。

④ 散装货物。如砖、瓦、砂、石、土、矿石、木材等，按体积由各省、自治区、直辖市统一规定的重量换算标准计算其计费重量。

⑤ 托运人自理装车的货物。按车辆额定吨位计算其计费重量。

⑥ 统一规格的成包成件货物。根据某一标准件的重量计算全部货物的计费重量。

⑦ 接运其他运输方式的货物。无过磅条件的，按前程运输方式运单上记载的重量计算。

⑧ 拼装分卸的货物。按最重装载量计算。

2. 计费里程

(1) 计量单位：公路货物运输计费里程以 km 为单位，尾数不足 1km 的，进整为 1km。

(2) 计费里程的确定。

① 货物运输的计费里程，按装货地点至卸货地点的实际载货的营运里程计算；营运里程以省、自治区、直辖市交通行政主管部门核定的营运里程为准，未经核定的里程，由承、托双方商定。

② 同一运输区间有两条(含两条)以上营运路线可供行驶时，应按最短的路线计算计费里程或按承、托双方商定的路线计算计费里程。

③ 拼装分卸的货物，其计费里程为从第一装货地点起至最后一个卸货地点止的载重里程。

④ 出入境汽车货物运输的境内计费里程以交通主管部门核定的里程为准；境外里程按毗邻国(地区)交通主管部门或有权认定部门核定的里程为准。未核定里程的，由承、托双方协商或按车辆实际运行里程计算。

⑤ 因自然灾害造成道路中断，车辆需绕道而驶的，按实际行驶里程计算。

⑥ 城市市区里程按当地交通主管部门确定的市区平均营运里程计算；当地交通主管部门未确定的，由承、托双方协商确定。

3. 计时包车货运计费时间

(1) 计时包车货运计费时间以小时为单位，起码计费时间为 4h；使用时间超过 4h，按实际包用时间计算。

(2) 整日包车，每日按 8h 计算；使用时间超过 8h，按实际使用时间计算。

(3) 时间尾数不足半小时的舍去，达到半小时的进整为 1h。

4. 运价的单位

各种公路货物运输的运价单位分别为：①整批运输，元/(t·km)；②零担运输，元/kg·km；③集装箱运输，元/(箱·km)；④包车运输，元/吨位·h；⑤出入境运输，涉及其他货币时，在无法按统一汇率折算的情况下，可使用其他自由货币为运价单位。

4.2.2 公路货物运价价目

1. 基本运价

(1) 整批货物基本运价：一等整批普通货物在等级公路上运输的 1t·km 运价。

(2) 零担货物基本运价：零担普通货物在等级公路上运输的 1kg·km 运价。

(3) 集装箱基本运价：各类标准集装箱重箱在等级公路上运输的 1 箱·km 运价。

2. 吨(箱)次费

(1) 吨次费：对整批货物运输，在计算运价费用的同时按货物重量加收吨次费。

(2) 箱次费：对汽车集装箱运输，在计算运价费用的同时按不同箱型加收箱次费。

3. 普通货物运价

普通货物实行分等计价，以一等货物为基础，二等货物加成 15%，三等货物加成 30%。

4. 特种货物运价

(1) 大型特型笨重货物运价：①一级大型特型笨重货物在整批货物基本运价的基础上加成 40%～60%；②二级大型特型笨重货物在整批货物基本运价的基础上加成 60%～80%。

(2) 危险货物运价：①一级危险货物在整批(零担)货物基本运价的基础上加成 60%～80%；②二级危险货物在整批(零担)货物基本运价的基础上加成 40%～60%。

(3) 贵重、鲜活货物运价：在整批(零担)货物基本运价的基础上加成 40%～60%。

5. 特种车辆运价

按车辆的不同用途，在基本运价的基础上加成计算。特种车辆运价和特种货物运价两个价目不准同时加成使用。

6. 非等级公路货运运价

在整批(零担)货物基本运价的基础上加成 10%～20%。

7. 快速货运运价

按计价类别在相应运价的基础上加成计算。

8. 集装箱运价

(1) 标准集装箱运价：重箱运价按照不同规格箱型的基本运价执行，空箱运价在标准集装箱重箱运价的基础上减成计算。

(2) 非标准箱运价：重箱运价按照不同规格的箱型，在标准集装箱基本运价的基础上加成计算，空箱运价在非标准集装箱重箱运价的基础上减成计算。

(3) 特种箱运价：在箱型基本运价的基础上按装载不同特种货物的加成幅度加成计算。

9. 出入境汽车货物运价

按双边或多边出入境汽车运输协定，由两国或多国政府主管机关协商确定。

4.2.3 公路货物运输的其他费用

(1) 调车费：应托运人要求，车辆调出所在地而产生的车辆往返空驶，计收调车费。

(2) 延滞费：车辆按约定时间到达约定的装卸或卸货地点，因托运人或收货人责任造成车辆和装卸延滞，计收延滞费。

(3) 装货落空损失费：因托运人要求，车辆行至约定地点而装货落空造成的车辆往返空驶，计收装货落空损失费。

(4) 排障费：运输大型特型笨重物件时，需对运输路线的桥涵、道路及其他设施进行必要的加固或改造所发生的费用，由托运人负担。

(5) 车辆处置费：因托运人的特殊要求，对车辆改装、拆卸、还原、清洗时，计收车辆处置费。

(6) 在运输过程中国家有关检疫部门对车辆的检验费及因检验造成的车辆停运损失，由托运人负担。

(7) 装卸费：货物装卸费由托运人负担。

(8) 通行费：货物运输需支付的过渡、过路、过桥、过隧道等通行费由托运人负担，承运人代收代付。

(9) 保管费：货物运达后，明确由收货人自取的，从承运人向收货人发出提货通知书的次日(以邮戳或电话记录为准)起计，第四日开始核收货物保管费；应托运人的要求或托运人的责任造成的，需要保管的货物，计收货物保管费。货物保管费由托运人负担。

4.2.4 公路货物运费的计算

1. 整批货物运费的计算

整批货物运费的计算公式为

$$整批货物运费 = 吨次费 \times 计费重量 + 整批货物运价 \times 计费重量 \times 计费里程 \\ + 货物运输其他费用 \quad (4-1)$$

其中，整批货物运价按货物运价价目计算。

【例4-1】某货主托运一批瓷砖,重4 538kg,承运人公布的一级普货费率为1.2元/t·km,吨次费为16元/t,该批货物运输距离为36km,瓷砖为普货三级,计价加成30%,途中通行收费35元,计算货主应支付运费。

解:(1)瓷砖重4 538kg,超过3t按整车办理,计费重量为4.5t。

(2)瓷砖为三级普货,计价加成30%,运价计算为

$$运价=1.2\times(1+30\%)=1.56(元/t·km)$$

(3)运费计算为

$$运费=16\times4.5+1.56\times4.5\times36+35=359.72(元)\approx360(元)$$

运费尾数以元为单位,不足1元时四舍五入。

2. 零担货物运费的计算

零担货物运费的计算公式为

$$零担货物运费=计费重量\times计费里程\times零担货物运价 \qquad (4-2)$$

其中,零担货物运价按货物运价价目计算。

【例4-2】某商人托运两箱毛线玩具,每箱规格为1m×0.8m×0.8m,毛重185.3kg,该货物运输费率为0.002 5元/kg·km,运输距离为120km,货主应支付多少运费?

解:(1)每箱玩具毛重185.3kg,体积=1m×0.8m×0.8m=0.64m³,按1m³折合333kg计算,体积重量为

$$0.64\times333kg=213kg>185.3kg$$

计费重量为213kg。

(2)两箱运费=2×213×0.002 5×120=127.8(元)≈128(元)。

3. 集装箱运费的计算

集装箱运费的计算公式为

$$\begin{aligned}重(空)集装箱运费=&重(空)箱运价\times计费箱数\times计费里程+\\&箱次费\times计费箱数+货物运输其他费用\end{aligned} \qquad (4-3)$$

其中,集装箱运价按计价类别和货物运价费目计算。

4. 计时包车运费的计算

计时包车运费的计算公式为

$$包车运费=包车运价\times包用车辆吨位\times计费时间+货物运输其他费用 \qquad (4-4)$$

其中,包车运价按照包用车辆的不同类别分别制定。

【例4-3】某人包用运输公司一辆5t货车5h40min,包车运价为12元/(t·h),应包用人要求对车辆进行了改装,发生工料费120元,包用期间运输玻璃3箱、食盐3t,发生通行费70元,行驶里程总计136km,包用人应支付多少运费?

解: 包车运费=包车运价×包用车辆吨位×计费时间+货物运输其他费用
=12×5×6+120+70
=550(元)

由以上公路货物运费的计算公式可以看出,计算公路货物运费,关键在于明确公路货物运输的运价价目、计费重量(箱数)、计费里程(时间)及货物运输的其他费用。

4.3 铁路运价与运费

4.3.1 铁路货物运价核收依据

铁路货物运输费用根据《铁路货物运价规则》(以下简称《价规》)核收。

1. 《铁路货物运价规则》的适用范围

《价规》是计算铁路货物运输费用的依据,承运人和托运人、收货人必须遵守《价规》的规定。国家铁路营业线的货物运输,除军事运输、国际铁路联运过境运输及其他另有规定的货物运输费用外,都按本规则计算货物运输费用。

2. 《铁路货物运价规则》的基本内容

《价规》规定了在各种不同情况下计算货物运输费用的基本条件,各种货物运费、杂费和其他费用的计算方法及国际铁路联运货物国内段的运输费用的计算方法等。

《价规》包含四个附件。附件一《铁路货物运输品名分类与代码表》(以下简称《分类表》)和附件三《铁路货物运输品名检查表》(以下简称《检查表》),都是用来判定货物的类别代码和确定运价号的工具。《分类表》由代码、货物品类、运价号(整车、零担)、说明等项组成。根据货物所属的类项,便可确定货物的运价号。代码由4位阿拉伯数字组成,是类别码(前2位表示货物品类的大类,第3位表示中类,第4位表示小类),对应运价号。铁路运输的货物共分26类,每一类都是按大类、中类、小类的顺序排列。附件二为《铁路货物运价率表》。附件四为《货物运价里程表》(分上、下两册)。使用《货物运价里程表》可以很快查到需要找的站名、有关事项、确定运输里程。

3. 货物计费单位的确定

铁路货物计费单位:整车是以吨为单位,吨以下四舍五入;零担是以10kg为单位,不足10kg进为10kg;集装箱是以箱为单位。每项运费的尾数不足1角时,按四舍五入处理;每项杂费不满1个计算单位,均按1个计算单位计算。零担货物的起码运费每批为2元。

4.3.2 铁路货物运价类别

(1) 整车货物运价,是《价规》中规定的按整车运送的货物的运价,由按货种别的每吨的发到基价和每吨公里或每轴公里的运行基价组成。

(2) 零担货物运价,是铁路对按零担运送的货物所规定的运价,由按货种别的每10kg的发到基价和每10kg·km的运行基价组成。

(3) 集装箱货物运价,是铁路对按集装箱运送的货物所规定的运价,由每箱的发到基价和每箱公里的运行基价组成。

我国现行铁路货物运价是将运价设立为若干个运价号,即实行的是分号运价制。整车货物运价为7个号(1号~7号);冷藏车货物运价按加冰冷藏车和机械冷藏车两类来确定,相当于2个运价号;零担货物运价分为2个号(21号~22号);集装箱货物按箱型不同进行确定。铁路货物运价率见表4-1。

表4-1 铁路货物运价率表

办理类别	运价号	基价1(发到基价)		基价2(运行基价)	
		单位	标准	单位	标准
整车	1	元/t	5.6	元/(t·km)	0.028 8
	2	元/t	6.3	元/(t·km)	0.032 9
	3	元/t	7.4	元/(t·km)	0.038 5
	4	元/t	9.3	元/(t·km)	0.043 4
	5	元/t	10.2	元/(t·km)	0.049 1
	6	元/t	14.6	元/(t·km)	0.070 4
	7			元/轴公里	0.216 5
	加冰冷藏车	元/t	9.2	元/(t·km)	0.050 6
	机械冷藏车	元/t	11.2	元/(t·km)	0.073 0
零担	21	元/10kg	0.115	元/10(kg·km)	0.000 5
	22	元/10kg	0.165	元/10(kg·km)	0.000 7
集装箱	1t箱	元/箱	10	元/(箱公里)	0.033 6
	10t箱	元/箱	118.5	元/(箱公里)	0.423 4
	20ft箱	元/箱	215	元/(箱公里)	0.927 4
	40ft箱	元/箱	423	元/(箱公里)	1.450 4

注:运费计算办法为

整车货物每吨运价=基价1+基价2×运价公里

零担货物每10kg运价=基价1+基价2×运价公里

集装箱货物每箱运价=基价1+基价2×运价公里

整车农用化肥基价1为4.20元/t,基价2为0.025 7元/t。

4.3.3 货物运费计算步骤

(1) 按《货物运价里程表》计算出发站至到站的运价里程。

(2) 根据货物运单上填写的货物名称查找《分类表》、《检查表》,确定适用的运价号。

(3) 整车、零担货物按货物适用的运价号,集装箱货物根据箱型、冷藏车货物根据车种分别在《铁路货物运价率表》中查出适用的运价率(即基价1和基价2)。

(4) 货物适用的发到基价加上运行基价与货物的运价里程相乘之积后,再与《价规》确定的计费重量(集装箱为箱数)相乘,计算出运费。

(5) 计算其他费用。

4.3.4 铁路运费计算

1. 铁路整车货物运费计算

整车货物运费计算公式为

$$运费 = (发到基价 + 运行基价 \times 运价里程) \times 计费重量 \quad (4-5)$$

除下列情况外，均按货车标记载重量作为计费重量，货物重量超过标重时，按货物重量计费。

(1) 使用矿石车、平车、砂行车，装运《分类表》"01(煤)、0310(焦炭)、04(金属矿石)、06(非金属矿石)、081(土、砂、石、石灰)"和"14(盐)"类货物按40t计费，超过时按货物重量计费。

(2) 使用自备冷藏车装运货物时按60t计费；使用标重低于50t的自备罐车装运货物时按50t计费。

(3) 标重不足30t的家畜车，计费重量按30t计算。

(4) 铁路配发计费重量高的货车代替托运人要求计费重量低的货车，如托运人无货加装，按托运人原要求车的计费重量计费。例如，托运人在某站托运化工机械设备一套，货物重量15.7t，托运人要求用40t敞车装运，经调度命令一辆50t敞车代用，托运人无货加装，则其计费重量按40t计算。如有货物加装，如加装5t，则按加装后按50t标重计费。

(5) 表4-2所列货车装运货物时，计费重量按表中规定计算，货物重量超过规定计费重量的，按货物重量计费。

表4-2 整车货物规定计费重量表

车种车型	计费重量/t
$B_6 \ B_{6N} \ B_{6A} \ B_7$(加冰冷藏车)	38
BSY(冷板冷藏车)	40
B_{18}(机械冷藏车)	32
B_{19}(机械冷藏车)	38
$B_{20} \ B_{21}$(机械冷藏车)	42
B_{10}(机械冷藏车)	44
$B_{22} \ B_{23}$(机械冷藏车)	48
B15E(冷藏车改造车)	56
SQ_1(小汽车专用平车)	80
QD_3(凹底平车)	70
$GY_{95S} \ GY_{95} \ GH_{40} \ GY_{40} \ GY_{95/22} \ GY_{95/22}$ (石油液化气罐车)	65
$GY_{100S} \ GY_{100} \ GY_{100-I} \ GY_{100-II}$ (石油液化气罐车)	70

【例 4-4】 兰州西站发银川站机器一台重 24t,从兰州西站至银川站运价里程为 479km。用 50t 货车一辆装运,计算其运费。

解:查《检查表》,机器的运价号为 6 号。再查运价率表,运价号为 6 号,发到基价(基价 1)为 14.6 元/t,运行基价(基价 2)为 0.070 4 元/(t·km)。

$$运费 = (发到基价 + 运行基价 \times 运价里程) \times 计费重量$$
$$= (14.6 + 0.070\ 4 \times 479) \times 50$$
$$= 2\ 416.08(元)$$
$$\approx 2\ 416.1(元)$$

运费为 2416.1 元。

【例 4-5】 山西大同站发南京站原煤 35t,用 60t 平车一辆装运,运价里程为 1 524km,计算其运费。

解:查《检查表》,运价号为 4 号。再查运价率表,运价号为 4 号,发到基价为 9.3 元/t,运行基价为 0.043 4 元/(t·km)。

$$运费 = (发到基价 + 运行基价 \times 运价里程) \times 计费重量$$
$$= (9.3 + 0.043\ 4 \times 1\ 524) \times 40$$
$$= 3\ 017.664(元)$$
$$\approx 3\ 017.7(元)$$

运费为 3 017.7 元。

2. 铁路零担货物运费计算

零担货物运费计算公式为

$$运费 = (发到基价 + 运行基价 \times 运价里程) \times 计费重量/10 \qquad (4-6)$$

零担货物的计费重量以 10kg 为单位,不足 10kg 进为 10kg。具体分以下三种情况计算重量。

(1) 按规定计费重量计费,见表 4-3。

表 4-3 零担货物规定计费重量表

序号	货物名称	计费单位	规定计费重量/kg
1	组成的摩托车: 双轮 三轮(包括正、侧带斗的,不包括三轮汽车)	每辆 每辆	750 1 500
2	组成的机动车辆、拖斗车(单轴的拖斗车除外): 车身长度不满 3m 车身长度 3m 以上,不满 5m 车身长度 5m 以上,不满 7m 车身长度 7m 以上	每辆 每辆 每辆 每辆	4 500 15 000 20 000 25 000
3	组成的自行车	每辆	100
4	轮椅,折叠式疗养车	每(辆)件	60
5	牛、马、骡、驴、骆驼	每头	500
6	未装容器的猪、羊、狗	每头	100
7	灵柩、尸体	每具(个)	1 000

(2) 按货物重量计费。

(3) 按货物重量和折合重量择大计费。

为保持零担货物运价与整车货物运价之间合理的比价关系，避免货物运输中发生运费倒挂、化整为零的现象，除前两项特殊规定外，凡不足 500kg/m³ 的轻浮零担货物均按其体积折合重量与货物重量择大确定计费重量，折合重量＝500×体积(kg)。货物长、宽、高的计算单位为 m，小数点后取两位小数(以下四舍五入)。体积的计算单位为 m³，保留两位小数，第三位小数四舍五入。例如，某站发送一批零担货物，重 225kg，体积为 0.81m³，在确定计费重量时，其折合重量＝500×0.81＝405(kg)，因此计费重量应为 410kg。

零担货物每批的起码运费为 2 元。

【例 4-6】 广安门发包头车站灯管 4 件，重 46kg，货物每件长 1m，宽 0.35m，高 0.16m，从广安门发包头车站 798km，试计算运费。

解： 查《检查表》，灯管的运价号为 22 号。再查运价率表，运价号为 22 号，发到基价为 0.165 元/10kg，运行基价为 0.000 7 元/10kg·km。

$$体积＝4×1×0.35×0.16＝0.224(m^3)$$
$$折合重量＝500×0.22＝112(kg)$$
$$计费重量＝120kg$$

因此，该批货物运费为

$$运费＝(发到基价＋运行基价×运价里程)×计费重量/10$$
$$＝(0.165＋0.000\ 7×798)×120/10$$
$$＝8.683\ 2(元)$$
$$≈8.7(元)$$

运费为 8.7 元。

在货物运单内分项填记重量的零担货物，应分项计费。

(1) 运价率相同时，重量应合并计算。

【例 4-7】 某托运人从包头站发石家庄南站双轮及三轮摩托车各两辆，每辆重分别为 116kg 和 166kg，运价里程为 1 091km，按一批托运，分项填记重量，试计算其运费。

解： 按一批托运，分项填记重量，应分项计算，但该批货物中两种货物的运价率相同，应先合并重量。摩托车为按规定计费重量计费的货物，见表 4-3。查《检查表》，运价号为 22 号，再查运价率表，运价号为 22 号，发到基价为 0.165 元/10kg，运行基价为 0.000 7 元/10kg·km。

则该批货物的计费重量为 2×(750＋1 500)＝4 500kg，

$$运费＝(发到基价＋运行基价×运价里程)×计费重量/10$$
$$＝(0.165＋0.000\ 7×1\ 091)×4\ 500/10$$
$$＝417.915(元)$$
$$≈417.9(元)$$

运费为 417.9 元。

(2) 运价率不同的零担货物在一个包装内或按总重量托运时，按该批或该项货物中运价率高的计费。

【例 4-8】 某托运人从西安西站发送锦州站暖水瓶 5 件，搪瓷杯 10 件，共重 364kg，总体积 1.224m³，西安西站发送锦州站 1 698km，计算运费。

解： 从西安西站发送锦州站 1 698km。查《检查表》，暖水瓶运价号为 22，搪瓷杯为 21，因而选择 22。再查运价率表，运价号为 22 号，发到基价为 0.165 元/10kg，运行基价为 0.000 7 元/10kg·km。

体积为 1.224m³，折合重量 = 500×1.224 = 612(kg)，计费重量为 620kg，

$$\begin{aligned}
运费 &= (发到基价 + 运行基价 \times 运价里程) \times 计费重量/10 \\
&= (0.165 + 0.000\ 7 \times 1\ 698) \times 620/10 \\
&= 83.923\ 2(元) \\
&\approx 83.9(元)
\end{aligned}$$

该批货物的运费为 83.9 元。

3. 铁路集装箱货物运费计算

铁路集装箱货物运费为

$$运费 = (发到基价 + 运行基价 \times 运价里程) \times 箱数 \tag{4-7}$$

集装箱货物的运费按照使用的箱数和铁路货物运价率表中规定的集装箱运价率计算。

罐式集装箱、其他铁路专用集装箱按铁路货物运价率表中规定的运价率分别加 30%、20% 计算；标记总重量为 30.480t 的通用 20ft 集装箱的按铁路货物运价率表中规定的运价率加 20% 计算，按规定对集装箱总重限制在 24t 以下的除外。

装运一级毒害品(剧毒品)的集装箱按铁路货物运价率表中规定的运价率加 100% 计算；装运爆炸品、压缩气体和液化气体、一级易燃液体(代码表 02 石油类除外)、一级易燃固体、一级自燃物品、一级遇湿易燃物品、一级氧化剂和过氧化物、二级毒害品、感染性物品、放射性物品的集装箱，按铁路货物运价率表中规定的运价率加 50% 计算。

装运危险货物的集装箱按上述两款规定适用两种加成率时，只适用其中较大的一种加成率；自备集装箱空箱运价率按铁路货物运价率表规定重箱运价率的 40% 计算；承运人利用自备集装箱回空捎运货物，按集装箱重箱适用的运价率计费，在货物运单铁路记载事项栏内注明，免收回空运费。

4.3.5 铁路其他费用计算

(1) 铁路电气化附加费。凡货物运输中途经某些电气化区段时，按《铁路电气化附加费核收办法》的规定收取电气化附加费，电气化附加费费率见表 4-4。

表 4-4 电气化附加费费率

项目种类	计费单位	费率
整车货物	元/(t·km)	0.012
零担货物	元/10(kg·km)	0.000 12
自轮运装货物	元/轴公里	0.036

续表

项目种类			计费单位	费率
集装箱		1t 箱	元/(箱·km)	0.007 2
		10t 箱	元/(箱·km)	0.100 8
		20ft 箱	元/(箱·km)	0.192
		40ft 箱	元/(箱·km)	0.408
	自备空箱	1t 箱	元/(箱·km)	0.003 6
		10t 箱	元/(箱·km)	0.050 4
		20ft 箱	元/(箱·km)	0.096
		40ft 箱	元/(箱·km)	0.204

电气化附加费计算公式为

电气化附加费＝附加费费率×计费重量(箱数或轴数)×电气化里程　　(4-8)

(2) 新路新价均摊运费。铁路建设中新建线路不断增加，为了既体现国家实行新路新价的原则，又方便计算运费，凡经国家铁路运输的货物，按发站至到站国铁正式营业线和实行统一运价的运营临管线的运价里程，均按《新路新价均摊运费核收办法》的规定收取新路新价均摊运费，新路新价均摊运费费率见表4-5。

表4-5　新路新价均摊运费费率

项目种类			计费单位	费率
整车货物			元/(t·km)	0.011
零担货物			元/10(kg·km)	0.000 011
自轮运装货物			元/轴公里	0.003 3
集装箱		1t 箱	元/(箱·km)	0.000 066
		10t 箱	元/(箱·km)	0.009 24
		20ft 箱	元/(箱·km)	0.017 6
		40ft 箱	元/(箱·km)	0.037 4
	自备空箱	1t 箱	元/(箱·km)	0.000 33
		10t 箱	元/(箱·km)	0.050 4
		20ft 尺箱	元/(箱·km)	0.088
		40ft 箱	元/(箱·km)	0.018 7

注：整车货物中，化肥、磷矿石、棉花(籽棉、皮棉)的费率为0.002 1元/(t·km)。

新路新价均摊运费计算公式为

新路新价均摊运费＝均摊运费费率×计费重量(箱数或轴数)×运价里程　　(4-9)

(3) 铁路建设基金。铁路收取建设基金的目的是专款专用，保证铁路建设的不断发展。按《铁路建设基金计算核收办法》的规定收取铁路建设基金，铁路建设基金费率见表4-6。

表 4-6 铁路建设基金费率

项目种类			计费单位	农药	磷矿石棉花	其他货物
整车货物			元/(t·km)	0.019	0.028	0.033
零担货物			元/10(kg·km)	0.000 19	0.000 33	
自轮运装货物			元/轴公里	0.099		
集装箱		1t 箱	元/(箱·km)	0.019 8		
		10t 箱	元/(箱·km)	0.277 2		
		20ft 箱	元/(箱·km)	0.528		
		40ft 箱	元/(箱·km)	1.122		
	自备空箱	1t 箱	元/(箱·km)	0.009 9		
		10t 箱	元/(箱·km)	0.123 86		
		20ft 箱	元/(箱·km)	0.264		
		40ft 箱	元/(箱·km)	0.561		

注：整车化肥、黄磷免征铁路建设基金。表中棉花仅指籽棉、皮棉。

铁路建设基金的计算公式为

铁路建设基金＝基金费率×计费重量(箱数或轴数)×运价里程　　(4-10)

【例 4-9】湖南长沙绿化站发往湖北武汉中卫站一批钢管。货重 30t，以一辆 60t 敞车装运。已知：运价里程 729km，电气化里程 244km，基价 1 为 10.2 元/t，基价 2 为 0.049 1 元/(t·km)，建设基金费率为 0.033 元/(t·km)，电气化附加费率为 0.012 元/(t·km)，印花税为运费的万分之五，计算发站应收的费用。

解： 铁路运费的计算公式为

运费＝[发到基价＋(运行基价×运价里程)]×计费重量

杂费＝建设基金费＋电气化附加费＋印花税

发到基价＝10.2 元/t；运行基价＝0.049 1 元/(t·km)；运价里程＝729km；计费重量＝60t；

建设基金费＝0.033×60×729＝1 443.42(元)

电气化附加费＝0.012×60×244＝175.68(元)

运费＝[10.2＋(0.049 1×729)]×60＝2 759.634(元)

印花税＝运费×0.000 5＝2 759.634×0.000 5＝1.38(元)

杂费＝1 443.42＋175.68＋1.38＝1 620.48(元)

运杂费＝运费＋杂费＝2 759.634＋1 620.48＝4 380.114(元)≈4 380.1(元)

运杂费为 4 380.1 元。

4.4 水路运价与运费

4.4.1 水路货物运价的分类

水路货物运价可以按适用范围、运价制定方式、运输形式及运价单位划分。

1. 按适用范围划分

（1）远洋船舶货物运价。是适用于对外贸易进、出口的船舶货物运输的价格，采用美元计费。

（2）沿海船舶货物运价。是适用于我国沿海港口之间的船舶货物运输的价格，大多采用航线运价。

（3）内河船舶货物运价。是适用于长江、珠江等内河的船舶货物运输的价格，大多采用里程运价。

2. 按运价制定方式划分

（1）国家定价。是由国家发展和改革委员会与交通运输部共同规定的船舶货物运价，适用于由军费开支和财政直接支出的军事、抢险救灾货物的运输价格制定，旅客和行李运输价格制定。国家定价可分为以下两种：①政府定价。由国家和水运主管部门制定并统一颁布。国家一旦颁布，企业必须严格执行。同时往往是一定几年不变，过若干年后才作一次较大的调整。②政府指导价。由国家规定货物的基准运价及浮动幅度，企业在允许范围内根据运输市场的供求变化确定船舶货物运价。

（2）合同运价。又称为协议运价，是由承运人与托运人通过商定达成的运价标准，通过双方订立合同予以明确和按合同实施。这种运价的特点是随行就市，完全受市场供求关系的调节，即在短时间内其价格水平会有较大的波动。

（3）运价表运价。也称班轮运价。水运企业根据经营成本和市场供求关系制定运价，编制运价表，向社会公开，并按运价表的规定计收运费。这种运价受交通主管部门的监管较严格，采取报备制度，有运价变动的时滞限制和稳定期的规定，具有相对的稳定性。

3. 按运输形式划分

（1）直达运价。是指适用于两港间直达运输的货物运价，没有转运过程。

（2）联运运价。是指适用于水-陆联运的货物运价，包括港口和车站的转运费用。

（3）集装箱运价。是指适用于集装箱货物的运输价格，可分为按所装货物的种类及重量（体积）定价和以箱为单位（不计箱内货物的种类及重量等）定价两种形式。

（4）航次租船运价。是指船舶采用航次租船的形式进行运输时，对单位货物或者货物总量规定运价，一般采用合同运价。

4. 按运价单位划分

（1）单一运价。是指对同一货种不论其运输距离长短，都采用相同的每货运吨运价（以下简称"运价率"）。这种运价一般仅适用于短途航线、轮渡或某些海峡间的货物运输。我国仅在内河和市内轮渡航线使用单一运价。

（2）航区运价。是指适用于同一航区内各港间按不同货种、不同运输距离而规定的差别运价。这种运价的特点是同一货种随运输距离变化其运价水平有较大的差别，因此，有时称这种定价方式为"里程运价"。航区运价又可分为两种主要形式：①均衡里程运价。同一货种货物的运价率的增加随运输距离的增加成正比关系，即 $1t \cdot km$ 运价为不变值。某些内河航区采用这种定价。②递远递减运价。对同一货种，每单位里程的运价随运输距离的增加而降低。例如，在 100 海里时运价为 0.1 元/($t \cdot$海里)，则每吨货物 100 海里的运费为 10 元；而在 200 海里时运价为 0.09 元/(t·海里)，则每吨货物的 200 海里运费为 18 元。

(3) 航线运价。是指按照船舶运输的航线对货种进行定价。例如，秦皇岛—广州煤炭运价为 30 元/t。航线定价也可以包括中转在内的运输定价。

4.4.2 国内水路货物运费的计算

国内水路货物运输实行的是市场运价，所以在确定水路货物运价时，应以运输价值为基础，并考虑运输市场的供求关系、竞争导向因素、不同运输方式之间的比价关系及货物的运费负担能力。水路货物运价的制定包括货运基本价格的制定、货类分级及级差率的确定，运价里程与计算里程的确定及运价率表的制定等。

1. 货运基本价格的制定

货运基本价格，简称"基价"，亦称基本价率，是指基准的运价率。基价确定方法有两种，即综合基价和组合基价。

(1) 综合基价是指以综合运输成本为基础进行测算的货运基本价格。其理论公式为

$$综合基价 = (运输成本 + 利润 + 税金)/计划期换算货物周转量 \qquad (4-11)$$

式中，运输成本——计划期部门或航区预计货运成本；

利润——按规定利润率计算办法所得的利润额；

税金——计划期按国家规定的工商税率计算出来的税金；

计划期换算货物周转量——以基本货类、基本船型为基础，各货类、船型按运输生产效率的一定比例换算而得的货物周转量。

综合基价确定后，不同货种、不同运距的货物运价率计算公式为

$$运价率 = 综合基价 \times 里程 \times 级差系数 \qquad (4-12)$$

以综合基价为基础而确定的货物运价，是一种均衡里程运价。它既能反映货物运价的总体水平，也能反映不同运距、不同货种的运价差别，测算也比较方便。但是此法不能较好地体现运输成本随运距变化的情况，不能反映运距的变化对停泊成本和航行成本的不同影响。

(2) 组合基价是指由航行基价和停泊基价组合而成的货运基本价格。它是递远递减运价的基础，比综合基价(均衡里程运价)合理。其理论计算公式为

$$组合基价 = 航行基价 \times 里程 + 停泊基价$$
$$航行基价 = (航行成本 + 利润 + 税金)/计划期换算周转量 \qquad (4-13)$$
$$停泊基价 = (停泊成本 + 利润 + 税金)/计划期换算货运量$$

式中，航行成本、停泊成本——与船舶航行、停泊有关的成本；

航行基价、停泊基价中的利润、税金——船舶在航行、停泊期间应分摊的利润和税金；

计划期换算周转量、货运量——以基本货类、基本船型为基础，各货类、船型按运输生产效率进行换算而得的货物周转量、货运量。

组合基价确定后，不同货种、不同运距的货物运价率计算公式为

$$运价率 = 组合基价 \times 级差系数 \qquad (4-14)$$

以组合基价为基础而确定的货物运价，是一种递远递减运价。随着运距的增加，1t·km

停泊基价在逐步减少,而航行基价为不变值,从而每吨公里运价随运距的增加也逐渐减少。采用递远递减运价能较好地体现运输成本随运距变化的情况,比均衡里程运价更为合理。

(3) 我国北方沿海、长江航区的航行基价与停泊基价。

① 航行基价。从理论上说,由于航行成本基本上随运输距离的增加而同步增加,故 1t·km(1t·海里)的航行成本可视为不变值。但运距的变化与单位航行成本并不绝对相等,一般是运距短的单位航行成本高,运距长的单位航行成本低。自然条件和地理位置不同的某些航区,各航行区段的单位航行成本有显著差别,所以沿海以运距的长短分别规定不同的航行基价,长江则以上游区段、中游区段、下游区段分别规定有差别的航行基价。

② 停泊基价。停泊基价的制定主要依据单位停泊成本。由于行驶在各航区的船舶的结构、装备等有较大差异,分摊到每货运吨的停泊成本也不同,沿海航区的船舶停泊基价一般小于内河航区。

2. 货类分级及级差率的确定

(1) 货物分级。对货物分级应主要从运输效率和运输成本来分析确定,通常要考虑货物的积载因数、货物运输及装卸的难易程度、货物的理化性质、货物的运费承担能力及与其他运输方式的比价等。不同级别的货类在运价上是有差别的,贵重货物高于普通货物,危险货物高于一般货物,成品货物高于原材料,轻质货物高于重质货物。

(2) 货物分级数的确定。货物分级数的多少要能合理体现各种货类在运价上的差别和便于计算核收。我国沿海(包括北方沿海、华南沿海)、长江、黑龙江及部分地方航区采用 10 级分类制。

(3) 级差率的确定。级差率是指同一航线不同级别货物运价率之间的递增(或递减)率。其计算公式为

$$级差率=(后级运价率-前级运价率)/前级运价率×100\%$$
$$后级运价率=前级运价率×(1+级差率) \quad (4-15)$$

级差率的数值可以是正数,也可以是负数。若为正数,则说明后一级的运价率高于前一级;反之,后一级的运价率低于前一级。

级差系数,是指各级货物的运价率对基级货物运价率(即基价)的比例关系,可根据各级级差率推算。如果已知级差系数和基价,则其他级别的运价率计算公式为

$$各级运价率=基价×相应的级差系数 \quad (4-16)$$

3. 运价里程与计算里程的确定

运价里程是指由水运主管部门统一颁布的为测定两港间运价率而特设的里程。它不同于实际里程和航行里程,比较稳定,不得任意更改,只有在航道或港区发生永久性变化时,才由水运主管部门统一修订。

在制定运价率表时,为便于运作和简化,往往把运价里程划分为若干区段。每一区段适合从某一里程起至下一里程止的特定范围。若两港间的运价里程落在某一里程区段内,则按统一规定的里程计算,这一里程称为计算里程。

我国对沿海航区和长江航区里程区段的划分及相应采用的计算里程均有不同规定。

(1) 沿海航区(包括北方、华南沿海)各里程区段划分为若干小区段。51~100 海里区

段中,以每10海里划分为5个小区段,即51～60、61～70直至91～100,其计算里程以各区段的中间值为准,并仅保留整数。例如,大连—天津运价里程为247海里,属241～280海里区段,其计算里程为260海里,天津—青岛运价里程为461海里,属451～520海里区段,其计算里程为490海里。

(2) 长江航区里程区段的划分,是以每10km为一里程区段,即1～10km、11～20km、21～30km等,以此类推。按各区段的终值为准,即将运价里程的个位逢十进整。例如,上海—张家港运价里程为170km,计算里程即为170km,南京—南通运价里程为264km,计算里程即为270km。

4. 运价率表的制定

确定了基价、级差率及运价里程之后,就可以计算出任何两港间的各级运价率,将所得数据汇列成表即可得运价率表。货物运价率表有两种形式,即分航区运价率表和主要航线运价率表。前者是按北方沿海、华南沿海、长江和黑龙江四大航区分别制定货物运价。后者的制定包括以下几个步骤。

(1) 列出主要航线起迄港并确定其所在航区。
(2) 查运价里程并确定计算里程。
(3) 确定航行基价、停泊基价和级差系数。
(4) 计算各级货物的运价率。

【例 4-10】 上海—青岛为北方沿海航线,其运价里程为404海里,属401～460海里区段,则计算里程为430海里。其航行基价在200海里区间为0.007 5元/(t·海里),201～400海里区段为0.007 0元/(t·海里),400海里以上为0.006 5元/(t·海里)。三级货物的级差系数为110.25%,停泊基价为2.6元/t,确定上海—青岛三级货物的运价率。

解:运价率=(0.007 5×200+0.007 0×200+0.006 5×30+2.6)×110.25%=6.28

【例 4-11】 九江—宜昌为长江航线。其中九江—武汉为下游区段,运价里程为269km,以270km计算;武汉—宜昌为中游区段,运价里程为626km,以630km计算。木材为四级货物,级差系数为115.76%,停泊基价为1.5元/t,确定九江—宜昌木材的运价率。

解:运价率=(0.007 0×270+0.013 6×630+1.5)×115.76%=13.84(元/t)。

4.4.3 班轮运费的计算

1. 班轮运费构成

班轮公司运输货物所收取的运输费用,是按照班轮运价表的规定计收的。班轮运价表一般包括说明及有关规定、货物分级表、航线费率表、附加费表、冷藏货及活牲畜费率表等。目前,我国海洋班轮运输公司使用的等级运价表将承运的货物分成若干等级,每个等级的货物有一个基本费率。

班轮运费包括基本运费和附加费两部分,前者是指货物从装运港到卸货港所应收取的基本运费,它是构成全程运费的主要部分;后者是指对一些需要特殊处理货物,或者突然事件的发生或客观情况变化等原因而需另外加收的费用。

2. 基本运费计收标准

在班轮运价表中,根据不同的商品,班轮运费的计算标准通常采用下列几种。

(1) 按货物毛重(重量吨，Weight Ton)计收，运价表内用"W"表示。按此计算的基本运费等于计重货物的运费吨乘以运费率。

(2) 按货物的体积计收(尺码吨，Measurement)，运价表中用"M"表示。按此法计算的基本运费等于容积货物的运费吨乘以运费率。

上述计费的重量吨和尺码吨统称为运费吨，又称计费吨，按照国际惯例，容积货物是指每公吨的体积大于 $1.1328m^3$ ($40ft^3$)的货物；而我国的远洋运输运价表中则将每公吨的体积大于 $1m^3$ 的货物定义为容积货物。

(3) 按毛重或体积计收，由船公司选择其中收费较高的作为计费吨，运价表中以"W/M"表示。

(4) 按货物价格计收，又称为从价运费(Ad Val)，运价表中用"A·V"表示。从价运费一般按货物的离岸价格(FOB)的一定百分比收取。按此法计算的基本运费等于资物的离岸价格乘以从价费率，从价费率一般为1％～5％。

(5) 在货物重量、尺码和价值三者中选择最高的一种计收，运价表中用"W/M or Ad Val"表示。

(6) 按货物重量或尺码最高者，再加上从价运费计收。运价表中以"W/M plus Ad Val"表示。

(7) 按每件货物作为一个计费单位收费，如活牲畜按"每头"(Per Head)，车辆按"每辆"(Per Unit)收费。

(8) 临时议定价格，即由货主和船公司临时协商议定。此类货物通常是低价的货物或特大型的机器等。在运价表中此类货物以"Open"表示。

3. 附加费

在班轮运输中基本港是指港口设备较好，货运量大，班轮公司按期挂靠的港口。运往基本港的货物，均按基本费率收取运费。非基本港指班轮公司不常挂靠的港口，去该港货物要加收附加费，在基本运费的基础上，加收一定百分比；或者是按每运费吨加收一个绝对值计算。在班轮运输中，常见的附加费有下列几种。

(1) 超重附加费(Heavy Lift Additional)。货物单件重量超过一定限度而加收的费用。

(2) 超长附加费(Long Length Additional)。单件货物长度超过规定长度而加收的费用。

各班轮对超重或超长货物的规定不一。我国中远集团规定每件货物达到5t或9m以上时，加收超重或超长附加费。超重货一般以吨计收，超长货按运费吨计收。无论是超重、超长或超大件，托运时都须注明。如船舶需转船，每转船一次，加收一次附加费。

(3) 选卸附加费(Optional Surcharge)。指装货时尚不能确定卸货港，要求在预先提出的两个或两个以上港口中选择一港卸货，船方因此而加收的附加费。所选港口限定为该航次规定的挂港，并按所选港中收费最高者计算及各种附加费。货主必须在船舶抵达第一选卸港前(一般规定为24h或48h)向船方宣布最后确定的卸货港。

(4) 转船附加费(Transshipment Surcharge)。凡运往非基本港的货物，需转船运往目的港，船舶所收取的附加费，其中包括转船费(包括换装费、仓储费)和二程运费。但有的船公司不收此项附加费，而是分别另收转船费和二程运费，这样收取一、二程运费再加转船费，即通常所谓的"三道价"。

(5) 直航附加费(Direct Additional)。非运往非基本港的货物达到一定的数量,船公司可安排直航该港而不转船时所加收的附加费。一般直航附加费比转船附加费低。

(6) 港口附加费(Port Additional or Port Surcharge)。指船舶需要进入港口条件较差、装卸效率较低或港口船舶费用较高的港口及其他原因而向货方增收的附加费。

(7) 港口拥挤附加费(Port Congestion Surcharge)。有些港口由于拥挤,致使船舶停泊时间增加而加收的附加费。该项附加费随港口条件改善或恶化而变化。

(8) 燃油附加费(Bunker Surcharge or Bunker Adjustment Factor,B.A.F)。指因燃油价格上涨而加收一绝对数或按基本运价的一定百分数加收的附加费。

(9) 货币贬值附加费(Devaluation Surcharge or Currency Adjustment Factor, C.A.F)。在货币贬值时,船方为保持其实际收入不致减少,按基本运价的一定百分数加收的附加费。

(10) 绕航附加费(Deviation Surcharge)。指因战争、运河关闭、航道阻塞等原因造成正常航道受阻,必须临时绕航才能将货物送达目的港需增加的附加费。

除以上各种附加费外,还有一些附加费需船货双方议定,如洗舱费、熏舱费、破冰费、加温费等。各种附加费是对基本运价的调节和补充,可灵活地对各种外界不测因素的变化作出反应,是班轮运价的重要组成部分。

附加费的计算一般有两种规定:一是以基本运费率的百分比表示;二是用绝对数字表示,取每运费吨增收若干元。根据一般费率表规定,不同的商品如混装在一个包装内(集装箱除外),则全部货物按其中收费高的商品计收运费。同一种货物因包装不同而计费标准不同,但托运时如未申明具体包装形式时,全部货物均要按运价高的包装计收运费。同一提单内有两种以上不同计价标准的货物,托运时如未分列货名和数量时,计价标准和运价全部要按高者计算。这是在包装和托运时应该注意的。

4. 班轮运费的计算公式

(1) 班轮运费的具体计算方法:先根据货物的英文名称,从货物分级表中,查出有关货物的计算等级及其计算标准;然后再从航线费率表中查出有关货物的基本费率;最后加上各项需支付的附加费率,所得的总和就是有关货物的单位运费(每重量吨或每尺码吨的运费),再乘以计费重量吨或尺码吨,即得该批货物的运费总额。如果是从价运费,则按规定的百分率乘FOB货值即可。

(2) 运费计算公式为

$$F = F_b + \sum S \tag{4-17}$$

式中,F——运费总额;

F_b——基本运费;

S——某一项附加费。

基本运费是所运货物的数量(重量或体积)与规定的基本费率的乘积。即

$$F_b = f \times Q \tag{4-18}$$

式中,f——基本费率;

Q——货运量(运费吨)。

附加费是指各项附加费的总和。在多数情况下,附加费按基本运费的一定百分比计算,其公式为

$$\sum S=(S_1+S_2+\cdots+S_n)\times F_b=(S_1+S_2+\cdots+S_n)\times f\times Q \quad (4-19)$$

式中，S_1、S_2、$S_3\cdots S_n$——各项附加费，用 F_b 的百分数表示。

【例 4-12】上海运往肯尼亚蒙巴萨港口门锁（小五金）一批计 100 箱。每箱体积为 20cm× 30cm×40cm。每箱重量为 25kg。当时燃油附加费为 40%。蒙巴萨港口拥挤附加费为 10%，中国—东非航线等级费率见表 4-7。

表 4-7　中国—东非航线等级费率　　　　　单位：港元

货　　名	计算标准	等级（Class）	费率（Rate）
农业机械	W/M	9	404.00
棉布及棉织品	M	10	443.00
小五金及工具	W/M	10	443.00
玩具	M	20	1 120.00

基本港口：路易港（毛里求斯）、达累斯萨拉姆（坦桑尼亚）、蒙巴萨（肯尼亚）等

解：（1）查阅货物分级表。门锁属于小五金类，其计收标准为 W/M，等级为 10 级。
（2）计算货物的体积和重量。
100 箱的体积为
$$20\times30\times40\times100=2.4(\text{m}^3)$$
100 箱的重量为
$$25\text{kg}\times100=2\,500\text{kg}=2.5(\text{t})$$
由于 2.4m³ 的计费吨小于 2.5t，因此计收标准为重量。
（3）查阅表 4-7，10 级费率为 443 港元，则基本运费为
$$443\times2.5=1\,107.5(\text{港元})$$
（4）附加运费为
$$1\,107.5\times(40\%+10\%)=553.75(\text{港元})$$
（5）上海运往肯尼亚蒙巴萨港 100 箱门锁，其应付运费为
$$1\,107.50+553.75=1\,661.25(\text{港元})$$

4.5　航空运价与运费

货物的航空运费是指将一票货物自始发地机场运输到目的地机场所应收取的航空运输费用。一般地说，货物的航空运费主要由两个因素组成，即货物适用的运价与货物的计费重量。由于航空运输货物的种类繁多，货物运输的起讫地点所在航空区域不同，每种货物所适用的运价亦不同。

4.5.1　货物运费计算中的基本知识

1. 基本概念

（1）货物的航空运价一般以运输始发地的本国货币公布，即运输始发地货币。有的国

家以美元代替其本国币公布运价,此时,美元即为运输始发地货币。

(2) 销售航空货运单所使用的运价应为填制货运单之日的有效运价,即在航空货物运价有效期内适用的运价。

(3) 航空运费(Weight Charge)是指承运人将一票货物自始发地机场运至目的地机场所收取的航空运输费用。该费用根据每票货物所适用的运价和货物的计费重量计算而得。每票货物是指使用同一份航空货运单的货物。由于货物的运价是指货物运输起讫地点间的航空运价,航空运费就是指运输始发地机场至目的地机场间的运输货物的航空费用,不包括其他费用。

(4) 其他费用(Other Charges)是指由承运人、代理人或其他部门收取的与航空货物运输有关的费用。在组织一票货物自始发地至目的地运输的全过程中,除了航空运输外,还包括地面运输、仓储、制单、国际货物的清关等环节,提供这些服务的部门所收取的费用即为其他费用。

2. 计费重量

计费重量(Chargeable Weight)是指用以计算货物航空运费的重量。货物的计费重量或者是货物的实际毛重(Actual Gross Weight),或者是货物的体积重量(Volume Weight),或者是较高重量分界点的重量。

(1) 实际毛重:包括货物包装在内的货物重量,称为货物的实际毛重。

(2) 体积重量:按照国际航空运输协会(以下简称国际航协)规则,将货物的体积按一定的比例折合成的重量,称为体积重量。换算标准为每 $6\,000\,cm^3$ 折合 1kg。

(3) 一般地,计费重量采用货物的实际毛重与货物的体积重量两者比较取高者;但当货物按较高重量分界点的较低运价计算的航空运费较低时,则此较高重量分界点的货物起始重量作为货物的计费重量。

国际航协规定,国际货物的计费重量以 0.5kg 为最小单位,重量尾数不足 0.5kg 的,按 0.5kg 计算;0.5kg 以上不足 1kg 的,按 1kg 计算。

当使用同一份运单,收运两件或两件以上可以采用同样种类运价计算运费的货物时,其计费重量规定为:计费重量为货物总的实际毛重与总的体积重量两者较高者。综上所述,较高重量分界点重量也可能成为货物的计费重量。

3. 最低运费

最低运费(Minimum Charge)是指一票货物自始发地机场至目的地机场航空运费的最低限额。货物按其适用的航空运价与计费重量计算所得的航空运费,应与货物最低运费相比,取高者。

4. 货物航空运价、运费的货币进整

货物航空运价及运费的货币进整,因货币的币种不同而不同。运费进整时,需将航空运价或运费计算到进整单位的下一位,然后按半数进位法进位,计算所得的航空运价或运费,达到进位单位一半则入,否则舍去。采用进整单位的规定,主要用于填制航空货运单(AWB)。销售 AWB 时,所使用的运输始发地货币,按照进整单位的规定计算航空运价及运费。

4.5.2 国际货物运价的种类及使用规定

1. 国际货物运价的种类

国际货物运价按运价的组成形式划分，国际货物运价包括协议运价、公布直达运价和非公布直达运价；按货物的性质划分，国际货物运价包括普通货物运价、指定商品运价、等级运价和集装货物运价。

2. 国际货物运价使用规定

(1) 使用顺序：优先使用协议运价；如果没有协议运价，使用公布直达运价；如果没有协议运价和公布直达运价，使用比例运价；最后采用分段相加运价（最低组合）。

(2) 货物运价应为填开货运单当日承运人公布的有效货物运价。

(3) 货物运价的使用必须严格遵守货运运输路线的方向性，不可反方向使用运价。

(4) 使用货物运价时，必须符合货物运价注释中的要求和规定条件。

3. 公布直达运价的使用

公布直达运价是指承运人直接在运价资料中公布的从运输始发地至运输目的地的航空运价。运价的公布形式有 N、Q45 等运价结构，也有 B、K 运价结构（欧洲特有的运价结构）。N 运价，即 Normal General Cargo Rate，指的是标准的普通货物运价；Q 运价则为 Quantity Rate，指的是重量等级运价。

指定商品运价与普通货物运价同时公布在 *TACT RATES BOOKS* 中。等级货物运价计算规则在 *TACT RULES* 中公布，需结合 *TACT RATES BOOKS* 一起使用。公布直达运价的运价结构见表 4-8。

表 4-8 公布直达运价的运价结构表

Date/Type	Note	Item	Min. Weight	Local Curr.
BEIJING			CN	BJS
Y. RENMINBI		CNY		KGS
TOKYO		JP	M	230.00
N	37.51			
45	28.13			
0008	300	18.80		
0300	500	20.61		
1093	100	18.43		
2195	500	18.80		

注：第一栏，Date/Type——公布运价的生效或失效日期，以及集装器运价代号；本栏中若无特殊标记，说明所公布的运价适用于在本手册有效期内销售的 AWB。

第二栏，Note——相对应运价的注释，填制货运单时，应严格按照注释所限定的内容执行。

第三栏，Item——指定商品运价的品名编号。

第四栏，Min. Weight——使用相对应运价的最低重量限额。

第五栏，Local Curr.——用运输始发地货币表示的运价或最低运费。

4.5.3 普通货物运费计算

普通货物运价(General Cargo Rate，GCR)是指除了等级货物运价和指定商品运价以外的适合于普通货物运输的运价。一般地，普通货物运价根据货物重量不同，分为若干个重量等级分界点运价。例如，"N"表示标准普通货物运价(Normal General Cargo Rate)，指的是45kg以下的普通货物运价(如无45kg以下运价时，"N"表示100kg以下普通货物运价)。同时，普通货物运价还公布有"Q45"、"Q100"、"Q300"等不同重量等级分界点的运价。这里"Q45"表示45kg以上(包括45kg)普通货物的运价，依此类推。对于45kg以上的不同重量分界点的普通货物运价均用"Q"表示。用货物的计费重量和其适用的普通货物运价计算而得的航空运费不得低于运价资料上公布的航空运费的最低收费标准(M)。这里，代号"N"、"Q"、"M"在AWB的销售工作中，主要用于填制货运单运费计算栏中"RATE CLASS"一栏。

【例4-13】由北京运往东京一箱服装，毛重31.4kg，体积尺寸为80cm×70cm×60cm，计算该票货物的航空运费。公布运价如下。

BEIJING		CN		BJS
Y. RENMINBI		CNY		KGS
TOKYO		JP	M	230.00
N	37.51			
45	28.13			

解：

体积(Volume)：	80cm×70cm×60cm=336000cm^3
体积重量(Volume Weight)：	336 000cm^3÷6 000cm^3/kg=56.0kg
毛重(Gross Weight)：	31.4kg
计费重量(Chargeable Weight)：	56.0kg
适用运价(Applicable Rate)：	GCR Q28.13 CNY/KG

【例4-14】北京运往新加坡一箱水龙头接管，毛重35.6kg，计算其航空运费。公布运价如下。

BEIJING		CN		BJS
Y. RENMINBI		CNY		KGS
SINGAPORE		SG	M	230.00
N	36.66			
45	27.50			
300	23.46			

解：(1) 按实际重量计算：

Gross Weight：	35.6kg
Chargeable Weight：	36.0kg
Applicable Rate：	GCR N 36.66CNY/KG

| Weight Charge： | 36.0×36.66＝CNY1 319.76 |

（2）采用较高重量分界点的较低运价计算：

Chargeable Weight：	45.0kg
Applicable Rate：	GCR Q 27.50CNY/KG
Weight Charge：	27.50×45.0＝CNY1 237.50

（1）与（2）比较，取运费较低者，即航空运费为 1 237.50 元。

【例 4-15】由上海运往日本大阪一件洗发香波样品 5.3kg，计算其航空运费。

公布运价如下。

SHANGHAI	CN		SHA
Y. RENMINBI	CNY		KGS
OSAKA	JP	M	230.00
N	30.22		
45	22.71		

解：

Gross Weight：	5.3kg
Chargeable Weight：	5.5kg
Applicable Rate：	GCR N 30.22 CNY/KG
Weight Charge：	5.5×30.22＝CNY166.21
Minimum Charge：	230.00CNY

此票货物的航空运费应为 230.00 元。

4.5.4 指定商品运费计算

指定商品运价是指适用于自规定的始发地至规定的目的地运输特定品名货物的运价。通常情况下，指定商品运价低于相应的普通货物运价。就其性质而言，该运价是一种优惠性质的运价。鉴于此，指定商品运价在使用时，对于货物的起讫地点、运价使用期限、货物运价的最低重量起点等均有特定的条件。使用指定商品运价计算航空运费的货物，其航空货运单的"Rate Class"一栏，用字母"C"表示。

在使用指定商品运价时，只要所运输的货物满足下述三个条件，则运输始发地和运输目的地就可以直接使用指定商品运价：①运输始发地至目的地之间有公布的指定商品运价；②托运人所交运的货物品名与有关指定商品运价的货物品名相吻合；③货物的计费重量满足指定商品运价使用时的最低重量要求。

计算指定商品运费，需先查询运价表，如有指定商品代号，则考虑使用指定商品运价；查找 *TACT RATES BOOKS* 的品名表，找出与运输货物品名相对应的指定商品代号；如果货物的计费重量超过指定商品运价的最低重量，则优先使用指定商品运价；如果货物的计费重量没有达到指定商品运价的最低重量，则需要比较计算。

【例 4-16】北京运往大阪 20 箱鲜蘑菇共 360.0kg，每件体积（长、宽、高）为 60cm×45cm×25cm，计算航空运费。公布运价如下。

BEIJING		CN		BJS
Y. RENMINBI		CNY		KGS
OSAKA		.JP	M	230.00
N	37.51			
45	28.13			
0008	300	18.80		
0300	500	20.61		
1093	100	18.43		
2195	500	18.80		

解：查找 TACT RKTES BOOKS 的品名表，蘑菇可以使用0008（新鲜蔬菜和水果）的指定商品运价。由于货主交运的货物重量符合"0850"指定商品运价使用时的最低重量要求，运费计算如下：

Volume： $60cm \times 45cm \times 25cm \times 20 = 1\ 350\ 000 cm^3$

Volume Weight： $1\ 350\ 000 cm^3 \div 6\ 000 cm^3/kg = 225 kg$

Chargeable Weight：   360.0kg

Applicable Rate：   SCR 0008/Q 300 18.80CNY/kg

Weight Charge： $360.0 \times 18.80 = CNY6\ 768.00$

注：在使用指定商品运价计算运费时，如果其指定商品运价直接使用的条件不能完全满足，如货物的计费重量没有达到指定商品运价使用的最低重量要求，使得按指定商品运价计得的运费高于按普通货物运价计得的运费时，则按低者收取航空运费（例4-14）。

【例4-17】例4-16中，如果货主交运10箱蘑菇，毛重为180kg，计算其航空运费。

解：(1) 按指定商品运价使用规则计算：

Actual Gross Weight：   180.0kg

Chargeable Weight：   300.0kg

Applicable Rate：   SCR 0008/Q 300   18.80CNY/kg

Weight Charge： $300.0 \times 18.80 = CNY6\ 768.00$

(2) 按普通运价使用规则计算：

Actual Gross Weight：   180.0kg

Chargeable Weight：   180.0kg

Applicable Rate：   GCR/045   28.13CNY/kg

Weight Charge： $180.0 \times 28.13 = CNY5\ 063.40$

对比(1)与(2)，取运费较低者，即航空运费为 5 063.40 元。

【例4-18】例4-16中，如果货主交运2箱蘑菇，毛重为36kg，计算其航空运费。

分析：由于货物计费重量仅36千克，而指定商品运价最低重量要求300kg，因此采用普通货物运价计算，求得较低运费。

解：(1) 按标准普通货物运价计算运费：

Actual Gross Weight：   36.0kg

Chargeable Weight：   36.0kg

Applicable Rate：   GCR/N   37.51CNY/kg

Weight Charge： $36.0 \times 37.51 = CNY1\ 350.36$

（2）按 Q45 运价计算运费：
Actual Gross Weight　　　　　　36.0kg
Chargeable Weight：　　　　　　45.0kg
Applicable Rate：　　　　　　　GCR/Q45　　28.13CNY/kg
Weight Charge：　　　　　　　　45.0×28.13=CNY1 265.85

对比(1)与(2)，取运费较低者，即航空运费为 1 265.85 元。

4.5.5 等级货物运费计算

1. 等级货物运价

等级货物运价是指在规定的业务区内或业务区之间运输特别指定的等级货物的运价。等级货物运价是在普通货物运价基础上附加或附减一定百分比的形式构成，附加或附减规则公布在 *TACT RULES* 中，运价的使用须结合 *TACT RATES BOOKS* 一同使用。通常附加或不附加也不附减的等级货物用代号 S(Surcharged Class Rate)表示。附减的等级货物用代号 R(Reduced Class Rate)表示。以下所述的各种等级货物运价均为运输始发地至运输目的地之间有公布的直达运价，并且可以直接使用情况下的运价计算。"Normal GCR"，使用 45kg 以下的普通货物运价，如无 45kg 以下的普通货物运价，可使用 100kg 以下普通货物运价；不考虑较高重量点较低运价；"Normal GCR or Over45kg"，使用 45kg 以下普通货物运价，或者 45kg 以上普通货物运价；即使有较高重量分界点的较低运价，也不可以使用；"Appl. GCR"，使用相适应的普通货物运价；"as a percentage of Appl. GCR"，按相应的普通货物运价附加某个百分比使用。

2. 活动物运输的最低收费标准

IATA 三区内：相应 M 的 200%；

IATA 二区与三区之间：相应 M 的 200%；

IATA 一区与三区之间(除到/从美国、加拿大以外)：相应 M 的 200%；

从 IATA 三区到美国：相应 M 的 110%；

从美国到 IATA 三区：相应 M 的 150%；

IATA 三区与加拿大之间，相应 M 的 150%。

注：对于冷血动物，有些区域间有特殊规定，应按规则严格执行。

【例 4-19】从北京运往温哥华一只大熊猫，重 400.0kg，体积尺寸(长、宽、高)为 150cm×130cm×120cm，计算航空运费。公布运价如下。

BEIJING		CN		BJS
Y. RENMINBI		CNY		KGS
VANCOUVER	BC	CA	M	420.00
N	59.61			
45	45.68			
100	41.81			
300	38.79			
500	35.77			

解：查找活动物运价表，从北京运往温哥华，属于自三区运往一区的加拿大，运价的构成形式是"150% of Appl. GCR"。

(1) 按查找的运价构成形式来计算：

Volume： 150cm×130cm×120cm＝2 340 000cm³
Volume Weight： 2 340 000cm³÷6 000cm³/kg＝390.0kg
Chargeable Weight： 400.0kg
Applicable Rate： S 150% of Applicable GCR
150%×38.79CNY/kg＝58.185CNY/kg＝58.19CNY/kg
Weight Charge： 400×58.19＝CNY23 276.00

(2) 由于计费重量已经接近下一个较高重量点500kg，用较高重量点的较低运价计算：

Chargeable Weight： 500.0kg
Applicable Rate： S 150% of Applicable GCR
150%×35.77CNY/kg＝53.655CNY/kg＝53.66CNY/kg
Weight charge： 500.0×53.66＝CNY26 830.00

对比(1)与(2)，取运费较低者。因此，运费为 23 276.00 元。

【例4-20】从上海运往巴黎两箱幼禽，每一箱重25.0kg，体积尺寸(长、宽、高)为 70cm×50cm×50cm，计算航空运费。公布运价如下。

SHANGHAI		CN		SHA
Y. RENMINBI		CNY		KGS
PARIS		FR	M	320.00
N	68.34			
45	51.29			
500	44.21			

解：查找活动物运价表，从上海运往巴黎，属于三区运往二区，运价的构成形式是"Normal GCR or Over 45kg"。

按查找的运价构成形式来计算：

Total Gross Weight： 25.0×2＝50.0kg
Volume： 70cm×50cm×50cm×2＝350 000cm³
Volume Weight： 350 000cm³÷6 000cm³/kg＝58.33kgs＝58.5kg
Chargeable Weight： 58.5kg
Applicable Rate： S Normal GCR or Over 45kg
100%×51.29CNY/kg＝51.29CNY/kg
Weight Charge： 58.5×51.29＝CNY3 000.47

因此，运费为 3 000.47 元。

4.5.6 贵重货物运费计算

1 000kg 或 1 000kg 以上贵重货物的运费(Valuable Cargo)，按普通货物45kg以下运

价150%收取(150% of the Normal GCR)。贵重货物的最低运费按公布最低运费的200%收取，同时不低于50美元或其等值货币。

【例4-21】
Routing： Beijing，CHINA(BJS)
to London，GB(LON)
Commodity： Gold Watch
Gross Weight： 32.0kgs
Dimensions： 1 Piece 60×50×40cm

公布运价如下。

BEIJING		CN		BJS
Y. RENMINBI		CNY		KGS
LONDON		GB	M	320.00
N	63.19			
45	45.22			
300	41.22			
500	33.42			

解：
Volume： 60×50×40cm=120 000cm^3
Volume Weight： 120 000cm^3÷6 000cm^3/kg=20.0kg
Chargeable Weight： 32.0kg
Applicable Rate： S 200% of the Normal GCR
200%×63.19CNY/kg=126.38CNY/kg
Weight Charge： 32.0×126.38=CNY4 044.16

因此，运费为4 044.16元。

4.5.7 书籍、杂志类运费计算

1. 书籍、杂志类货物运价

(1) 国际航空运输协会一区，一区和二区之间：按普通货物运价67%收取；(With IATA Area 1；Between IATA Area 1 and 2：67%of the Normal GCR)。

(2) 其他所有区域：按普通货物运价50%收取。(All other Areas：50% of the Normal GCR)。

书籍、杂志类最低运费按公布的最低运费的M收取。可以使用普通货物的较高重量点的较低运价。

2. 运费计算

【例4-22】
Routing： Beijing，CHINA(BJS)
to ROME，IT(ROM)
Commodity： Books
Gross Weight： 980.0kgs
Dimensions： 20 Pieces 70cm×50cm×40cm each

公布运价如下。

BEIJING		CN		BJS
Y. RENMINBI		CNY		KGS
ROME		IT	M	320.00
N	45.72			
45	37.98			
300	36.00			
500	31.26			
1 000	28.71			

解：
Volume： 70cm×50cm×40cm×20＝2 800 000cm³
Volume Weight： 2 800 000cm³÷6 000cm³/kg＝466.67kg＝467.0kg
Chargeable Weight： 980.0kg
Applicable Rate： R 50% of the Normal GCR
50%×45.72CNY/kg＝22.86CNY/kg
Weight Charge： 980.0×22.86＝CNY30 968.00
因此，运费为 30 968 元。

4.5.8　行李运费计算

货物运输的行李运价，All IATA area：50% of the Normal GCR；最低运费按公布的最低运费的 M 收取；可以使用普通货物较高重量点的较低运价。

【例 4-23】Routing： Beijing，CHINA(BJS)
to Tokyo，JAPAN(TYO)
Commodity： Personal Effects
Gross Weight： 25.0kgs
Dimensions： 1 Pieces 70cm×47cm×35cm

公布运价如下。

BEIJING		CN		BJS
Y. RENMINBI		CNY		KGS
TOKYO		JP	M	230.00
N	37.51			
45	28.13			

解：
Volume： 70×47×35＝115 150cm³
Volume Weight： 115 150cm³÷6 000cm³/kg＝19.19kg＝19.5kg
Chargeable Weight： 25.0kg
Applicable Rate： R 50% of the Normal GCR
50%×37.51CNY/kg＝18.755CNY/kg＝18.76CNY/kg

Weight Charge: 25.0×18.76=CNY469.00

因此，航空运费为469.00元。

本 章 小 结

在英国、美国等西方国家，运输价格是运输业内部和企业间相互竞争的手段。在公路运输尚未充分发展时期，铁路运价在一定条件下是以垄断价格出现的。铁路企业为了谋求本身最大利润，提出按货物负担能力定价，即依据所运货物价格的高低或所运货物发送与到达地区的物价差价来确定运价。随着公路运输的发展，铁路为了同公路竞争，在短距离运输上降低运价，并按货物种类和运输距离等不同运输条件制定差别运价。随着通货膨胀与运输市场竞争加剧，有些西方国家制定运价由原来受到国家干预控制逐渐改为随物价、市场条件变化由国家或企业制定浮动运价。

案 例 分 析

某制造商分别从两个供应商(A 和 B)处购买了 3 000 个配件，每个配件价格为 100 元。目前这些配件是由两个供应商平均提供的，如供应商缩短运达时间，则将得到更多的交易份额，每缩短一天，可从总交易量中多得 5% 的份额，即 150 个配件。供应商在每个配件上可赚得占配件价格 20% 的利润。各种运输方式的运输费率和运达时间见表 4-9。

表 4-9　各种运输方式的运输费率和送达时间

运输方式	运输费率/(元/件)	运送时间/天
铁路	2.5	7
公路	6.0	4
航空	10.35	2

问题：根据以上资料填写表 4-10，并选择使供应商 A 获得最高利润的运输方式。

表 4-10　各种运输方式的成本及利润

运输方式	配件销售量/元	毛利/元	运输成本核算/元	净利润/元
铁路				
卡车				
航空				

关键术语

运价　计费重量　计费里程　运费　附加费　班轮运费

综合练习

一、单项选择题

1. 以部门正常营运时的平均单位成本为基础,再加上一定比例的利润和税金而形成的运价,就是(　　)。
   A. 利润定价　　B. 税金定价　　C. 平均成本定价　　D. 盈利定价

2. 用班轮运输货物,在规定运费计收标准时,如果采用"A.V"的规定办法,则表示(　　)。
   A. 按货物的毛重计收　　　　　B. 按货物的体积计收
   C. 按货物的件数计收　　　　　D. 按货物的价值计收

3. 航线参数、航速和单位成本有着密切关系(　　)。
   A. 在保持单位成本不变,航线参数增大时,配备高速船有利
   B. 在保持单位成本不变,航线参数减小时,配备高速船有利
   C. 在单位成本增加,航线参数增大时,配备高速船有利
   D. 在单位成本降低,航线参数增大时,配备高速船有利

4. 飞机利用率是指一定时间内每架飞机所提供的生产飞行小时,通常以报告期内(　　)的平均日飞行小时表示。
   A. 在册飞机　　B. 所有飞机　　C. 完好飞机　　D. 可用飞机

5. (　　)是指某型飞机每一飞行小时所完成的周转量。
   A. 运输量　　B. 最大业载　　C. 航线运输能力　　D. 飞机生产率

6. 国际航空货物体积重量的折算标准为每(　　)立方厘米折合1千克。
   A. 3 000　　B. 4 000　　C. 5 000　　D. 6 000

7. 航空货运中"N"表示标准普通货物运价,是指(　　)千克以下的普通货物运价。
   A. 45　　B. 50　　C. 55　　D. 60

8. 在中国,CC Fee最低收费标准为(　　)。
   A. CNY100　　B. CNY150　　C. CNY200　　D. CNY250

9. 《世界油船(基本)费率表》中规定的参考油船停港时间是(　　)小时。
   A. 48　　B. 72　　C. 96　　D. 120

10. 《中华人民共和国国际海运条例》规定,经营国际班轮运输业务的国际船舶运输经营者的运价和无船承运业务经营者的运价,应当按照规定格式向国务院交通主管部门备案。(　　)运价自国务院交通主管部门受理备案之时起满24小时生效。
    A. 货方　　B. 船方　　C. 公布　　D. 协议

二、多项选择题

1. 海运国际公约有(　　)。
   A. 海牙议定书　　B. 维斯比规则　　C. 海牙规则
   D. 汉堡规则　　　E. 华沙公约

2. 航空货物的计费重量可以是（　　）。
 A. 货物的实际净重　　　　　　　　B. 货物的实际毛重
 C. 货物的体积重量　　　　　　　　D. 较高重量分界点的重量
3. 目前国际航空货物运价按制定的途径划分，主要分为（　　）。
 A. 法定运价　　B. 协议运价　　C. 国际航协运价　　D. 各国航空运价
4. 按照国际航协货物运价公布的形式划分，国际航空货物运价可分为（　　）。
 A. 公布直达运价　　B. 协议运价　　C. 国际航协运价　　D. 非公布直达运价
5. 国际货运中，如果某种活动物采用"Normal GCR"计费时，其计费结果应为（　　）比较，取高者。
 A. 普通货物的M　　B. 活动物的M　　C. 45kg以下普通货物运价（N）计费结果
 D. 45kg以上普通货运价（Q）计费结果　　E. N 与 Q 计费结果比较取高者

三、名词解释

1. 运价结构
2. 铁路电气化附加费
3. 新路新价均摊运费
4. 班轮运费
5. 转船附加费
6. 直航附加费

四、简答题

1. 简述运价及其特点。
2. 运价结构有哪些类型？
3. 运价的影响因素有哪些？
4. 公路货物运价的基本运价有哪几种类型？
5. 《铁路货物运价规则》基本内容有哪些？

五、计算题

Routing：BEIJING，CHINA(BJS) to AMSTERDAM，HOLLAND(AMS)

Commodity：TOY

Gross Weight：27.9kgs

Dimensions：80cm×51cm×32cm

计算该票货物的航空运费并填制航空货运单的"运费计算"栏。

公布运价如下。

BEIJING	CN		BJS
Y. RENMINBI	CNY		KGS
AMSTERDAM	NL	M	320.00
		N	50.22
		45	41.53
		300	37.52

六、实务题

我国货主 A 公司委托 B 货运代理公司办理一批服装货物海运出口,从青岛港到日本神户港。B 公司接受委托后,出具自己的 House B/L 给货主。A 公司凭此到银行结汇,提单转让给日本 D 贸易公司。B 公司又以自己的名义向 C 海运公司订舱。货物装船后,C 公司签发海运提单给 B 公司,B/L 上注明运费预付,收发货人均为 B 公司。实际上 C 公司并没有收到运费。货物在运输途中由于船员积载不当,造成服装沾污受损。C 公司向 B 公司索取运费,遭拒绝,理由是运费应当由 A 公司支付,B 仅是 A 公司的代理人,且 A 公司并没有支付运费给 B 公司。A 公司向 B 公司索赔货物损失,遭拒绝,理由是其没有诉权。D 公司向 B 公司索赔货物损失,同样遭到拒绝,理由是货物的损失是由 C 公司过失造成的,理应由 C 公司承担责任。

问题:

(1) 本案中 B 公司相对于 A 公司而言是何种身份?
(2) B 公司是否应负支付 C 公司运费的义务?理由何在?
(3) A 公司是否有权向 B 公司索赔货物损失?理由何在?
(4) D 公司是否有权向 B 公司索赔货物损失?理由何在?
(5) D 公司是否有权向 C 公司索赔货物损失?理由何在?

第5章 货运车辆运行组织

【学习目标】

通过本章学习,学生应了解汽车货运生产计划的含义;掌握运输量计划的编制、车辆运用计划的编制;明确车辆类型的选择;了解新能源汽车的选择;了解车辆载重量选择;明确车辆行驶路线类型;掌握汇集式行驶路线的选择;了解货运车辆运行组织形式。

【导入案例】

某汽车运输公司承运一批纸张,双方签订的合同中写明运输期限3天,运费6 000元。货物运输途中遇雨受阻,司机得到公司及托运人同意,改道行驶。货物到达时已延误一天,增加运费1 500元。交货时有三包货物受雨湿损,价值2 000元;且有一包货中夹有名贵字画10幅,均已受损,价值5万元。而因货物延误造成托运人间接损失20万元。在此情况下,承运双方分别提出了增加运费及索赔的要求。

问题:

(1) 按有关规定,由于自然因素,改道运输增加的运费1 500元,应由哪一方承担?

(2) 因淋雨湿损的三包货物,价值2 000元,应由哪一方承担赔偿责任?

(3) 由于运输期限的延滞造成托运人间接经济损失20万元,承运人是否应承担赔偿20万元损失的责任?

(4) 货物中夹装的名画损失5万元,其责任应由哪一方承担?

(5) 通过此货运事故,运输公司应在今后的管理工作中做好哪些准备工作?

【本章知识架构】

货运车辆的运行组织是公路运输企业经营工作的主要内容之一,它直接关系到企业的经营效益,影响道路交通的状态。

5.1 汽车货运生产计划

5.1.1 汽车货运生产计划概述

1. 汽车货运生产计划的作用

汽车货运生产计划是从货物运输的需要出发,在充分利用运输企业现有运输能力的基础上编制的,是编制和实现其他计划的依据和基础,其目的是把运输生产的五个环节(货源的组织落实、准备技术状况完好的车辆、在运输起点装货、车辆承载在线路上行驶、在到达地点卸货)作出合理的安排,使各个环节紧紧相扣、协调一致。

汽车货运生产计划是组织运输生产的重要依据,在货物运输经营管理工作中具有十分重要的作用。首先,合理制订货运生产计划,能充分满足市场对运输服务的需求,保证工农业生产的迅速发展;其次,可不断提高汽车货运企业的经济效益,降低运输费用;再次,能促进各种运输方式的综合利用和合理分工;最后,合理制订货运生产计划也是确定企业经营目标的依据。

2. 汽车货运生产计划的分类

汽车货运生产计划根据货运计划下达的规律和车队的类型,可以分为以下两种。

(1) 稳定型的货运计划。指的是在某一个时期内,车队的运输任务相对是稳定的、明确的。多见于国家重点建设项目(如高速公路、水电站)和大型企业集团(如采矿企业、石油集团),而且这类车队一般都是以短途运输为主。稳定的货运计划主要包括运输量计划、车辆计划、车辆运用计划和车辆运行作业计划。

运输量计划和车辆计划是企业运输生产计划的基础部分,车辆运用计划是车辆计划的补充。运输量计划表明社会对汽车运输的需要,车辆计划和车辆运用计划则表明企业可提供的运输生产能力,各货运计划之间的关系如图5.1所示。

图 5.1 货运计划关系

(2) 临时型的货运计划。有时也叫货运任务或货运订单。特点:运输任务下达给车队的时间很短,一般在两天以内,有时几个小时。车队往往一接到业务部门或客户的货运订单,就要安排车辆前往装货。在这种情况下,车辆就很难提前做好车辆计划、车辆运用计划和车辆作业计划了。车队只能够"以客户为中心",尽最大可能满足客户的需求。因此,这要求车队调度人员必须具备很强的工作能力。

3. 汽车货运生产计划的内容

汽车货运生产计划是企业经营计划的重要组成部分,是实施运输生产的纲领。汽车货运生产计划由运输量计划、车辆计划和车辆运用计划三部分组成。其中,运输量计划和车辆计划是货运生产计划的基础部分,车辆运用计划是车辆计划的补充。运输量计划表明社会对货运服务的需求,车辆计划和车辆运用计划则表明运输企业能够提供的运输生产能力。

编制货运生产计划的目的就是要在需要与可能之间建立起一种动态的平衡,即根据货物运输市场的运输需求变化及企业运输能力,来确定本企业计划年度、季度或月度的运输量计划;根据企业运输工作量计划的具体要求,计算出计划期应配备的运输车辆(包括挂车)的数量、车型及其装载能力等,确定车辆计划;借助于车辆运用指标,计算车辆运用水平和车辆生产率,确定车辆运用计划。

1）运输量计划

运输量计划以货运量和货物周转量为基本内容，主要包括货运量与货物周转量的上年度实际，本年度及各季度的计划值以及本年度计划与上年度实际之间的比较等内容，如表5-1。

表5-1 运输量计划

指标		单位	上年实际	本年度计划					本年度计划为上年实际的百分比
				全年合计	第一季度	第二季度	第三季度	第四季度	
运输量		t	1 200	1 800	300	400	500	600	150%
货物分类运量	矿砂								
	水泥								
	建材								
	木材								
	其他								
周转量		t·km	125 800	200 000	40 000	50 000	50 000	60 000	159%
货物分类周转量	矿砂								
	水泥								
	建材								
	木材								
	其他								

2）车辆计划

车辆计划是企业计划期内的运输能力计划，主要反映企业在计划期内营运车辆的类型及各类车辆数量的增减变化情况及其平均运力。它是衡量企业运输生产能力大小的重要指标。车辆计划的主要内容包括车辆类型，年初、年末及全年平均车辆数，各季度车辆增减数量，额定吨位等，见表5-2。

表5-2 车辆计划

类别	额定吨位	年初		增(+)或减(−)			年末		全年平均	
		车数	吨位	季度	车数	吨位	车数	吨位	车数	总吨位
1. 货车										
大型货车										
中型货车										
零担货车										
集装箱车										
拖车										
2. 挂车										
全挂车										
半挂车										

3) 车辆运用计划

运输量计划中所确定的运输任务能否如期完成,不但与车辆计划所确定的车辆有关,还与车辆运用效率有直接关系。同等数量、同样类型的车辆,如果运用效率有高有低,则完成的运输工作量不会相等。因此,车辆计划必须与车辆运用效率计划紧密结合。

车辆运用计划是货运企业在计划期内全部营运车辆生产能力利用程度的计划,是计划期内车辆的各项运用效率指标应达到的具体水平。车辆运用计划是根据运输量计划、车辆计划来确定的,是平衡运力与运量的主要依据之一,同时也是企业生产经营计划、技术计划、财务计划和核算的重要组成部分。

车辆运用计划由一套完整的车辆运用效率指标体系所组成。通过这些指标的计算,最后可以求出车辆的计划运输生产效率。车辆运用计划见表5-3。

表5-3 车辆运用计划

	指 标	上年度实际	本年度完成					本年计划与上年度实际比较
			全年	一季度	二季度	三季度	四季度	
汽车	营运总车日/车日							
	平均营运车辆/辆							
	平均总吨位/t							
	平均吨位/t							
	车辆完好率							
	车辆工作率							
	工作车日数/车日							
	平均车日行程/km							
	总行程/km							
	里程利用率							
	重车行程/km							
	重车行程周转量/t·km							
	吨位利用率							
	货物周转量/(t·km)							
挂车	拖运率							
	货物周转量/(t·km)							
汽挂车综合	货物周转量/(t·km)							
	平均运距/km							
	货运量/t							
	车吨位期产量/(t·km)							
	单车期产量/(t·km)							
	车公里产量/(t·km)							

4)车辆运行作业计划

车辆运行作业计划是为了完成企业运输生产计划和实现具体运输过程而编制的运输生产作业性质的计划,它具体规定了每一辆汽车(或列车)在一定时间内的运输任务、作业时间和应完成的各项指标。车辆运行作业计划见表5-4。

表5-4 车辆运行作业计划

年 月 日至 日					队别		车号	
					吨位		驾驶员	
日期	具体运行作业要求				车·km	t·km	执行情况检查结果	
	6:30　　　　9:30							
	饲料厂→养猪场→火车北站→饲料厂							
	饲料50吨　生猪100头							
指标	计划实际工作车日	保修车日	车公里	车日行程	运量	周转量	实载率	说明

车辆运行作业计划按计划期的长短,可分为以下几种。

(1)长期运行作业计划。适用于经常性的大批量的货物运输任务,如煤炭运输,也适用于零担货运班车。通常其行驶线路、起讫地点、停靠站点、运输量及货物种类等都比较固定。计划执行期有一旬、半月、一月及数月(季度)。

(2)短期运行作业计划。其计划的适应性较强,主要适用于装卸点较多、流向复杂、货种繁多,以及当天不能折返的货运任务。计划期一般为三日、五日等。其计划工作量大,要求有较高的车辆调度水平。

(3)日运行作业计划。主要适用于货源多变、货源情况难以早期确定和临时性任务较多的货运任务,并且仅安排次日的运行作业计划。例如,城市地区货运计划可采用这种形式。日运行作业计划编制频繁,工作量较大。

(4)运次运行作业计划。通常适用于临时性或季节性、起讫地点固定的往复式的运输线路。短途大批量货运任务,如粮食入库、工地运输、港站短途集散运输等常常采用这种计划形式。

5.1.2 运输量计划的编制

运输量计划通常可根据下列资料来制定:国家有关产业结构及运输业结构等方面的方针政策;运输合同等资料;各种运输方式的发展情况及可能发生的运输量转移情况;公路网的发展情况;企业长期计划中的有关指标和要求;运输市场调查及预测的结果;企业的运输生产能力。运输量的确定通常有以下两种方法。

1. 当运力小于运量时,应以车定产

公路货物运输产业活动中经常存在着运力与运量的矛盾。当运力不能满足社会需要时，只能通过对运输市场的调查(掌握公路货物运输的流量、流向、运距)，确定实载率和车日行程后，按照确保重点、照顾一般的原则，采取以车定产的办法确定公路货物运输量的计划值。汽车货运企业计划期能够完成的货物周转量为

$$P = \frac{AD\alpha_d \overline{L}_d \beta \bar{q}_0 \gamma}{1-\theta} \tag{5-1}$$

式中，P——计划货物周转量($t \cdot km$)；

A——平均营运车数(辆)；

D——计划期天数(d)；

α_d——车辆工作率(%)；

$\overline{L}_d$——平均车日行程(km)；

β——里程利用率(%)；

$\bar{q}_0$——营运车辆平均额定载重量(吨位)，也称平均吨位；

γ——吨位利用率(%)；

θ——拖运率(%)。

计划期能够完成的货运量为

$$Q = \frac{P}{\overline{L}_1} \tag{5-2}$$

式中，Q——计划货运量(t)；

$\overline{L}_1$——计划期货物平均运距(km)。

2. 当运力大于社会需要时，应以需定产

当运力大于社会需要时，应根据运输需求量，决定汽车货运服务供给投入运力的多少。一般情况下，此种汽车货运服务供给应在保持合理车辆运用效率指标水平的基础上，预测投入的车辆数，并将剩余运力另作安排。其测算方法是

$$A' = \frac{P}{D\alpha_d L_d \beta \bar{q}_0 \gamma}(1-\theta) \tag{5-3}$$

式中，A'——运输量计划需投入(占用)的车辆数(辆)；

P——计划货物周转量($t \cdot km$)。

此时的剩余运力为

$$\Delta A = A - A' \tag{5-4}$$

式中，ΔA——剩余运力(辆)。

需注意的是，运距的长短、装卸停歇时间的长短等，都影响车日行程，并连锁反应到影响周转量上。因此，实载率和平均车日行程，必须根据不同情况分别测算后综合确定。运输量的计划值，还必须通过与车辆运用计划平衡后确定。

5.1.3 车辆计划的编制

1. 确定车辆数

表5-2中的车辆数是指平均车数，按统计期总车日数与统计期日历天数的比值计算。平均总吨位数是指汽车货运企业在计划期内平均每天实际在用的营运车辆的总吨位

数,其计算公式为

$$平均总吨位 = \frac{计划期总车吨位日}{计划期日历天数} \quad (5-5)$$

或

$$平均总吨位 = \frac{\sum(计划期营运车日 \times 额定吨位数)}{计划期日历天数} \quad (5-6)$$

平均车数和平均总吨位反映的是货运企业在计划期内可以投入营运的运力规模的大小,不能等同于企业拥有的车辆数和吨位数,其区别在于是否投入营运。平均车数和平均总吨位是整个车辆计划的主要数据。

平均吨位与平均总吨位不同,它是指营运车辆的平均每辆车的吨位。其计算公式为

$$平均吨位 = \frac{总车吨位日数}{总车日数} \quad (5-7)$$

车吨位日是营运车日与额定吨位的乘积,表明车辆总的载重能力。其计算公式为

$$车吨位日 = 营运车日 \times 额定吨位 \quad (5-8)$$

编制车辆计划时,年初车辆数及载重量根据前一统计期末的实有数据列入。对于这些车辆,首先应对其技术状况进行鉴定,对于性能降低、燃油耗费高、维修频繁的车辆,应考虑是否需要淘汰。再根据编制的运输量计划和预测的运输需求资料,研究原有车辆在类型上的适用程度——哪些类型的车辆多余,哪些类型的车辆不足,最后确定其应该增减的数量。

计划增加车辆,包括由其他单位调入和新增加的车辆。对于欲增加的车辆,还应考虑车型是否合适、是否具备相应的技术人员及配套设施等情况。减少车辆包括报废车辆、调给其他单位的车辆、经批准封存的车辆和由营运改为非营运的车辆。对于欲减少的车辆,应确定一个合理可行的处置方法。

车辆的额定吨位,应以记载于行车执照上的数据(核定吨位)为准,不得随意更换改动。若车辆进行过改装,则应以改装后的数据为准。年末车辆数及吨位,按计划期车辆增、减变化后的实际数据统计。

2. 确定车辆增减时间

增减车辆的时间通常采用"季中值"法确定,即不论车辆是季初还是季末投入或退出营运,车日增减计算均以每季中间的那天算起。这是因为在编制计划时很难预订车辆增减的具体的月份和日期。为简化计算工作,可采用表5-5所列近似值作为计算各季度车辆增加后或减少前在企业内部的保有日数。

表5-5 增减车辆季中计算日数

季度 项目	第一季度	第二季度	第三季度	第四季度
增加后计算日数/天	320	230	140	45
减少前计算日数/天	45	140	230	320

【例5-1】某汽车运输企业计划三季度增加营运车辆10辆,则增加的营运车日数为多少?

解: 增加车日数 = 10×140 = 1 400(车日)

【例 5-2】 某汽车运输企业年初有额定载重量为 5t 的货车 30 辆，4t 的货车 50 辆。二季度增加 5t 的货车 40 辆，四季度减少 4t 的货车 30 辆，计算该车队年初车数、年末车数、总车日、平均车数、全年总车吨位日数、全年平均总吨位、全年平均吨位。

解：
年初车数 = 30 + 50 = 80（辆）

年末车数 = 30 + 50 + 40 − 30 = 90（辆）

$U = 30 \times 365 + (50 − 30) \times 365 + 40 \times 230 + 30 \times 320 = 37\ 050$（车·d）

$$A = \frac{U}{D} = \frac{37\ 050}{365} = 101.51（辆）$$

全年总车吨位日 = 30 × 365 × 5 + 20 × 365 × 4
    + 40 × 230 × 5 + 30 × 320 × 4
    = 168 350（车吨位日）

$$\sum q_0 = \frac{\sum (Uq_0)}{D} = \frac{168\ 350}{365} \approx 461.23(t)$$

$$\overline{q}_0 = \frac{\sum (Uq_0)}{U} = \frac{168\ 350}{37\ 050} \approx 4.54(t)$$

5.1.4 车辆运用计划的编制

车辆运用计划编制的最关键的问题是确定各项车辆运用效率指标的值。评价和计算车辆运用效率，是通过有关指标来反映的，车辆利用指标体系及其相互关系如图 5.2 所示。各指标的确定应以科学、合理、可行、先进而又留有余地为原则，应能使车辆在时间、速

图 5.2 车辆利用指标体系及其相互关系

度、行程、载重量和动力等方面得到充分合理的利用。科学合理的指标为组织汽车货运生产提供了可靠的保证；反之，不切实际的指标必然直接影响运输计划能否顺利贯彻执行。编制车辆运用计划的方法有两种，即顺编法和逆编法。

1. 顺编法

顺编法是以"可能"为出发点，即先确定各项车辆运用效率指标值，在此水平上确定计划可完成的运输工作量。其具体计算过程是：首先根据计算汽车运输生产率的顺序，逐项计算各项效率指标的计划数值，如工作车日数、总行程、重车行程周转量等；再计算保持相同水平时，可能完成的运输工作量；最后与运输量计划相对照。如果符合要求，表明可以完成任务，就可根据报告期的统计资料和计划期的货源落实情况，编制车辆运用计划；如果计算的结果与运输量计划有较大差异，特别是低于运输量计划时，则应调整各项车辆运用效率指标直到二者基本相等时，才能据以编制车辆运用计划。

【例5-3】某汽车货运企业第一季度平均营运车数为100辆，其额定载重量为5t。经分析测算，全年平均车辆完好率可达93%，工作率为90%，技术速度为50km/h，工作车时利用率为80%，平均每日出车时间为10h，里程利用率为70%，吨位利用率为100%；运输量计划中列示的平均运输距离为80km，货物周转量为10 200 000(t·km)。根据这些资料，确定各项车辆运用效率指标的计划值，并据此编制车辆运用计划底稿。

解：车辆运用计划底稿见表5-6。

表5-6　车辆运用计划底稿

序号	指标(单位)	计算过程	计划值
1	营运车日数/车日	100×90	9 000
2	平均营运车辆/辆		100
3	平均总吨位/t	9 000×5÷90	500
4	平均吨位/t		5
5	完好率		93%
6	工作率		90%
7	工作车日数/车日	9 000×90%	8 100
8	工作车时利用率		80%
9	平均车日行程/km	50×80%×10	400
10	总行程/km	400×8 100	3 240 000
11	里程利用率		70%
12	重车行程	3 240 000×70%	2 268 000
13	重车行程周转量/(t·km)	2 268 000×5	11 340 000
14	吨位利用率		100%
15	可完成货物周转量/(t·km)	11 340 000×100%	11 340 000
16	平均运距/km		80

续表

序号	指标(单位)	计算过程	计划值
17	可完成货运量/t	11 340 000÷80	141 750
18	车吨季产量/(t·km)	11 340 000÷500	22 680
19	单车季产量/(t·km)	11 340 000÷100	113 400
20	车公里产量/(t·km)	11 340 000÷3240000	3.5

根据各项车辆运用效率指标计划值的计算，该货运企业可完成的货物周转量为 11 340 000t·km，与已定运输量计划指标 10 200 000t·km 相对照，略有超额，符合要求，可据此编制车辆运用计划。

2. 逆编法

逆编法是以"需要"为出发点，通过既定的运输工作量来确定各项车辆运用效率指标必须要达到的水平。各指标值的确定必须经过反复测算，保证其有完成运输任务的可能；同时也要注意不应完全受运输量计划的约束，若把各项车辆运用效率指标的计划值压得过低，则会抑制运输生产能力的合理发挥。

【例 5-4】某汽车货运公司某年第一季度运输量计划中确定的计划货物周转量为 7 290 000t·km，货运量为 91 125t，车辆计划中确定的营运车辆数为 100 辆，额定载重量为 5t，完好率为 95%，工作率为 85%~95%，平均车日行程为 178~200km，里程利用率为 65%~75%，吨位利用率为 90%~100%，拖运率为 30%，试用逆编法编制车辆运用计划。

解： 主车产量 = 7 290 000×(1−0.3) = 5 103 000(t·km)

总车吨位日 = 100×90×5 = 45 000(车吨位日)

$$车吨位日产量 = \frac{计划期主车完成周转量}{同期总车吨位日} = \frac{5\ 103\ 000}{45\ 000} = 113.4(t·km)$$

即第一季度每一个车吨位日必须完成 113.4t·km 的周转量才能完成运输量计划。

下面确定车辆工作率、平均车日行程、里程利用率和吨位利用率的值。

车吨位日产量还可由下式计算：

$$车吨位日产量 = \alpha_d \overline{L}_d \beta \gamma \tag{5-9}$$

现在需要确定主车工作率、平均车日行程、里程利用率和吨位利用率这四项指标分别达到什么水平才能使车吨位日产量达到 113.4t·km。

设拟定了四个组合方案，见表 5-7。

表 5-7 四个组合方案

组合方案	α_d	$\overline{L}_d$/km	β	γ	车吨位日产量/(t·km)
Ⅰ	90%	185	70%	97.4%	113.5
Ⅱ	87%	190	75%	98%	121.5
Ⅲ	85%	190	70%	107%	113.7
Ⅳ	88%	185	68%	102.4%	113.4

这四个方案是综合考虑前期统计资料、本期预测资料及其他相关因素后确定的。经详

细分析比较,第一个方案是一个可行性、可靠性最好的方案,按此方案确定这四项指标的值,则可完成的运输工作量为

$$总周转量 = 90 \times 100 \times 5 \times 0.9 \times 185 \times 0.7 \times 0.974 \times \frac{1}{1-0.3}$$
$$= 7\,297\,695 (t \cdot km)$$

测算出的总周转量 7 297 695t·km 大于运输量计划确定的周转量 7 290 000t·km,可以确保完成第一季度的运输任务。据此编制的该季度的车辆运用计划底稿见表 5-8。

表 5-8 某汽车货运公司一季度车辆运用计划底稿

	指标(单位)	计算过程	计划值
主车	营运总车日/车·d	100×90	9 000
	平均营运车辆/辆		100
	平均总吨位/t	100×5	500
	平均吨位/t		5
	完好率		95%
	工作率		90%
	工作车日数/车·d	9 000×0.9	8 100
	平均车日行程/km		185
	总行程/km	8 100×185	1 498 500
	里程利用率		70%
	重车行程/km	1 498 500×0.7	1 048 950
	重车行程周转量/(t·km)	1 048 950×5	5 244 750
	吨位利用率		97.4%
	货物周转量/(t·km)	5 244 750×0.974	5 108 387
挂车	拖运率		30%
	货物周转量/(t·km)	5 108 387÷(1−0.3)×0.3	2 189 309
主挂车综合	货物周转量/(t·km)	5 108 387+2 189 309	7 297 696
	平均运距/km	7 290 000÷91 125	80
	货运量/t	7 297 696÷80	91 221.2
	车吨季产量/(t·km)	7 297 696÷100÷5	14 595.4
	单车季产量/(t·km)	7 297 696÷100	72 977
	车公里产量/(t·km)	7 297 696÷1 498 500	4.87

5.1.5 车辆运行作业计划的编制

1. 编制货运车辆运行作业计划的依据

在市场经济条件下,编制车辆运行作业计划必须以运输市场调查和预测资料为基础,

并结合企业内部生产能力及车辆技术状况。其主要具有以下依据。

(1) 月度货运任务和已经接受的托运计划、运输合同。

(2) 运输市场及货物流量、流向、流时等的调查预测资料和长期运输合同。

(3) 计划期的出车能力和装卸货地点的装卸能力。

(4) 车辆运行作业计划的各项技术参数，如站距、车辆的平均技术速度、技术作业时间(按技术管理规定的要求，在运行途中停车进行技术检查的时间和加油、加水的时间)和商务作业时间(货物装卸作业等所需的时间)。

(5) 车辆运用计划中车辆运用效率指标的要求。

(6) 运输服务区域计划期内的道路交通情况和气象情况。

2. 货运车辆运行作业计划的编制程序

编制车辆运行作业计划是一项复杂细致的工作。在货源比较充足时，要编制车辆运行作业计划，以保持良好的运输生产秩序，不失时机地完成尽可能多的运输任务；在货源比较紧张时，也要通过合理编制车辆运行作业计划，尽可能提高车辆运用效率。编制程序如下。

(1) 根据货运任务资料确定货源汇总和分日运送计划，见表 5-9。

表 5-9 货源汇总和分日运送计划表

年 月 日至 日

线别	托运单号	发货单位	起运点	收货单位	品名	包装	运距/km	托运重量/t	分日运送计划										剩余物资	
									日		日		日		日		日		运量/t	处理意见
									运量/t	车号	运量/t	车号	运量/t	车号	运量/t	车号	运量/t	车号		
合 计																				

(2) 认真核实全部营运车辆的出车能力及出车顺序，逐车妥善安排车辆保修计划，见表 5-10。

表 5-10 出车能力计划表

年 月 日至 日

班组	车号	载重量/t	保修日期		上次保修至 日 已行驶里程数/km	完好车日（车日）	备注
			保修类别	起止日期			

(3) 根据有关信息，分析研究前期运行作业计划存在的问题。

(4) 逐车编制运行作业计划，根据有关资料，合理选择车辆行驶路线，妥善确定运行周期，根据货物类型和性质选配适宜车辆，见表 5-11。

(5) 核准车辆运行作业计划，交付运行调度组织执行。

表 5-11 货车五日运行作业计划

年　月　日至　日

日期	作业计划内容	运量/t	周转量/(t·km)	执行情况检查
1				
2				
3				
4				
5				

指标	计划	工作率/%	车日行程	里程利用率	实载率	拖运率	运量/t	周转量/t·km	说明
	实际								

5.2　运输车辆的选择

车辆是汽车运输企业进行运输生产的物质基础。合理选择运输车辆，不仅可以保证货物的完好无损，而且可以提高车辆的吨位利用率和装卸效率，提高运送速度并可减少运输费用，进而给车辆管理和整顿运输市场创造有利条件。通常，车辆选择应保证运输费用最小这一基本原则。其影响因素主要包括货物的种类、特性与批量、装卸方法、运送速度、材料消耗、道路与交通情况、气候条件等。

5.2.1　车辆类型的选择

合理的车型配置对于提高运输效率，避免动力过剩，提高货运质量和降低运输成本等方面均有重要作用。汽车货运企业应根据所承担运输任务的性质、运量、运距、道路、气候、燃料供应等情况来优化车辆类型的构成，如通用车辆与专用车辆的比例，汽油车与柴油车的比例，轻、中、重型车辆的比例等。其中，车辆类型的选择主要指对通用车辆和专用车辆的选择。

专用车辆主要用于运输特殊货物，或在有利于提高运输工作效果的情况下配置随车装卸机械而用于运输一般货物。在合适的条件下，使用专用车辆可以获得显著的经济效果。例如，使用气动式卸货机械的水泥专用汽车与使用通用汽车相比，可减少约30%的水泥损失和运输费用。

需要注意的是只有在一定条件下使用专用机械才是合理的。这是因为车辆装上自动装卸机械后，一方面是可以缩短装卸停歇时间，提高车辆运输生产率；但另一方面，也降低了车辆的有效载重量，这又会降低车辆的运输生产率。为了确定通用与专用车辆的合理使用范围，可以比较二者的运输生产率或成本，计算等值运距。

等值运距,是指专用车辆与通用车辆的生产率或运输成本相等时的运距。当货运任务和运输车辆相同时,生产率等值运距与运输成本等值运距的计算值相同,但生产率等值运距的确定要简便一些。

以自动装卸汽车的选择为例,当货运任务既定,β、v_t 的值对自动装卸汽车和通用汽车相同,则货运车辆的生产率等值运距可按下式计算:

$$L_w = \left(q_0 \frac{\Delta t}{\Delta q} - t_{lu}\right) \beta v_t \tag{5-10}$$

式中,L_w——生产率等值运距(km);
 q_0——通用车辆的额定载重量(t);
 Δt——利用专用车辆减少的装卸停歇时间(h);
 Δq——自动装卸机构的重量(t);
 t_{lu}——利用通用车辆的装卸停歇时间(h);

当货运任务的运距大于等值运距时,可选择通用车辆运输;当货运任务的运距小于等值运距时,则应选择专用车辆。

【例5-5】若采用某种通用汽车完成一项货运任务,已知有关数据为 $q_0=4t$,$t_{lu}=30\min$,$\beta=50\%$,$v_t=35\text{km/h}$,若采用该型号汽车改装为自动装卸汽车后,自动装卸机构的重量为 0.5t,装卸停歇时间可缩短到 10min,试确定该自动装卸汽车的生产率等值运距。

解: 根据式(5-10),得

$$L_w = \left(q_0 \frac{\Delta t}{\Delta q} - t_{lu}\right) \beta v_t = \left[4 \times \frac{(30-10)/60}{0.5} - \frac{30}{60}\right] \times 0.5 \times 35 = 37.9(\text{km})$$

在实际运输工作中,常有车辆的载重量不能充分利用的情况,虽然装置自动装卸机构使车辆额定载重量有所减少,但不会降低其有效载重量或降低不多。因此,实际的等值运距可以比理论计算值大一些。

5.2.2 车辆载重量的选择

确定车辆最佳载重量的首要因素是所运货物的批量。当进行大批量货物运输时,在道路法规允许的范围内采用最高载重量车辆是合理的。而当货物批量有限时,车辆的载重量必须与货物批量相适应,否则如果车辆载重量过大,势必会增加材料与动力消耗,增加运输成本。

1. 汽车列车的最佳载重量选择

众所周知,提高车辆的实际载货量是提高车辆生产率、降低运输成本的有效途径之一。而采用拖挂运输又是提高车辆实际载货量的最直接的办法。提高汽车列车的运输生产率的主要途径有两条:一是增加拖挂重量,二是提高行驶速度。当汽车列车的发动机功率及道路条件一定时,随着汽车列车载重量的增加,以 t·km 计的生产率会随之增加,但当汽车列车的载重量增加到一定程度后,由于汽车列车的技术速度显著下降,反而会使汽车列车的运输生产率下降。所以存在一个保证汽车列车最高运输生产率的最佳的拖挂重量。经实验证明,汽车列车总重的最佳值,大约相当于牵引汽车总重的一倍左右。

2. 汽车总数的最佳载重量构成选择

汽车总数的载重量构成,应尽可能符合各种货物批量的分布规律。

假定有 m 种车辆可供选择,它们的额定载重量序列为 $q_j(j=1,2,\cdots,m)$,载重量序列可按由小到大顺序排列。货物批量分布较为常见的是(负)指数分布与正态分布,其概率密度函数 $f(x)$ 分别如下:

指数分布:

$$f(x) = \frac{1}{g} e^{-\frac{x}{g}} \tag{5-11}$$

式中,g——平均货物批量(t);
x——某一货物批量(t)。

正态分布:

$$f(x) = \frac{1}{\sigma\sqrt{2\pi}} e^{\frac{(x-g)^2}{2\sigma^2}} \tag{5-12}$$

式中,σ——货物批量分布的标准差。

则适于额定载重量为 q_j 的汽车运输的相应货物批量的概率为

$$P_j = \begin{cases} \int_0^{(q\gamma)_j} f(x)\mathrm{d}x & (j=1) \\ \int_{(q\gamma)_{j-1}}^{(q\gamma)_j} f(x)\mathrm{d}x & (1<j<m) \end{cases} \tag{5-13}$$

所以,当货物批量服从指数分布时:

$$P_j = \frac{1}{g} \int_{(q\gamma)_{j-1}}^{(q\gamma)_j} e^{-\frac{x}{g}} \mathrm{d}x = e^{-\frac{(q\gamma)_{j-1}}{g}} - e^{-\frac{(q\gamma)_j}{g}} \tag{5-14}$$

当货物批量服从正态分布时:

$$P_j = \phi\left[\frac{(q\gamma)_j - g}{\sigma}\right] - \phi\left[\frac{(q\gamma)_{j-1} - g}{\sigma}\right] \tag{5-15}$$

需要最大载重量的汽车运 i 次时的货物批量概率为

$$P_{m,i} = \begin{cases} \int_{(q\gamma)_{m-1}}^{(q\gamma)_m} f(x)\mathrm{d}x & (i=1) \\ \int_{(i-1)(q\gamma)_m}^{i(q\gamma)_m} f(x)\mathrm{d}x & (i>1) \end{cases} \tag{5-16}$$

货物批量的均值为

$$\bar{g} = \sum_{j=1}^{m-1} (q\gamma)_j P_j + (q\gamma)_m \sum_{i=1}^{\infty} i P_{m,i} \tag{5-17}$$

每运次货物运输量均值为

$$\bar{g}_c = \sum_{j=1}^{m-1} (q\gamma)_j P_j + (q\gamma)_m \sum_{i=1}^{\infty} P_{m,i} \tag{5-18}$$

每运次汽车额定载重量均值为

$$\bar{q}_0 = \sum_{j=1}^{m-1} P_j q_j + q_m \sum_{i=1}^{\infty} P_{m,i} \tag{5-19}$$

则汽车总数的吨位利用率均值为

$$\bar{\gamma} = \frac{\bar{g}_c}{\bar{q}_0} \tag{5-20}$$

计划期内汽车应完成的总运次数为

$$\sum n = \frac{\sum Q}{\overline{g_c}} = \frac{\sum Q}{\overline{q_0}\overline{\gamma}} \qquad (5-21)$$

式中，$\sum Q$——计划期总货运量(t)。

计划期内各型车应完成的运次数为

$$n_j = P_j \sum n \qquad (j=1, 2, \cdots, m) \qquad (5-22)$$

计划期内各型车辆应完成的货运量为

$$Q_j = n_j (q\gamma)_j \qquad (j=1, 2, \cdots, m) \qquad (5-23)$$

各型车辆每车日产量为

$$Q_{dj} = \frac{q_j \gamma_j}{\frac{L_{lj}}{\beta_j v_{tj}} + t_{luj}} T_{dj} \qquad (j=1, 2, \cdots, m) \qquad (5-24)$$

需要的各型车辆的在册车辆数为

$$A_j = \frac{Q_j}{D_P \alpha_{dj} Q_{dj}} \qquad (j=1, 2, \cdots, m) \qquad (5-25)$$

式中，D_P——计划期内各型车辆的平均营运天数(d)；

α_{dj}——计划期第 j 型车的工作率(%)。

通过以上计算，可确定计划期内所需的各型车辆的在册车辆数。

5.2.3 新能源汽车的选择

新能源汽车是指除汽油、柴油发动机之外所有其他能源汽车。包括混合动力汽车、纯电动汽车、燃料电池汽车、氢动力汽车及天然气和液化石油气汽车等，其废气排放量比较低。

1. 混合动力汽车

混合动力是指那些采用传统燃料的，同时配以电动机/发动机来改善低速动力输出和燃油消耗的车型。中国市场上在售的新能源汽车都是混合动力汽车。按照燃料种类的不同，主要又可以分为汽油混合动力和柴油混合动力两种。国内市场上，混合动力车辆的主流都是汽油混合动力，而国际市场上柴油混合动力车型发展也很快。

混合动力汽车的优点是：①采用混合动力后可按平均需用的功率来确定内燃机的最大功率，此时处于油耗低、污染少的最优工况。需要大功率，而内燃机功率不足时，由电池来补充。负荷少时，富余的功率可发电给电池充电，由于内燃机可持续工作，电池又可以不断得到充电，故其行程和普通汽车一样。②因为有了电池，可以十分方便地回收制动时、下坡时、怠速时的能量。③在繁华市区，可关停内燃机，由电池单独驱动，实现"零"排放。④有了内燃机可以十分方便地解决耗能大的空调、取暖、除霜等纯电动汽车遇到的难题。⑤可以利用现有的加油站加油，不必再投资。⑥可让电池保持在良好的工作状态，不发生过充、过放，延长其使用寿命，降低成本。

缺点：长距离高速行驶基本不能省油。

2. 纯电动汽车

电动汽车顾名思义就是主要采用电力驱动的汽车，大部分车辆直接采用电机驱动，有一部分车辆把纯电动汽车电动机装在发动机舱内,也有一部分直接以车轮作为四台电动机的转子,其难点在于电力储存技术。本身不排放污染大气的有害气体,即使按所耗电量换算为发电厂的排放,除硫和微粒外,其他污染物也显著减少,由于电厂大多建于远离人口密集的城市,对人类伤害较少,而且电厂是固定不动的,集中的排放、清除各种有害排放物较容易,也已有了相关技术。由于电力可以从多种一次能源获得,如煤、核能、水力、风力、光、热等,解除人们对石油资源日见枯竭的担心。电动汽车还可以充分利用晚间用电低谷时富余的电力充电,使发电设备日夜都能充分利用,大大提高其经济效益。有关研究表明,同样的原油经过粗炼,送至电厂发电,经充入电池,再由电池驱动汽车,其能量利用效率比经过精炼变为汽油,再经汽油机驱动汽车高,因此有利于节约能源和减少二氧化碳的排量,正是这些优点,使电动汽车的研究和应用成为汽车工业的一个"热点"。有专家认为,对于电动汽车而言,最大的障碍就是基础设施建设及价格影响了产业化的进程,与混合动力相比,电动汽车更需要基础设施的配套,而这不是一家企业能解决的,需要各企业联合起来与当地政府部门一起建设,才会有大规模推广的机会。

优点:技术相对简单成熟,只要有电力供应的地方都能够充电。

缺点:蓄电池单位重量储存的能量太少,还因电动汽车的电池较贵,又没形成经济规模,故购买价格较贵,至于使用成本,有些试用结果比普通汽车贵,有些结果仅为普通汽车的 1/3,这主要取决于电池的寿命及当地的油、电价格。

3. 燃料电池汽车

燃料电池汽车是指以氢气、甲醇等为燃料,通过化学反应产生电流,依靠电动机驱动的汽车。其电池的能量是通过氢气和氧气的化学作用,而不是经过燃烧,直接变成电能的。燃料电池的化学反应过程不会产生有害产物,因此燃料电池汽车是无污染汽车,燃料电池的能量转换效率比内燃机要高 2~3 倍,因此从能源的利用和环境保护方面,燃料电池汽车是一种理想的车辆。

与传统汽车相比,燃料电池汽车具有以下优点:①零排放或近似零排放;②减少了机油泄漏带来的水污染;③降低了温室气体的排放;④提高了燃油经济性;⑤提高了发动机燃烧效率;⑥运行平稳、无噪声。

4. 氢动力汽车

氢动力汽车是一种真正实现零排放的交通工具,排放出的是纯净水,其具有无污染、零排放、储量丰富等优势,因此,氢动力汽车是传统汽车最理想的替代方案。与传统动力汽车相比,氢动力汽车成本至少高出 20%。氢具有很高的能量密度,释放的能量足以使汽车发动机运转,而且氢与氧气在燃料电池中发生化学反应只生成水,没有污染。因此,许多科学家预言,以氢为能源的燃料电池是 21 世纪汽车的核心技术,它对汽车工业的革命性意义,相当于微处理器对计算机业那样重要。

优点:排放物是纯水,行驶时不产生任何污染物。

缺点:氢燃料电池成本过高,而且氢燃料的存储和运输按照技术条件来说非常困难,因为氢分子非常小,极易透过储藏装置的外壳逸逸。另外最致命的问题,氢气的提取需要通过电解水或者利用天然气,如此一来同样需要消耗大量能源,除非使用核电来提取,否则无法从根本上降低二氧化碳排放。

5. 天然气和液化石油气汽车

该种汽车燃气成分单一、纯度较高、能与空气均匀混合并燃烧完全，一氧化碳和微粒的排放量较低，发动机在低温时的启动和运转性能较好。其缺点是其运输性能比液体燃料差、发动机的容积效率低、着火延迟较长及动力性有所降低。这类汽车多采用双燃料系统，即一个压缩天然气或液化石油气系统和一个汽油或柴油燃烧系统，能轻易地从一个系统过渡到另一个系统，此种汽车主要用于城市公交汽车。

上述各种能源方案优缺点综合分析见表 5-12。

表 5-12 各种能源方案优缺点综合分析

类 别	能源来源	能源效率	排放	制造成本	使用成本	维护成本	补充燃料	功率	重量	行驶里程	配套设备
普通内燃机	受限	低	差	一般	一般	一般	方便	大	轻	>400	完善
纯电池力	一般	最高	无	高	最低	高	不方便	小	重	<300	不完善
混合动力	受限	较高	一般	较高	一般	最高	方便	一般	较重	>500	完善
氢燃料电池	困难	高	无	高	最高	高	不方便	小	一般	<300	不完善
物理燃料电池	丰富	一般	一般	低	低	低	方便	大	轻	>600	可扩展

表 5-12 中，能源来源、能源效率、排放三项指标确定了方案的新能源特征，即政府的政策支持力度；制造成本、使用成本、维护成本三项指标确定了方案的市场成本，补充燃料、功率、重量、行驶里程、配套设备四项指标确定了方案的竞争力，即用户接受程度。

从表 5-12 中可以看出，纯电池力、氢燃料电池虽然具有较优的新能源特征，但市场竞争力弱，混合动力则具有微弱的优势。因此，混合动力属于过渡方案，纯电池力属于辅助方案，而氢燃料电池属于难以实施的方案。物理燃料电池则兼顾了新能源特征、市场及用户的诸多优点，所以具有广阔的开发前景。

5.3 车辆行驶路线的优化

5.3.1 车辆行驶路线类型

行驶路线，就是车辆在完成实际运输工作中的运行路线。由于在组织车辆完成货运任务时，常常存在多种可供选择的行驶路线，而车辆按不同的行驶路线完成同一运输任务时，其运输生产率和单位运输成本往往是不一致的，因此，在完成货运任务的前提下，如何选择最佳的行驶路线，是货运组织工作中的一项非常重要的内容。

在一定货流的条件下，货运车辆的行驶路线可分为三种类型：往复式行驶路线、环形式行驶路线和汇集式行驶路线。根据行驶路线类型的不同，可以采用不同的数学模型来确定最佳车辆行驶路线。

1. 往复式行驶路线

往复式行驶路线是指运输过程中，车辆在某一运输线路的两个端点之间作多次（包括一次)往复行驶的路线类型。它又可以分成三种形式:单程有载往复式、回程部分有载往复式和双程有载往复式。

(1) 单程有载往复式即回程不载货的往复式行驶路线,如图5.3(a)所示。这种行驶路线在汽车集装箱运输中较为常见。车辆主要的日运行指标如下。

货运量为

$$Q = Z_0 q_0 \gamma \tag{5-26}$$

式中,Z_0——车辆日完成的周转数(次)。

周转量为

$$P = QL_1 = Z_0 q_0 \gamma L_1 \tag{5-27}$$

式中,L_1——每周转内车辆的重车行程(km)。

里程利用率为

$$\beta = \frac{\sum_{i=1}^{Z_0} L_{1i}}{\sum_{i=1}^{Z_0} (L_{1i} + L_{fi}) + L_H} \tag{5-28}$$

式中,L_{1i}——车辆第i次周转的重车行程(km);
L_{fi}——车辆第i次周转的空车行程(km);
L_H——日收、发车调空行程(km)。

图5.3 往复式行驶路线示意

单程有载往复式行驶路线在一次周转中只完成一个运次,回程空载,里程利用率较低,一般 $\beta \leqslant 0.5$,应尽量避免采用。

(2) 回程部分有载往复式是指车辆在完成去程的运输任务后,回程运输亦是重载,但回程货物不是运到路线始点,而只是运到路线上中途某个货运点而未达全程,如图 5.3(b) 所示。这种行驶路线中,每一周转完成了两个运次,但空车行程不等于零。其主要日运行指标如下。

货运量为

$$Q = Z_0 q_0 (\gamma_1 + \gamma_2) \quad (5-29)$$

式中,γ_1、γ_2——一次周转中,车辆在第 1 运次和第 2 运次的吨位利用率(%)。

周转量为

$$P = Z_0 q_0 (\gamma_1 L_{l1} + \gamma_2 L_{l2}) \quad (5-30)$$

式中,L_{l1}、L_{l2}——一次周转中,车辆在第 1 运次和第 2 运次的重车行程(km)。

里程利用率为

$$\beta = \frac{Z_0 (L_{l1} + L_{l2})}{Z_0 (L_{l1} + L_{f1} + L_{l2} + L_{f2}) + L_H} \quad (5-31)$$

这种行驶路线的车辆里程利用率有所提高,其范围为 $0.5 < \beta < 1.0$。

(3) 双程有载往复式。若车辆在回程运输中,货物运到路线始点,即双程运输均为全程运输,这就是双程有载往复式行驶路线,如图 5.3(c)所示。在这种行驶路线中,每一周转完成两个运次,且空车行程为零,是生产率最高的往复式行驶路线。其主要日运行指标如下。

货运量为

$$Q = Z_0 q_0 (\gamma_1 + \gamma_2) \quad (5-32)$$

周转量为

$$P = Z_0 q_0 L_1 (\gamma_1 + \gamma_2) \quad (5-33)$$

里程利用率为

$$\beta = \frac{2 Z_0 L_1}{2 Z_0 L_1 + L_H} \quad (5-34)$$

这种行驶路线的车辆里程利用率值可接近于 1.0。

比较上述三种往复式行驶路线,单程有载往复式的里程利用率最低,其运输工作效果较差,因此应尽量避免采用。双程有载往复式的里程利用率最高,是工作生产率最高、经济效果最好的行驶路线。

2. 环形式行驶路线

环形式行驶路线是指车辆在由若干个装卸作业点组成的一条封闭回路上,作连续单向运行的行驶路线,如图 5.4 所示。在这种行驶路线中,一次周转内车辆至少完成两个运次的运输工作。由于各货运点在运输方向的相互位置不同,这种形式路线又分三种形式,即简单环式、交叉或三角环式、复合环式三种。

环形式行驶路线的主要日运行指标如下。

货运量:

$$Q = \sum_{i=1}^{n} q_0 \gamma_i \quad (5-35)$$

图 5.4 环形式行驶路线示意

式中，n——日完成的总运次数(个)；
γ_i——第 i 运次车辆吨位利用率(%)。

周转量为

$$P = \sum_{i=1}^{n} q_0 \gamma_i L_{1i} \quad (5-36)$$

式中，L_{1i}——第 i 运次的重车行程(km)。

里程利用率为

$$\beta = \frac{\sum_{i=1}^{n} L_{1i}}{\sum_{i=1}^{n}(L_{1i}+L_{fi})+L_H} \quad (5-37)$$

式中，L_{fi}——第 i 运次的空车行程(km)。

当无法组织双程有载往复式行驶路线时，为了提高里程利用率和经济效果，可组织环形式行驶路线。但要注意应使空车里程之和不大于重车里程之和，即 $\beta \geqslant 0.5$。否则，环形式行驶路线的经济效果还不如单程有载往复式行驶路线。

3. 汇集式行驶路线

汇集式行驶路线是指车辆沿着分布于运行路线上各装卸作业点，依次完成相应的装卸作业，且每运次的货物装(卸)量均小于该车额定载重量，直到整个车辆装满(或卸空)后返回出发点的行驶路线。这种路线也可分为三种形式,即分送式、收集式和分送-收集式,如图 5.5 所示。

图 5.5 汇集式行驶路线示意图

(1) 分送式是指车辆沿运行路线上各货物装卸点依次进行卸货的行驶路线。
(2) 收集式是指车辆沿运行路线上各货物装卸点依次进行装货的行驶路线。
(3) 分送—收集式是指车辆沿运行路线上各货物装卸点分别或同时进行装、卸货的行驶路线。

车辆在汇集式行驶路线上工作时,其组织工作较为复杂,通常以单程或周转为基本运输过程进行组织。其主要日运行指标如下(以分送式为例)。

货运量:

$$Q = \sum_{i=1}^{Z_0} Q_i \qquad (5-38)$$

式中,Q_i——第 i 次周转车辆完成的货运量(t)。

周转量:

$$P = \sum_{i=1}^{Z_0} P_i \qquad (5-39)$$

式中,P_i——第 i 次周转车辆完成的货物周转量(t·km)。

汇集式行驶线路一般每一周转中完成一个运输任务,但重车行程却有几段,最后又回到原出发点,因此,一般情况下,汇集式行驶路线为封闭路线。车辆可能沿一条环形式路线运行,也可能在一条直线路线上往返运行。

当车辆采用汇集式行驶路线完成运输任务时,每次周转的货物周转量的大小与车辆沿路线上各货运点的绕行次序有关。若绕行次序不同,即使完成同样货运任务其周转量也不一样。在这种情况下,按总行程最短组织车辆进行运输最为经济。

【例5-6】某仓库A有5t货物,须利用一辆额定载重量为5吨位的载货汽车将其运出,分送①、②、③三个收货点,各收货点的卸货量(以"一"表示卸货)及各点间距离如图5.6所示。

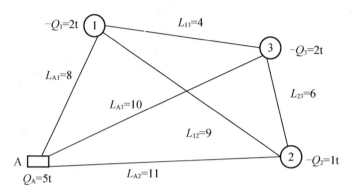

图5.6 分送式路线货运点分布

在有三个收货点的情况下,可能的绕行路线有六种,见表5-13。

表5-13 不同绕行路线方案效果比较

序 号	绕行路线方案	$\sum L$	P	L_l	β
①	A—①—②—③—A	33	79	23	70
②	A—③—②—①—A	33	86	25	76
③	A—①—③—②—A	29	58	18	62
④	A—②—①—③—A	29	87	21	73
⑤	A—②—③—①—A	34	95	24	71
⑥	A—③—①—②—A	34	71	23	68

在其他条件相同的情况下,选择汇集式行驶路线,以每周转总行程最短即 $\sum L = \min$ 为最优;若总行程相等,则周转量小者效果较好。所以应选择③方案。

上述三大类运输线路中,大宗货物的运输往往采用往复式行驶路线和环形式行驶路线,而零担货物的运输往往采用汇集式行驶路线。

5.3.2 汇集式行驶路线的选择

汇集式行驶路线的优选原则是以每周转的总行程最短为最优。可将此问题归为运筹学中的货郎担问题,应用启发式算法来进行近似求解,其基本思路是:当货运点多、总运量较大、需用运输车辆超过一辆时,选择汇集式行驶路线首先根据运输车辆每车次最高装载量定额,按就近调车的原则对货运点进行分组;然后按总行程最短的原则,采用启发式算法分别确定每车沿其本组货运点的绕行次序,以选定单车运行路线。现以分送式路线选择为例,阐述其选择方法。

首先确定计算所需数据，包括：货运点的分布图或货运点间里程矩阵 L_{ij}（表 5-14）；货运点收（卸）货量（q_j）（表 5-15）；单车最高装载量（q_H）。其中，i、j 为货运点序号，q_j、q_H 的计算单位视货物情况而定，如可以是吨、件、桶、箱、瓶等。

表 5-14 各货运点间里程（L_{ij}）统计表

L_{ij} j i	0	1	2	…	n
0	0	$L_{0,1}$	$L_{0,2}$	…	$L_{0,n}$
1	$L_{1,0}$	0	$L_{1,2}$	…	$L_{1,n}$
2	$L_{2,0}$	$L_{2,1}$	0	…	$L_{2,n}$
…	…	…	…	…	…
n	$L_{n,0}$	$L_{n,1}$	$L_{n,2}$	…	0

表 5-15 各货运点收货量（q_j）统计表

货运点 j	1	2	3	…	n
收货量 q_j	q_1	q_2	q_3	…	q_n

在此基础上，可采用启发式算法按如图 5.7 所示的程序进行计算。

图 5.7 分送式路线选择总程序

A:确定货运点分组数(d):

$$d = \left[\frac{\sum q_j}{q_H} + 0.5\right] \quad (5-40)$$

式中,$\sum q_j$——各收货点收货量之和(t);

[ ]——取整函数标记。

B:单车货运点分组,其程序如图5.8所示。

图 5.8 单车货运点分组计算程序 B 框图

注:K 为货运点序号;N 为货运点组别($N=1, 2, \cdots d$);S 为货运点分组方案序号($S=1, 2, \cdots d$);$L_{ij}=\infty$ 表示划掉第 j 列。

(1)确定单车行驶路线序号 N($N=1, 2, \cdots, d$),即单车货运点分组组别序列,以依次确定单车行驶路线。

(2) 选择第一个收货点。以 K 表示收货点的序号，即选择 $K=1$ 的收货点。

首先确定距发货点$(j=0)$最远的收货点$(j=r)$为第一个收货点，即确定 $\max L_{0j}$ 及车辆实际载重量 $q=q_j$，并将该点记为 $N_K=N_1$，即第 N 组单车行驶路线上的第一个收货点。此时第 j 收货点已收到所需数量(q_j)的货物，不再参加后续单车行驶路线上收货点的分组选择，再令 $i=j$，继续选择下一个收货点。

(3) 选择其余收货点。即按照就近选点的原则，选取距上一个收货点$(i=j=r)$最近的第 $j(j\neq r)$ 收货点为第 $K+1$ 个收货点，此时车辆实际载重量增加至 $q=q+q_j$；将该点记为 $N_k(k=k+1)$。

如果 $q<q_H$，则表明车辆载重量没有充分利用，若尚有 $q_j\neq 0$，则继续选择本组下一个收货点；如果 $q=q_H$，表明本组单行驶路线上的全部货运点已选择完毕，转本程序第(1)步骤，进行第 $N+1$ 组单车货运点的选择；如果 $q>q_H$，表示车辆实际装载量已超过车辆的每车次的最高装载定额，不能再负担第 $K+1$ 个收货点的送货任务。所以本组单车行驶路线的全部收货点为 K 个，并按选点的先后顺序初排货运点序列 N_K，然后转本程序步骤(1)进行下一组货运点的选择。若全部货运点的 $q_j=0$，则表明本方案(S)的全部收货点选择完毕，据此，初排本组货运序列。若还有其他货运点分组方案，则转本程序第(1)步继续选择下一组别 $N+1$ 的货运点，直至 $S=e$ 方案分组完毕，则转下一程序 C。

C：选择单车货运点绕行次序，其计算程序如图 5.9 所示。

图 5.9 单车货运点绕行次序计算程序框图

(1) 列出本组各货运点间里程(L_{ih})统计表,如表 5-16($i=h=1,2,\cdots,m$)所示。表内各点按初排货运点顺序排列,包括收、发货点。

表 5-16 同组货运点间里程(L_{ih})统计表

N_k \ h / i \ N_k		N_0 0	N_1 1	N_2 2	⋯	N_m m
N_0	0	0	$L_{0,1}$	$L_{0,2}$	⋯	$L_{0,m}$
N_1	1	$L_{1,0}$	0	$L_{1,2}$	⋯	$L_{1,m}$
N_2	2	$L_{2,0}$	$L_{2,1}$	0	⋯	$L_{2,m}$
⋯	⋯	⋯	⋯	⋯	⋯	⋯
N_m	m	$L_{m,0}$	$L_{m,1}$	$L_{m,2}$	⋯	0

(2) 按 N_k 序列,选取前两个货运点(假定其序号分别为 a、b)与发货点($j=0$)组成初选循环回路,记为 0—a—b—0。

(3) 按 N_k 序列,依次选取货运点 X_K 插入初选循环回路。

其插入原则是:回路中因包含了货运点 $X(X_K)$ 而使行驶路线长度的增加值(Δ_{ih})最小为最优。即

$$\Delta_{ih}=L_{i,x}+L_{x,h}-L_{i,h}=\min \tag{5-41}$$

式中,i、h——分别为初选循环回路任一路段的两个端点;

$L_{i,x}$——i 点与插入点 x 的距离(km);

$L_{x,h}$——插入点 x 与 h 点的距离(km);

$L_{i,h}$——i 点与 h 点的距离(km)。

当插入点 X 的插入位置确定之后,即由原来的三个货运点组成的初选循环回路变为由四个货运点组成的新的循环回路。假如点 X 的插入位置为 a、b 之间,则新回路可记为 0—a—x—b—0。然后,继续按 N_k 序列的顺序依次选点插入循环回路,直到本组全部货运点全部插入循环回路当中。若最终的循环回路不是以发货点开始,则将这变换为以发货点开始的循环回路。

(4) 计算本组货运点绕行里程 L_N:

$$L_N=\sum_{y=1}^{w}L_{y,y+1} \tag{5-42}$$

式中,y——第 N 组货运点绕行序列,$y=1,2,\cdots,w$。

(5) 依次确定下一组(第 $N+1$ 组)单车货运点的绕行次序,直到各组货运点绕行次序全部确定完毕($N=d$)。然后求本方案各组绕行里程合计 $\sum L_N$:

$$\sum L_N=\sum_{N=1}^{d}L_N \tag{5-43}$$

(6) 如果还有其他货运点分组方案(即 $S>1$),则就要重复上述各步,选定该方案单车绕行次序,直到全部方案($S=e$)的单车货运点的绕行次序都确定为止。

最后,从所有方案中选择总绕行里程最短($S:\sum L_N=\min$)的方案。

【例 5-7】 某配送中心 ($j=0$) 拟采用载货汽车 ($q_H=20$ 桶) 向 7 个超市 j ($j=1,2,\cdots,7$) 配送桶装货物，配送中心及超市之间里程矩阵 L_{ij} 见表 5-17，各超市的需求量见表 5-18。因各超市需求量均小于一整车，试选择分送式车辆行驶路线。

表 5-17　配送中心及超市之间里程 (L_{ij}) 统计表　　　　　　　　　　单位：km

L_{ij} i \ j	0	1	2	3	4	5	6	7
0	0	6	7	10	5	12	7	12
1	6	0	6	4	3	6	10	7
2	7	6	0	13	10	9	8	11
3	10	4	13	0	9	8	10	2
4	5	3	10	9	0	8	10	11
5	12	6	9	8	8	0	7	9
6	7	10	8	10	10	7	0	5
7	12	7	11	2	11	9	5	0

表 5-18　各超市的收货量 (q_j) 统计表　　　　　　　　　　单位：桶

货运点 j	1	2	3	4	5	6	7
收货量 q_j	4	2	6	7	3	5	8

解： 采用启发式算法，按如图 5.7 所示的程序进行计算。

（1）程序 A：计算货运点（超市）的分组数 d。

$$d = \left[\frac{\sum q_j}{q_H} + 0.5\right] = \left[\frac{4+2+6+7+3+5+8}{20} + 0.5\right] = 2(\text{组})$$

（2）程序 B：进行单车货运点分组。

根据如图 5.8 所示程序计算（过程略），得出货运点分组方案，见表 5-19。

表 5-19　货运点分组方案统计表

方案 (S)	组别 (N)	初排货运点序列 (j)	方案 (S)	组别 (N)	初排货运点序列 (j)
Ⅰ	1	5, 1, 4, 3	Ⅱ	1	7, 3, 1
	2	7, 6, 2		2	5, 6, 2, 4

（3）程序 C：选择单车货运点绕行次序。

按照如图 5.9 所示的程序进行计算（过程略），得到各方案单车绕行路线及绕行里程，见表 5-20。

（4）确定方案。由表 5-20 可知，第Ⅰ方案 ($S=1$) 的单车绕行里程合计 $\sum L_N = 61\text{km}$ 为最小，因此，该方案是本例的最佳单车绕行路线方案。

表 5-20 各方案单车绕行路线及绕行里程统计

方案 S	组别 N	单车绕行路线	单车绕行里程 L_N/km	绕行里程合计 ($\sum L_N$)/km
Ⅰ	1	0—4—5—3—1—0	31	61
Ⅰ	2	0—2—7—6—0	30	61
Ⅱ	1	0—3—7—1—0	24	62
Ⅱ	2	0—4—2—5—6—0	38	62

【例 5-8】某仓库 K,拟采用一辆中型载货汽车($q_0=4t$)将瓶装氨气分送给各收货点 B_j($j=1,2,3,4$)。已知有关各点之间距离见表 5-21,试选择分送式最佳行驶路线。

表 5-21 仓库及各收货点之间距离

仓库＼各收货点	仓库＼各收货点	B0(K)	B1	B2	B3	B4
		0	1	2	3	4
B0(K)	0	0	8	11	10	7.5
B1	1	8	0	9	4	6
B2	2	11	9	0	6	4
B3	3	10	4	6	0	4.5
B4	4	7.5	6	4	4.5	0

解:(1)确定里程矩阵,求货运点里程系数,见表 5-22。

表 5-22 货运点里程系数

仓库＼各收货点	仓库＼各收货点	B0(K)	B1	B2	B3	B4
		0	1	2	3	4
B0(K)	0	0	8	11	10	7.5
B1	1	8	0	9	4	6
B2	2	11	9	0	6	4
B3	3	10	4	6	0	4.5
B4	4	7.5	6	4	4.5	0
L_j		36.5	27	30	24.5	22

(2)确定初选循环回路,按 L_j 值由大到小,依次选取三个货运点(B0,B2,B1)组成初选循环回路(B0—B2—B1—B0),其货运点 $R=3$。

(3)确定插入货运点,在剩余的货运点中选取 L_j 较大者 B3($L_3=24.5$)为待插入货运点,即 $x=3$。

(4)计算各路插入货运点 x 后的里程增量 Δij:

$\Delta 0,2 = L_{0,3} + L_{3,2} - L_{0,2} = 10 + 6 - 11 = 5$

$\Delta 2,1 = L_{2,3} + L_{3,1} - L_{2,1} = 6 + 4 - 9 = 1$

$\Delta 1,0 = L_{3,1} + L_{3,0} - L_{1,0} = 4 + 10 - 8 = 6$

(5) 确定插入位置,组织新回路。

选取 Δij 最小的路段作为插入货运点的路段。因为 $\Delta 2,1 = 1$ 是三个路段的最小值,故选取 B2—B1 路段为点 x 的插入位置,组成如下新回路:B0—B2—B3—B1—B0。

因为现有循环回路的货运点数为 4,$R < f$,所以须返回步骤(2)继续选定下一个货运点,至所有货运点全都进入循环回路。

计算各路插入货运点 x 后的里程增量 Δij:

$\Delta 0,2 = L_{0,4} + L_{4,2} - L_{0,2} = 7.5 + 4 - 11 = 0.5$

$\Delta 2,3 = L_{2,4} + L_{4,3} - L_{2,3} = 4 + 4.5 - 6 = 2.5$

$\Delta 3,1 = L_{3,4} + L_{4,1} - L_{3,1} = 4.4 + 6 - 4 = 6.5$

$\Delta 1,0 = L_{1,4} + L_{4,0} - L_{1,0} = 6 + 7.5 - 8 = 5.5$

$\Delta 0,2$ 最小,故选取 B0—B2 路段为点 x 的插入位置,组成如下新回路:B0—B4—B2—B3—B1—B0。

按照该循环回路的绕行次序,车辆的总行程为

$$\sum L = 7.5 + 4 + 6 + 4 + 8 = 29.5 \text{(km)}$$

5.4 货运车辆运行组织形式

车辆运行组织形式是指汽车运输生产者为提高车辆利用率和运输生产率,依据货流情况、顾客要求及其他运输条件,组织货物运输的方法。结合实际情况,采用合理、科学的车辆运行组织形式可明显提高运输企业的经济效益。无论理论研究,还是国内外的运输实践,均证明了组织多班运输、甩挂运输、定点与定时运输、联合运输、公路快运、集装箱运输、零担运输等都是行之有效的车辆运行组织形式。

5.4.1 多班运输

1. 多班运输的概念

车辆出车时间的长短,取决于车辆运行组织和驾驶员劳动组织的方式。采用多班运输组织形式,是延长车辆出车时间、增产挖潜的措施之一。

多班运输是指一辆车在昼夜时间内的出车工作超过一个工作班次(一般以工作 8h 左右为一个班次)以上的货运形式。多班运输可以停人不停车或少停车,增加了货运车辆在路线上的工作时间,提高了工作率,在一定条件下(如夜间)还可提高车辆的技术速度,因而可以充分发挥车辆利用率,提高运输生产率。实践证明,采用双班运输,车辆的总生产率比单班运输提高 60%~70%。

多班运输主要适用于货源固定、大宗货物运输或紧急突发性运输任务。

2. 多班运输的组织形式

多班运输的选择涉及运距长短、站点配置、货源分布、运输条件、道路状况、驾驶员配备、保修和装卸能力等具体因素,因此,只有结合实际选择和安排各种适宜的组织形

式，才能充分发挥现有设备的潜力，才能充分体现多班运输的优越性。根据驾驶员劳动组织的不同，多班运输主要有以下几种形式。

（1）一车两人，日夜双班，起点交接。如图5.10所示，每车配备两名驾驶员，分为日夜两班，每隔一定时间（每周或每旬）日夜班驾驶员互换一次。同时，为保证轮休期间的运输任务不受影响，还配备一名替班驾驶员，替班轮休。这种组织形式适用于短途运输，其优点是能做到定人、定车，能保证车辆有充裕的保修时间，行车时间安排也比较简单，伸缩性较大；其缺点是车辆时间利用还不够充分，驾驶员不能完全做到当面交接。

图5.10　一车两人，日夜双班，起点交接

（2）一车两人，日夜双班，分段交接。每车配备两名驾驶员，分段驾驶，定点（中间站）交接。驾驶员每隔一定时间轮换驾驶路段，保证劳逸均匀。这种组织形式适用于在两个车班时间（16h左右）可以直达或往返的运输任务，其优点与第一种形式相同，且能保证驾驶员当面交接。

（3）一车三人，日夜双班，两工一休。如图5.11所示，每车配备三个驾驶员，日夜双班，每个驾驶员工作两天，休息一天。轮流担任日夜班，并按规定地点，定时进行交接班。这种组织形式适用于一个车班内能完成一个或几个运次的往返的运输任务，其优点是能做到定人、定车，车辆出车时间较长，运输效率较高；缺点是不易安排车辆的保修时间，每车班驾驶员一次工作时间较长易疲劳，需配备的驾驶员数量也较多。

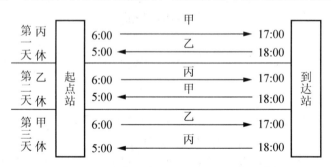

图5.11　一车三人，日夜双班，两工一休

（4）一车三人，日夜三班，分段交接。每车配备三名驾驶员，分日夜三班行驶，驾驶员在中途定站、定时交接。途中交接站需设在离终点较近（约为全程的1/3）且能保证在一个车班时间内往返一次的地点。在起点站配备两名驾驶员，途中交接站配备驾驶员一名，三名驾驶员应每隔一定时间轮流调换行驶路线和行驶时间。这种组织形式的优点是车辆时间利用充分，运输效率高，可做到定人、定车运行；其缺点是驾驶员工作时间不均衡，所需的驾驶员数量也较多，且要求具有较高的对车辆进行快速保修的技术能力，以保证车辆的运行安全。这种组织形式，适用于当天能往返一次的运输任务。

（5）两车三人，日夜双班，分段交接。如图5.12所示，每两车配备三名驾驶员，分

段行驶,在交接站定点、定时交接。其中两人各负责一辆车,固定在起点站与交接站之间行驶,而另一人每天则轮流驾驶两辆车,在交接站与到达站之间行驶。交接站应设在离起点站或到达站较近(约为全程的1/3)、在一个班次内能完成一次往返的地点。这种组织形式能做到定人、定车运行,并可减少驾驶员的配备数量,车辆时间利用较好,车辆保养时间充分;其缺点是车辆的运行组织要求严格,行车时间要求正点,驾驶员工作时间较长。这种组织形式适用于两天可以往返一次的运输任务。

图 5.12　两车三人,日夜三班,分段交接

(6) 一车两人,轮流驾驶,日夜双班。每辆车同时配备两名驾驶员,在车辆全部运行周转时间内,由两人轮流驾驶,交替休息。这种运行组织形式适用于运距很长,货流不固定的运输线路上。其优点是可以做到定人、定车,可最大限度地提高车辆的时间利用;缺点是驾驶员在车上不能正常休息。随着道路条件的不断改善和车辆性能的不断提高(如驾驶室可配有供驾驶员休息的卧铺),这种组织形式已越来越多地被采用。

开展多班运输,可提高车辆的时间利用程度,提高运输生产率,但企业所开支的各项费用和驾驶员的数量也随着周转量的增加而增加。所以,要提高多班运输的经济性,只有车辆生产率、劳动生产率有了提高,单位运输成本有所下降,才会有更好的效果。

5.4.2　甩挂运输

1. 甩挂运输概述

甩挂运输也称为甩挂装卸,是指汽车列车按照预定的计划,在各装卸点甩下并挂上指定的挂车后,继续运行的一种组织方式。在相同的运输组织条件下,增加汽车的实际装载量和降低装卸停歇时间均可以提高汽车运输生产率。

甩挂运输是利用汽车列车的线路行驶时间来完成甩下挂车的装卸作业,使整个汽车列车的装卸停歇时间缩短为主车的装卸时间和甩挂作业时间。其实质是应用了平行作业原则。因此,甩挂运输可加速车辆周转,提高运输效率。

甩挂运输适用于运距较短、装卸能力不足且装卸停歇时间占汽车列车运行时间的比例较大的情况。若运距太长时采用甩挂运输,装卸停歇时间占汽车列车运行时间的比例很小,则非但甩挂的效果不明显,而且还增加了组织的复杂性。当运距大到一定程度,由于汽车列车的技术速度低于同等载重量的汽车,反而使得汽车列车的生产率不一定高于同等载货汽车的生产率,如图 5.13 所示。

图 5.13　产量相当示意图

2. 甩挂运输的组织形式

根据汽车和挂车的配备数量、线路网的特点、装卸点的装卸能力等，甩挂运输可有不同的组织形式。一般来说，有以下几种组织形式。

(1) 一线两点甩挂运输。这种组织形式适宜在往复式运输线路上采用，即在线路两端的装卸作业点均配备一定数量的挂车，汽车列车往返于两个装卸作业点之间进行甩挂作业。根据线路两端不同货流情况或装卸能力，可组织"一线两点，一端甩挂"（装甩卸不甩或卸甩装不甩）和"一线两点，两端甩挂"（图 5.14）两种形式。

图 5.14　"一线两点，两端甩挂"示意

一线两点甩挂适用于装卸作业点固定、运量较大的线路上。但其对车辆运行组织工作有较高要求，必须根据汽车列车的运行时间、主挂车的装卸作业时间等资料，预先编制汽车列车运行图，以保证均衡生产。

(2) 循环甩挂。这种组织形式是在车辆沿环形式路线行驶的基础上，进一步组织甩挂的组织方式。它要求在闭合循环的回路的各个装卸点配备一定数量的挂车，汽车列车每到达一个装卸点后甩下所带的挂车，装卸工人集中力量完成所主车的装或卸作业，然后挂上预先准备好的挂车继续行驶，如图 5.15 所示。

图 5.15　循环甩挂示意

这种组织形式的实质是用循环调度的方法来组织封闭回路上的甩挂作业，它提高了车辆的载运能力，压缩了装卸作业停歇时间，提高了里程利用率，是甩挂运输中较为经济、

运输效率较高的组织形式之一。循环甩挂涉及面广，组织工作较为复杂。所以，在组织循环甩挂时，一要满足循环调度的基本要求，二要选择运量较大且稳定的货流进行组织，同时还要有适宜组织甩挂运输的货场条件。

(3) 一线多点，沿途甩挂。这种组织形式如图 5.16 所示。它要求汽车列车在起点站按照卸货作业地点的先后顺序，本着"远装前挂，近装后挂"的原则编挂汽车列车。采用这一组织形式时，在沿途有货物装卸作业的站点，甩下汽车列车的挂车或挂一预先准备好的挂车继续运行，直到终点站。汽车列车在终点站整列卸载后，沿原路返回，经由先前的甩挂作业点时，挂上预先准备好的挂车或甩下汽车列车上的挂车，继续运行直到返回始点站。

图 5.16 "一线多点，沿途甩挂"示意

一线多点，沿途甩挂的组织形式，适用于装货地点比较集中而卸货地点比较分散，或卸货地点集中而装货地点分散，且货源比较稳定的同一运输线路上。当货源条件、装卸条件合适时，也可以在起点或终点站另配一定数量的挂进行甩挂作业。定期零担班车也可采用这一组织形式。

(4) 多点一线，轮流拖挂。这种组织形式如图 5.17 所示。它是指在装(卸)点集中的地点，配备一定数量的周转挂车，在汽车列车未到达的时间内，预先装(卸)好周转挂车的货物，当在某线行驶的列车到达后，先甩下挂车，集中力量装卸主车，然后挂上预先装(卸)好的挂车返回原卸(装)点，进行整列卸(装)的甩挂运输组织形式。

图 5.17 "多点一线，轮流拖带"示意

组织形式实际上是一线两点、一端甩挂的复合，不同的只是在这里挂车多线共用，所以提高了挂车的运用效率。它适用于发货点集中、卸货点分散，或卸货点集中、装货点分散的线路。

5.4.3 联合运输

联合运输就是两个或两个以上的运输企业，根据同一运输计划，遵守共同的联运规章或签订的协议，使用同一运输单证，采用两种或两种以上的运输方式，联合实现货物或旅客的全程运输，也称多式联运。

在传统的分段运输中,各种运输方式的承运人仅限于在运输方式的业务范围内独立组织和完成运输任务。在不同运输区段,货物托运人必须和不同运输方式的承运人打交道,分别完成相应区段运输方式的运输工作。在此过程中,大部分工作都是由托运方或其代理人来安排和完成的。托运人必须与各区段的承运人分别订立多份运输合同,多次进行费用结算,多次投保,并负责各运输区段的衔接,而各运输方式的承运人仅负责组织和完成自己承担区段的货物运输即可。在运输过程中,托运方需要付出足够多的人力、时间和费用。再者,由于托运人对综合运输网情况、承运人的营运线路、运输班次的安排及各种手续不够熟悉,从而造成了运输时间过长、运输费用过高及不合理运输等情况的发生。

针对传统分段运输中存在的问题,一些政府机构和各种运输方式的承运人,根据综合运输思想,提出并实践了一种新的货物全程运输组织形式,也即由一个机构或运输经营人对货物运输的全过程负责,组织完成货物自始点托运开始至终点交付为止的全部运输、衔接和服务;而托运方只要与这个机构或运输经营人订立一份全程运输合同,进行一次结算,办理一次保险就可实现货物的全程运输。这种新的运输组织形式就是联合运输,经营联合运输业务的企业一般称为联运经营人。

联合运输是按照社会化大生产要求组织运输的一种方法,它是将多种运输工具有机地联结在一起,综合利用各种运输方式的技术经济性,扬长避短,以最合理、最有效的方式实现货物运输过程。因此,联运是一种高级的运输组织形式,它不仅可以最大限度地方便货主,加速货物运输过程,而且可以进一步实现物流合理化、运输合理化,从而提高交通运输的社会效益,是交通运输业发展的又一趋势。

联合运输可以有多种形式,如铁路与沿海、长江和几条内河之间的水陆干线联运,地方水运业与汽车运输业的水路-公路联运,汽车运输与航空运输的联运(快件运输)及海-空联运、大陆桥运输等多种形式的国际多式联运等。

5.4.4 定点运输与定时运输

定点运输是指按发货点固定车队、专门完成固定货运任务的运输组织形式。组织定点运输时,除了车队,还应实行装卸工人、设备与调度员固定在该发货点工作。这种运输组织形式,适用于装卸地点均比较固定或者是装货地点固定而卸货地点分散的货运任务。实行定点运输,可与某些货运需求企业形成长期合作关系,并且驾驶员对运输线路、道路条件、装卸现场及收发货人比较熟悉,能够预先做好装卸准备,简化货运手续,从而可以加速车辆周转,提高运输与装卸的效率,还可提高服务质量。

定时运输,是指车辆按运行计划中所拟定的行车时刻表来进行工作。采用定时运输可加强运输各个工作环节的计划性与协调性,提高工作效率。尤其是在拖挂运输、多班运输中采用定时运输,效果更加显著。在组织定时运输时,需在汽车行车时刻表中预先规定汽车从车场开出的时间、每运次的到达时刻、装卸作业时间及开出装卸作业点的时间等,所以,必须做好各项定额的制定工作,如车辆出车前的准备工作时间定额、车辆在不同路线的重车和空车运行时间定额、装卸车工作时间定额、驾驶员合理的休息和用餐等生活时间。

本章小结

汽车货运生产计划是组织运输生产的重要依据，在货物运输经营管理工作中具有十分重要的作用。运输车辆的选择是否合理，不仅可以保证货物的完好无损，而且可以提高车辆的吨位利用率和装卸效率，车辆选择应保证运输费用最小这一基本原则。货运车辆行驶路线的优化是在完成货运任务的前提下，如何选择最佳的行驶路线，是货运组织工作中的一项非常重要的内容。

案例分析

某汽车运输公司2012年度平均营运货车数为100辆，其额定吨位为5t，经分析测算全年平均车辆完好率可达90%，其中由于各种原因导致停驶的车辆占营运车数的10%，技术速度为50km/h，出车时间利用系数为0.60，平均每日出车时间为10h，总行程中空驶行程占40%，吨位可以得到充分利用，计划平均运距为60km，货物周转量为26 250 000t·km。

问题：
(1) 营运车日数应该为多少？
(2) 总吨位为应该为多少？
(3) 车辆工作率应该为多少？
(4) 工作车日数为应该为多少？
(5) 总行程应该为多少？

关键术语

汽车货运生产计划　运输量计划　新能源汽车　汇集式行驶路线　甩挂运输　联合运输

综合练习

一、单项选择题

1. 按汽车运输企业专业分工不同分类，可分为（　　）。
   A. 综合性和专业化汽车运输企业　　B. 大、中、小型汽车运输企业
   C. 汽车客运企业和货运企业　　D. 个体运输业和集体运输业
2. 总行程由载重行程和（　　）构成。
   A. 重车公里　　B. 有效行程　　C. 平均车日行程　　D. 空驶行程
3. 反映车辆载重能力利用程度的最重要指标是（　　）。
   A. 吨位利用率　　B. 行程利用率　　C. 工作率　　D. 拖运率

4. 车辆运用计划的编制方法中的顺编法是以（　　）为出发点的，即根据各项效率指标可能达到的水平为依据来确定可能完成的运输工作量。

A. 可能性　　　　B. 实际　　　　C. 理论　　　　D. 需要

5. 车辆运输计划中的"逆编法"是以（　　）为出发点来编制的。

A. 可能性　　　　B. 实际　　　　C. 理论　　　　D. 需要

二、多项选择题

1. 按货物运输过程的不同阶段，可将货运工作划分为（　　）。

A. 接收工作　　　B. 发送工作　　　C. 到达工作　　　D. 途中工作

2. 单车期产量指标可用（　　）计算。

A. 拖运率　　　　　　　　　　　　B. 行程利用率

C. 周转量和平均车数　　　　　　　D. 车辆运用效率指标

3. 货物在始发站的各项货运作业统称为发送作业，发送作业主要由（　　）等工作组成。

A. 受理托运　　　B. 货物票据交接　　　C. 组织装车

D. 货物保管和交付　　E. 核算制票

4. 车辆生产率是指（　　）单位车辆所完成的运输工作量。

A. 单位时间内　　B. 吨公里　　　C. 每年　　　D. 每月

5. 提高车辆运输系统效率的途径有（　　）。

A. 提高车辆实载率　B. 增加车辆吨位　C. 采用双班运输　D. 提高装卸效率

三、名词解释

1. 等值运距
2. 新能源汽车
3. 往复式行驶路线
4. 汇集式行驶路线
5. 多班运输

四、简答题

1. 货运生产计划的作用是什么？简述货运生产计划体系构成。
2. 编制运输量计划的依据是什么？简述其编制方法。
3. 如何编制车辆运用计划？
4. 货运车辆运行作业计划有哪些类型？
5. 多班运输的组织形式有哪些？
6. 甩挂运输的实质是什么？主要有哪些组织形式？

五、计算题

1. 若采用某种通用汽车完成一项货运任务，已知有关数据为 $q_0=5t$，$t_{lu}=30min$，$\beta=0.5$，$v_t=30km/h$，若采用该型号汽车改装为自动装卸汽车后，自动装卸机构的重量为 0.5t，装卸停歇时间可缩短 10min，试确定该自动装卸汽车的生产率等值运距。

2. 某公司($j=0$)拟采用载货汽车向4个货运点$j(j=1,2,3,4)$配送瓶装氧气,各点间里程L_{ij}见表5-23,试选择分送式车辆行驶路线。

表5-23　各货运点间里程(L_{ij})统计表　　　　　单位:km

L_{ij}　　j i	0	1	2	3	4
0	0	7	9	4	6
1	7	0	6	8	4
2	9	6	0	13	10
3	4	8	13	0	4
4	6	4	10	4	0

六、实务题

某汽车货运公司是当地一家具有合法经营资格并持有经营公路货物运输营业执照的现代运输企业,2011年统计资料如下:平均车辆数80辆,平均吨位5t,工作车日23 360车日,平均车日行程200km,载运行程280.32万km,完成货物周转量1 261.44万t·km。该公司为了占领竞争激烈的货物运输市场,决定实行合同运输战略,2012年与某生产企业签订了包括提供运输劳务的数量、质量及运价等内容的煤炭货物运输合同,全年合同运输任务为25万t,平均运距为60km。

问题:

(1) 该公司2011年车辆工作率应该为多少?

(2) 该公司2011年车辆实载率应该为多少?

(3) 该公司与生产企业签订的运输合同的标的是什么?

(4) 该公司与生产企业签订的运输合同属于何种合同?

(5) 该公司2012年履行运输合同时,若车辆运用效率水平与2011年相同,则需增加多少万t·km运输能力才能完成合同运输任务?

第 6 章 公路货物运输组织

【学习目标】

通过本章学习,学生应了解公路货物运输的分类、公路运输的优缺点;掌握整车货物运输组织工作;了解零担货物运输特点和零担货源组织方法;明确开展零担货物运输的条件;掌握零担货物运输组织方式;了解冷链运输组织工作;了解危险货物运输组织工作;了解大件货物运输组织工件。

【导入案例】

某新成立的第三方物流企业拥有 3t 普通卡车 50 辆,10t 普通卡车 30 辆,仓库 20 000m², 层高 14m,企业地处上海市闵行区,闵行区是上海最早的经济技术开发区,外商投资企业多,邻近沪闵路和莘松公路,交通便利。

问题:请比较以下 4 种市场定位中哪一种最适合该企业,为什么?

(1) 上海西部地区的国际货运代理。

(2) 企业的第三方物流企业。

(3) 车辆外包,仓库出租。

(4) 省际运输仓储企业。

【本章知识架构】

公路货物运输是最普及的一种运输方式。公路货物运输既可以成为其他运输方式的接运方式，也可以自成体系，在我国综合运输体系中起着越来越重要的作用。由于公路货物运输具有方便、快捷、货损率低等优点，而且能够实现"门到门"运输服务，公路运输的货运量早已远远超过其他运输方式，平均运距也在逐渐增加。

6.1 公路货物运输概述

6.1.1 公路货物运输的分类

1. 按货运营运方式分类

按照货运营运方式的不同，公路货物运输可分为整车运输、零担运输、集装箱运输、联合运输和包车运输。

（1）整车运输。是指一批托运的货物在3t及其以上或虽不足3t，但其性质、体积、形状需要一辆3t及其以上汽车运输的货物运输，如需要大型汽车或挂车（核定载货吨位4t及以上的），以及容罐车、冷藏车、保温车等车辆运输的货物运输。

（2）零担运输。是指托运人托运的一批货物不足整车的货物运输。

（3）集装箱运输。是将适箱货物集中装入标准化集装箱，采用现代化手段进行的货物运输。在我国又把集装箱运输分为国内集装箱运输及国际集装箱运输。

（4）联合运输。是指一批托运的货物需要两种或两种以上运输工具的运输。目前我国联合运输有公铁（路）联运、公水（路）联运、公公联运、公铁水联运等。联合运输实行一次托运、一次收费、一票到底、全程负责。

（5）包车运输。是指根据托运人的要求，经双方协议，把车辆包给托运人安排使用，按时间或里程计算运费的运输。

2. 按货物种类分类

按照货物种类的不同，公路货物运输可分为普通货物运输和特种货物运输。

（1）普通货物运输。是指对普通货物的运输，普通货物可分为一等、二等、三等3个等级。

（2）特种货物运输。是指对特种货物的运输，特种货物包括超限货物、危险货物、贵重货物和鲜活货物。

3. 按运送速度分类

按运送速度的不同，公路货物运输可分为一般货物运输、快件货物运输和特快专运。

（1）一般货物运输。即普通速度运输或称慢运。

（2）快件货物运输。它要求货物位移的各个环节上要体现一个"快"字，运输部门要在最短的时间内将货物安全、及时、完好无损地送到目的地。

（3）快件零担货运。是指从货物受理的当天15:00时起算，300km运距内，24h以内运达；1 000km运距内，48小时以内运达；2 000km运距内，72小时以内运达。

4. 按照托运的货物是否办理保险分类

按照托运的货物是否办理保险，公路货物运输可分为保险运输、不保险运输。

(1) 保险运输。保险运输是以运输过程中的各种货物为保险标的，以运行过程中可能发生的有关风险为保险责任的一种财产保险。由于保险运输保障的是运输过程中的货物的安全，因此该险种仅适用于收货人和发货人。在国际上，货物保险运输是由收货人还是由发货人投保，通常由贸易合同规定，并往往包含在货物价格中。在我国，发货人和收货人均可投保。保险运输须由托运人向保险公司投保或委托承运人代办。

(2) 不保险运输。运输的货物保险与否均采取托运人自愿的办法，托运人不办理保险的为不保险运输。

6.1.2 公路运输的优缺点

1. 公路运输的优点

(1) 机动灵活，货物损耗少，运送速度快，可以实现"门到门"运输。

(2) 投资少，修建公路的材料和技术比较容易解决，易在全社会广泛发展，可以说是公路运输的最大优点。

2. 公路运输的缺点

(1) 运输能力小，每辆普通载重汽车每次只能运送 5t 货物，长途客车可送 50 位旅客，仅相当于一列普通客车的 1/36～1/30。

(2) 运输能耗很高，其运输能耗是铁路运输的 10.6～15.1 倍，是沿海运输的 11.2～15.9 倍，是内河运输的 19.1～113.5 倍，是管道运输的 4.8～6.9 倍，但比民航运输能耗低，只有民航运输的 6%～87%。

(3) 运输成本高，其运输成本是铁路运输的 11.1～17.5 倍，是沿海运输的 27.7～43.6 倍，是管道运输的 13.7～21.5 倍，但比民航运输成本低，只有民航运输的 6.1%～9.6%；

(4) 劳动生产率低，其劳动生产率只有铁路运输的 10.6%，是沿海运输的 1.5%，是内河运输的 7.5%，但比民航运输劳动生产率高，是民航运输的 3 倍；此外，由于汽车体积小，无法运送大件物资，不适宜运输大宗和长距离货物，公路建设占地多，随着人口的增长，占地多的矛盾将表现得更为突出。

因此，公路运输比较适宜在内陆地区运输短途旅客、货物，可以与铁路、水路联运，为铁路、港口集疏运旅客和物资，也可以深入山区及偏僻的农村进行旅客和货物运输；在远离铁路的区域从事干线运输。

6.1.3 公路货运站

货运站是专门办理货物运输业务的汽车站，一般设在公路货物集散点。

1. 货运站的任务与职能

货运站的主要工作是组织货源、受理托运、理货、编制货车运行作业计划，以及车辆的调度、检查、加油、维修等。汽车货运站的职能，包括以下几个方面。

(1) 调查并组织货源，签订有关运输合同。
(2) 组织日常的货运业务工作。
(3) 做好运行管理工作。运行管理的核心是做好货运车辆的管理，保证各线路车辆正常运行。

2. 汽车货运站的分类

(1) 整车货运站。整车货运站主要经办大批货物运输，也有的站兼营小批货物运输。
(2) 零担货运站。专门办理零担货物运输业务，进行零担货物作业、中转换装、仓储保管的营业场所。
(3) 集装箱货运站。集装箱货运站主要承担集装箱的中转运输任务，所以又称集装箱中转站。

3. 汽车货运站的分级

(1) 零担站的站级划分。根据零担站年货物吞吐量，将零担站划分为一、二、三级。年货物吞吐量在6万t以上者为一级站；2万t及以上，但不足6万t者为二级站；2万t以下者为三级站。

(2) 集装箱货运站的站级划分。根据年运输量、地理位置和交通条件不同，集装箱货运站可分为4级。年运输量是指计划年度内通过货运站运输的集装箱量总称。一级站年运输量为3万标准箱以上；二级站年运输量为1.6万～3万标准箱；三级站年运输量为0.8万～1.6万标准箱；四级站年运输量为0.4万～0.8万标准箱的国际集装箱中转站。

6.2 整车货物运输组织

6.2.1 整车货物运输的概念和生产过程

1. 整车货物运输的概念

托运人一次托运的货物在3t(含3t)以上，或虽不足3t，但其性质、体积、形状需要一辆3t以上车辆进行公路运输的，称为整车货物运输。为明确运输责任，整车货物运输通常是一车一张货票、一个发货人。以下货物必须按整车运输。

(1) 鲜活货物，如冻肉、冻鱼、鲜鱼、活的牛、羊、猪、兔、蜜蜂等。
(2) 需用专车运输的货物，如石油、烧碱等危险货物，粮食、粉剂等散装货物。
(3) 不能与其他货物拼装运输的危险品。
(4) 易于污染其他货物的不洁货物，如炭黑、皮毛、垃圾等。
(5) 不易于计数的散装货物，如煤、焦炭、矿石、矿砂等。

2. 整车货物运输的生产过程

1) 运输准备过程

运输准备过程又称运输生产技术准备过程，是货物进行运输之前所做的各项技术准备性准备工作。包括车型选择、线路选择、装卸设备配置、运输过程的装卸工艺设计等都属于技术准备过程。

2）基本运输过程

基本运输过程是运输生产过程的主体，是指直接组织货物，从起运地至到达地完成其空间位移的生产活动，包括起运站装货、车辆运行、终点站卸货等作业过程。

3）辅助运输过程

辅助运输过程是指为保证基本运输过程正常进行所必需的各种辅助性生产活动。辅助生产过程本身不直接构成货物位移的运输活动，它主要包括车辆、装卸设备、承载器具、专用设施的维护与修理作业，以及各种商务事故、行车事故的预防和处理工作，营业收入结算工作等。

4）运输服务过程

运输服务过程是指服务于基本运输过程和辅助运输过程中的各种服务工作和活动。例如，各种行车材料、配件的供应，代办货物储存、包装、保险业务，均属于运输服务过程。

6.2.2 整车货物运输的站务工作

整车货物运输站务工作可分为发送、途中和到达三个阶段的站务工作，内容包括货物的托运与承运，货物装卸、起票、发车，货物运送与到达交付、运杂费结算，商务事故处理等。货物在始发站的各项货运作业统称为发送站务工作。

1. 整车货物运输的发送站务工作

（1）受理托运。受理货物托运必须做好货物包装，确定重量和办理单据等作业。

（2）组织装车。装车前对车辆进行检查；装车时注意码放货物，充分利用车辆的车载重量和容积；装车后检查货物的装载情况是否符合规定的技术条件。

（3）核算制票。发货人办理货物托运时，应按规定向车站缴纳运杂费，并领取承运凭证——货票。始发站在货物托运单和货票上加盖承运日期之时起即算承运，承运标志着企业对发货人托运的货物开始承担运送义务和责任。

2. 整车货物运输的途中站务工作

货物在途中发生的各项货运作业，统称为途中站务工作。途中站务工作主要包括途中货物交接、货物整理或换装等内容。

3. 整车货物运输的到达站站务工作

货物在到达站发生的各项货运作业统称为到达站站务工作。到达站站务工作主要包括货运票据的交接，货物卸车、保管和交付等内容。

6.2.3 货物装卸

装卸作业是指在同一地域范围进行的、以改变物品的存放状态和空间位置为主要内容和目的的活动。装卸作业是连接各种货物运输方式、进行多式联运的作业环节，也是各种运输方式运作中各类货物发生在运输的起点、中转和终点的作业活动。装卸(Loading and Unloading)是对物品在指定地点以人力或机械实施垂直位移的作业。搬运(Handling Carrying)是在同一场所内，对物品进行水平移动为主的作业。没有装卸作业，整个物流过程就无法实现；没有高效率、高质量的装卸，整个物流过程的效率和质量也会受到严重影响。

1. 货车装卸的一般条件

（1）零担货物装卸。较多地使用人力和手推车，台车和输送机等作业工具，零担货物装卸也可使用笼式托盘、箱式托盘，以提高货车装卸、分拣及配货等作业的效率。

（2）整车货物装卸。较多采用托盘系列及叉车进行装卸作业。

（3）专用货车装卸。往往需要适合不同货物的固定设施、装卸设备，以满足装卸时需要的特殊技术要求。

2. 装卸作业的基本方法

1）单件作业法

单件作业法是指将货物单件、逐件地进行装卸搬运的方法，这是人工装卸搬运阶段的主导方法。目前，当装卸机械涉及各种装卸搬运领域时，单件、逐件装卸搬运的方法也依然存在。主要适用范围：一是单件货物本身特有的安全属性；二是装卸搬运场合没有或不适宜采用机械装卸；三是货物形状特殊、体积过大，不便于采用集装化作业等。

2）集装作业法

集装作业法是指先将货物集零为整（集装化）后，再对集装件（箱、网、袋等）进行装卸搬运的方法。这种方法又可按集装化方式的不同，进一步细分为集装箱作业法、托盘作业法、货捆作业法、滑板作业法等。

（1）集装箱作业法。集装箱的装卸搬运作业在港口以跨车、轮胎龙门起重机、轨道龙门起重机为主进行垂直装卸，以拖挂车、叉车为主进行水平装卸。而其在铁路车站则以轨道龙门起重机为主进行垂直装卸，以叉车、平移装卸机为主进行水平装卸。

（2）托盘作业法。托盘作业法是用叉车作为托盘装卸搬运的主要机械，即叉车托盘化。水平装卸搬运托盘主要采用搬运车辆和滚子式输送机；垂直装卸搬运托盘主要采用升降机、载货电梯等；而在自动化仓库中，则采用桥式堆垛机和巷道堆垛机完成在仓库货架内的取、存装卸。

（3）货捆作业法。货捆作业法是先将货物货捆单元化（集装袋、网等），再利用带有与各种框架集装化货物相配套的专用吊具的门式起重机、桥式起重机和叉车等进行装卸搬运作业，是颇受欢迎的集装化作业方式。

（4）滑板作业法。滑板作业法是用与托盘尺寸相一致的带翼板的滑板承放货物，组成搬运作业系统，再用带推拉器的叉车进行装卸搬运作业。

3）散装作业法

散装作业法是指对煤炭、建材、矿石等大宗货物，以及谷物、水泥、化肥、粮食、原盐等货物采用的散装、散卸的方法。目的是提高装卸效率，降低装卸成本。散装作业法可进一步细化为重力作业法、倾翻作业法、机械作业法、气力输送作业法等。

（1）重力作业法。重力作业法是利用货物的势能来完成装卸作业的方法。例如，重力法卸车是指底开门车或漏斗车在高架线或卸车坑道上自动开启车门，则煤炭或矿石等散装货物依靠重力自行流出的卸车方法。

（2）倾翻作业法。倾翻作业法是将运载工具的载货部分倾翻，从而将货物卸出的方法。例如，自卸汽车靠液压油缸顶起货箱实现货物卸载。

(3) 机械作业法。机械作业法是指采用各种装卸搬运机械（如带式输送机、链斗装车机、单斗装载机、抓斗机、挖掘机等），通过舀、抓、铲等作业方式，达到装卸搬运的目的。

(4) 气力输送作业法。气力输送作业法是利用风机在气力输送机的管内形成单向气流，依靠气体的流动或气压差来输送货物的方法。

3. 装卸作业组织工作

尽量通过运用现代装卸技术方法，提高实际作业质量和效率。组织工作水平的高低，直接关系到装卸工作的质量和效率，对提高车辆生产率、加速车辆周转、确保物流效率都有十分重要的作用。

1) 车辆装卸作业的时间构成

车辆因完成货物装卸作业所占用的时间，是车辆停歇时间的组成部分，称为车辆装卸作业停歇时间。它主要由以下几部分时间组成：①车辆到达作业地点后，等待货物装卸作业的时间；②车辆在装卸货物前后，完成调车、摘挂作业的时间；③直接装卸货物的作业时间；④与运输有关商务活动等的作业时间。

2) 装卸作业的基本要求

装卸作业有以下几项基本要求：①减少不必要的装卸环节；②提高装卸作业的连续性；③相对集中装卸地点；④力求装卸设备、设施、工艺等标准化；⑤提高货物集装化或散装化作业水平；⑥做好装卸现场组织工作。

3) 装卸组织工作

装卸组织工作包括：①制定科学合理的装卸工艺方案；②加强装卸作业调度指挥工作；③加强改善装卸劳动管理；④加强现代通信系统的应用水平；⑤提高装卸机械化水平；⑥应用数学方法改善装卸劳动力的组织工作。

6.2.4 整车货物运输单据及其管理

1. 货物托运单

货物托运单是发货人托运货物的原始依据，也是车站承运货物的原始凭证。它明确规定了承托双方在货物运输过程中的权利、义务和责任。货物托运单注明了托运货物的名称、规格、件数、包装、重量、体积、货物保险价和保价值、发收货人姓名和地址、货物装卸地点及承托双方有关货运事项。

2. 货票与运杂费结算

货票是一种财务性质的票据，是根据货物托运单填写的。公路货物运输货票内注明了货物装卸地点，发收货人姓名和地址，货物名称、包装、件数和重量，计费里程与计费重量，运费与杂费等。根据托运单和运输线路，确定计费里程；确定货物的货运种别，查得规定的运价（或费率）；按有关规定确定货物的计费质量进行运杂费结算。

3. 行车路单及其管理

行车路单就是行车命令，它是运输企业组织和指挥汽车运行作业的重要凭证，又是企业各部门检查考核运输生产和行车消耗的重要依据。行车路单是企业调度中心签发给汽车驾驶员进行运输生产的指令,是整车货运中最重要的原始记录。

行车路单的管理必须坚持做到以下四点。

(1) 路单必须严格按顺序号使用,要采取有效措施防止空白路单丢失。

(2) 每一运次(或每一工作日)回队后必须将完成运输任务的路单交回,不允许积压、拒交。

(3) 行车路单内各项记录必须按要求填准、填全。车队调度员对交回的路单各项记录负初审责任。

(4) 必须严格执行企业规定的路单使用程序、管理方法。

6.3 零担货物运输组织

随着国民经济的发展和人民生活水平的提高,产品中高附加值、轻浮类货物的比重越来越大,社会对运输的需求逐渐呈现出多品种、小批量的特点,零星用户、零星货物急剧增加,零担货物运输已经成为货物运输的主要形式之一。汽车运输的零担货物具有运量小、批次和品种多、包装各异、流向分散等特点,加之零担货物性质比较复杂,以件包装货物居多,许多货物价值较高,多数品种怕潮、怕重压,需要几批甚至十几批货物才能配装成一辆零担车,所以零担货物运输的组织工作比整车货物运输要细致和复杂得多。

6.3.1 零担货物运输的特点

零担货物运输是汽车货运中相对独立的一个组成部分,相对于整车货物运输而言,它具有以下4个特点。

(1) 货源的不确定性和来源的广泛性。零担货物来源广泛,而且货物的流量、流向、流时等多为随机发生,均具有不确定性,难以通过合同方式将其纳入计划管理范围内。

(2) 组织工作复杂。零担货物种类繁杂,运输需求多样化,所以必须采取相应的组织形式,才能满足人们的货运需求。这就使得零担货运环节多,作业工艺细致,设备种类较多,对货物的配载和装卸要求较高。货运站作为零担货运的主要执行者,必须完成货源组织、零担货物的确认和零担货物配载等大量的业务组织工作。

(3) 单位运输成本高。为了适应零担货物运输的需求,货运站要配备一定的仓库、货棚、站台,配备相应的装卸、搬运和堆垛机械及专用厢式车辆,投资较高。再者,相对整车货物运输而言,零担货运中转环节多,易出现货损、货差,赔偿费用较高。所以,零担货物运输的单位运输成本较高。

(4) 机动灵活。零担货运车辆大都定线、定期、定车运行,业务人员和托运单位对零担货运安排都比较清楚,便于沿线各站点组织货源,所以回程的实载率较高,经济效益显著。零担货运可做到上门取货、就地托运、送货到家、手续简单,能有效缩短货物运送时间,这对于具有竞争性、时令性和急需的零星货物运输具有十分重要的意义。另外,零担货运还可承担一定的行李、包裹的运输,成为客运工作的有力支持者。

6.3.2 开展零担货物运输的条件

从事汽车零担货物运输必须具备一定的前提条件,既有宏观的社会经济条件,也有零担货运微观的物质条件。其中,应具备的物质条件有以下三个。

1. 零担货运站

零担货运站是零担货运企业的固定营业场所,承担着集结、受理、保管、运输、交付零担货物,以及车辆调度等方面的任务,是载运工具与零担货物之间联系的纽带。

按照《汽车零担货运站站级划分与建设要求》(JT 3134—1988)规定,汽车零担货运站设施包括站房、仓库、货棚、装卸车场、停车场及生产辅助设施等。站房由托运处、提货处组成;仓库、货棚由货位、操作通道、进出仓门、装卸站台组成;生产辅助设施由行管及后勤人员工作间、行车人员宿舍、食堂、装卸人员休息室、资料室等组成。零担货运站应设置零担车运行线路图、营运班期表、运价里程表、托运须知,并配备检定合格的计量器具。

2. 零担班线和零担货运网络

零担班线和零担货运网络是进行零担货物运输的基础。零担班线是指零担班车的运行线路;零担货运网络是指由若干货运站(点)和运行线路组成的运输系统。零担货运班线的开辟应尽量满足沿途货流的需要,尽量减少中转环节,并在货源调查的基础上确定车辆运行方案。

3. 零担货车

零担货车是汽车零担货物运输的工具,是开展零担货运的保证。零担货物运输要求使用封闭式专用货车或封闭式专用设备,车身喷涂"零担货运"标志,车辆技术状况达到二级以上。

6.3.3 零担货源组织方法

货源组织是零担货物运输组织的一项基础性的工作,货源信息不仅是零担货运经营决策的重要依据,也是提高零担货运应变能力的重要手段。货源组织工作始于货源调查,止于货物的受理托运。

常用的零担货源组织方法,有以下几种方式。

(1) 实行合同运输。实践证明,实行合同运输是汽车运输部门行之有效的货源组织方法之一。实行合同运输有利于加强市场管理,稳定货源;有利于编制运输生产计划,合理安排运输生产;有利于加强运输企业责任感,提高服务质量;有利于简化运输手续,减少费用支出。

(2) 建立零担货物运输代办站(点)。零担货运企业可以自行建立货运站(点),也可以利用其他社会部门、企业或个人的闲置资源建立零担货运代办站(点)。设立代办站(点),既可以充分利用社会资源,弥补零担货运企业在发展业务中资金和人力的不足,又可以加大零担货运站的密度,扩大组货能力。零担货运代办站(点)一般只负责零担货物的受理、中转和到达业务,不负责营运。另外,设立零担货运代办站(点)的前提是广泛的市场调查，只有通过市场调查分析，才能了解货源情况，才能建立合理的零担货运网络。

（3）委托社会相关企业代理零担货运业务。货物联运公司、商业企业、邮局等单位均拥有广泛的营销关系网络，有较为稳定的货源。零担货运企业可以委托它们代理零担货运受理业务。这样做，一方面可以扩大本企业的零担货源，另一方面又可扩大联运公司、商业企业和邮局的营业额，是一种双赢的合作关系。代理人一般向托运人收取一定的手续费，有时也同时向零担货运站收取一定的劳务费。

（4）建立货源情报制度。零担货运企业可以在零担货源比较稳定的物资单位聘请货运信息联络员，充当本企业的业余组货员。这样，可以随时得到准确的货源信息，以零带整，组织整车货源。

（5）开展电话受理业务。设立电话受理业务，可以使货主就近办理托运手续，特别是能给外地货主提供方便。

（6）开展网上接单业务。当前社会，互联网日益普及，电子商务高速发展，零担货运企业应积极利用这种先进的信息手段，开展网上接单业务，扩大货源。

6.3.4 零担货物运输组织方式

零担货运由于其业务烦琐、点多面广、线路复杂，且有一个"化零为整"和"化整为零"的过程，这就决定了开展零担货物运输必须采取合理的组织形式，才能取得良好的效果。零担货运的组织形式包括固定式零担车和非固定式零担车。非固定式零担车是指按零担货流的具体情况，临时组织而成的一种零担车。这种零担车计划性差，适宜在新辟零担货运线路上或季节性零担货物线路上临时运行。

固定式零担车通常称为汽车零担货运班车，一般是以货运企业服务区域内的零担货物的流量、流向，以及货主的实际需求为基础组织运行的。运输车辆以厢式专用车为主，实行定运输路线、定班次和发车班期、定停靠站点、定车型运行。

1. 直达式零担班车

直达式零担班车是在起运站将不同发货人托运至同一到达站，且性质适于配装的零担货物装于一车，一直运送至到达站的运输组织形式，如图6.1所示。

图 6.1　直达式零担班车

直达式零担班车的运输组织与整车货运基本相同，是所有零担货运组织形式中最为经济的一种，是零担货运的基本形式，它具有以下优点。

（1）无中转环节，节省了中转费用，减轻了中转站的作业负担。

（2）减少了在途时间，提高了零担货物的运送速度，加速车辆周转和物资调拨。

（3）减少了货物在中转站的作业，因而减少了货损货差的发生，提高货运质量。

(4) 货物在仓库内的集结待运时间短，有利于充分发挥仓库货位的利用程度。

直达式零担班车适用于货源充足、流向集中的线路。需注意的是，货物在仓库中集结待运时间不能过长，否则会降低仓库货位利用率，降低货物运送速度。

2. 中转式零担班车

中转式零担班车是在起运站将不同发货人托运到同一去向但到达站不同、性质适于配装的货物同车装运至规定的中转站，再与中转站的其他零担货物组成新的零担车继续运往各自目的地的运输组织形式，如图6.2所示。

图6.2　中转式零担班车

图6.2所示的运输只进行了一次中转，如果线路很长，可能会发生多次中转。

中转式零担班车中转作业环节较多，组织工作复杂，需耗费大量的人力与物力。它与直达式零担班车互为补充，在货源不足、组织直达零担班车条件不成熟的情况下，是一种不可缺少的组织形式。

3. 沿途式零担班车

沿途式零担班车是在起运站将各个发货人发往同一线路方向、不同到站但性质适于配装的零担货物组成零担车，沿运输线路运送，在各计划作业点卸下或装上零担货物后继续行驶，直至最后到达站的运输组织形式，如图6.3所示。

图6.3　沿途式零担班车

沿途式零担班车的运输组织工作非常复杂，车辆在途运行时间较长，但能满足沿途客户的多品种、小批量的运输需求，可以充分利用车辆的载重量与容积。

6.3.5　零担货物运输的作业程序

零担货物运输的经营活动包括零担货物的受理、仓储、运输、中转、装卸、交付等。其具体的作业流程是受理托运、检验过磅、仓库保管、开票收费、配载装车、车辆运行、货物中转、到站卸货、货物交付,是按照流水作业构成的一种流程,如图 6.4 所示。

图 6.4 零担货物运输业务流程

1. 受理托运

受理托运是零担货运的第一个环节,是指零担货运的承运人依据营业范围内的线路、距离、中转站点、各车站的装卸能力、货物的性质及限运规定等业务规则和有关规定接受托运人的零担货物,办理托运手续。

零担货运线路多、站点多、货物种类繁杂、包装各异、性质不一,因此,受理人必须掌握本企业营业范围内的线路、站点、运距、中转范围、各车站装卸能力、货物的理化性质等业务知识及有关规定。货运站应事先对外公布办理零担货运的线路、站点(包括联运、中转站)、班期及里程运价,还需张贴托运须知、包装要求及限运规定等内容,方便货主按实际需求进行托运。

1) 受理托运的方法

(1) 随时受理制。这种受理制度对托运日期无具体的规定,在营业时间内,托运人可随时将零担货物送到托运站办理托运。这种受理制度的优点是极大地方便了托运人,其缺点是不能事先组织货源,使运输组织缺乏计划性,货物在库集结时间较长,货位利用率低。随时受理制适用于作业量小的货运站、急运货物货运站和始发量小而中转量大的中转货运站。

(2) 预先审批制。这种受理制度要求发货人事先向货运站提出托运申请,货运站根据各个发货方向及站点的货运量,结合站内设备和作业能力加以综合平衡,分别指定日期进行货物集结,组成零担班车。这种受理制度的优点是计划性强,可提高零担货物运输组织水平,缺点是对托运人造成一定不便。

(3) 日历承运制。这种受理制度是指货运站根据零担货物的流量、流向、流时的分布规律,编写承运日期表,事先公布,托运人需按规定日期来站办理托运手续。对于货运站来说,日历承运制保证了货运工作的计划性,便于将流向分散的零担货物合理集中,可均衡安排货运站每日承运货物的数量,合理使用运输设备;对于托运人来说,日历承运制便于物资部门安排生产和物资调拨计划,提前做好货物托运准备工作。

2) 托运单的填写与审核

托运单是发货人托运货物和货运站承运货物的原始凭证。受理托运时,必须由托运人认真填写托运单(表6-1)的各项内容,承运人审核无误后才能承运。托运单原则上由托运人自己填写,承运人不予代填。托运单一式两份:一份由起运站仓库保存留档;另一份开票后随货同行。

表6-1 公路汽车零担货物托运单

托运日期　　年　月　日

起运站_____　　　　到达站_____

托运单位_____　　详细地址_____　　　电话_____

收货单位(人)_____　详细地址_____　　　电话_____

货物名称	包装	件数	实际质量	计费质量	托运人注意事项
					① 托运单填写一式两份。
					② 搬运货物必须包装完好,捆扎牢固。
					③ 不得谎报货物名称,否则在运输过程发生的一切损失,均由托运人负责赔偿。
					④ 搬运货物不得夹带易燃危险等物品。
					⑤ 黑粗线以左各栏,由托运人详细填写。
合计					
发货人记载事项				起运站记载事项	

进货仓位_____　仓库理货验收员_____　发运日期_____

到站交付日_____　托运人(签章)_____

承运人对托运人填写的托运单应认真审核,具体要求如下。

(1) 认真核对托运单的各栏有无涂改,涂改不清者应重新填写。

(2) 审核到达站与收货人的地址是否相符,以免误运。

(3) 对货物的品名和属性进行鉴别,注意区别普通货物和笨重零担货物、普通货物与危险货物,如属危险货物应按《道路危险货物运输管理规定》处理。

(4) 对托运人在发货人记载事项栏内填写的内容应特别注意,审核发货人的要求是否符合有关规定,货运站能否承担。

2. 检验过磅

检验过磅作业是业务人员在收到托运单后,审核单、货是否相符,检查包装,过磅量方,扣、贴标签与标志的工作。

1) 审核单、货是否相符

核对货物品名、件数等是否与托运单相符,必须逐件清点,防止差错。注意检查是否夹带限运货物与危险货物。

2) 检查货物包装

包装是托运人的职责。货物包装是否完好、适宜,是便于装卸,保证运输质量和货物自身安全的必备条件,所以必须按货物的特性和要求进行包装,必须达到零担货运关于货物包装的规定。

货运站应认真检查包装质量。检查时,应首先观察货物包装是否符合有关规定,有无破损、异样、异声、异味,最后应轻摇一下,以检验包装内的衬垫是否充实,货物在包装内是否晃动。若发现应包装的货物没有包装或应有内包装的货物没有内包装，应请货主重新包装后再托运；对包装不良的货物，请货主改善包装后再托运；对无包装但不影响装卸及行车安全的，经车站同意后可予以受理托运，但必须在托运单中注明情况及损坏免责事项。

检查货物包装是一项琐碎但却十分重要的工作。若检查不细致，会使破损、短少、变质的货物进入运送过程，轻则加剧货物的损坏程度，重则不能保证承运期间的安全，转化为运输部门的责任事故，从而造成损失，影响企业的声誉。

3) 过磅量方

检验完包装后，业务人员应对受理的零担货物过磅量方。货物质量是正确装载、核算运费和发生事故后正确计算赔偿费用的依据。货物质量分为实际质量、计费质量和标定质量三种。

（1）实际质量。是指货物(包括包装在内)过磅后的毛重。

（2）计费质量。可分为不折算质量和折算质量。不折算质量就是货物的实际质量。关于折算质量的计算可参考相关的规定。

（3）标定质量。是对特定的货物所规定的统一计费标准。若同一托运人一次托运轻浮和实重两种货物至同一到达站，只要货物的理化性质允许配装，则可以合并称重或合并量方折重计费。

业务人员将货物过磅或量方后，应将质量或体积填入托运单内，指定货位将货物移入仓库，然后在托运单上签字证明并签注货位号，加盖承运日期戳，将托运单一份留存备查，另一份交还货主持其向财务核算部门付款开票。

4) 贴标签、标志与开货票

零担货物过磅量方后，连同托运单交仓库保管员按托运单编号填写标签与有关标志(表6-2)，并根据托运单和磅码单填写零担货物运输货票(表6-3)，照票收取运杂费。

表 6-2 公路汽车行李、包裹、零担标签

车次	
起站	
到站	
票号	
总件数	

站发

20 年 月 日 时

公路汽车行李、包裹、零担标签

	站 至 站
票 号	总件数
	站　20 年 月 日

表 6-3　公路汽车零担货物运输货票

编号：
年　月　日

起点站		中转站		到达站		公里		备注
托运人			详细地址					
收货人			详细地址					

货名	包装	件数	外形尺寸/m			实际质量	计费质量	每百千克运价	合计
			长	宽	高				
									托运人签章
合计									

车站：　　　　填票人：　　　　复核人：　　　　经办人：

零担标签、标志是建立货物本身与其票据间联系的凭证。它标明货物本身性质，凭以理货、装卸、中转和交付货物。标签各栏内容均需详细填写，在每件货物的两端或正面明显处各贴(扣)一张。

货票是一种财务性质的票据。在发运站，它是向发货人核算运费的依据；在到达站，它是与收货人办理货物交付的凭证之一。此外，货票也是企业统计完成货运量，核算运输收入及计算有关货运工作指标的原始凭证。

3. 仓库保管

零担货物验收入库是货运站对货物履行运输及保管责任的开始。做好货物验收及保管工作可减少货损、货差，保证运输质量。货物保管、验收时，必须逐件清点交接，按指定货位堆放且堆码整齐，经复点无误后在托运单上注明货位。验收货物时应注意以下几点。

（1）凡未办理托运手续的货物，一律不准进入仓库。
（2）坚持照单验收入库，做到以票对货，票票不漏，货票相符。
（3）货物必须按流向堆存在指定的货位上。
（4）一批货物不要堆放在两处。库内要做到层次分明，留有通道，标签向外。
（5）露天堆放的货物要注意下加铺垫、上盖雨布。

零担货物仓库应严格划分货位，一般分为待运货位、急运货位和到达待交货位。

零担货运仓库应具备良好的通风、防潮、安全保卫能力及防火和灯光设备。仓库和货位应尽可能置于站台上，以提高装卸效率和避免货物受到雨淋。货物装卸站台一般有直线型和阶梯型两种。根据车辆进行装卸作业时与站台的位置，直线型又分为平行型和垂直型两种，站台类型如图 6.5 所示。车辆应根据场地的大小、作业的需要等情况进行合理选择。

图 6.5 货物装卸站台的类型

4. 开票收费

当司磅人员和仓库保管员在托运单上签字后,就可进行开票收费作业。此作业环节包括运费和杂费的计算,可套用既定公式进行计算。

零担货运的杂费项目包括渡费(零担货运车辆如需要通过渡口,由起运站代收渡费)、标签费、标志费、联运服务费(通过两种以上的运输工具的联合运输以及跨省市的公路联运,应核收联运服务费)、中转包干费(联运中转中,中转环节的装卸、搬运、仓储、整理包装劳务等费用,实行全程包干,由起运站一次核收)、退票费、保管费、快件费、保险费等。

5. 配载装车

配载装车是零担货物起运的开始。零担货物的配装计划,必须根据承运零担货物的流量、流向,结合当日存余待运货物的情况,综合平衡后确定。

1) 零担货物的配载原则

零担货物在进行配载装车时,应遵循以下配载原则。

(1) 坚持"中转先运,急件先运,先托先运,合同先运"的原则。

(2) 充分体现"多装直达,减少中转"的原则。必须中转的货物,应按合理流向配载,不得任意增加中转环节。

(3) 进行轻重配装,巧装满载,充分利用车辆的载重量与容积。

(4) 严格执行有关货物混装限制的规定,确保运行安全。

(5) 加强中途各站待运量的预报工作,根据需要为中途站留有一定的载质量和容积。

2) 装车工作组织

(1) 装车前的准备。

① 备货。货运仓库接到货物装车交接清单后,应逐批核对货物品名、货位、数量、到达站,检查包装标志、标签。

② 根据车辆的载重量或容积、货物的性质和形状进行合理配载,填制配装单和货物交接单,见表 6-4。填单时,必须按照货物的先远后近、先重后轻、先大后小、先方后圆的顺序填写,以便按单顺次装车。对不同到达站和中转站的货物要分单填制。

③ 整理各种随货同行单据,包括提货联、随货联、托运单、零担货票及其他附送单据,按中转、直达理开,附于交接单的后面。

④ 按单核对货物的堆装位置,做好装车标记。

表6-4　公路汽车零担货物交接及运费结算清单

车属单位：_____　　　　　　　　　　　　　编号：　字第　号
车　　号：_____
吨　　位：_____　　　　　　　　　　　　　20　年　月　日

原票记录			中转记录		票号	收货单位（或收货人）	品名	包装	承运路段				备注
原票起站	到达站	里程/km	中转站	到达站					件数/件	里程/km	计费重量/kg	运费/元	
			合　　计										

附件	零担货票	发票	证明	上列货物已于　月　日经点件验收所随带附件，收讫无误。 中转站：　　　　到达站：　（签章）　月　日

始发站：　　　　　　　填单人：　　　　　　　　驾驶员签章

（2）货物装车。完成上述准备工作后，即可按交接单的顺序和要求点件装车。装车作业时应注意以下几点。

① 检查零担车车体、车门、车窗是否良好，车内是否干净。

② 均衡分布货物，防止偏重。

③ 贵重物品应堆装在防压、防撞的位置，以保证货物安全。

④ 紧密堆装货物，并注意货物固定，以防止运行途中货物倒塌、破损。

⑤ 同一批货物应堆装在一起，货签朝外，以便识别。

⑥ 货物装车完毕后复查，防止错装、漏装、误装。确定无误后，驾驶员（或随车理货员）清点随货单据，在交接清单上签章。交接清单应一站一单，以便于点交和运杂费的结算。

⑦ 检查车辆上锁及遮盖、捆扎等情况。

6. 车辆运行

零担货运班车必须严格按期发车，不得误班。班车必须按规定路线行驶，按规定站点停靠，并由中途站值班人员在行车路单上签章。

行车途中，驾驶员或随车理货员应经常检查所载货物的情况，发现异常，应做好记录，及时处理，或请就近货运站协助处理。

7. 货物中转

对于需要中转的货物应以中转式零担班车或沿途式零担班车的形式运送到规定中转站进行中转。中转作业主要是将来自各个方向的零担货物卸车后重新集结，组成新的零担班车继续运送至各自的终点站。

零担货物中转一般有以下三种方法。

1) 落地法

落地法是"卸下入库，另行配装"，即将到达中转站的零担班车上的货物卸下入库，按不同流向和到达站在货位上重新集结待运，再配装成新的零担货运班车。这种方法简单易行，车辆的载重量和容积利用较好，缺点是装卸作业量大，作业速度慢，仓库和场地的占用面积也比较大，中转时间较长。

2) 坐车法

坐车法是"核心货物不动，其余卸下，另行配装"，即将到达中转站的零担班车上的核心货物(运往前面某一到达站且数量较大或卸下困难的货物)不动，其余的货物卸下入库，再加装同一到达站的其他货物，组成新的零担班车。这种方法的优点是核心货物不卸车，减少了货物装卸量，加快了中转速度，节约了货位与劳动力；缺点是对留在车上核心货物的装载情况和数量不易检查和清点，在加装货物较多时也难免发生卸车和倒载等附加作业。

3) 过车法

过车法将到达中转站的零担班车上的货物直接换装到另外的零担货运班车上。这种方法比较适用于几辆零担车同时到站进行中转作业的情况。组织过车作业时的目标车辆既可以是空车，也可以是留有核心货物的重车。这种方法在完成卸车作业的同时也完成了装车作业，减少了装卸作业量，加快了中转速度。但对到发车辆的时间衔接要求较高，容易受到意外干扰而中断。

零担货物中转站主要承担货物的保管工作，以及与中转环节有关的理货、堆码、整理、倒载等工作。零担货物中转站应积极组织发送工作，尽量减少货物在中转站的滞留时间。对破损、受潮、包装污染的货物应先进行加固整理再换装，严禁破来破去，同时需在卸车交接时记录在案。如果遇到票货不齐或串件的情况，需先在交接清单中签注，然后立即通知起运站查错和纠正，待票货完全相同时再转运，严禁错来错去。

8. 到站卸货

零担班车到站后，仓库人员应向驾驶员或随车理货员索要货物交接清单及随附的有关凭证，按单验货，件点件清。如果无异常情况，在交接单上签字加盖业务章。如有异常情况，需视不同情况采取相应处理措施。

（1）有单无货。双方签注情况后，在交接单上注明，原单退回。

（2）有货无单。查验货物标签，确认系货物到达站，应予以收货，由仓库人员签发收货清单，双方盖章，寄起运站查补票据。

（3）货物到站错误。将货物原车运回起运站。

（4）货物短缺、破损、受潮、污染、腐坏。双方共同签字确认，填写事故清单，按商务事故程序办理。

货物卸下应堆放在指定地点，堆放要保证货物完好无损，定期巡视，防止仓储事故的发生，把好保证货运质量的最后一关。

9. 货物交付

货物交付是最后一项业务。货物到站卸下入库后，应及时通过电话或书面形式通知收货人凭"提货单"提货，并将通知的方式和日期记录在案备查。对"预约送货上门"的货物，应立即组织送货上门；对逾期提取的货物按有关规定办理。

货物交付要按单交付，件检件交，做到票货相符。交货完毕后，应在提货单上加盖"货物交讫"戳记，然后收回货票提货联，汽车零担货物的责任运输才告完毕。

6.4 冷链运输组织

6.4.1 冷链物流

1. 冷链物流的概念

《物流术语》将冷链定义为：根据物品特性，为保持其品质而采用的从生产到消费的过程中始终处于低温状态的物流网络。然而冷链是供应链，并非物流网络，冷链物流只是冷链的一个组成部分，二者应区分清楚。冷链是为了保证冷冻冷藏物品的品质而使其在从生产到消费的过程中，始终处于物品所必需的温度条件下，以保证物品的质量安全，较少损耗，防止污染的供应链。由此，冷链物流是依托始终处于低温状态的配有专门设施设备的物流网络，将需要冷冻冷藏的物品从生产地运往消费地的过程。中国物流与采购联合会所采用的冷链物流的定义为：冷链物流泛指温度敏感性产品在生产、贮藏运输、销售，到消费前的各个环节中，始终处于规定的低温环境下，以保证物品质量，减少物流损耗的一项系统工程。其主要物流流程图如图6.6所示。

图 6.6 冷链物流流程

2. 冷链的构成

冷链物流也叫低温物流，是一种特殊物流形式，由冷藏加工、控温储藏、冷藏运输及配送、冷藏销售四个方面构成。

（1）冷藏加工。包括肉禽类、鱼类和蛋类的冷却与冻结，以及在低温状态下的加工作业过程；果蔬的预冷；各种速冻食品和奶制品的低温加工等。在这个环节上主要涉及的冷链装备是冷却、冻结装置和速冻装置。

（2）控温储藏。包括食品的冷却储藏和冻结储藏，以及水果蔬菜等食品的气调储藏，它是保证食品在储存和加工过程中的低温保鲜环境。在此环节主要涉及各类冷藏库/加工间、冷藏柜、冻结柜及家用冰箱等。

（3）冷藏运输及配送。包括食品的中、长途运输及短途配送等物流环节的低温状态。它主要涉及铁路冷藏车、冷藏汽车、冷藏船、冷藏集装箱等低温运输工具。在冷藏运输过程中，温度波动是引起食品品质下降的主要原因之一，所以运输工具应具有良好的性能，在保持规定低温的同时，更要保持稳定的温度，远途运输尤其重要。

（4）冷藏销售。包括各种冷链食品进入批发零售环节的冷冻储藏和销售，它由生产厂家、批发商和零售商共同完成。随着大中城市各类连锁超市的快速发展，各种连锁超市正在成为冷链食品的主要销售渠道，在这些零售终端中，大量使用了冷藏冷冻陈列柜和储藏库，它们成为完整的冷链中不可或缺的重要环节。冷链的价值链构成如图 6.7 所示。

图 6.7　冷链的价值链构成

6.4.2　冷链运输

1. 冷链运输的概念

冷链运输是指在运输全过程中，无论是装卸搬运、运输方式变更及包装的更换等环节，所运输货物始终保持在一定的温度区间的运输。冷链运输方式可以是公路运输、水路运输、铁路运输、航空运输，也可以是多种运输方式组成的综合运输方式。冷链运输是冷链物流的一个重要环节，冷链运输成本高，而且包含了较复杂的移动制冷技术和保温箱制造技术。

冷链运输过程必须依靠冷冻或冷藏专用车辆，冷冻或冷藏专用车辆除了需要有一般卡车相同的车体与机械之外，还必须额外在车上设置移动制冷设备、温度检测控制设备和保温设备。在运输过程中要特别注意必须是连续的冷藏，因为微生物活动和呼吸作用都随着温度的升高而加强，如果运输中各环节不能保证连续冷藏的条件，那么货物就有可能在这个环节中开始腐烂变质。在冷链运输过程中，应该根据货物的种类、运送季节、运送距离和运送地方确定运输方法，尽量组织"门到门"的直达运输，提高运输速度。冷链运输要求货物在中、长途运输及短途配送等运输环节处于低温状态，温度变化范围要符合规定。

2. 公路冷链运输的优势

冷链物流是一个巨大而复杂的体系，涉及的领域多种多样，包括冷链运输、冷链仓储、冷链包装等。其中，冷链运输包括公路冷链运输、铁路冷链运输、航空冷链运输、水路冷链运输等。这些冷链运输方式运营特点不同、市场规模不同、发展前景不同，彼此之间形成了既互补又相互竞争的关系。它们之间的互补体现在联运的方式上，如公铁冷链联运、公航冷链联运、公海冷链联运等。然而，它们之间的竞争关系也显而易见，如公路冷链运输和其他冷链运输方式之间就存在着巨大的竞争，并且大有愈演愈烈的趋势。公路冷链运输在竞争中迅速发展，市场占有率逐步提升，这与公路冷链运输相对于其他冷链运输方式所特有的优势密不可分。公路冷链运输的特有优势主要体现在以下几个方面。

（1）一体化全程服务。公路冷链运输实行门到门的一站式服务，中间环节少。一方面可以减少冷链货物暴露在非温控环境下的概率，降低了货物因转运而造成的损失，提高了货物的安全性。另一方面中间环节的减少，可以提高运输效率，缩短运输时间，保障了冷链货物送达的准时性。

（2）网络覆盖广泛。相对于铁路和航空来说，公路网络覆盖面更大，理论上可以深入到每个角落。这为公路冷链运输门到门的服务提供了客观条件。

（3）安全性和时效性高。公路冷链运输相对于铁路冷链运输和航空冷链运输中间环节少，可控性强，且受天气、行政等不可控因素影响较小，这使得公路冷链运输安全性和时效性更高。

（4）服务质量稳定。公路冷链运输相对于铁路冷链运输和航空冷链运输运力充足，受淡旺季影响较小，有比较可靠的运力保障，保证稳定的服务质量。

（5）价格较低。公路冷链运输相对于航空冷链运输价格明显较低，即使与铁路冷链运输相比，在总价格上也有一定的竞争优势。

公路冷链运输所特有的优势决定了其在整个冷链运输市场中的重要地位。公路冷链运输的快速发展会带动整个冷链运输市场的快速发展，进而为中国冷链物流的整体发展和壮大做出巨大的贡献。然而，公路冷链运输也面临着众多挑战，其中，如何保障公路冷链运输的安全性和时效性作为最大的挑战摆在所有公路冷链运输企业和个人的面前。

3. 冷链运输的对象

冷链运输的对象主要按所运输的货物对温度要求来进行分类。

（1）保鲜类物品，如蔬菜、鲜花、水果、保鲜疫苗、鲜活水产品等，一般温度要求为 $2\sim8℃$。

（2）冷鲜类物品，如排酸肉品、江海鲜产品、豆制品、疫苗制品、巧克力等，一般要求温度为 $-5\sim0℃$。

（3）冷冻类物品，如速冻食品、速冻海鲜江鲜产品、冻肉制品等，一般要求温度为 $-18\sim18℃$。

（4）深冷冻物品，如高级冰淇淋、高危险品、高级面包活菌酵母面团，一般要求温度为 $-45\sim-20℃$。

（5）高危品，一种极端高危品运输冷藏车，目前国内还没技术能达到制造工艺。

4. 冷链运输的技术

冷链运输的技术主要包括四大类。

（1）移动制冷技术，包括制冷剂、制冷系统、温控系统及干冰、冰块等辅助保冷措施。

(2) 保温技术，包括冷藏集装箱、保温箱、保温袋、冷藏箱及各类保温包装手段及密封措施等。

(3) 监控系统，主要用于对冷链运输过程进行监控与管理，包括温度传感器、RFID（Radio Frequency IDentification，射频识别）、GPS及软件管理系统。

(4) 运输装备，主要包括铁路冷藏车、冷藏汽车、航空冷藏箱、冷藏船等低温运输工具。在冷藏运输过程中，温度波动是引起货物品质下降的主要原因之一，所以运输工具应具有良好的保温性能，在保持规定低温的同时，更要保持稳定的温度，远途运输尤其重要。

在冷链运输中，温度在 $-5 \sim 15℃$ 的冷藏运输主要用于低温冷冻食品的运输；温度在 $0 \sim 10℃$ 的冷藏运输主要用于生物制品的运输；温度在 $0 \sim 20℃$，主要用于恒定温定保温食品的运输等。

5. 公路冷链运输的安全性和时效性

公路冷链运输的安全性和时效性是既相互影响又内在统一的两个概念。所谓安全性，是指被运输的温控商品应在从运输的开始至运输的结束，其品质始终得到保证，在运输过程中货物的各项理化指标均符合相应标准的要求。所谓时效性，是指被运输的温控商品应在指定的时间段内被准确运输到指定的目的地。这两个概念的相互影响和内在统一性可以通过一个简单的例子来说明：

一辆运载着冷鲜猪肉的车辆要求××××年××月××日××时从A城冷库出发，并于20h后于××××年××月××日××时到达B城冷库。

假设1：车辆在途中发生了交通事故，造成冷藏半挂车侧翻，冷藏货柜破损，冷鲜猪肉遗撒在公路上。

分析1：冷鲜猪肉没有在运输途中保持品质，安全性没有达到。同时，由于事故造成了冷鲜猪肉不能在指定时间内送达指定地点，时效性也没有达到。

假设2：车辆在运输途中由于故障停驶，车辆停靠在途中维修，比原定时间耽搁了20个小时到达目的地。

分析2：由于车辆没有在指定时间限期内到达目的地，时效性没有达到。同时，由于时间的耽搁，造成了冷鲜猪肉品质下降，甚至腐败变质，安全性也没有达到。

假设3：车辆在途中一切运行正常，在指定时间将完好的冷鲜猪肉送达指定的目的地。

分析3：安全性和时效性均达到。

这个简单的例子充分说明了安全性和时效性相互影响和内在统一。一旦安全性出现了问题则会影响到时效性的达成；反之，时效性出现了问题，安全性也会出现问题。只有安全性和时效性同时达到，二者统一起来，才能成就一次完美的公路冷链运输任务。

6.4.3 冷链运输车辆的选择

冷链物流的运作基本由两大部分组成：一是运输；二是仓储。冷链运输是冷链管理的重要部分，冷链运输成本高，而且包含了较复杂的移动制冷技术和保温箱制造技术，冷链运输管理包含更多的风险和不确定性。冷链运输包含航空运输、船舶水路运输、铁路冷藏集列运输和公路运输。公路冷链运输是冷链运输的主要组成部分。

1. 冷藏车辆形式的选择

冷藏车辆的选择是冷链运输首先遇到的问题。市场上冷藏车辆种类繁多，何种形式的车辆最适合企业的运作模式，是购置车辆首先应该考虑的问题。公路冷藏运输车辆按形式可以分为冷藏集装箱车、冷藏厢式车、冷藏连杆厢式车等；按制冷机的安装及形式分可为单机制冷厢式车、双温控厢式车等。目前我国公路车辆开始标准化，非标准车辆将受到限制，所以运营单位选择车辆的范围首要考虑交通运输部批准的冷藏车辆系列。选择车辆的形式要根据行业特点、产品特性等因素综合考虑。例如，服务于海关的运输企业选择拖挂式冷藏集装箱车，运输单一温度的长途车辆选择冷藏厢式车，而服务于超市多温度产品的运输企业可以考虑双温控厢式车等。

2. 冷藏车辆大小的选择

冷藏车辆吨位大小会影响到运营成本并限制车辆的使用安排。车辆的运营成本由车辆折旧、燃油费、修理费、人工费、路桥费、保险和养路费等费用组成。在国外，司机的成本占车辆运营费用的 1/3，我国目前人工成本相对较低，但此种现象不会长期延续下去。车辆的费用很大一部分和车辆的行驶距离直接相关，所以加大单位距离的运载量是多数情况下优先考虑的因素。一般来讲，车辆越大单位货物的运输成本越低。这也是为什么国外道路上运营的很多是大吨位的车辆，而国内受多方面条件的限制，选择车辆考虑的因素要多一些。选择车辆大小应考虑以下几方面因素。

（1）运输业务模式。无论是大批量长途运输还是小批量配送，长途运输应尽量选择大吨位的车辆。

（2）运输道路限制。一般市内配送受车辆限行的影响，在一定的期间内大吨位车辆不许进城，所以城市配送要考虑此因素。

（3）订单批量。订单的小批量是目前运输企业特别是配送企业面临的主要问题。单位时间内一辆车能送几单货将制约车辆的装载能力。

3. 冷藏车辆制冷能力的选择

冷藏车辆的功能主要是保持货品的温度，而不是降低货品的温度。车辆配备的制冷机的功率大小取决于冷藏箱尺寸、货品温度要求、箱体保温材料及环境温度等。一般而言，在特定的区域内冷藏车辆的制冷机有标准配置。选择车厢的大小后，对应相应温度有与其相匹配的制冷机。但在货品质量及对冷链控制要求较高的情况下，可以选择高一级的制冷机配置。

4. 冷藏车辆制冷形式的选择

目前冷藏车辆的制冷形式主要分为外接电源制冷、压缩气体制冷、独立车载发动机制冷和冷板制冷等形式。外接电源制冷主要用于船运制冷集装箱，压缩气体制冷形式在日本冷藏车辆上部分使用。在中国公路冷藏车辆中主要采用独立车载发动机制冷和冷板制冷两种形式。独立车载发动机制冷形式应用得较普遍，它的优点在于不受时间和运输距离的限制，可调节不同温度范围。冷板制冷的优点在于车厢内温度较稳定，可多次卸货并且没有途中发动机损坏的风险，但缺点是温度范围较窄，需制冷等待时间和不能接力运输等。

6.4.4 冷链运输控制

1. 温湿度控制

在仓储和运输环节缺乏制冷设备，在各个环节缺乏适当的监控流程，对温度和湿度的控制不够充分。这些问题可能出现在农场、港口、冷藏、加工工厂、运输、批发和零售等环节，温度控制设备一直不足，在某种情况下，大多数食品产品仍简单使用冰块和隔热毯进行处理。从现在的我国市场来看，冷藏车已经不再新鲜，但是质量不高和过程控制不足是事实，因此，冷藏车的服务质量还有继续改善的空间。因为尽管有冷冻卡车，大宗的运输使用绝热车厢或者是采用带有隔热毯的敞篷卡车的情况也很多，而且有时对于具有制冷设备的卡车，司机或承运人往往在一段时间关闭制冷设备，或者在运抵目的地前打开等情况时有出现。因此，没有统一的设备来检测和控制冷链过程温度湿度。这给温度或湿度敏感食品带了严重的食品安全隐患，由此带来的损失是不可估量的。试想，原本 21 天的冷藏食品保质期，因为中间环节问题而缩短为 7 天，其中的损失是多少。

2. 运输设备的门（锁）控制

由于运输过程距离遥远，路途复杂，因此，对于食品等安全敏感货品，应该对冷藏箱进行门（锁）的状态控制监测。实际上，我国大部分的冷藏食品车都对门（锁）没有进行控制。因此，在食品的运输过程中，如果出现了货物的丢失、对调，或由于某种原因使货物掺入危险物品，其带来的后果是难以估计甚至是灾难性的。现在就有事例显示，某公司生产的奶制品出厂后，在运输的过程中，被他人中途用假的货品进行了替换。因此，将电子技术应用在运输设备中的冷藏箱门（锁）控制，结合地理信息系统的应用，可以很好地保证食品的安全运输。在有很多控制点的情况下，如果不采用相关的技术手段进行控制，就会阻碍存货的发展和问题的追踪。

3. 运输的线路和时间控制

在冷链运输中，有些运输是简单的端到端运输或点到点运输。这种情况下，车辆的路线、每个时间点的位置，甚至单程或往返的油耗都可以有明确的数据信息。但冷链的运输过程往往不是这样单一的线路，如果是针对果蔬饮品等进口或出口冷链运输，则货品的具体位置、线路的实时掌控就变得十分重要。当货品在过程中出现了交通堵塞，或在港口或货运机场出现延迟耽搁，或货品经过危险化学品区域等情况，就需要冷链运输或管理公司采取行动。极端的情况是，要么通知分销或零售商缩短产品的保质期限；要么通知运输司机绕道避开危险区域；要么系统自动计算货物的保质期，以迅速采取措施，以终止腐烂变质的货物的运输。因此，对温度敏感食品运输的线路和时间控制也是至关重要的。

6.4.5 冷链运输组织工作

良好的运输组织工作，对保证冷链货物的质量十分重要。对于冷链运输，应坚持"四优先"的原则，即优先安排运输计划、优先进货装车、优先取送、优先挂运。

发货人在托运之前，应根据货物的不同性质，做好货物的包装工作。托运时，应向承运人提出货物最长的运达期限、某一种货物的具体运输温度及特殊要求，提交卫生检疫等有关证明,并在托运单上注明。检疫证明应退回发货人或随同托运单代递到终点站,交收货人。

承运冷链货物时,承运人应对货物的质量、包装、温度等进行仔细检查。质量要新鲜,包装要符合要求,温度要符合规定。承运人应根据货物的种类、性质、运送季节、运距和运送地方来确定具体的运输服务方法,及时地组织适合的车辆予以装运。

冷链货物装车前,应认真检查车辆及设备的完好状态,做好车厢的清洁、消毒工作,适当风干后再装车。装车时,应根据不同货物的特点,确定其装载方法。如果为冷冻货物,应紧密堆码以保持其冷藏温度;若为水果、蔬菜等需要通风散热的货物,必须在货件之间保持一定的空隙;如为怕压的货物,则应在车厢内加搁板,分层装载。

对于冷链货物的运送,应充分发挥公路运输的快速、直达的特点,协调好仓储、配载、运送各环节,及时运送。运输途中,应由托运方派人沿途照料。天气炎热时,应尽量利用早、晚时间行驶。

6.5 危险货物运输组织

6.5.1 危险货物概述

1. 危险货物的定义

危险货物是指具有爆炸、易燃、毒害、腐蚀、放射性等特性,在运输、装卸和贮存保管过程中,容易造成人身伤亡、财产损毁和和环境污染而需要特别防护的货物。这一概念包含3层含义。

(1) 具备爆炸、易燃、毒害、腐蚀、放射性等性质。这是危险货物造成火灾、中毒、爆炸、灼伤、辐射伤害等事故的基础条件。

(2) 可造成人身伤亡和财产损毁。危险货物的运输、装卸、保管过程中,在遇到受热、明火、摩擦、振动、撞击及与性质相抵触的物品接触等条件时,会发生剧烈的化学反应,从而产生危险效应,造成货物本身的损失,以及对周围人员、财产和环境的危害。

(3) 需要特别防护。这是指必须针对危险货物本身的物理、化学性质,采取相应的防护措施,如对某种爆炸品可采取添加抑制剂的措施。

2. 危险货物的分类

危险货物性质活泼,不稳定,极易受外界条件的影响而发生爆炸、燃烧、中毒、腐蚀、辐射等事故。为了保证运输、装卸、保管等环节的安全与方便,有必要根据各种危险货物的物理、化学性质对其进行分类。我国于1987年7月1日颁布实施了关于危险货物分类的国家标准GB 6914—1986《危险货物分类和品名编号》。该标准采用了联合国推荐的《危险货物运输》中提出的危险货物分类方法,使危险货物无论在分类、包装、标志,还是在运输条件等各方面均与国际接轨,适应了国际贸易运输的需要。该标准将危险货物分为九类,每一类根据性质与特征不同,又分为若干项。

(1) 爆炸品。这种物品在外界因素(如受热、撞击、明火)的作用下,能发生剧烈化学反应,瞬时间产生大量气体和热量,使周围的压力急剧上升,发生爆炸,对周围环境造成破坏。本类货物按危险性的大小分为五项：第 1 项是具有整体爆炸危险的物质和物品；第 2 项是具有抛射危险，但无整体爆炸危险的物质和物品；第 3 项是具有燃烧危险和较小爆炸或较小抛射危险或两者兼有，但无整体爆炸危险的物质和物品；第 4 项是无重大危险的爆炸物质和物品。本项货物危险性较小，一旦被点燃或引燃，其危险作用大部分局限在包装件内部，而对包装件外部无重大危险；第 5 项是非常不敏感的爆炸物质，本项货物性质比较稳定，在着火试验中不会爆炸。常见的爆炸品有炸药、雷管等。

(2) 压缩和液化气体。将常温常压下的气体，经压缩或降温加压后，储存于耐压容器或绝热耐压容器中，即称为压缩、液化气体。本类货物分为 3 项：易燃气体、不燃气体和有毒气体。常见的压缩、液化气体有氧气、氢气、氯气、液化天然气等。本类危险品可引起爆炸、火灾、中毒、冻伤等危险事故。另外，耐压容器还具有破裂或爆炸的危险。

(3) 易燃液体。易燃液体是指易燃的液体、液体混合物或含有固体物质的液体，但不包括由于其危险特性列入其他类别的液体。常见的易燃液体包括酒精、乙醚、汽油、油漆类等。本类危险品的危害是易燃易爆、蒸气易爆性，以及遇强酸、氧化物可剧烈反应自行燃烧，部分易燃液体还具有毒性。本类货物按其闪点不同分为三项，即低闪点液体、中闪点液体和高闪点液体。

(4) 易燃固体、自燃物品、遇湿易燃物品。易燃固体是指燃点低，对热、撞击摩擦非常敏感，易被外界火源点燃，迅速燃烧，并可能散发出有毒烟雾或有毒气体的固体物品，但不包括已列入爆炸品的物质，本类危险品常见的有赤磷及磷的硫化物、硫磺、萘、铝粉等。自燃物品是指自燃点低，在空气中易发生氧化反应，放出热量并自行燃烧的物品，本类危险品常见的有黄磷、铅铁溶剂等。遇湿易燃物品是指在遇水或受潮后，发生剧烈化学反应，释放出大量易燃气体和热量的物品，有些即使不遇明火，也可燃烧或爆炸，本类危险品常见的有钾、钠、电石(碳化钙)等。

(5) 氧化剂和有机过氧化物。氧化剂是指处于高氧化态，具有强氧化性，易分解并放出氧和热量的物质。本类货物对热、振动或摩擦较敏感，其本身不一定可燃，但能导致可燃物的燃烧，与松软的粉末状可燃物能组成爆炸性混合物，常见的氧化剂有硝酸钾、过氧化氢、过氧化钠等。有机过氧化物是指分子组成中含有过氧基的有机物，其本身易燃易爆，极易分解，对热、振动或摩擦极为敏感，常见的有机过氧化物如过氧化二苯甲酰等。

(6) 毒害品和感染性物品。毒害品是指进入肌体后，累积达一定的量，能与体液和组织发生生物化学作用或生物物理变化，扰乱或破坏肌体的正常生理功能，引起暂时性或持久性的病理状态，甚至危及生命的物品，常见的毒害品有四乙基铅、砷及其化合物、生漆等。感染性物品是指含有致病的微生物，能引起病态甚至死亡的物质。

(7) 放射性物品。放射性物品是指凡是能够自发地、连续不断地放射出穿透力很强但人体器官感觉不到的射线，且其放射性比活度大于 $7.4 \times 10^4 Bq/kg$ 的物品；放射性比活度小于 $7.4 \times 10^4 Bq/kg$ 的物品，因其放射性比活度很小，基本不会对人体造成伤害，可按普通货物进行运输。常见的放射性物品有铀、钍的矿石及其浓缩物等。

(8) 腐蚀品。腐蚀品是指能灼伤人体组织并对金属等物品造成损坏的固体或液体。腐蚀品若从包装内渗漏出来，接触人体或其他货物后，在短时间内即会在接触面发生化学反应或电化学反应，造成明显的破坏现象。腐蚀品按化学性质分为三项：酸性腐蚀品、碱性腐蚀品和其他腐蚀品。常见的腐蚀品有硝酸、硫酸、盐酸、氢氧化钠等。

（9）其他危险品。本类货物是指在运输过程中呈现的危险性质不包括在上述 8 类危险货物中的物品。本类危险品分为两项：一是不适用于民航的磁性物品；二是具有麻醉、毒害或其他类似性质，能造成飞行机组人员情绪烦躁或不适，以致影响飞行任务的正确执行，危及飞行安全的物品。这类危险品在汽车运输中无妨碍，所以在我国交通运输部颁布的行业标准 JT 617—2004《汽车运输危险货物规则》中未予列入。

3. 危险货物品名编号

危险货物品名编号由五位阿拉伯数字组成，表明危险货物所属的类别、项号和顺序号。如图 6.8 所示，第一位表示分类，分别为 1~8，第二位代表每一大类中的小项别，后三位表示危险货物的顺序编号。每一危险货物指定一个编号，但对性质基本相同，运输条件和灭火、急救方法相同的危险货物，也可使用同一编号。

图 6.8　危险货物品名编号示意图

例如，品名×××，属第 4 类第 3 项，顺序编号 100，则该品名的编号为 43100。该编号表明该危险货物属第 4 类第 3 项遇湿易燃物品。

4. 危险货物的确认

确认某一货物是否属于危险货物及危险货物的类别，是危险货物运输管理的前提。仅凭危险货物的定义和危险货物分类的国家标准来确认某一货物是否为危险货物，在具体操作上常常有困难，而且，承托双方也不可能在运输前才对众多的危险货物进行技术鉴定和判断。因此，各种运输方式在确认危险货物时，都采用了枚举的原则。各运输方式都结合相关的国家标准，颁布了自己的《危险货物运输规则》和《危险货物品名表》。所以危险货物必须是各运输方式《危险货物品名表》中所列明的，才能予以确认和运输。托运未列入《危险货物品名表》的危险货物新品种，必须另行提交《危险货物鉴定表》。

6.5.2　危险货物运输资质管理

1. 从事汽车危险货物运输的基本条件

只有具备以下条件的运输企业或单位，并经公路运政管理机关批准，才能从事危险货物运输。

（1）凡从事汽车危险货物运输的单位，必须拥有与所从事危险货物运输范围相适应的停车场站、仓储设施，并符合《中华人民共和国消防法》的规定，以满足安全运输的需要。

（2）运输危险货物的车辆、容器、装卸机械和工具等，必须符合《汽车运输危险货物规则》中的相关规定，经道路运政管理机关审验合格。

（3）从事汽车危险货物运输的单位，必须有健全的安全生产规程、岗位责任制、车辆设备保养维修和安全质量教育等规章制度，以及监督保障体系。

(4) 直接从事汽车危险货物运输、装卸、维修作业和业务管理的人员，必须掌握危险货物运输的有关知识，经过培训、考核合格后，取得道路运政管理机关颁发的《道路危险货物运输操作证》，方可持证上岗作业。

2. 汽车危险货物运输的资质凭证

公路危险货物运输的资质凭证，是证明公路危险货物运输者、作业者的基本条件符合相关法律法规的要求，并已办理申报批准手续，有资格从事汽车危险货物运输的凭证。它包括以下6项。

（1）由公路运政管理部门审批、发放的加盖"危险货物运输"字样的道路运输经营许可证。从业者凭道路运输经营许可证，向当地工商行政管理部门办理工商营业执照。

（2）公路危险货物运输车辆的道路营业运输证，是在办理了道路运输经营许可证和工商营业执照后，按营运车辆数从道路运政管理机关领取的一车一证，是随车同行的凭证。

（3）公路危险货物运输车辆的道路非营业运输证，是在办理了非营业性公路危险货物运输手续后，从主管公路运政机关领取的非营业性公路危险货物运输车辆运行的凭证，它也是一车一证，随车同行。

（4）汽车危险货物运输车辆标志，按国家规定车辆左前方必须悬挂黄底黑字、带有"危险品"字样的信号旗。也有的地方法规规定的是印有"危险品"字样的黄色三角灯。其功能是在危险品装卸、运输、保管期间向人们示警，使人们及时避让，以保证安全。

（5）公路危险货物运输的危险货物作业证，是指从事危险货物装卸、保管、理货等作业的人员和业务人员上岗作业的凭证。凡从事危险货物运输的人员，必须经过规定内容的培训，经考核合格后，才能上岗作业。

（6）汽车危险货物运输业户的安全工作合格文件，是指经公安消防部门按国家消防法规的相关规定，对汽车危险货物运输车辆的安全技术状况、运输设施的安全措施、生产安全制度、作业人员素质、消防设施和措施等进行审验合格后，发给的凭证文件。

做好汽车危险货物运输资质管理、监督工作，是保障汽车危险货物运输行业素质、保证运输安全的基本条件。

6.5.3 危险货物运输组织管理

1. 托运

托运人必须向具有从事危险货物运输经营许可证的运输单位办理托运。托运单上要正确填写危险货物的品名、规格、件重、件数、包装方法、起运日期、收货人和发货人的详细地址、运输过程中的注意事项。凡未列入《公路危险货物品名表》的危险货物，托运时应提交《危险货物鉴定表》，经省、自治区、直辖市交通运输主管部门批准后办理运输。对有特殊要求或凭证运输的危险货物，必须附有相关单证，并在托运单"备注"栏内注明。对于货物性质或灭火方法相互抵触的危险货物，必须分别托运。凡未按以上规定办理而引发运输事故的，由托运人承担全部责任。

2. 承运

承运人在受理托运时，应认真审核托运单上所填写货物的编号、品名、规格、件重、净重、总重、收发货地点、时间及所提供的相关资料是否符合规定，必要时应组织承托双方到货物现场和运输线路进行实地勘察,其费用由托运人负担;问清包装、规格和标志是否符合国家规定的要求,对不符合运输安全要求的,应请托运人改善后再受理;承运爆炸品、剧毒品、放射性物品及需控温的有机过氧化物,使用受压容器罐(槽)运输烈性危险品,以及危险货物月运量超过100t时,均应于起运前10天,向当地道路运政管理机关报送危险货物运输计划,包括货物品名、数量、运输线路、运输日期等。对于危险货物的新品种,应检查其随附的《危险货物鉴定表》是否有效。

3. 包装与标志

危险货物在包装时,应根据不同的货种选用特定的材料来制造容器,并要以一定的包装方法进行包装。容器的封口、衬垫、捆扎及每件最大重量都必须符合规定要求。每件包装上应有常规的包装标志及危险货物包装标志两种。

4. 运输与装卸

运输与装卸的基本要求主要有以下几个方面。

1) 车辆

凡运输危险货物的车辆,必须按要求悬挂带有"危险品"字样的黄色标志旗或标志灯;车厢、底板必须平坦完好,周围栏板必须牢固;铁质底板装运易燃、易爆货物时应采取衬垫防护措施,如铺垫木板、胶合板、橡胶板等,但不得使用谷草、草片等松软易燃材料;机动车辆排气管必须装有有效的隔热和熄灭火星的装置,结构或装置应具备具有良好避震性能,电路系统应有切断总电源和隔离火花的装置;根据所装危险货物的性质,配备相应的消防器材和捆扎、防水、防散失等用具;装运危险货物的罐(槽)应适合所装货物的性能,具有足够的强度,并应根据不同货物的需要配备泄压阀、遮阳物、压力表、液位计、导除静电等相应的安全装置;应定期对装运放射性同位素的专用运输车辆、设备、搬运工具、防护用品进行放射性污染程度的检查,当污染量超过规定的允许水平时,不得继续使用。

2) 装卸

危险货物装车前应认真检查包装(包括封口)的完好情况,如发现破损,应由发货人调换包装或修理加固;装运前应检查车厢是否清洁干燥;装卸危险货物时,应根据货物性质采取相应的遮阳、控温、防爆、防火、防震、防水、防冻、防粉尘飞扬、防撒漏、防辐射等措施;各种装卸机械、工属具要有足够的安全系数,并不得损伤货物,不得粘有与所装货物性质相抵触的污染物;装卸易燃、易爆危险货物的机械和工属具,必须有消除产生火花的措施;危险货物装卸作业,必须严格遵守操作规程,轻装、轻卸,严禁碰撞、振动、重压、倒置、拖拽;货物必须堆放整齐、捆扎牢固,防止失落;操作过程中,有关人员不得擅离岗位;危险货物装卸现场和道路、灯光、标志、消防设施等必须符合安全装卸的要求;罐(槽)车装卸地点的储槽口应标有明显的货名牌;储槽注入、排放口的高度、容积和路面坡度应能适合运输车辆装卸的要求。

3) 运送

必须按照货物性质和托运人的要求安排车次,如无法按要求安排作业时,应及时与托运人联系进行协商。要注意气象预报,掌握雨雪和气温的变化。

运输危险货物时,必须严格遵守交通、消防、治安等法规。车辆运行应控制车速,保持与前车的距离，不得紧急制动，严禁违章超车，确保行车安全。对在夏季高温期间限运的危险货物，应按当地公安部门规定进行运输。

装载危险货物的车辆不得在居民聚居点、行人稠密地段、政府机关、名胜古迹、风景游览区停车。如必须在上述地区进行装卸作业或临时停车，应采取安全措施并征得当地公安部门同意。运输爆炸品、放射性物品及有毒压缩气体、液化气体，禁止通过大中城市的市区和风景游览区。如必须进入上述地区，应事先报经当地县市公安部门批准，按照指定的路线、时间行驶。

运输危险货物必须配备随车人员，车上人员严禁吸烟，严禁搭乘无关人员；行车人员不准擅自变更作业计划；运输爆炸品和需要特殊防护的烈性危险货物，托运人须派熟悉货物性质的人员指导操作、交接和随车押运；运输危险货物，途中应经常检查，发现问题及时采取措施；车辆中途临时停靠、过夜，应安排人员看管。

危险货物如有丢失、被盗，应立即报告当地交通运输主管部门，并由交通运输主管部门会同公安部门查处。

5. 交接

货物运达目的地后，要及时通知收货人提货。交接时，必须点收点交，做到交付无误。在双方交接过程中如发现货损货差，收货人不得拒收，应协助承运人采取有效的安全措施，及时处理，降低损失，同时在运输单证上批注清楚。驾驶员、装卸工返回单位后，应向调度人员报告，及时处理。装过危险货物的货车，卸货后必须彻底清扫干净。

6. 漏散处理

爆炸品漏散时，应及时用水湿润，撒上锯末或棉絮等松软物后轻轻收集起来，同时报公安消防部门处理。有引发火灾危险时，应尽可能将其转移或隔离。

压缩气体和液化气体泄漏时，应立刻拧紧阀门；若为有毒气体泄漏，应迅速移至安全场所，做好相应的人身防护，站在上风处进行抢修；若为易燃易爆、助燃气体泄漏，应严禁火种接近。当气瓶卷入火场时，应向气瓶浇水，冷却后移出危险区域。

易燃液体发生渗漏时，应将渗漏部位朝上并移至安全通风处，进行修补或更换包装。当易燃液体漏散时，应用砂土覆盖或者用松软材料吸附，然后将其集中至安全处处理。

易燃固体、自燃物品和遇湿易燃物品漏散时，应根据不同的特性妥善收集，然后转移到安全处更换或整理包装。收集的残留物不得随意遗弃，应做深埋处理。

氧化物和有机过氧化物漏散时，应先用砂土覆盖，打扫干净后，再用水冲洗。收集的撒漏物品，不得倒入原货件内。

毒害品和感染性物品撒漏时，先用砂土覆盖，再清扫干净。收集撒漏物不得随意丢弃，被污染的车辆、库场、用品应及时进行清洗消毒。

放射性物品漏散时，应由熟悉货物性质的专职人员进行处理，做好人身防护。当剂量小的放射性物品的外层辅助包装损坏时，应及时修复或调换包装。放射性矿石、矿粉漏散时，应将漏散物收集，并更换包装。

腐蚀品漏散时，应先用干砂、干土覆盖吸收，清扫干净后用水冲洗。也可视货物的酸碱性分别用稀酸或稀碱溶液对之进行中和。

7. 消防措施

运输、装卸危险货物的单位必须认真贯彻"安全第一、预防为主"的方针。建立健全安全和消防管理制度,对管理、行车人员应进行安全消防知识的教育和业务技术培训。危险货物的库、场或装卸现场,应配备必要的消防设施。库场必须通风良好,清洁干燥,周围应划定禁区,设置明显的警告标志;库场应配备专职人员看管,负责检查、保养、维修工作,并采取严格的安全措施。

当发生火灾时,应根据危险货物类别的不同而采取不同的灭火措施。例如,爆炸品发生火灾,严禁用砂土覆盖,应用密集的水流或喷雾水灭火;遇湿易燃物品、无机氧化剂发生火灾时,严禁用水扑救,应用砂土、干粉灭火;当腐蚀品发生火灾时,不得用柱状水灭火,以防腐蚀品飞溅伤人,而应用雾状水、砂土等灭火。再如,钠、钾、锂等金属及其化合物,其化学性质十分活泼,能夺取二氧化碳中的氧起化学反应而燃烧,所以,当其发生火灾时,既不可用二氧化碳灭火,也不可用卤代烷灭火剂灭火,而只能用砂土扑救。

对化学危险品火灾的灭火措施一定要正确,否则会造成更大的损失。行车人员必须掌握所装危险货物的消防方法,在运输过程中如发生火警应立即扑救,及时报警。

6.6 大件货物运输组织

随着经济的发展、社会的进步,世界科技发展的一个突出特点是,工业品逐步向小型化、轻型化和微型化发展,而工业设备却向着大型化、重型和超重型发展。电力、化工、冶金、建材等的单套设备的容量、生产能力越来越大,单件设备质量可达数百吨,长度与高度也远远超出一般的公路通行限界。大件货物的运输量呈现逐年上升的趋势。如何组织好这些与国民经济关系重大的大型设备的安全运输工作,对发展我国工业、支援农业等都具有十分重要的意义。

6.6.1 大件货物的概念

大件货物也称超限货物,包括长大货物和笨重货物。长大货物是指长度在 14m 以上或宽度在 3.5m 以上或高度在 3m 以上的单件货物或不可解体的成组(成捆)货物。笨重货物是指质量在 20t 以上的单件货物或不可解体的成组(成捆)货物。超限货物的质量是指毛重,即货物的净重加上包装和支撑材料后的总重,一般以厂家提供的货物技术资料所标明的质量为参考数据。

笨重货物又可分为均重货物和集重货物。凡是其质量能均匀地或近似均匀地分布于车辆底板上的货物称为均重货物;而其质量集中于车辆底板的某一部分的货物称为集重货物。对于集重货物,装载时需在其下面铺一些垫木,使其重量比较均匀地分散于底板上。

根据《道路大型物件运输管理办法》的规定,超限货物按其尺寸和质量(包括包装和支承架)分为四级,见表 6-5。

表 6-5 公路运输超限货物的等级

大件级别	质量/t	长度/m	宽度/m	高度/m
一级	20~(100)	14~(20)	3.5~(4.5)	3.0~(3.8)
二级	100~(200)	20~(30)	4.5~(5.5)	3.8~(4.4)
三级	200~(300)	30~(40)	5.5~(6.0)	4.4~(5.0)
四级	300 以上	40 以上	6.0 以上	5.0 以上

注：①括号中的数字表示该项参数不包括括号内的数值；②货物的外廓尺寸和质量中，有一项达到表中所列数值，即为该级别的超限货物；若同时达到两种等级以上，按高限级别确定超限等级。

6.6.2 大件货物运输的特殊性

1. 载运工具的特殊性

大件货物要用超重型汽车列车（车组）来运输。这是非常规的特种车组，其牵引车和挂车都必须是用高强度钢材和大负荷轮胎制成的，价格很高，且对行驶平稳性和安全性的要求也很高。

2. 道路条件要求苛刻

大件货物由于其外形尺寸和质量上的特殊性，因此要求通行的道路有足够的宽度、净空、良好的道路线型，要求路过的桥涵要有足够的承载能力，必要时需封闭路段，让超重型车组单独安全通过。在大件货物运输前，必须做好道路状况的勘察工作，采取一些必要的工程措施，运输过程中采取一定的组织技术措施，才能保证超重型车组的顺利通行。这往往涉及公路管理、公安、交通、电信电力等专管部门，必须得到这些部门的同意及配合，大件货物运输才能实现。

3. 高度的安全性要求

安全质量第一是大件货物运输的指导思想和行动指南。大型设备都是涉及国家经济建设的重要设备，且价格昂贵，稍有疏忽，后果不堪设想，必须确保万无一失。所以，必须要求有严密的质量保证体系，任何一个环节都要有专人负责，按规定要求严格执行，经检查合格，才能运行。

6.6.3 运输过程的受力分析

大件货物由于体积巨大，因此，装载于车辆上运输时，相比普通货物，更易受到各种外力的作用。大件货物在运输中的受力示意图如图 6.9 所示。

(1) 横向离心力。是指车辆转弯时，所产生沿汽车横向（垂直于速度的方向）的离心力。力的大小与货物的质量、车辆转弯时的速度、转弯半径及弯道的倾斜角有关。

(2) 纵向惯性力。是指车辆在起动、加速或制动等情况下，所产生的与车辆的加速度相反的力。力的大小与货物的重量和加速度的大小成正比。

(3) 垂直冲击力。是指车辆在运行过程中，由于路面不平、上下颠簸振动所引起的垂直于水平面的上下交替的力。力的持续时间很短，一般为 0.13~0.16s。力的大小与货物的质量，冲击的时间、速度，支持面的大小、道路条件及车辆的性能有关。

(4) 其他作用力。大件货物运输过程中受到的坡道阻力和风力也比较大。其中，风力的大小与风速、货物的外形及迎风面积有关。

大件货物受以上各种力的影响均比较大，这些外力的综合作用往往会使货物发生水平移动、滚动甚至倾覆。所以，在运输大件货物时，需非常重视货物的质量、形状、重心高度、车辆条件、道路条件、运送速度等因素，采取相应的措施来保证运输安全。

图 6.9 大件货物受力示意

6.6.4 运输组织工作

根据道路超限货物运输的特殊性，其组织工作一定要认真细致，确保万无一失。其组织工作环节主要包括办理托运、理货、制定运输方案、签订运输合同、线路运输工作组织及统计与结算等。

1. 办理托运

托运人必须向已取得道路大件货物运输经营资格的运输企业或其代理人办理托运。托运人必须在托运单上如实填写大件货物的名称、规格、件数、件重、起运日期、收货人与发货人详细地址，以及运输过程的注意事项。托运人还必须向运输企业提供货物说明书，需要时应提供大件货物的三视图（视图上应标明货物的外形尺寸及重心位置）和装卸、加固等具体意见、建议和要求。凡未按上述要求办理托运或托运单未填写明确，造成运输事故的，由托运人承担全部责任。

2. 理货

大件货物运输企业在受理托运时，必须做到承运大件货物的级别与批准经营的类别相符，不准超范围受理。受理托运时，必须根据托运人填写的托运单和提供的货物说明书进行检查与核对，掌握货物的特性、长宽高度、实际质量、几何形状、重心位置、货物承载位置及装卸方式等实际数据，这便是理货工作。理货完毕，应完成理货报告。通过理货分析，可为合理选择车型、计算允许装载货物的最大质量、查验道路及制定运输方案提供依据。

3. 制定运输方案

选择运输线路、制定运输方案应充分考虑超限运输的可行性，所以首先要检验道路。

验道工作包括观察运输沿线全部道路和交通情况；勘察路面宽度、质量、坡度、净空高度、转弯半径；查验运行线路上的桥、涵、隧道、渡口、装卸货现场、倒载运现场的负荷能力；了解运行线路附近有无电缆、煤气管道或其他地下建筑等情况。验道完毕，根据勘查的结果预测作业时间，编制运行路线图，完成验道报告。

在对理货、验道报告进行充分分析与研究的基础上，制定周密的、安全可靠的运输方案。运输方案的主要内容包括选择运输线路，配备超重型车组及附件、动力机组及压载块，确定车辆运行的最高限速，确定货物装卸、捆扎、加固方式，配备辅助车辆等，最后形成运输方案的书面文件。

4. 签订运输合同

完成上述工作后，承、托双方便可签订运输合同。合同的主要内容有明确托运与承运甲乙方，大件货物的基本数据，运输车辆数据，运输的始终点，运输时间和运距，合同的生效时间，承托双方的责任与义务，有关法律手续的办理方式，运费的结算方式和付款方式等。

5. 线路运输工作组织

为确保超限运输的安全，应成立临时性的运输领导小组，负责运输方案的实施与对外联络工作。

大件货物的装卸工作，应根据托运人的要求、货物的特点和相应的装卸操作规程进行。大件货物的装卸工作，应选择适宜的装卸机械，应使货物的全部支承面均匀地、平稳地放置在车辆底板上，以免损坏车辆底板或大梁；货物若为集重货物，应在其下面加纵横垫木或起垫木作用的衬垫物上，以分散压力；货物的重心垂线应尽可能通过车辆底板的纵、横中心线的交点，如无可能，则应严格控制其横向位移，纵向位移在任何情况下，不得超过轴荷分配的技术参数；货物的重心高度也应符合相关要求，必要时可加配重以降低重心，但需注意货物与配重的总重量不得超过车辆的额定载重量。货物装车完毕，应视货物的形状、大小、重心高度、运行线路、运行速度等情况，采取不同的措施进行加固，以确保运输安全。

超限货物运输过程中，各种车辆应按一定的顺序编队行驶。通常，其排列顺序为交通先导车、标杆车、起重吊机、排障指挥车、超重型汽车列车、故障拯救车、备用拖车、材料供应车、其他护送车辆等。车辆应按运输方案规定的路线和时间行驶，并在大件货物的最高、最宽、最长处悬挂明显的安全标志，以引起路上过往车辆的注意。白天可以悬挂标志旗，夜间行车和停车休息时装设标志灯。

超限货物运输过程中，会遇到许多不可预见的问题，领导小组及带队领导应沉着冷静，多与内部人员协商，加强与沿线公路管理部门和公安交通部门的沟通，以解决问题，确保运输质量。

6. 统计与结算

运输统计是指对完成超限货物运输的各项技术经济指标的统计。运输结算是指完成超限货物运输工作后按运输合同的有关规定结算运费及其相关费用。

本 章 小 结

为了满足国民经济对交通运输特别是对公路运输的数量和质量的更高需求,交通运输部提出公路运输工作的重点应集中在公路货运领域上,尤其是应集中在发展我国的公路快速货运、集装箱运输和物流服务几个方面。其中公路快速货运是近年来国内公路运输业关注的热点。国外公路快速货运已经相对成熟和稳定,具有很高的水平,已经形成了一些以Fedex、UPS、TNT、宅急便为代表的品牌企业。例如,美国的零担快运特别强调在时间上取胜,一般要求运距在800km以内,当天到达;运距在800~2 400km范围内两天到达;运距2 400~4 800km范围内3天到达;运距在4 800km以上,多为4天到达。公路快速货物运输以其快速、经济、安全、便利的运输服务,已成为发达国家道路货运的主要方式。如何充分利用公路建设所创造的条件,加速公路快运业的发展,使之更好地为国民经济及社会服务,成为目前业内正在认真探索和研究的重大课题。

案 例 分 析

飞鹰货运公司是一个具有十多年的历史的集整车运输、零担运输、货物包装、货物仓储等业务于一身的专业运输企业。飞鹰货运公司统计发现,近年来零担班车货物运量虽然只占公司总运量的15%,装车数占总装车数的30%,但办理零担货运的人员却占总货运人员的50%左右,零担货运事故也占货运总事故的70%左右,客户投诉率一直居高不下,根据统计,零担货物运输成本至少是整车货运运输成本的两倍。

问题:
(1) 零担运输的概念及零担货物的特点是什么?
(2) 结合零担运输的特点,分析飞鹰货运公司零担运输存在的问题。
(3) 零担货运班车运输组织形式有哪些?并分别解释。

关键术语

整车运输　零担运输　货物托运单　行车路单　冷链物流　冷链运输

综 合 练 习

一、单项选择题

1. 应选择整车未选择,反而采取零担托运,应当直达而选择了中转运输,应当中转运输而选择了直达运输等都属于(　　)。
　　A. 迂回运输　　　B. 过远运输　　　C. 托运方式选择不当　　D. 对流运输
2. 下列物品不能作为公路零担运输的是(　　)。
　　A. 活鱼　　　　　B. 计算机　　　　C. 书籍　　　　　　　　D. 棉被

3. （　　）是公路零担货物运输的特点。
   A. 货源确定　　　B. 组织工作简单　　C. 单位运输成本较高　D. 利润高
4. 在起运站将各个发货人托运同一线路、不同到站、且性质适宜配载的各种零担货物，同车装运至沿途各计划作业点，卸下或装上零担货物后继续行驶，直至最后终到最后终到站，这种运输组织形式是（　　）。
   A. 中转零担运输　　B. 直达零担运输　　C. 沿途零担运输　　D. 非固定式零担运输
5. 当几辆零担车同时到站进行中转作业时，将车内部分中转零担货物由一辆车向另外一辆车上直接换装，而不卸到车站仓库货位上。这种零担货物的中转作业方法是（　　）。
   A. 过车法　　　　B. 坐地法　　　　C. 落地法　　　　D. 坐车法

二、多项选择题

1. 根据《中华人民共和国道路运输条例》及《道路货物运输及站场管理规定》（交通部令 2005 年第 6 号）的规定，申请从事货运经营应具备的条件包括（　　）。
   A. 有与其经营业务相适应并经检测合格的车辆
   B. 有具体的运输计划
   C. 有符合规定条件的驾驶人员
   D. 有健全的安全生产管理制度
   E. 有明确的线路和站点方案
2. 在双班运输中，下列有关"一车两人，轮流驾驶，日夜双班"的说法正确的有（　　）。
   A. 这种组织形式适用于运距很长，货流不固定的运输线路
   B. 其优点是能定人、定车，最大可能地提高车辆时间利用
   C. 缺点是驾驶员在车上得不到正常的休息
   D. 驾驶员工作时间较长，不利于正常的休息
3. 大型物件承运人在受理托运时，必须做到（　　）。
   A. 根据托运人填写的运单和提供的有关资料，予以查对核实
   B. 承运大型物件的级别必须与批准经营的类别相符，不准受理经营类别范围以外的大型物件
   C. 承运人应根据大型物件的外形尺寸和车货重量，在起运前会同托运人勘察作业现场和运行路线，了解沿途道路线形和桥涵通过能力，并制定运输组织方案。涉及其他部门的应事先向有关部门申报并征得同意，方可起运
   D. 运输大型物件，应按有关部门核定的路线行车。白天行车时，悬挂标志旗；夜间行车和停车休息时装设标志灯
4. 冷藏货装载时应注意的事项有（　　）。
   A. 冷冻集装箱在装货过程中，冷冻机要停止运转
   B. 在装货前，冷冻集装箱内使用的垫木和其他衬垫材料要预冷；要选用清洁卫生的衬垫材料，不使它污染货物
   C. 不要使用纸、板等材料作衬垫，以免堵塞通风管和通风口
   D. 装货后箱顶与货物顶部一定要留出空隙，使冷气能有效地流通

三、名词解释

1. 整车运输
2. 零担运输
3. 货物托运单
4. 行车路单
5. 冷链运输

四、简答题

1. 零担货物运输有何特点？其组织形式有哪些？
2. 什么是大件货物？其运输组织工作包括哪些环节？
3. 什么是危险货物？危险货物是如何进行分类的？
4. 危险货物的运输与装卸有哪些要求？

五、实务题

停放在广州市某物流公司货场装满货物的货车突然起火。货场工作人员遂拨打报警电话，后消防队赶到。在救火过程中，巨大的火焰又将相邻的一辆装载货物的货车引燃，且在货物的燃烧过程中伴随着爆炸。两辆货车装载的货物最终被全部烧毁、两辆货车报废，造成直接经济损失 200 余万元。经调查，起火货车所装货物为二氧化氯消毒粉剂，属于 5.1 类氧化剂危险品，运输中应禁止与易燃和可燃物质混运。产品的外包装上无法区分是否为危险化学品，托运人托运时声称是普通货物，并未说明是危险化学品。后该物流公司依法向当地区人民法院提起民事赔偿诉讼，要求该产品的托运人承担民事赔偿责任。

问题：损失应由谁来承担？为什么？

第7章 集装箱运输组织

【学习目标】

通过本章学习,学生应了解集装箱的定义及标准化、集装箱的类型;掌握集装箱的识别标记;了解集装箱货物及集装箱选择;掌握集装箱运输单证;掌握集装箱运输组织方式。

【导入案例】

中国内地 A 公司从中国香港 B 公司进口 A 套德国设备,合同价格条件为 CFR(Cost and Freight,成本加运费)。目的地为广西梧州,装运港是德国汉堡,装运期为开出信用证后 90 天内,提单通知人是卸货港的外运公司。合同签订后,A 公司于 7 月 25 日开出信用证,10 月 18 日 B 公司发来装船通知,11 月上旬 B 公司将全套议付单据寄交开证行,A 公司业务员经审核未发现不符并议付了货款。

船运从汉堡到广西梧州包括在香港转船正常时间应在 45～50 天内。12 月上旬,A 公司屡次查询梧州外运公司都无货物消息,怀疑 B 公司倒签提单,随即电询 B 公司,B 公司答复已如期装船。12 月下旬,A 公司仍未见货物,再次电告 B 公司要求联系其德国发货方协助查询货物下落。B 公司回电说德国正处圣诞节假期,德方无人上班,没法联络。A 公司无奈只好等待。元月上旬,圣诞假期结束,B 公司来电,称货物早已在去年 12 月初运抵广州黄埔港,请速派人前往黄埔办理报关提货手续。此时货物海关滞报已 40 多天,待 A 公司办好所报关提货手续已是次年元月底,发生的滞箱费、仓储费、海关滞报金、差旅费及其他相关费用达十几万元。

问题:

(1) 分析造成上述结果的原因。
(2) 如何解决这些问题?

【本章知识架构】

集装箱运输是 20 世纪 50 年代以来发展迅猛的一种运输方式。20 世纪 70 年代初开始进入我国，随后在我国的一些主要对外口岸迅速发展，20 世纪 80 年代后期开始在我国进入多式联运。近年来，集装箱运输在世界物流界已成为一种主要的运输方式。

7.1 集装箱运输概述

7.1.1 集装箱的定义及标准化

1. 集装箱的概念

集装箱是用于装载货物,便于机械化装卸和运送的一种集装化工具,集装箱是在我国内地的称谓,在中国香港称为"货箱",在中国台湾省称作"货柜"。关于集装箱的定义,国际上不同国家、地区和组织的表述有所不同。许多国家(包括中国)现在基本上采用国际标准化组织(International Organization for Standardization,ISO)对集装箱的定义,即集装箱是一种运输设备,它应具备以下条件:①具有足够的强度,可长期反复使用;②适于一种或多种运输方式运送货物,无须中途换装;③装有便于装卸和搬运的装置,特别是便于从一种运输方式转移到另一种运输方式;④便于货物的装满和卸空;⑤内部容积为 $1m^3$ 或 $1m^3$ 以上。简单地说,集装箱是具有一定强度、刚度和规格,专供周转使用的大型装货容器。使用集装箱转运货物,可直接在发货人的仓库装货,运到收货人的仓库卸货,中途更换车、船时,无须将货物从箱内取出换装。

集装箱运输是运输方法上的一次革命,是使件杂货运输合理化、科学化和现代化的标志。

2. 集装箱主要参数

(1) 外部尺寸。是指包括集装箱永久性附件在内的集装箱外部最大的长、宽、高尺寸。它是确定集装箱能否在船舶、全(半)挂车、货车、铁路车辆之间进行换装的主要参数,是各运输部门必须掌握的一项重要技术资料。

(2) 内部尺寸。是指集装箱内部的最大的长、宽、高尺寸。它决定集装箱内容积和箱内货物的最大尺寸。

(3) 容积。按集装箱内尺寸计算的装货容积。同一规格的集装箱,由于结构和制造材料的不同,其容积略有差异。

(4) 自重(空箱质量)。是指空集装箱的质量,包括各种集装箱在正常工作状态下应备有的附件和各种设备,如机械式冷藏集装箱的机械制冷装置及其所需的燃油。

(5) 载重(载货质量)。集装箱最大容许承载的货物质量,包括集装箱正常工作状态下所需的货物紧固设备及垫货材料等在内的质量。

(6) 总重(额定质量)。是集装箱的自重和载重之和,即集装箱的总质量。它是营运和作业的上限值,又是设计和试验的下限值。

(7) 自重系数。指集装箱的自重与载重之比。集装箱自重系数越小越好。自重系数小,表明在集装箱自重既定的情况下,能够装载较多的货物。铝合金集装箱的优点就在于它的自重系数较小。

(8) 比容。指集装箱内部的几何容积与载重之比。集装箱的比容大,表明在同样载重量的情况下,它可以装载较大体积的货物,具有较大的使用范围。

（9）比面。指集装箱底的全部面积与其载重量之比。集装箱比面大，表明在同样载重量的情况下，可以装载较多占用放置面积较大的货物。

集装箱比容是反映封闭式集装箱装载能力的技术参数，集装箱比面则是反映敞开式集装箱装载能力的技术参数。杂货集装箱参数见表7-1。

表7-1 杂货集装箱参数

参数		20ft 箱		20ft 箱		20ft 箱		40ft 箱		40ft 箱	
材质		A（铝制）		B（铝制）		C（钢制）		A（铝制）		B（铝制）	
单位		mm	ft-in	mm	ft-in	mm	ft-in	mm	ft-in	mm	ft-in
外部尺寸	长	6 058	19-10.5	6 058	10-10.5	6 058	19-10.5	12 192	40	12 192	40
	宽	2 438	8	2 438	8	2 438	8	3 438	8	2 438	8
	高	2 438	8	2 438	8	2 438	8	2 591	8-6	2 591	8-6
内部尺寸	长	5 930	19-5.44	5 884	19-3.65	5 888	19-3.81	12 062	39-6.87	12 052	39-6.5
	宽	2 350	7-8.5	2 345	7-8.94	2 331	7-7.76	2 350	7-8.5	2 342	7-8.18
名义高度		2 260	7-4.94	2 240	7-4.18	2 255	7-7.45	2 380	7-9.86	2 367	7-0.37
净空高度		2 180	7-1.8	2 180	7-1.8			2 305	7-6.68		
门框尺寸	宽	2 350	7-8.5	2 342	7-8.18	2 340	7-8.12	2 035	7-8.5	2 347	7-8.37
	高	2 154	7-0.81	2 135	7-0.16	2 143	7-0.37	2 284	7-5.68	2 265	7-5.27
单位		m³	ft³	m³	ft³	m³	ft³	m³	ft³	m³	ft³
容积		31.5	1 112	30.9	1 091	31	1 095	67.6	2 386	66.5	2 348
单位		kg	lb	kg	lb	kg	lb	kg	lb	kg	lb
自重		1 600	3 530	1 700	3 570	2 230	4 920	2 990	6 600	3 410	7 500
总重		24 000	52 913	24 000	52 913	24 000	52 913	30 480	67 200	30 480	67 200
载重		22 400	49 383	22 300	49 163	21 770	47 993	27 490	60 600	27 070	59 700

3. 国际标准集装箱

目前通用的第1系列国际标准集装箱共有13种规格。其外部尺寸可分为以下类别。

（1）A系列集装箱。这类集装箱长度均为40ft，宽度均为8ft，由于高度的不同可以分为四种：1AAA，高度为9ft6in；1AA，高度为8ft6in；1A，高度为8ft；1AX，高度小于8ft。

（2）B系列集装箱。这类集装箱长度均为30ft(实际小于30ft)，宽度均为8ft，由于高度不同可以分为四种：1BBB，高度为9ft6in；1BB，高度为8ft6in；1B，高度为8ft；1BX，高度小于8ft。

（3）C系列集装箱。这类集装箱长度均为20ft(实际小于20 ft)，宽度均为8ft，由于高度不同可以分为三种：1CC，高度为8ft6in；1C，高度为8ft；1CX，高度小于8ft。

（4）D系列集装箱。这类集装箱长度均为10ft(实际小于10ft)，宽度均为8ft，由于高度不同可以分为两种：1D，高度为8ft；1DX，高度小于8ft。

第 1 系列集装箱外部长、宽、高均有相关"公差"的规定。基本尺寸加公差只能小于标准外部尺寸。第 1 系列集装箱外部尺寸、公差和总重见表 7-2。

表 7-2 国际标准集装箱现行箱型系列

规格	箱型	长度 L/mm		宽度 W/mm		高度 H/mm		总重/kg
		基本尺寸	公差	基本尺寸	公差	基本尺寸	公差	
40ft	1AAA	12192	0 −10	2 438	0 −5	2 896	0 −5	30 480
	1AA					2 591		
	1A					2 438		
	1AX					<2 438		
30ft	1BBB	9125	0 −10	2 438	0 −5	2 896	0 −5	25 400
	1BB					2 591		
	1B					2 438		
	1BX					<2 438		
20ft	1CC	6 058	0 −6	2 438	0 −5	2 591	0 −5	24 000
	1C					2 438		
	1CX					<2 438		
10ft	1D	2 991	0 −5	2 438	0 −5	2 438	0 −5	10 160
	1DX					<2 438		

关于第 1 系列集装箱的长度尺寸标准，还需说明如下：由于在火车、卡车的同一车皮、堆场的同一箱位、可装载（堆存）一个 40ft 集装箱的位置，必须可同时装载（堆存）两个 20ft 集装箱或一个 30ft 与一个 10ft 集装箱，所以，实际上除了 40ft 集装箱的长度允许正好为 40ft 外，30ft、20ft、10ft 的集装箱，其长度均必须小于其公称长度。其长度尺寸关系如图 7.1 所示，图中 i 为间距，国际标准规定其值为 3in(76mm)。

图 7.1 集装箱尺寸配合图

注：1A 型为 40ft(12 192mm)；1B 型为 30ft(9 125mm)；1C 型为 20ft(6 058mm)；1D 型为 10ft(2 991mm)；i（间距）= 3in(76mm)。各种集装箱箱型具有以下尺寸关系。

$$1A = 1B + i + 1D = 9\,125 + 76 + 2\,991 = 12\,192\,(\text{mm})$$
$$1B = 1D + i + 1D + i + 1D = 3 \times 2\,991 + 2 \times 76 = 9\,125\,(\text{mm})$$
$$1C = 1D + i + 1D = 2 \times 2\,991 + 76 = 6\,058\,(\text{mm})$$

目前，在海上运输中，经常使用的是 1AA 和 1CC 型集装箱。上述 A、B、C、D 四类集装箱中，以 A 类与 C 类（长度分别为 40ft 和 20ft）集装箱最为通用，其总数量也较多。从统计的角度，将一个 C 类集装箱（长度为 20ft），称为 1 个标准箱；一个 40ft 的集装箱计为 2 个标准箱；一个 30ft 的集装箱计为 1.5 个标准箱；一个 10ft 的集装箱计为 0.5 个标准箱。

4. 中国国家标准集装箱

国家标准集装箱一般是各国政府按国际标准的参数，考虑到本国的具体技术条件而制定的。我国现行国家标准集装箱见表 7-3。

表 7-3 我国现行集装箱标准

型号	高度/mm		宽度/mm		长度/mm		总重/kg
	基本尺寸	公差	基本尺寸	公差	基本尺寸	公差	
1AA	2 591	0 −5	2 438	0 −5	12 192	0 −10	30 480
1A	2 438	0 −5	2 438	0 −5	12 192	0 −10	30 480
1AX	<2 438	0 −5	2 438	0 −5	12 912	0 −10	30 480
1CC	2 591	0 −5	2 438	0 −5	6 058	0 −6	20 320
1C	2 438	0 −5	2 438	0 −5	6 058	0 −6	20 320
1CX	<2 438	0 −5	2 438	0 −5	6 058	0 −6	20 320
10D	2 438	0 −5	2 438	0 −5	4 012	0 −5	10 000
5D	2 438	0 −5	2 438	0 −5	1 968	0 −5	5 000

注：①5D 和 10D 两种箱型主要用于国内运输，其他 6 种箱型主要用于国际运输；②C 型箱额定质量仍为 20 320kg，实际使用中采用 24 000kg。

目前世界上通用的是国际标准集装箱。除标准箱外，现在世界上还有不少非标准集装箱。

7.1.2 集装箱的类型

集装箱可以分别按用途、制造材料、总重和长度尺寸等进行分类。

1. 按集装箱的用途分类

（1）干货集装箱。这种集装箱也称杂货集装箱，用来运输无须控制温度的件杂货，使用范围很广，常用的有 20ft 和 40ft 两种。其结构特点常为全封闭式，一般在一端或侧面设有箱门，箱内设有一定的固货装置。这种箱子在使用时一般要求清洁、水密性好。对装入这种集装箱的货物要求有适当的包装，以便充分利用集装箱的箱容。干货集装箱如图 7.2 所示。

图 7.2　干货集装箱

（2）开顶集装箱。这种集装箱的箱顶可以打开，货物能从上部吊装吊卸，适于装载大型货物和重货，如钢铁、木材，玻璃集装架等。开顶集装箱如图 7.3 所示。

图 7.3　开顶集装箱

（3）通风集装箱。通风集装箱一般在其侧壁或顶壁上设有若干供通风用的窗口，适用于装运有一定通风和防潮要求的杂货，如原皮、水果、蔬菜等。如果将通风窗口关闭，可作为杂货集装箱使用。通风集装箱如图 7.4 所示。

图 7.4　通风集装箱

（4）台架式集装箱。这种集装箱没有箱顶和侧壁，甚至连端壁也去掉了，只有底板和四个脚柱。这种集装箱可以从前后、左右及上方进行装卸作业，适合装卸长大件和重货，如重型机械、钢材、钢管、钢锭、木材等。台架式集装箱如图 7.5 所示。

图 7.5　台架式集装箱

（5）平台式集装箱。这种集装箱是在台架式集装箱上的基础再简化而只保留底板的一种特殊结构集装箱。主要用于装卸长大笨重货物，如重型机械、钢材、整件设备等。平台的长度和宽度与国际标准集装箱的箱底尺寸相同，可使用与其他集装箱相同的紧固件和起吊装置。平台式集装箱形状类似铁路平板车，仅有底板而无上部结构的一种集装箱。平台式集装箱装卸作业方便，适宜装长度可达 6m 以上，宽 4m 以上，高 4.5m 左右，重量可达 40t。且两台平台集装箱可以联结起来，装 80t 的货，用这种集装箱装运汽车极为方便。平台式集装箱如图 7.6 所示。

图 7.6　平台式集装箱

（6）冷藏集装箱。冷藏集装箱是以运输冷冻食品为主，能保持所定温度的保温集装箱。它是专为运输如鱼、肉、新鲜水果、蔬菜等食品而特殊设计的。冷藏集装箱如图 7.7 所示。

图 7.7　冷藏集装箱

（7）罐式集装箱。这种集装箱专门用来装运液体货，如酒类、油类、化学品等液体货物。它由罐体和框架两部分组成，罐体用于装液体货，框架用于支撑和固定罐体。罐体的外壁采用保温材料以使罐体隔热，内壁一般要研磨抛光以避免液体残留于壁面。为了降低液体的黏度，罐体下部还设有加热器。对罐体内温度可以通过安装在其上部的温度计进行观察。罐顶设有装货口，罐底设有排出阀。装货时货物由罐顶部装货口装入，卸货时则由排出阀流出或从顶部装货口吸出。罐式集装箱如图7.8所示。

图7.8　罐式集装箱

（8）汽车集装箱。这种集装箱专门用来装运小型汽车。其结构特点是无侧壁，仅设有框架和箱底。为了防止汽车在箱内滑动，箱底专门设有绑扎设备和防滑钢板。大部分汽车集装箱被设计成上下两层。汽车集装箱如图7.9所示。

图7.9　汽车集装箱

（9）动物集装箱。这是一种专门用来装运鸡、鸭、猪、羊等活禽、活牲畜的集装箱。该种集装箱一般配有食槽，并能遮蔽阳光，具有良好的通风条件。动物集装箱如图7.10所示。

图7.10　动物集装箱

(10) 服装集装箱。这种集装箱的特点是，在箱内侧梁上装有很多根横杆，每根横杆上挂有许多吊扣或绳索，供服装挂运。这种无包装运输方法不仅节约了包装材料和包装费用，而且减少了人工劳动，提高了服装的运输质量。服装集装箱如图 7.11 所示。

(11) 散货集装箱。这种集装箱用于装运粉状或粒状货物，如大豆、大米、各种饲料等。在箱顶部设有两三个装货口，在箱门的下部设有卸货口。使用集装箱装运散货，一方面提高了装卸效率，另一方面提高了货运质量，减轻了粉尘对人体的侵害和对环境的污染。散货集装箱如图 7.12 所示。

图 7.11　服装集装箱

图 7.12　散货集装箱

2. 按集装箱的制造材料分类

集装箱的制造材料应尽量采用质量轻、强度高、耐用及维修保养费用低的材料。现代的大型集装箱都不是用一种材料制成的，而是用钢、木材、铝合金和玻璃钢中的几种材料制成的。按制造集装箱的主体材料划分，集装箱可分为以下 4 种。

(1) 钢制集装箱。其优点是强度大，结构牢固，水密性好，能反复使用，价格低廉，主要缺点是防腐能力差，箱体笨重，相应地降低了装货能力。

(2) 铝合金集装箱。其优点是自重轻，提高了集装箱的装载能力，而且具有防腐性好和弹性好等优点。主要缺点是铝合金集装箱的造价相当高，焊接性也不及钢制集装箱，受碰撞时易损坏。

(3) 不锈钢集装箱。一般多用不锈钢制作罐式集装箱。不锈钢集装箱的主要优点是不生锈，耐蚀性好，强度高。主要缺点是价格高，投资大。

(4) 玻璃钢集装箱。由玻璃钢制成的集装箱主要优点是强度大、刚性好，具有较高的隔热、防腐和耐化学侵蚀能力；易于洗涤，修理简便，维修费用较低。其主要缺点是自重大，造价高。

3. 按集装箱的总重分类

按集装箱的总重分类，有 30 吨集装箱、20 吨集装箱、10 吨集装箱、5 吨集装箱、2.5 吨集装箱等。

4. 按集装箱的箱体长度分类

按集装箱的箱体长度分类，可分为 40ft 集装箱、20ft 集装箱、10ft 集装箱、45ft 集装箱等。

7.1.3 集装箱的识别标记

为了方便集装箱运输管理,国际标准化组织规定的集装箱标记有"必备标记"和"自选标记"两类。每一类标记中,又分"识别标记"和"作业标记"两种。每类标记都必须按规定大小,标识在集装箱规定的位置上,如图 7.13 所示。

图 7.13 集装箱标记代号的位置

注:1—箱主代号;2—箱号或顺序号、核对数字;3—集装箱尺寸及类型代号;4—集装箱总量、自重和容积;5—集装箱制造厂名及出厂日期。

1. 识别标记

识别标记以 ABCU001234 为例进行讲解。

1) 箱主代号

箱主代号即集装箱所有人代号,ABC 表示箱主代码,用 3 个大写拉丁字母表示。为防止箱主代号出现重复,所有箱主在使用代号之前应向国际集装箱局登记注册。目前国际集装箱局已在多个国家和地区设有注册机构。我国北京设有注册机构。国际集装箱局每隔半年公布一次在册的箱主代号一览表。

2) 设备识别代号

设备识别代号分别为 U、J 和 Z 三个字母。U 表示集装箱,J 表示集装箱所配置的挂装设备,Z 表示集装箱专用车和底盘车。

箱主代号和设备识别代号一般 4 个字母连续排列,如 ABCU,其为箱主代号为 ABC,设备识别代号为 U。

3) 顺序号

顺序号又称箱号,用 6 位阿拉伯数字表示。若有效数字不足 6 位,则在前面加"0",补足 6 位。例如,有效数字为 1234,则集装箱号应为 001234。

4) 核对数字

核对由一位阿拉伯数字表示,列于 6 位箱号之后,置于方框之中。

设置核对数字的目的,是为了防止箱号在记录时发生差错。运营中的集装箱频繁地在各种运输方式之间转换,如从火车到卡车再到船舶等,不断地从这个国家到那个国家,进出车站、码头、堆场、集装箱货运站。每进行一次转换和交接,就要记录一次箱号。在多次记录中，如果偶然发生差错，记错一个字符，就会使该集装箱从此"不知下落"。为不致出现此类"丢失"集装箱及所装货物的事故，在箱号记录中设置了一个"自检测系统"，即设置一位"核对数字"。该"自检测系统"的原理如下。

(1) 将箱主代号 4 个拉丁字母与箱号 6 位阿拉伯数字视作一组，共 10 个字符。
前 4 位拉丁字母字符一一与等效数值对应，参见表 7-4。

表 7-4 等效数值表

箱主代号		箱主代号		顺序号	箱主代号		箱主代号		顺序号
字母	等效数值	字母	等效数值	数字或等效数值①	字母	等效数值	字母	等效数值	数字或等效数值①
A	10	H	18	0	O	26	V	34	7
B	12	I	19	1	P	27	W	25	8
C	13	J	20	2	Q	28	X	36	9
D	14	K	21	3	R	29	Y	37	
E	15	L	23	4	S	30	Z	38	
F	16	M	24	5	T	31			
G	17	N	25	6	U	32			

(2) 箱主代号、设备识别码的 4 位等效数值与 6 位箱号，共 10 个数字，分别乘以 $2^0 \sim 2^9$ 的加权系数。

(3) 将所有乘积累加，然后除以模数 11，所得的余数，查余数与核对数值对照表（表 7-5），即可求得核对数字。

表 7-5 余数与核对数值对照表

余 数	核对数字	余 数	核对数字	余 数	核对数字
10	0	6	6	2	2
9	9	5	5	1	1
8	8	4	4	0	0
7	7	3	3		

在集装箱运行中，每次交接记录箱号时，在将"箱主代号"与"箱号"录入计算机时，计算机就会自动按上述原理计算"核对数字"；当记录人员输入最后一位"核对数字"与计算机计算得出的数字不符时，计算机就会提醒箱号记录"出错"。这样就能有效避免箱号记录出错的事故。

【例 7-1】集装箱的箱主代号和顺序号为 ABZU123456，求其核对数字。

解：其等效数值、加权系数和乘积之和可列表求得，见表 7-6。

从表 7-6 中得乘积之和为 5 578，除以模数 11，即 5 578/11＝507 余数 1，查表 7-5，当余数为 1 时，核对数字为 1。

表 7-6 求核对数的计算表

名称	代号	等效数值	加权系数	乘积
箱主代号	A	10	2^0	10
	B	12	2^1	24
	Z	38	2^2	152
	U	32	2^3	256
顺序代号	1	1	2^4	16
	2	2	2^5	64
	3	3	2^6	192
	4	4	2^7	512
	5	5	2^8	1 280
	6	6	2^9	3 072
合计				5 578

2. 作业标记

1) 额定重量和自重标记

集装箱的额定重量(空箱质量)和箱内装载货物的最大容许重量(最大容许质量)之和，即最大工作总重量(Max Gross Mass)，简称最大总重，用 R 表示。集装箱的自重(Tare Weight)又称空箱重量(Tare Mass)，用 T 表示。它包括各种集装箱在正常工作状态下应备有的附件和各种设备，如机械式冷藏集装箱的机械制冷装置及其所需的燃油、台架式集装箱上两侧的立柱、开顶集装箱上的帆布顶篷等。

【例 7-2】COSU 001234 $\boxed{2}$

　　　　RCX2030
　　　　MAX GROSS：1234(KG)
　　　　TARE 382(KG)

解：依照相关标志规定反映了以下集装箱的情况。
COSU：　箱主代号，表示是中国远洋运输公司；
001234：顺序号；
$\boxed{2}$：　核对数；
RCX：　国籍代码；
20：　尺寸代号，表示长 20ft，高 8ft；
30：　类型代号，表示冷冻集装箱；
MAX GROSS：2234(KG)——最大总重量 2 234kg；
TARE：382(KG)——空箱重量 382。

2) 超高标记

凡箱高超过 2.6m(8ft6in)的集装箱均应标打下列必备标记。

(1) 在集装箱两侧标打集装箱高度标记，该标记为黄色底上标出黑色数字和边框。

（2）在箱体每端和每侧角件间的顶梁及上侧梁上标打长度至少为 300mm(12in) 的黄黑斜条的条形标记。

3）通行标记

集装箱在运输过程中要能顺利地通过或进入他国国境，箱上必须贴有按规定要求的各种通行标记，主要有安全合格牌照、集装箱批准牌照、检验合格徽、防虫处理板和国际铁路联盟标记。

另外，装有危险货物的集装箱，应有规格不小于 250mm×250mm 的至少 4 幅《国际海运危险货物规则》类别标志，并贴于外部明显的地方。集装箱的标志如图 7.14 所示。

图 7.14　集装箱标志图

7.1.4　集装箱运输的优越性及特点

1. 集装箱运输的优越性

（1）扩大成组单元，提高装卸效率，降低劳动强度。在装卸作业中，装卸成组单元越大，装卸效率越高。托盘成组化与单件货物相比，装卸单元扩大了20～40倍；而集装箱与托盘成组化相比，装卸单元又扩大了15～30倍。所以集装箱化对装卸效率的提高是个不争的事实。

(2) 减少货损、货差，提高货物运输的安全与质量水平。货物装入集装箱后，在整个运输过程中不再倒载。由于减少了装卸搬运的次数，就大大减少了货损、货差，提高了货物的安全和质量。据我国的统计，用火车装运玻璃器皿，破损率一般在30%左右，而改用集装箱运输后，破损率下降到5%以下。在美国，类似运输破损率不到0.01%，日本也小于0.03%。

(3) 缩短货物在途时间，降低物流成本。集装箱化给港口和场站的货物装卸、堆码的全机械化和自动化创造了条件。标准化的货物单元加大，提高了装卸效率，缩短了车船在港口和场站停留的时间。据航运部门统计，一般普通货船在港停留时间约占整个营运时间的56%；而采用集装箱运输，则在港时间可缩短到仅占营运时间的22%。这一时间的缩短，对货主而言就意味着资金占用的大幅下降，可以很大程度地降低物流成本。

(4) 节省货物运输包装费用，简化理货工作。集装箱是坚固的金属（或非金属）箱子。集装箱化后，货物自身的包装强度可减弱，包装费用下降。据统计，用集装箱方式运输电视机，本身的包装费用可节约50%。同时，由于集装箱装箱通关后，一次性铅封，在到达目的地前不再开启也简化了理货工作，降低了相关费用。

(5) 减少货物运输费用。集装箱可节省船舶运费；节省运输环节的货物装卸费用；由于货物安全性提高，运输中保险费用也相应下降。据英国有关方面统计，该国在大西洋航线上开展集装箱运输后，运输成本仅为普通件杂货运输的1/9。

2. 集装箱运输的特点

(1) 集装箱运输是一种门到门运输（Door to Door）。这里的门到门，一端是指制造企业的"门"，另一端是指市场的"门"。所谓门到门，就是从制造企业将最终消费品生产完毕，装入集装箱后，不管进行多长距离、多么复杂的运输，中间不再进行任何装卸与倒载；一直到市场"门"，再卸下直接进入商场。这既是这种运输方式的特点，又是采用这种运输方式所要达到的目标。凡使用集装箱运输的货物，都应尽量不在运输中途进行拆箱与倒载。

(2) 集装箱运输是一种多式联运。由于集装箱门到门运输的特点，决定了其多式联运的特点。由于集装箱是一种封闭式的装载工具，在海关的监督下装货铅封以后，可以一票到底直达收货人，所以集装箱运输是最适合国际多式联运的一种方法。

(3) 集装箱运输方式是一种高效率的运输方式。这种高效率包含两方面的含义：一是时间上的高效率，由于集装箱在结构上是高度标准化的，与之配合的装卸机具、运输工具（船舶、卡车、火车等）也是高度标准化的，因此在各种运输工具之间换装与紧固均极迅捷，大大节省了运输时间；二是经济上的高效率，集装箱运输可以在多方面节省装卸搬运费用、包装费用、理货费用、保险费用等，并大幅降低货物破损损失。这些都决定了集装箱是一种高效率的运输方式。

(4) 集装箱是一种消除了所运货物外形差异的运输方式。在件杂货运输方式中，所运货物不管采用什么样的外包装，其物理、化学特性上的差异均比较明显，可以通过视觉、触觉和嗅觉加以区别。在货物的信息管理方面，即使有所缺陷，也可以用其他手段予以弥补。而集装箱则不然，货物装入集装箱之后，其物理、化学特性全部被掩盖了，变成千篇一律的标准尺寸、标准外形的金属（或非金属）箱子，从其外形，无法得到任何说明其内容的特征。所以集装箱的信息管理与件杂货运输相比，具有特别重要的意义。

7.2 集装箱货物的交接

7.2.1 集装箱货物

1. 集装箱货物的分类

适合集装箱运输的货物，是既便于装箱，又能够经济运输的货物。这些货物按货物是否适合装箱具体包括以下分类情况。

（1）最适合装箱货。是指价值大、运价高、易损坏、易盗窃的商品。这些商品按其属性（指商品的尺寸、体积和质量）可有效地进行集装箱装箱。属于这一类商品的有针织品、酒、香烟及烟草、医药品、打字机、各种小型电器、光学仪器、各种家用电器等。

（2）适合装箱货。是指价值较大、运价较高、不易损坏和被盗窃的商品，如纸浆、天花板、电线、电缆、面粉、生皮、碳晶、皮革、金属制品等。

（3）边际装箱货。又称临界装箱货或边缘装箱货。这种货物可用集装箱来装载，但其货价和运价都很低，用集装箱来运输，经济性差，而且该类货物的大小、质量、包装也难于集装箱化。属于这一类商品的有钢锭、生铁、原木、砖瓦等。

（4）不适合装箱货。是指那些从技术上看装箱有困难的货物，如原油和矿砂等不宜装箱运输，而采用专用运输工具运输可提高装卸效率，降低运输成本；又如桥梁、铁路、大型发电机等设备，由于其尺度大大超过国际标准集装箱中最大尺寸的集装箱，故装箱有困难，但可以装在组合式的平台车上运载。

2. 集装箱货物的装箱方式

根据集装箱货物装箱数量和方式可分为整箱和拼箱两种方式。

1）整箱

整箱（Full Container Load，FCL）是指货方自行将货物装满整箱以后，以箱为单位托运的集装箱。这种情况在货主有足够货源装载一个或数个整箱时通常采用，除有些大的货主自己置备有集装箱外，一般都是向承运人或集装箱租赁公司租用一定的集装箱。空箱运到工厂或仓库后，在海关人员的监管下，货主把货装入箱内、加锁、铅封后交承运人并取得站场收据，最后凭收据换取提单或运单。

整箱货是指一批货物，达到一个或一个以上集装箱的内容积的75%或集装箱负荷重量的95%。整箱货流转过程：①发货人在自己工厂或仓库装箱地点配置集装箱；②发货人在自己工厂或仓库装箱地点装箱；③通过内陆或内河运输将集装箱货物运至集装箱码头；④在集装箱码头堆场办理交接，根据堆场计划在堆场内暂存集装箱货物，等待装船；⑤根据装船计划将集装箱货物装上船舶；⑥通过水上运输将集装箱货物运到卸船港；⑦根据卸船计划从船上卸下集装箱货物；⑧根据堆场计划在堆场内暂存集装箱货物；⑨通过内陆运输将集装箱货物运至收货人工厂和仓库；⑩收货人在自己工厂或仓库掏箱地点掏箱；⑪集装箱空箱回运。

2）拼箱

拼箱(Less Than Container Load，LCL)是指承运人或代理人，接受货主托运的数量不足整箱的小票货运后，根据货类性质和目的地进行分类整理。把去同一目的地的货，集中到一定数量拼装入箱。由于一个箱内有不同货主的货拼装在一起，因此叫拼箱。这种情况在货主托运数量不足装满整箱时采用。拼箱货的分类、整理、集中、装箱、拆箱、交货等工作均在承运人码头集装箱货运站或内陆集装箱转运站进行。

拼箱货是指凡不足整箱货的容积和重量的货载，即需要两批或两批以上同装一箱的货载。拼箱货流转过程：①发货人自己负责将货物运至集装箱货运站；②集装箱货运站负责配箱、装箱；③集装箱货运站负责将装载货物的集装箱运至集装箱码头；④根据堆场计划将集装箱暂存堆场，等待装船；⑤根据装船计划将集装箱货物装上船舶；⑥通过水上运输将集装箱货物运抵卸船港；⑦根据卸船计划从船上卸下集装箱货物；⑧根据堆场计划在堆场内暂存集装箱货物；⑨将集装箱货物运至货运站；⑩集装箱货运站掏箱交货；⑪集装箱空箱回运。

3. 集装箱货物的交接方式

(1) 整箱交、整箱接(FCL/FCL)。货主在工厂或仓库把装满货后的整箱交给承运人，收货人在目的地整箱接货。承运人以整箱为单位负责交接，而货物的装箱和拆箱均由货方负责。此种交接方式效果最好，也最能发挥集装箱运输的优越性。

(2) 拼箱交、拆箱接(LCL/LCL)。货主将不足整箱的小票托运货物在集装箱货运站或内陆中转站交给承运人，由承运人负责拼箱和装箱，运到目的地货运站或内陆中转站后，由承运人负责拆箱，各收货人凭单取货。货物的装箱和拆箱均由承运人负责。

(3) 整箱交、拆箱接(FCL/LCL)。货主在工厂或仓库把装满货后的整箱交给承运人，在目的地的集装箱货运站或内陆中转站由承运人负责拆箱，各收货人凭单接货。

(4) 拼箱交、整箱接(LCL/FCL)。货主将不足整箱的小票托运货物在集装箱货运站或内陆中转站交给承运人。由承运人分类调整，把同一收货人的货物集中拼装成整箱，运到目的地后，承运人以整箱交，收货人以整箱接。

上述各种交接方式中，以整箱交、整箱接的效果最好，也最能发挥集装箱的优越性。

4. 集装箱货物的交接地点

具体来说，集装箱货的交接地点主要有3处，即集装箱码头堆场(Container Yard，CY)、集装箱货运站(Container Freight Station，CFS)、发货人或收货人的工厂或仓库(Door)。根据整箱货、拼箱货及集装箱交接地点的不同，集装箱运输又有以下九种具体交接方式。

(1) 门到门(Door to Door)。是指发货人负责在自己的工厂或仓库里装箱、办理通关和加封手续，承运人在发货人处接收货物后，对货物的全程运输负责，直到运至收货人处交付货物时止。货物交接的形态均为整箱货。

(2) 门到场(Door to CY)。是指发货人负责装箱、办理通关和加封手续，承运人在发货人处接收货物后，对货物全程运输负责，直到运至运输合同中指定的码头或内陆堆场向收货人交付货物时止。运往目的地的内陆运输则由收货人自己负责安排。货物交接形态均为整箱货。

(3) 门到站(Door to CFS)。是指发货人负责装箱、办理通关和加封，承运人在发货人处接收货物后，对货物全程运输负责，直到运至运输合同中指定的码头或码头附近内陆地区的集装箱货运站，并负责拆箱，向收货人(可能是一个也可能是多个)交付时止。这种交接方式，承运人接收的是整箱货，交付时需拆箱。

(4) 场到门(CY to Door)。是指发货人负责装箱，办理通关及加封手续，并自行负责将集装箱由装箱地运至运输合同中指定的码头或内陆堆场，承运人在该堆场接收货物后负责运至收货人处的全程运输，并在收货人处交付货物。其货物交接形态均为整箱货。

(5) 场到场(CY to CY)。是指发货人负责装箱，办理通关及加封手续，并自行负责将集装箱由装箱地运至运输合同中指定的码头或内陆堆场。承运人在该堆场接收货物后，负责将货物运至合同中指定的目的地堆场的全程运输，并在目的地堆场向收货人交付货物。收货人负责至拆箱地的运输工作，以及拆箱和还箱工作。货物的交接形态均为整箱货。

(6) 场到站(CY to CFS)。是指发货人负责装箱，办理通关及加封手续，并自行负责将集装箱由装箱地运至运输合同中指定的堆场交给承运人。承运人则负责将货物运至指定的目的地货运站，拆箱后向收货人(一个或多个)交付货物。承运人以整箱形态接收货物，以拆箱形态交付货物。

(7) 站到门(CFS to Door)。是指发货人以原来的形态把货物运至合同指定的集装箱货运站。承运人在集装箱货运站接收货物，进行整理、分类、装箱、加封后，将货物运至收货人处交付货物。这种交接方式承运人以拼箱形态接收货物，以整箱交付货物，一般对应于多个发货人、一个收货人的情况。

(8) 站到场(CFS to CY)。这种方式与站到"门"方式类似，差别仅是承运人在集装箱货运站接收货物后，负责将货物运至合同指定的目的地堆场，并向收货人交付货物。

(9) 站到站(CFS to CFS)。承运人接收货物与站到门、站到场相似，但在集装箱货运站接收货物后，要负责将货物运至合同指定的目的地集装箱货运站，并负责拆箱后向收货人交付货物。这种方式承运人以拼箱形态接收货物，以拆箱形态交付货物，一般对应于多个发货人、多个收货人的情况。

以上九种交接方式，进一步可归纳为以下四种方式。

(1) 门到门。这种运输方式的特征是在整个运输过程中，完全是集装箱运输，并无货物运输，故最适宜于整箱交、整箱接。

(2) 门到场站。这种运输方式的特征是由门到场站为集装箱运输，由场站到门是货物运输，故适宜于整箱交、拆箱接。

(3) 场站到门。这种运输方式的特征是由门至场站是货物运输，由场站至门是集装箱运输，故适宜于拼箱交、整箱接。

(4) 场站到场站。这种运输方式的特征是除中间一段为集装箱运输外，两端的内陆运输均为货物运输，故适宜于拼箱交、拆箱接。

7.2.2 集装箱选择

集装箱的选择主要包括集装箱类型的选择和集装箱数量的计算两方面内容。

1. 集装箱类型的选择

正确选择集装箱的类型，是集装箱运输组织管理的重要工作。选择箱型，应首先了解以下内容。

(1) 货物特性。货物特性决定了运输要求，如危险品、易碎品、鲜活易腐品等货物特性不一，对箱型选择也就不同。

(2) 货物种类与货名。为了保证货物运输安全无损，仅仅了解货物的一般特性是不够的。例如，对危险货物来说，就不能只知道它是危险货物就满足了，还要进一步了解它是属于哪一类危险货物，是爆炸品、易燃品还是腐蚀性货物；具体了解它的货名，是鞭炮、电影胶卷还是硫酸；此外，还要知道它有无包装，是什么包装；货物是清洁的还是脏的，有没有气味等。

(3) 货物包装尺寸。由于我国货物运输包装规格繁多，要选择相适应的集装箱型号，必须了解货物包装尺寸，以便选择合适的配置方法（如横平放、直平放、竖正放等），充分利用箱容容积。

(4) 货物质量。任何集装箱可装货物的质量都不得超过集装箱的载货质量，有时货物质量虽小于载货质量，但由于该货物是集中载荷而可能造成箱底强度不足，这时就必须采取措施，利用货垫使集中载荷分散均布。

(5) 集装箱运输过程。应考虑整个运输过程由哪几种运输工具运送，是否转运和换装作业，采用何种作业方式，运输过程中的外界条件如何，是否高温、多湿，拆箱地点的设备和条件如何等。运输过程不同，箱型也应不同。

(6) 箱型选择应遵循的原则。包括货物外部尺寸应与集装箱内部尺寸相适应，以成公倍数为最佳；按货物比容选择最有利比容（或比面）的集装箱；优先选择自重系数较小的集装箱；集装箱外部尺寸应与运输工具尺寸相适应，亦以成公倍数为最佳。

2. 集装箱数量的计算

箱型选定后，还应计算所需的集装箱数量。为此，首先应了解集装箱的单位容重的概念。

集装箱的单位容重是指集装箱的最大载货质量除以集装箱的容积所得的商。要使集装箱的容积和载货质量都能满载，就要求货物的密度等于集装箱的单位容重。实际上集装箱装货后，箱内的容积或多或少会产生空隙，因此，集装箱内实际可利用的有效容积为箱的容积乘以箱容利用率。表 7-7 给出了 20ft 和 40ft 杂货集装箱及 20ft 开顶集装箱和台架式集装箱的单位容重。

表 7-7 集装箱的单位容重

集装箱种类	载货质量		集装箱容积		箱容利用率为 100%时的单位容重		箱容利用率为 80%时的单位容重	
	kg	1b	m³	ft³	kg/m³	1b/ft³	kg/m³	1b/ft³
20ft 杂货集装箱	21 790	48 047	33.2	1 172	656.3	41.0	820.4	51.3
40ft 杂货集装箱	27 630	60 924	67.8	2 426	407.5	25.1	509.4	31.4
20ft 开顶集装箱	21 480	47 363	28.4	1 005	756.3	47.1	945.4	58.9
20ft 台架式集装箱	21 230	46 812	28.5	1 007	744.9	46.5	931.1	58.1

1) 整箱货物的集装箱需用量计算

在计算集装箱所需数量之前，先要判定这批货物是重货还是轻货，再求出每一个集装箱的最大装载量和有效容积，就可以算出该批货物所需要的集装箱数量。其计算方法如下。

对于重货，即货物单位体积质量大于集装箱有效容积的单位容重，则用货物质量除以集装箱的载货质量，即得所需要的集装箱数。

当货物单位体积质量等于集装箱有效容积的单位容重时，则既可按质量计算也可按体积计算，都可以求得集装箱的需要数量。

对于暂不能判定是重货还是轻货时，可先按容积计算，求出每个集装箱可能装运的货物件数，再用货物件数乘以每件货物质量，并与集装箱的载货质量进行比较。如果货物质量小于集装箱载货质量，那么就按货物总体积除以集装箱容积计算所需集装箱数；反之，则按货物总质量除以每个集装箱的载货质量，计算所需的集装箱个数。下面举例说明。

【例 7-3】现有需要装箱的电气制品货物(纸箱包装)共 750 箱，体积为 117.3m^3(4 141ft^3)，质量为 20.33t(44 827lb)，问需要装多少个 20ft 杂货集装箱？

解：先求货物密度。

$$货物密度 = 2\ 0330/117.3 = 173.3 (kg/m^3)$$

从表 7-7 中查得箱容利用率如为 80%，20ft 杂货集装箱的单位容重为 820.4kg/m^3。因货物密度小于箱的单位容重，故所装之电气制品为轻货。

$$集装箱的有效容积 = 33.2 \times 0.8 = 26.56 (m^3)$$

所需集装箱数为货物体积除以集装箱有效容积，即

$$117.3/26.56 \approx 4.4(个)$$

所以，需要 5 个 20ft 杂货集装箱才能把该批纸箱包装的电气制品装完。

2) 拼箱货物的集装箱需用量计算

对于拼箱货物，应当轻、重货物搭配装载。为使配装效果较好，配装货物的品种宜少，以一种重货与另一种轻货配装最为有利。拼装货物应是发至同一到达站的货物，同时，必须使所装货物的加权平均单位体积质量等于或接近于集装箱的单位容重，从而使集装箱的容积装满，载货质量也得以充分利用。

轻、重货物正确的配装比例，可按以下公式计算：

$$P_b = P_w + P_l \tag{7-1}$$

$$V_y = V_w + V_l = \frac{P_w}{Y_w} + \frac{P_l}{Y_l} \tag{7-2}$$

式中，P_b——集装箱载重(t)；

P_w——应装重质货物的质量(t)；

P_l——应装轻质货物的质量(t)；

V_y——集装箱有效内容积(m^3)；

V_w——应装重质货物的体积(m^3)；

V_l——应装轻质货物的体积(m^3)；

Y_w——重质货物单位体积的质量(t/m^3)；

Y_l——轻质货物单位体积的质量(t/m^3)。

由此可推出

$$P_w = \frac{P_b - V_y Y_l}{1 - \dfrac{Y_l}{Y_w}} \quad (7-3)$$

$$P_l = P_b - P_w \quad (7-4)$$

为了减少集装箱的回程空载,有时要把普通杂货装在各种特殊集装箱内。这些特殊集装箱的容积一般都比杂货集装箱小,因此,在计算集装箱数量时应特别注意。

根据国外的装载经验,利用各种特殊集装箱装载杂货时,其装载量经验值见表 7-8。

表 7-8 国外特殊集装箱装载杂货的装载量经验值

集装箱类型	可装载量/容积吨	集装箱类型	可装载量/容积吨
20ft 动物集装箱	13	20ft 冷藏集装箱	17.5
20ft 通风集装箱	21	20ft 台架式集装箱	14
20ft 散货集装箱	21	20ft 开顶集装箱	21

7.2.3 集装箱货物的装载

选用集装箱装载的货物千差万别,装载的要求也各不相同,但一般应满足以下基本要求。

1. 质量的合理分配

根据货物的体积、质量、外包装的强度及货物的性质进行分类,把外包装坚固和质量较重的货物装在下面,外包装较为脆弱、质量较轻的货物装在上面。装载时要使货物的质量在箱底均匀分布,否则,有可能造成箱底脱落或底梁弯曲。如果整个集装箱的重心发生偏移,当用扩伸抓具起吊时,有可能使集装箱产生倾翻现象。此外,还将造成运输车辆前后轮质量分布不均。

2. 货物的必要衬垫

装载货物时,要根据包装的强度来决定对其进行必要的衬垫。对于外包装脆弱的货物、易碎货物应夹衬缓冲材料,防止货物相互碰撞挤压。为填补货物之间和货物与集装箱侧壁之间的空隙,有必要在货物之间插入垫板、覆盖物之类的隔货材料。要注意对货物下端进行必要的衬垫,使质量分布均匀。对于出口集装箱货物,若其衬垫材料属于植物检疫对象的,箱底最好改用非植检对象材料。

3. 货物的合理固定

货物在装箱后,一般都会产生空隙。由于空隙的存在,必须对箱内货物进行固定处理,以防止在运输途中,尤其是海上运输中由于船体摇摆而造成货物坍塌与破损。货物的固定方法有以下几种。

(1) 支撑。用方形木条等支柱使货物固定。

(2) 塞紧。货物与集装箱侧壁之间用方木等支柱在水平方向加以固定,货物之间插入填塞物、缓冲垫、楔子等防止货物移动。

(3) 系紧。用绳索、带子等索具或用网具等捆绑货物。

由于集装箱的侧壁、端壁、门板处的强度较弱，因此，在集装箱内对货物进行固定作业时要注意支撑和塞紧的方法，不要直接撑在这些地方，应设法使支柱撑在集装箱的主要构件上。此外，也可将衬垫材料、扁平木材等制成栅栏来固定货物。绑扎固定对于缓冲运输中产生的冲击和振动具有明显效果。

4. 货物合理混装

货物混装时，要避免相互污染或引起事故。

(1) 干、湿货物的混装。液体货物或有水分的货物与干燥货物混装时，如果货物出现泄漏渗出液汁或因结露产生水滴，就有可能引起干燥货物的湿损、污染、腐败等事故，因此，要尽可能避免混装。当然，如果货物装在坚固的容器内，或装在下层，也可以考虑混装。

(2) 尽可能不与强臭货物或气味强烈的货物混装。例如，肥料、鱼粉、兽皮等恶臭货物，以及胡椒、樟脑等强臭货物不得与茶叶、咖啡、烟草等香味品或具有吸臭性的食品混装。对于与这些恶臭、强臭货物混装的其他货物，应采取必要措施，有效阻隔气味。

(3) 尽可能不与粉末类货物混装。水泥、肥料、石墨等粉末类的货物与清洁货物不得混装。

(4) 危险货物之间不得混装。危险货物之间混装容易引起着火和爆炸等重大灾害。

5. 尽量用机械装卸集装箱内货物

集装箱内货物的装卸作业方式，随箱型和货物品种而异。例如，散装货箱可用抓斗或皮带机装箱，用倾斜方式卸箱；开顶集装箱可用吊车装箱、卸箱；侧开门式集装箱可用叉车装箱、卸箱；端开门式大型通用集装箱，可用小型机械出入箱内装箱、卸箱等。

集装箱货物装箱后，装拆箱作业人应缮制货物装箱单，按有关规定施加封志，并按要求在箱体外张贴运输及有关标志。

6. 货物装箱其他注意事项

货物装箱时还应注意以下几方面。

(1) 包装不同的货物应分别装载，以防止互相碰撞造成包装破损。
(2) 有尖角或突出部分的货物之间，应用木板等材料分隔，以免损伤其他货物。
(3) 严格遵守货物包装上的规定，如严禁倒置的货物必须正放。
(4) 包装不整、不牢固和破损的货物不装。
(5) 采取有力措施，防止因运输时间长、外界条件差而损害货物。
(6) 装箱时应考虑卸箱的难易及所需条件，为卸货创造方便。

7.2.4 集装箱调配

1. 集装箱空箱调运产生的原因

集装箱空箱调运及其管理关系到集装箱的利用程度、空箱调运费的开支、货物的及时装箱和发送及企业的经济效益。在集装箱运输航线货源不平衡的情况下，必须进行空箱调运。

通过合理的空箱调运,可以降低船公司航线集装箱需备量和租箱量,从而降低运输成本,提高船公司的竞争能力和经济效益。产生空箱调运的原因主要有以下五种。

(1) 由于管理方面的原因产生空箱调运。例如,单证交接不全,流转不畅,影响空箱的调配和周转;又如,货主超期提箱,造成港口重箱积压,影响集装箱在内陆的周转,为保证船期,需要从附近港口调运空箱。

(2) 进出口货源不平衡,造成进、出口集装箱比例失调,产生空箱调运。

(3) 贸易逆差导致集装箱航线货流不平衡,产生空箱调运。

(4) 进出口货物种类和性质不同,需使用不同规格的集装箱,产生不同规格集装箱短缺现象,需要按箱种规格调运空箱,以满足不同货物的需要。

(5) 其他原因。例如,出于对修箱费用和修箱要求的考虑,船公司将空箱调运至修理费用低、修箱质量高的地区去修理。

因此,产生一定数量的空箱调运是必然的。而通过加强箱务管理,实现箱务管理现代化,减少空箱调运量是完全可以实现的。

空箱调运应考虑航线集装箱配备量因素,并比较空箱调运费用与租箱费用来确定。

2. 减少空箱调运的途径

减少空箱调运的有效途径主要有以下 3 个。

(1) 组建联营体,实现船公司之间集装箱的共享。联营体通过互相调用空箱,可减少空箱调运量和航线集装箱需备量,节省空箱调运费用和租箱费用。

(2) 强化集装箱集疏运系统,缩短集装箱周转时间。通过做好集装箱内陆运输各环节的工作,保证集装箱运输各环节紧密配合,缩短集装箱内陆周转时间和在港时间,以提供足够箱源,不致因缺少空箱而从邻港调运。

(3) 强化集装箱跟踪管理系统,实现箱务管理现代化。通过优化集装箱跟踪管理,采用 EDI(Electronic Data Interchange,电子数据交换)系统,以最快、最准确的方式掌握集装箱信息,科学而合理地进行空箱调运,最大限度地减少空箱调运量,缩短空箱调运距离。

7.3 集装箱运输单证

7.3.1 提单

1. 提单的含义和作用

提单(Bill of Lading,B/L)是货物的承运人或其代理人收到货物后,签发给托运人的一种证件。这个证件说明了货物运输有关当事人,如承运人、托运人和收货人之间的权利与义务。提单的作用主要表现为以下几个方面。

(1) 提单是承运人或其代理人签发的货物收据(Receipt for the Goods),证明已按提单所列内容收到货物。

(2) 提单是一种货物所有权的凭证(Documents of Title)。提单的合法持有人凭提单可在目的港向轮船公司提取货物,也可以在载货船舶到达目的港之前,通过转让提单而转移货物所有权,或凭以向银行办理押汇货款。

(3) 提单是托运人与承运人之间所订立的运输契约的证明（Evidence of Contract of Carrier）。在班轮运输的条件下，它是处理承运人与托运人在运输中产生争议的依据；包租船运输的条件下，承运人或其代理人签发的提单也是运输契约的证明。这种运输的契约是租船合同（Charter Party），它是处理承运人（船东）与租船人在运输中的权利义务的依据。

2. 提单的种类

提单可以从不同角度加以分类，主要有以下几种。

1) 根据货物是否装船分类

根据货物是否装船，提单可分为已装船提单和备运提单。

已装船提单（On Board B/L or Shipped B/L）是指承运人已将货物装上指定的船只后签发的提单。这种提单的特点是提单上面有载货船舶名称和装货日期。

备运提单（Received for Shipment B/L）是指承运人收到托运的货物待装船期间，签发给托运人的提单。这种提单上面没有装船日期，也无载货的具体船名。在国际贸易中，一般都必须是已装船提单。《跟单信用证统一惯例》（Uniform Customs and Practice for Documentary Credits，UCP）规定，在信用证无特殊规定的情况下，要求卖方必须提供已装船提单。银行一般不接受备运提单。

2) 根据货物表面状况，有无不良批注分类

根据货物表面状况，有无不良批注，提单可分为清洁和不清洁提单。

清洁提单（Clean B/L）是指货物装船时，表面状况良好，承运人在签发提单时未加任何货损、包装不良或其他有碍结汇批注的提单。

不清洁提单（Unclean B/L or Foul B/L）是指承运人收到货物之后，在提单上加注了货物外表状况不良或货物存在缺陷和包装破损的提单。例如，在提单上批注"铁条松失"（Ironstriploose of Missing）、"包装不固"（In sufficiently Packed）、"X件损坏"（X Package In Damage Condition）等。但是，并非提单有批注即为不清洁提单。国际航运公会（International Chamber of Shipping）于1951年规定为下列三种内容的批注不能视为不清洁：第一，不明白地表示货物或包装不能令人满意，如只批注"旧包装"、"旧箱"、"旧桶"等；第二，强调承运人对于货物或包装性质所引起的风险不负责任；第三，否认承运人知悉货物内容、重量、容积、质量或技术规格。这三项内容已被大多数和国家和航运组织所接受。在使用信用证支付方式时，银行一般不接受不清洁提单。有时在装船时会发生货损或包装不良，托运人常要求承运人在提单上不作不良批注，而向承运人出具保函，也称赔偿保证书（Letter or Indemnity），向承运人保证如因货物破残损及承运人因签发清洁提单而引起的一切损失，由托运人负责。承运人则给予灵活处置，签发清洁提单，便于在信用证下结汇。对这种保函，有些国家法律和判例并非承认，如美国法律认为这是一种欺骗行为。所以，使用保函时要视具体情况而定。

3) 根据收货人抬头分类

根据收货人抬头，提单可分为记名提单、不记名提单和指示提单。

记名提单（Straight B/L）又称收货人抬头提单，它是指在提单的"收货人"栏内，具体写明了收货人的名称。由于这种提单只能由提单内指定的收货人提货，所以提单不易转让。

不记名提单(Open B/L)又称空白提单，是指在提单的"收货人"栏内不填明具体的收货人或指示人的名称而留空的提单。不记名提单的转让不需任何背书手续，仅凭提单交付即可，提单持有者凭提单提货。

指示提单(Order B/L)是指在提单的"收货人"栏内，只填写"凭指示"(To Order)或"凭某人指示"(To Order of …)字样的一种提单。这种提单通过背书方式可以流通或转让，所以又称可转让提单。

4) 根据运输方式分类

根据运输方式，提单可分为直达提单、转船提单和联运提单。

直达提单(Direct B/L)是指轮船装货后，中途不经过转船而直接驶往指定目的港，由承运人签发的提单。

转船提单(Transhipment B/L)是指货物经由两程以上船舶运输至指定目的港，而由承运人在装运港签发的提单。转船提单内一般注明"在某港转船"的字样。

联运提单(Through B/L)是指海陆、海空、海河、海海等联运货物，由第一承运人收取全程运费后并负责代办下程运输手续在装运港签发的全程提单。卖方可凭联运提单在当地银行结汇。

转船提单和联运提单虽然包括全程运输，但签发提单的承运人一般都在提单上载明只负责自己直接承运区段发生货损，只要货物卸离他的运输工具，其责任即告终止。

5) 根据提单内容的繁简分类

根据提单内容的繁简，提单可分为全式提单和略式提单。

全式提单(Long From B/L)是指大多数情况下使用的既有下面内容又带有背面提单条款的提单。背面提单条款详细规定了承运人与托运人的权利与义务。

略式提单(Short Form B/L)是指省略提单背面条款的提单。

6) 根据其他情况分类

根据其他情况，提单可分为舱面提单、过期提单、倒签提单和预借提单。

舱面提单(On Deck B/L)又称甲板货提单，是指对装在甲板上的货物所签发的提单。在这种提单上一般都有"装舱面"(On Deck)字样。舱面货(Deck Cargo)风险较大，根据《海牙规则》的规定，承运人对舱面货的损坏或灭失不负责任。因此，买方和银行一般都不愿意接受舱面提单。但有些货物，如易燃、易爆、剧毒、体积大的货物和活牲畜等必须装在甲板上。在这种情况下，合同和信用证中就应规定"允许货物装在甲板上"的条款，这样，舱面提单才可结汇。但采用集装箱运输时，根据《汉堡规则》和国际航运中的一般解释，装于舱面的集装箱是"船舱的延伸"，与舱内货物处于同等地位。

过期提单(Stale B/L)是指卖方向当地银行交单结汇的日期与装船开航的日期相距太久，以致银行按正常邮程寄单预计收货人不能在船到达目的港前收到的提单；此外，根据UCP，在提单签发日期后21天才向银行提交的提单也属过期单。

倒签提单(Ante dated B/L)是指承运人应托运人的要求，签发提单的日期早于实际装船日期的提单，以符合信用证对装船日期的规定，便于在该信用证下结汇。装船日期的确定，主要是通过提单的签发日期证明的。提单日期不仅对买卖双方有着重要作用，而且银行向收货人提供垫款和向发货人转账，对海关办理延长进口许可证，对海上货物保险契约的生效等都有密切关系。因此，提单的签发日期必须依据接受货物记录和已装船的大副收据业签发。在我国的出口业务中,往往在信用证即将到期或不能按期装船时,采用倒签提单。有人认为倒签提单是解决迟期装船的有效方式,使用很随意,好像是一种正常签发提单的方式。根据国际贸易惯例和有关国家的法律实践,错填提单日期,是一种欺骗行为,是违法的。

预借提单(Advanced B/L)又称无货提单,是指因信用证规定装运日期和议付日期已到,货物因故而未能及时装船,但已被承运人接管,或已经开装而未装毕,托运人出具保函,要求承运人签发已装船提单。

预借提单与倒签提单同属一种性质,为了避免造成损失,尽管不用或少用这两种提单。

3. 提单的内容

世界上每个轮船公司都有自己的提单格式和提单条款,但其基本内容都是按照《海牙规则》加以规定的。提单的正面内容除了包括托运人、收货人、被通知人、船名、国籍、航次、装运港、运费、提单签发份数、签单日期及签单人外,还有如下规定。

(1) 托运人所提供的详细情况,包括货名、标志和号数、件数、毛重、尺码等。如填写不准、错误或谎报,一切后果和所造成的损失,应由托运人负责。

(2) 声明货物表面状况良好已装上船,并应在卸货港或该船所能安全到达并保持浮泊的附近地点卸货。

(3) 正本提单。其中一份完成提货手续后,其余各份失效。

(4) 托运人、收货人和本提单的持有人明白表示接受并同意提单和它背面所载的一切印刷、书写或打印的规定、免责事项和条件。

提单的背面条款包括:①承运人的责任与义务条款;②承运人免责条款;③索赔与诉讼的责任与义务条款;④有关特殊货物运输条款;⑤其他条款。

4. 海运提单样本

海运提单样本见表7-9。

海运提单主要项目的填制具有以下说明。

(1) 托运人(Shipper)。即与承运人签订运输契约,委托运输的货主,即发货人。

(2) 收货人(Consignee)。收货人要按合同和信用证的规定来填写。一般的填法有下列3种。

① 记名式。在"收货人"一栏直接填写上指定的公司或企业名称。该种提单不能背书转让,必须由"收货人"栏内指定的人提货或收货人转让。

② 不记名式。即在"收货人"栏留空不填,或填"To Bearer"(交来人/持票人)。这种方式承运人交货凭提单的持有人,只要持有提单就能提货。

③ 指示式。指示式的收货人又分为不记名指示和记名指示两种。

不记名指示是在"收货人"一栏填"To Bearer",又称空白抬头。该种提单,发货人必须在提单背面背书,才能转让。背书又分为记名背书和不记名背书(空白背书)两种。前者是指在提单背面填上"Deliver to ×××"、"Endorsed to ×××",然后由发货人签章;后者是发货人在背面不做任何说明只签章即可。记名背书后,其货权归该记名人所有,而且该记名人不可以再背书转让给另外的人。不记名背书,货权即归提单的持有人。

表 7-9　提单

SHIPPER 托运人			B/L No. 提单号码	
CONSIGNEE 收货人			COSCO 中国远洋运输(集团)总公司 CHINA OCEAN SHIPPING(GROUP)CO. ORIGINAL COMBINED TRANPORT BILL OF LADING	
NOTIFY PARTY 被通知人				
PLACE OF RECEIPT 收货地	OCEAN VESSEL 船名			
VOYAGE No. 航次	PORT OF LOADING 装运港			
PORT OF DISCHARGE 卸货港	PLACE OF DELIVERY 交货地			
MARKS 唛头	NOS. &KINDS OF PKGS 包装与件数	DESCRIPTION OF GOODS 商品名称	G.W.(kg) 毛重	MEAS(m³) 体积
TOTAL NUMBER OF CONTAINERS OR PACKAGES(IN WORDS)总件数				
FREIGHT & CHARGES 运费支付	REVENUE TONS 计费吨数	RATE 价格	PER 计量单位	PREPAID 预付	COLLECT 到付
PREPAID AT 预付	PAYABLE AT 应付		PLACE AND DATE OF ISSUE 签发地点与日期	
TOTAL PREPAID 总额预付	NUMBER OF ORIGINAL B(S)L 正本提单份数			
LOADING ON BOARD THE VESSEL 装船船名 DATE 装船时间			BY 签名	

记名指示是在"收货人"一栏填"To Order of Shipper",此时,发货人必须在寄单前在提单后背书;另外还有凭开证申请人指示即 L/C 中规定"To Order of Applicant",在收货人栏填"To Order of ×××Co"。

(3) 被通知人(Notify Party)。原则上该栏一定要按信用证的规定填写。被通知人即收货人的代理人或提货人,货到目的港后承运人凭该栏提供的内容通知其办理提货,因此,提单的被通知人一定要有详细的名称和地址,供承运人或目的港及时通知其提货。若L/C 中未规定明确地址,为保持单证一致,可在正本提单中不列明,但要在副本提单上写明被通知人的详细地址。托收方式下的被通知人一般填托收的付款人。

(4) 船名(Ocean Vessel)。即由承运人配载的装货的船名,班轮运输多加注航次(Voy. No.)。

(5) 装运港(Port of Loading)。填实际装运货物的港名。L/C 项下一定要符合 L/C 的规定和要求。如果 L/C 规定为"中国港口"(Chinese Port)此时不能照抄,而要按装运的我国某一港口实际名称填。

(6) 卸货港(Port of Discharge)。原则上,L/C 项下提单卸货港一定要按 L/C 规定办理。但若 L/C 规定两个以上港口者,或笼统写"××主要港口",如"European Main Ports"("欧洲主要港口")时,只能选择其中之一或填明具体卸货港名称。

(7) 唛头(shipping Marks/Marks & Nos.)。如果信用证有明确规定，则按信用证缮制；信用证没有规定，则按买卖双方的约定，或由卖方决定缮制，并注意做到单单一致。

(8) 包装与件数(No. & kind of Packages)。一般散装货物该栏只填"In Bulk"，大写件数栏可留空不填。单位件数与包装都要与实际货物相符，并在大写合计数内填写英文大写文字数目。如总件数为 320 CARTONS 填写在该栏项下，然后在总件数大写栏(Total Numbers of Packages In Words)填写"Three Hundred And Twenty Cartons Only"。

(9) 商品名称(描述)(Description of Goods)原则上提单上的商品描述应按信用证规定填写并与发票等其他单据相一致。但若信用证上货物的品名较多，提单上允许使用类别总称来表示商品名称。例如，出口货物有餐刀、水果刀、餐叉、餐匙等，信用证上分别列明了各种商品名称、规格和数量，但包装都用纸箱，提单上就可以笼统写"餐具×××Cartons"。

(10) 毛重和体积(Gross Weight & Measurement)。除非信用证有特别规定，提单上一般只填货物的总毛重和总体积，而不表明净重和单位体积。一般重量均以 kg 表示，体积用 m^3 表示。

(11) 运费支付(Freight & Charges)。信用证项下提单的运费支付情况，按其规定填写。一般根据成交的价格条件分为两种：若在 CIF(Cost，Insurance and Freight，成本加保险费加运费)和 CFR 条件下，则注明"Freight Prepaid"或"Freight Paid"；FOB(Free on Board，离岸价)条件下则填"Freight Collect"或"Freight Payable at Destination"。若租船契约提单有时要求填"Freight Payable as Per Charter Party"。有时信用证还要求注明运费的金额，按实际运费支付额填写即可。

(12) 签发地点与日期(Place and date of Issue)。提单的签发地点一般在货物运港所在地，日期则按信用证的装运期要求，一般要早于或与装运期为同一天。有时由于船期不准，迟航或发货人造成迟延，使实际船期晚于规定的装期，发货人为了适应信用证规定，做到单证相符，要求船方同意以担保函换取较早或符合装运期的提单，这就是倒签提单；另外，有时货未装船或未开航，发货人为及早获得全套单据进行议付，要求船方签发已装船提单，即预借提单。这两种情况是应该避免的，如果发生问题，或被买方察觉，足以造成巨大经济损失和不良影响。

(13) 承运人签章(Signed for the Carrier)。提单必须由承运人或其代理人签字才能生效。若信用证要求手签的也要照办。对于海运提单由哪些人签署才有效的问题，UCP 500 做了新的补充规定，即第 23 条 a(1)款中规定签署人可以是承运人或作为承运人的具名代理人或代表，或船长或作为船长的具名代理人或代表。

(14) 提单签发的份数(No. of Originals B/L)。信用证支付方法下提单正本的签发份数一般都有明确规定，因此，一定要按信用证的规定出具要求的份数。

(15) 提单号码(B/L No.)。一般位于提单的右上角，是为了便于工作联系和核查，承运人对发货人所发货物承运的编号。其他单据中，如保险单、装运通知的内容往往也要求注明提单号。

7.3.2 场站收据

场站收据(Dock's Receipt，D/R)是国际集装箱运输专用出口货运单证，它是由承运人签发的证明已收到托运货物并对货物开始负有责任的凭证。场站收据一般是在托运人口头或书面订舱,与船公司或船代达成货物运输的协议,船代确认订舱后由船代交托运人或货代填制,在承运人委托的码头堆场、货运站或内陆货站收到整箱货或拼箱货后签发生效,托运人或其代理人可凭场站收据向船代换取已装船或待装船提单。

1. 场站收据的作用

与传统件杂货运输使用的托运单证比较,场站收据是一份综合性单证,它把货物托运单(订舱单)、装货单(关单)、大副收据、理货单、配舱回单、运费通知等单证汇成一份,这对于提高集装箱货物托运效率和流转速度有很大意义。一般认为场站收据具有以下功能。

(1) 船公司或船代确认订舱并在场站收据上加盖有报关资格的单证章后,将场站收据交给托运人或其代理人,意味着运输合同开始执行。

(2) 场站收据是出口货物报关的凭证之一。

(3) 场站收据是承运人已收到托运货物并对货物开始负有责任的证明。

(4) 场站收据是换取海运提单或联运提单的凭证。

(5) 场站收据是船公司、港口组织装卸、理货、配载的资料。

(6) 场站收据是运费结算的依据。

(7) 如信用证中有规定,可作为向银行结汇的单证。

2. 场站收据的组成

场站收据是集装箱运输重要出口单证,其组成格式在许多资料上说法不一。不同的港、站使用的也有所不同,这里以十联单的格式来说明场站收据的组成情况,见表7-10。

表7-10 场站收据十联单

序 号	名 称	颜 色	用 途
1	集装箱货物托运单——货方留底	白色	托运人留存备查
2	集装箱货物托运单——船代留底	白色	编制装船清单、积载图、预制提单
3	运费通知(1)	白色	计算运费
4	运费通知(2)	白色	运费收取通知
5	装货单——场站收据副本(1)	白色	报关并作为装货指示
	缴纳出口货物港杂费申请书	白色	港方计算港杂费
6	场站收据副本(2)——大副联	粉红色	报关,船上留存备查
7	场站收据	淡黄色	报关,船代凭以签发提单
8	货代留底	白色	缮制货物流向单
9	配舱回单(1)	白色	货代缮制提单等
10	配舱回单(2)	白色	根据回单批注修改提单

3. 场站收据的流转程序

在集装箱货物出口托运过程中,场站收据要在多个机构和部门之间流转。在流转过程中涉及的有托运人、货代、船代、海关、堆场、理货公司、船长或大副等。现以十联单格式为例说明场站收据的流转过程及程序如图 7.15 所示。

图 7.15　场站收据流转过程示意图

(1) 发货人或代理填制场站收据 1 式 10 联，留下第 1 联发货人留底联，将其余 9 联送船代订舱。

(2) 船代接受场站收据第 2～10 联，经编号后自留第 2 联船代留底联、第 3 联运费通知联(1)、第 4 联运费通知联(2)，并在第 5 联场站收据副本(1)上盖章确认订舱，然后退回发货人第 5～10 联。

(3) 发货人或货代将第 5～10 联送海关报关，海关核对无误后在第 5 联场站收据副本(1)上盖章放行。托运人或代理的出口货物一般要求在装箱前 24 小时向海关申报，海关在场站收据上加盖放行章后方可装箱。如在海关盖章放行前装箱或先进入堆场的集装箱，必须经海关同意并在装船前 24 小时将海关盖章的场站收据送交收货的场站业务员。

发货人和承运人应切记，未经海关放行的货物不能装箱出运，一旦发现则以走私货论处。

(4) 海关在第 5 联盖章放行后，自留第 9 联，将其余各联(第 5～8 联、第 10 联)退回发货人或代理。

(5) 发货人或代理负责将箱号、封志号、件数等填入第 5～7 联，并将货物连同第 5～8 联、第 10 联在规定时间一并送堆场或货运站。

场站收据中出口重箱的箱号允许装箱后由货代或装箱单位正确填写，海关验放时允许无箱号，但进场完毕时必须填写所有箱号、封志号和箱数。

(6) 堆场或货运站在接受货物时进行单、货核对。若核对无误，则在第 7 联上填入实收箱数、进场完毕日期并加盖场站公章签收，然后退回发货人。堆场或货运站自留第 5 联场站收据副本(1)。

(7) 发货人凭签收的第 7 联去船代处换取待装船提单，或在装船后换取已装船提单。船代在货箱装船后，应核对单据与集装箱装船的情况是否一致。如不一致，应迅速与港方和理货联系，避免出现差错。凭场站收据正本船代应立即签发待装船提单。在船舶开航后 24 小时内，船代应核对并签发已装船提单。

(8) 货物装船时，堆场将第 6、第 8、第 10 联送外理，外理于货物实际装船后在第 8 联货代留底联签收并自留。

(9) 等货箱全部装上船舶，外理将第 6 联大副联和第 10 联配舱回单(2)交船方留存。第 10 联也可供有关方使用。

堆场业务员必须在装船前将场站收据第 6 联大副联分批送外轮理货人员，最后一批不得迟于开装前 4 小时。外轮理货在港区的理货员收齐港区场站业务员送来的场站收据大副联后，在装船时将装船集装箱与单据核对无误后交大副。场站收据内容见表 7-11。

表 7-11 场站收据内容

Shipper(发货人)				委托号：
Consignee(收货人)				Forwarding agents
				B/L No.(编号)
Notify party(被通知人)				第一联 集装箱货物托运单 货主留底
Pre-carriage by(前程运输)		Place of receipt(收货地点)		
Ocean Vessel(船名)	Voy. No.(航次)		Port of Loading(装货港)	
Port of Discharge(卸货港)		Place of Delivery(交货地点)		Final Destination(目的地)
Container No. (集装箱号)	Seal No. (铅封号) Marks & Nos (标记和号码)	No. of Containers or packages (箱数或件数)	Kind of packages & Description of goods (包装种类与货名)	Cross Weight (毛重/kg)	Measurement (尺码/m³)
Total No. Of Containers or Packages (IN WORDS) 集装箱数或件数合计(大写)					
FREIGHT & CHARGES (运费与附加费)	Revenue Tons (运费吨)	Rate (运费率)	Per (每)	Prepaid (运费预付)	Collect (到付)
Ex. Rate： (兑换率)	Prepaid at (预付地点)		Payable at (到付地点)		Place of issue(签发地点)
	Total Prepaid(预付总额)		No. of Original B/L (正本提单份数)		货值金额
	Service Type on Receiving □—CY, □—CFS, □—DOOR		Service Type on Delivery □—CY, □—CFS, □—DOOR	Reefer Temperature Required(冷藏温度)	F ℃
Type of Goods (种类)	□Ordinary □Reefer □Dangerous □Auto (普通) (冷藏) (危险品) (裸装车辆) □Liquid □Live Animal □Bulk □____ (液体) (活动物) (散货)			危险品	Class： Property： IMDG Code Page： UN No.
发货人或代理名称地址：				联系人：	电话：
可否转船：	可否分批：	装期：	备注		装箱场站名称
效期：	制单日期：				
海运费由_____支付 如预付运费托收承付,请核准银行账号					

7.3.3 交货记录

交货记录(DELIVERY RECORD，D/R)是集装箱运输承运人把货物交付给收货人或其代理人时，双方共同签署的证明货物已经交付及货物交付时情况的单证；同时，它也证明承运人对货物的责任已告终止。

1. 交货记录的作用

交货记录是国际集装箱进口货运业务中的主要单证，在实际进口业务中又称小提单或提货单，但实际应用中交货记录或提货单所起的作用及其对不同当事人的责任划分不尽相同。对承运人来说，交货记录一经签发即已表明同意交货，尽管事实上并没有交付货物。对收货人来说，只要拿到交货记录即已表明具备提货条件，尽管实际上并没有提货。从另一层意义上去理解，交货记录则是承运人、收货人的责任转移，即交货记录签发等于承运人责任终止等于收货人责任开始。

2. 交货记录的组成

标准交货记录的格式一套共5联，其内容如下：第1联到货通知书，白色；第2联提货单，白色；第3联费用账单(1)，蓝色；第4联费用账单(2)，红色；第5联交货记录，白色。

3. 交货记录的流转程序

(1) 船舶抵卸港前，船公司或其代理人根据装船港船代传送的舱单或提单副本制作交货记录1式5联，并向收货人或其代理人发出到货通知书(交货记录第1联)。

(2) 收货人或其代理人在收到第1联到货通知书后，凭正本提单和到货通知书到船代处换第2联提货单和第4联费用账单(2)、第5联交货记录。

(3) 船代在第2联提货单上盖章签发，并把第2联提货单、第4联费用账单(2)、第5联交货记录退交收货人或代理，自留第1联到货通知书和第3联费用账单(1)。

(4) 收货人或其代理人凭提货单、费用账单、交货记录共3联，随同进口货物报关单一起到海关报关。

(5) 海关核准后在提货单上盖放行章，并将提货单、费用账单、交货记录共3联退回收货人或代理。

(6) 收货人或其代理人凭承运人、代理人、海关盖章的提货单和交货记录去堆场或货运站提货，凭费用账单结清场站费用。

(7) 堆场或货运站验单放货。在提货完毕后，会同收货人或其代理人共同签收第5联(交货记录)，以示确认提取的货物无误，并把经双方签署的第5联交货记录送至船代处，留存第2联提货单、第4联费用账单(2)归档备查。

7.3.4 集装箱设备交接单

1. 集装箱设备交接单的作用

集装箱设备交接单(Equipment Interchange Receipt)是集装箱进出港区场站时，集装箱管箱人(一般码头作为其代理人)与用箱人(一般集卡司机作为其代理人)之间交接集装箱及其他设备的凭证,并兼有管箱人发放集装箱凭证的功能。集装箱设备交接单既是一种交接凭证,又是一种发放凭证。由此可见,集装箱设备交接单对集装箱箱务管理起着巨大的作用。集装箱发放设备交接单见表7-12和表7-13。

表7-12 集装箱发放/设备交接单

集 装 箱 公 司　　　　　　　　　　　　　　　IN
CONTAINER COMP AND FOR CHINA SINOTRANS　　进场
EQUIPMENT INTERCHANGE RECEIPT　　　　　　 No.

用箱人/运箱人(CONTAINER USER/HAULIER)		提箱地点(PLACE OF DELIVERY)	
来自地点(WHERE FROM)		返回/收箱地点(PLACE OF RETURN)	
船名/航次 (VESSEL/VOYAGE No.)	集装箱号 (CONTAINER No.)	尺寸/类型 (SIZE/TYPE)	营运人 (CNTR. OPTR.)
提单号 (B/L No.)	铅封号 (SEAL No.)	免费期限 (FREE TIME PERIOD)	运载工具牌号 (TRUCK,WAGON,BARGE No.)
出场目的/状态 (PPS OF GATE-OUTSTATUS)		进场目的/状态 (PPS OF GATE-OUTSTATUS)	进场日期 (TIME-OUT)
进场检查记录(INSPECTION AT THE TIME OF INTERCHANGE)			
普通集装箱 (GP CONTAINER)	冷藏集装箱 (RF CONTAINER)	特种集装箱 (SPECIAL CONTAINER)	发电机 (GEN SET)
□正常(SOUND) □异常(DEFECTIVE)	□正常(SOUND) □异常(DEFECTIVE)	□正常(SOUND) □异常(DEFECTIVE)	□正常(SOUND) □异常(DEFECTIVE)

损坏记录及代号(DAMAGE & CODE)

BR	D	M	DR	DL
破损 (BROKEN)	凹损 (DENT)	丢失 (MISSING)	污箱 (DIRTY)	危标 (DG LABEL)

左侧(LEFT SIDE)　　右侧(RIGHT SIDE)　　前部(FRONT)　　集装箱内部(CONTAINER INSIDE)
顶部(TOP)　　底部(FLOOR BASE)　　箱门(REAR)　　如有异状,请注明程度及尺寸(REMARK)

注:除列明者外,集装箱及集装箱设备交换时完好无损,铅封完整无误。
THE CONTAINER/ASSOCIATED EQUIPMENT INTERCHANGE IN SOUND
CONDITION AND SEAL INTACT UNLESS OTHERWISE STATED

用箱人/运箱人签署　　　　　　　　　　　　　码头/堆场值班员签署
(CONTAINER USER/HAULIER'S SIGNATURE)　　(TERMINAL/DEPOT CLERK'S SIGNATURE)

表7-13 集装箱发放/设备交接单

集 装 箱 公 司　　　　　　　　　　　　　　　　　OUT
CONTAINER COMP AND FOR CHINA SINOTRANS　　　进场
EQUIPMENT INTERCHANGE RECEIPT　　　　　　　　No.

用箱人/运箱人(CONTAINER USER/HAULIER)		提箱地点(PLACE OF DELIVERY)	
发往地点(DELIVERED TO)		返回/收箱地点(PLACE OF RETURN)	
船名/航次 (VESSEL/VOYAGE No.)	集装箱号 (CONTAINER No.)	尺寸/类型 (SIZE/TYPE)	营运人 (CNTR. OPTR.)

提单号 (B/L No.)	铅封号 (SEAL No.)	免费期限 (FREE TIME PERIOD)	运载工具牌号 (TRUCK, WAGON, BARGE No.)

出场目的/状态 (PPS OF GATE-OUTSTATUS)	进场目的/状态 (PPS OF GATE-OUTSTATUS)	进场日期 (TIME-OUT)

出场检查记录(INSPECTION AT THE TIME OF INTERCHANGE)			
普通集装箱 (GP CONTAINER)	冷藏集装箱 (RF CONTAINER)	特种集装箱 (SPECIAL CONTAINER)	发电机 (GEN SET)
□正常(SOUND) □异常(DEFECTIVE)	□正常(SOUND) □异常(DEFECTIVE)	□正常(SOUND) □异常(DEFECTIVE)	□正常(SOUND) □异常 (DEFECTIVE)

损坏记录及代号(DAMAGE & CODE)				
BR	D	M	DR	DL
破损 (BROKEN)	凹损 (DENT)	丢失 (MISSING)	污箱 (DIRTY)	危标 (DG LABEL)
左侧(LEFT SIDE)	右侧(RIGHT SIDE)	前部(FRONT)	集装箱内部(CONTAINER INSIDE)	
顶部(TOP)	底部(FLOOR BASE)	箱门(REAR)	如有异状,请注明程度及尺寸 (REMARK)	

注:除列明者外,集装箱及集装箱设备交换时完好无损,铅封完整无误。
THE CONTAINER/ASSOCIATED EQUIPMENT INTERCHANGE IN SOUND
CONDITION AND SEAL INTACT UNLESS OTHERWISE STATED

用箱人/运箱人签署　　　　　　　　　　　　　　　　码头/堆场值班员签署
(CONTAINER USER/HAULIER'S SIGNATURE)　　　(TERMINAL/DEPOT CLERK'S SIGNATURE)

在进出口运输业务中,凡是涉及集装箱等设备的交接作业时,必须缮制相应的设备交接单。在使用中,要求必须做到"一箱一单,箱单相符,箱单同行"的原则。用箱人、运箱人要凭设备交接单进出港区场站,到设备交接单指定的提箱地点提箱,并在规定的地点还箱。集装箱设备交接单分进场（IN）三联和出场（OUT）三联两种：管箱单位留底联；码头、堆场联；用箱人、运箱人联。备交接单的填制内容基本相同，均由箱管单位填制后，交拖箱人（一般是集卡司机）。设备交接手续均在集装箱码头堆场大门口办理。

2. 集装箱设备交接单的流转

（1）托运人或代理订妥舱位取得装货单（码头收据），即可向船方申请领取设备交接单。

（2）由箱管单位（外代或中货箱管部门）填制设备交接单，交托运人、用箱人或运箱人。

（3）由托运人或用箱人、运箱人到CY提箱送收箱地（或到发箱地提箱送码头堆场），经办人员核单并查验箱体后，双方签字，留下箱管单位联和码头、堆场联，将用箱人、运箱人联退还用箱人或运箱人。

（4）码头堆场经办人员将箱管单位联退给船公司或其代理的箱管部门。

7.3.5 集装箱装箱单

1. 集装箱装箱单的作用

集装箱装箱单（Container Load Plan，CLP）是详细记载每一个集装箱内所装货物的名称、数量及箱内货物积载情况的单证。每个载货集装箱都要制作这样的单证，它是根据已装进箱内的货物情况制作的，是集装箱运输的辅助货物舱单。集装箱装箱单是详细记载箱内所载货物情况的唯一单证，因此在国际集装箱运输中，集装箱装箱单是一张极为重要的单证。其作用主要体现在以下几个方面。

（1）集装箱装箱单是向承运人、收货人提供箱内货物明细的清单。

（2）集装箱装箱单是集装箱货物向海关申报的主要单证之一。

（3）集装箱装箱单是货方、港方、船方之间货、箱交接的凭证。

（4）集装箱装箱单是船方编制船舶积载计划的依据，单证上所记载的货箱重量是计算船舶积载性能数据的基本数据。

（5）集装箱装箱单是办理集装箱货物保税运输、安排拆箱作业的资料。

（6）集装箱装箱单是集装箱运输货物商务索赔的依据。

2. 集装箱装箱单的内容

集装箱装箱单的主要内容包括船名、航次、装卸港、发货地、交货地、集装箱箱号、集装箱规格、铅封号、场站收据或提单号、发货人、收货人、通知人及货物名称、件数、包装、标志、重量、尺码等。对特殊货物还需说明闪点（对危险品）、箱内温度要求（对保温或冷藏货）、是否检疫等内容。

集装箱装箱单以箱为单位制作，由装箱人填制并经装箱人签署后生效。装箱单一般一式数份，分别由货主、货运站、装箱人留存和交船代、海关、港方、理货公司使用，另外还需准备足够份数交船方随船带往卸货港以便交接货物、报关、拆箱等用。集装箱装箱单见表7-14。

表 7-14 集装箱装箱单

装箱单 CONTAINER LOAD PLAN				集装箱号 Container No.		集装箱规格 Type of Container：20 40	
				铅封号 Seal No.		冷藏温度 ℉ ℃ Reefer. Temp. Required	
船名 Ocean Vessel	航次 Voy. No.	收货地点 Place of Receipt 场 站 门 CY CFS Door		装货港 Port of Loading	卸货港 Port of Discharge	交货地点 Place of Delivery 场 站 门 CY CFS Door	
箱主 Owner	提单号码	1. 发货人 2. 收货人 3. 通知人 1. Shipper 2. Consignee 3. Notify	标志和号码 Marks & Numbers	件数及包装种类 No. & Kind of Package	货名 Description of Goods	重量/kg Weight kg	尺码/m³ Measurement Cu. M
		门 Door 底 Front			总件数 Total Number of Packages 重量及尺码总计 Total Weight & Measurement		
危险品要注明危险品标志分类及闪点 In case of dangerous goods, plesae enter the lable classification and flash point of the goods	重新铅封号 开封原因 New Seal No. Reason for Breaking seat			装箱日期 Date of Vanning： 装箱地点 at： （地点及国名 Place & Country）		皮重 Tare weight	
	出口 Export	驾驶员签收 Received by Drayman	堆场签收 Received by CY	装箱人 Packed by： 发货人 货运站 (shipper/CFS) 签署 Signed		总毛重 Gross Weigh	
	进口 Import	驾驶员签收 Received by Drayman	货运站签收 Received by CFS			发货人或货运站留存 SHIPPER/CFS 一式十份 此栏每份不同	

制作装箱单时，装箱人负有装箱单内容与箱内货物一致的责任。如需理货公司对整箱货物理货时，装箱人应会同理货人员共同制作装箱单。

7.4 集装箱运输组织方式

7.4.1 海上集装箱运输

海上集装箱运输是集装箱运输最主要的方式。

1. 集装箱运输船舶的种类

按船舶装运集装箱化程度的不同,可将集装箱运输所使用的船舶分为以下几种。

(1) 全集装箱船。这类船舶的设计目的在于使全船所有载货空间均适合集装箱装载。因其装载方式的不同,全集装箱船又可分为舱格式全集装箱船与滚装式全集装箱船。前者将船舱划分为格状以起重机吊上吊下方式装卸集装箱;后者则是利用船上的跳板由牵引车牵引载有集装箱的半挂车驶上船舱固定停放,到达目的港后再由牵引车牵引半挂车驶出船舱。

(2) 半集装箱船。这类船舶除在船上装有专供集装箱使用的舱格外,还保留有空间以供装载散装杂货之用。

(3) 混合式集装箱船。这类集装箱船是将舱格式与滚装式集装箱船混合成一体,除可使用起重机担任装卸工作外,还可以承载载箱(拖)挂车。

(4) 可变集装箱船。这类船舶的货舱通常以装载集装箱为主,必要时可以改变成装载散装杂货的货轮。

(5) 子母船。这类船舶是一种独特的集装箱船,是将整艘集装箱船分为子母两部分,子船负责进港装载集装箱,母船则在港外接运子船,然后以母船承担越洋长途运送任务。这类船舶适于在浅水码头或内陆河道中使用,可不受港口拥挤的影响,以提高船舶的周转率。但其缺点是船舶的保养及维修费用相当昂贵。

2. 装卸方法

海上集装箱运输的装卸方法因集装箱船而异,可有以下几种方式。

(1) 吊上吊下型。这类装卸方式主要用于舱格式集装箱船,以码头或是船上自备的桥式起重机为装卸机具,集装箱通过起重机做垂直式的装卸。

(2) 驶进驶出型。这类装卸方式主要用于滚装式集装箱船。拖挂车利用船上的跳板驶进船舱,待抵目的港后再直接以拖挂车将集装箱送达收货人处。

(3) 浮上浮下型。这类装卸方式主要用于子母船。子船对于母船而言就好比是一个超大型集装箱,母船可在船上设重型起重机直接装卸子船;也有利用大型升降台以升降方法装卸子船的;更有母船采取将子船直接驶入驶出船舱的方式装卸,这种方式是母船以强力马达迅速将水灌入船舱使母船船身略为下沉,再打开尾门,使子船驶入驶出母船,从而完成接驳任务。

3. 作业方式

早期的海上集装箱运输企业只担当港对港之间的主干运输服务。近年来,由于企业间竞争及消费者意识的增强等原因,航运企业纷纷加强门到门服务观念,而使海上集装箱运输作业方式更符合托运人的需求。集装箱运输的作业方式可有以下几种。

(1) 直达作业。这种作业方式是传统的运输方式，运送人只担当主要港口之间的集装箱运输服务。

(2) 接驳作业。这种作业方式是突破传统运送方法，以小船来往于主要港口附近的小港口，担当集装箱的集中任务，将集装箱集中于主要港口，以大型集装箱船担当越洋长途运送任务。

(3) 复合作业。这种运输方式是为了实现门到门服务的目标，而由海运企业负责将各种运输工具协调结合在一起共同担当集装箱运输任务的作业方式。

7.4.2 陆上集装箱运输

在整个集装箱运输系统中，陆上集装箱运输企业主要是担当集装箱的接运与转运的工作，以实现门到门服务的目标。陆上集装箱运输方式为铁路与公路运输。

1. 铁路集装箱运输

利用铁路平车装载集装箱以担当陆上较长运距的集装箱运输服务，是一种所谓"驮背运输"的作业方式。根据集装箱的装载情况不同，它又可分为平车载运拖车和平车载运集装箱两种方法，如图 7.16 所示。

图 7.16 驮背运输的作业方式

(1) 平车载运拖车。将拖车连同载运的集装箱一起固定于铁路平车上，做长距离运送服务，到达目的站以后，则用牵引车牵引载着集装箱的半挂车一起驶下铁路平车，直接送往收货人处。

（2）平车载运集装箱。利用机具将集装箱直接固定于铁路平车上，待运抵目的站后，再以机具将集装箱卸放到卸车站的拖挂车上送抵收货人处。这种运输方式是较为常见的。

近年来，又有双层集装箱列车[图7.16(c)]的出现，使得铁路集装箱运输的经济效益又有了进一步的提高。

2. 公路集装箱运输系统

在铁路无法到达或运距较短的运输中，公路集装箱运输正可以发挥其可达性高的优点，以完成集装箱运输系统的末梢运输任务。一般而言，公路运送方法有下列四种，如图7.17所示。

图7.17 公路集装箱运输作业方式

（1）汽车货运方式。这种方式是以一般货车来运送集装箱。

（2）全挂车方式。这种方式是从货车运送方式上演变而来，除了以一般货车装载集装箱外，货车尾端再以一拖杆牵带一辆全挂车运送另一集装箱。

（3）半挂车方式。这种方式是以一辆牵引车后面拖带一辆半挂车以装运集装箱。牵引车可脱离半挂车而灵活调度使用，以增加使用率。

（4）双挂车方式。这种方式是在半挂车之后以一台引车衔接另一辆半挂车用以装运第二个集装箱。

7.4.3　航空集装箱运输

由于航空运输所运送的货物均属高价值或时效性要求强的物品，因此集装箱化运输的引进为航空运输企业创造了安全和快速的竞争优势。

就安全性而言，在航空运输未使用集装箱之前，航空运输企业往往无法有效防止所运载的高价值商品发生盗窃及碰撞，因此托运人与运送人间常因所运货物的遗失和损坏而发生争执；另外就快速性而言，由于目前国际贸易的发达，产品或原料的成本计算方式已向考虑总成本方向发展，因此虽然航空运费在所有运输工具中仍属最昂贵者，但是由于其在运送速度上所带来的高品质及时间效用，却为商业企业在仓储成本的节省及商品配送速度方面，创造了另一项竞争优势。

航空集装箱与一般集装箱在外形上有所差异，而这些差异的主要目的是为了让集装箱更适于飞机空运，而且机场上的集装箱搬运机具，亦与海运的集装箱搬运机具有所差异。航空集装箱可装载于主货舱和下部货舱，要求其外形应与机身形状相符为不规则形。

7.4.4 国际集装箱多式联运

在运输距离远,无法直达需要中转的情况下,往往需要采用两种或两种以上的运输方式,进行有机组合构成连续的综合一体化运输,这就是集装箱多式联运。实际上,集装箱运输大多是通过多式联运完成的。

1. 国际多式联运的概念

1980年5月在日内瓦通过的《联合国国际多式联运公约》中,对国际多式联运做出如下定义:"国际多式联运是指按照国际多式联运合同,以至少两种不同的运输方式,由多式联运经营人将货物从一国境内接管货物的地点运至另一国境内指定交货地点。为履行单一方式货物运输合同所规定的货物交送业务,则不应视为国际多式联运。"这里所说的至少两种运输方式可以是海—陆、陆—空、海—空等,这与一般海—海、陆—陆、空—空的联运有着本质的区别。后者也是联运,但却是一种运输工具之间两程或两程以上的运输衔接,不属于多式联运。

2. 国际多式联运的组织形式

1) 海陆联运

海陆联运是国际多式联运的主要组织形式,也是远东—欧洲之间国际多式联运的主要组织形式之一。目前主要有班轮公会的三联集团、北荷、冠航和马士基等国际航运公司,以及非班轮公会的中国远洋运输公司、中国台湾长荣航运公司和德国那亚航运公司等组织和经营远东—欧洲海陆联运业务。这种组织形式以航运公司为主体,签发联运提单,与航线两端的内陆运输部门开展联运业务,与大陆桥运输展开竞争。

当前,世界上规模最大的三条主要集装箱航线是远东—北美航线(太平洋航线),远东—欧洲、地中海航线,欧洲—北美航线(大西洋航线)。

2) 大陆桥运输

所谓大陆桥运输,是指把横贯大陆的铁路或公路作为中间"桥梁",将大陆两端的集装箱海运航线连接起来,形成跨越大陆,连接海洋的国际联运线。随着国际多式联运的发展,大陆桥运输已代替部分海上航线,成为一种特殊的集装箱运输干线。

现在,世界各国主要利用欧亚大陆桥、亚欧第二大陆桥等进行大陆桥运输,也利用后发展起来的美国小陆桥和微型陆桥进行国际多式联运。

3) 海空联运

海空联运又称空桥运输。空桥运输与大陆桥运输有所不同。大陆桥运输在整个货运过程中使用的是同一个集装箱,不用换装,而空桥运输的货物通常要在航空港换装入航空集装箱。

海空联运方式始于20世纪60年代,80年代后有较大发展。采用这种运输方式,运输时间比全程海运少,运输费用比全程空运便宜。运输距离越远,采用海空联运的优越性就越大。

3. 国际多式联运经营人

《联合国国际多式联运公约》中对多式联运经营人的定义是这样的:"多式联运经营人是指本人或通过其代表与发货人订立多式联运合同的任何人,他是事主,而不是发货人的代理人或代表或参加多式联运的承运人的代理人或代表,并且负有履行合同的责任。"这就是说,多式联运经营人是多式联运的当事人,是一个独立的法律实体。对货主来说,他是货物的承运人;但对于实际承运人来说,他又是货物的托运人。他一方面同货主签订多式联运合同,另一方面他自己又以托运人身份与实际承运人签订运输合同,所以他具有双重身份。但在多式联运方式下,根据合同规定,多式联运经营人始终是货物运输的总承运人,对货物负有全程运输的责任。

多式联运经营人按是否拥有运输工具,实际完成多式联运货物全程运输或部分运输活动的情况,可分为承运人型和无船承运人型两种类型。

(1) 承运人型的多式联运经营人。承运人型的多式联运经营人拥有(或掌握)一种或一种以上的运输工具,直接承担并完成全程运输中一个或一个区段以上的货物运输。因此,他不仅是多式联运的契约承运人,对货物全程运输负责,同时也是实际承运人,对自己承担区段货物运输负责。这类经营人一般是由各种单一运输方式的承运人发展而来。

(2) 无船承运人型的多式联运经营人。无船承运人型的多式联运经营人是指不拥有(或掌握)任何一种运输工具,在联运全程中各区段的运输都要通过与其他实际承运人订立分运合同来完成的经营人,因此只是组织完成合同规定货物的全程运输。这类经营人一般由传统意义上的运输代理人或无船承运人或其他行业企业或机构发展而来。尽管这类多式联运经营人没有自己的运输工具,但由于在长期工作中与各有关方已建立起良好的业务关系,因此在组织全程联运方面具有一定的优势。

4. 大陆桥运输

大陆桥是指将海与海连接起来的横贯大陆的铁路(或公路)。利用大陆桥进行国际多式联运是国际货物运输中一种非常重要的形式。它是远东—欧洲国际多式联运的主要形式。

1) 西伯利亚大陆桥

西伯利亚大陆桥(又称欧亚大陆桥)是经跨越欧亚大陆的西伯利亚铁路将远东和欧洲、中近东(伊朗、阿富汗)连接起来,于1967年试办,1971年正式运营,全长11 896km。使用这条大陆桥运输线的经营者主要是远东国家和欧洲各国的货运代理公司。其中,日本出口欧洲杂货的1/3、欧洲出口亚洲杂货的1/5是经这条大陆桥运输的。

苏联为了更好地经营西伯利亚大陆桥运输,于1980年成立了专门的运输组织机构——全苏过境运输公司,专门负责办理大陆桥过境运输业务,该机构提供以下三种服务形式。

(1) 海—铁—铁路线。由日本等地用船把货箱运至俄罗斯的纳霍德卡港或东方港,再经西伯利亚铁路运至西部边境站,然后转至欧洲铁路运至欧洲各地,或从俄罗斯运至伊朗。同样可进行相反方向的运输。运期为25~35天。

(2) 海—铁—海路线。从日本等地把货箱运至俄罗斯纳霍德卡港或东方港,再经西伯利亚铁路运至波罗的海的圣彼得堡、里加、塔林和黑海的日丹诺夫、伊里切夫斯克,再装船运至北欧、西欧、巴尔干地区港口或相反方向的运输。运期为35~40天。

(3) 海—铁—公路线。从日本等地把货箱装船运至俄罗斯纳霍德卡港或东方港,经西伯利亚铁路运至白俄罗斯西部边境站布列斯特附近的维索科里多夫斯克,再用卡车把货箱运至德国、瑞士、奥地利等国或相反方向的运输。运期为30~35天。

2) 亚欧第二大陆桥

亚欧第二大陆桥东起中国连云港,经陇海—兰新线,接北疆铁路,出阿拉山口,最终抵达荷兰鹿特丹,全长约 10 800km,途经中国、哈萨克斯坦、俄罗斯、白俄罗斯、波兰、德国、荷兰等国,辐射 30 多个国家和地区。亚欧第二大陆桥 1992 年 12 月正式投入营运,比西伯利亚大陆桥全程近 2 000km,比现在绕道印度洋海运航线,节省一半的运输时间,运输费用节省 20%,为亚欧联运提供了一条便捷、快速和可靠的运输通道,能更好地促进欧亚两洲的经济技术交流与发展。

3) 美国大陆桥

美国大陆桥是北美大陆桥的组成部分,是最早开辟的从远东至欧洲水陆联运线路中的第一条大陆桥。但后因东部港口和铁路拥挤,货到后往往很难及时换装,反而抵消了大陆桥运输所节省的时间。目前美国大陆桥运输基本陷于停顿状态,但在大陆桥运输过程中,却又形成了小陆桥和微型陆桥运输方式,而且发展迅速。

4) 美国小陆桥

小陆桥运输比大陆桥的海—陆—海运输少了一段海上运输,成为海—陆或陆—海形式。例如,远东至美国东部大西洋沿岸或美国南部墨西哥湾沿岸港口的货运,即由远东装船运至美国西海岸,转装铁路专列(或公路集装箱运输车辆)运至东部大西洋或南部墨西哥湾沿岸城市。

5) 美国微型陆桥

微型陆桥运输比小陆桥缩短了一段陆上运输距离,它只用了部分陆桥,故又称半陆桥运输。例如,远东至美国内陆城市的货物,改用微型陆桥运输,则货物装船运至美国西部太平洋沿岸,换装铁路集装箱专列(或公路集装箱运输车辆)可直接运至美国内陆城市。微型陆桥比小陆桥的优越性更大,它既缩短了时间,又节省了运费,因此近年来发展非常迅速,我国也已开始采用。

6) 加拿大大陆桥

加拿大大陆桥的运输路线是通过海运将集装箱从日本等地运至温哥华港或鲁珀特港后,利用加拿大横跨北美大陆的两大铁路运至蒙特利尔和哈利法克斯、魁北克,然后再与大西洋海上运输相连接,继续运至欧洲各港口。加拿大大陆桥也是北美大陆桥的组成部分,在大陆桥运输中作用不大。

本 章 小 结

多式联运的货物主要是集装箱货物,在运输过程中一般以集装箱作为运输的基本单元。货物集装箱化促进了多式联运的发展,而现代集装箱运输自产生时起就与多式联运紧密地联系在一起,使得国际多式联运具有集装箱运输的高效率、高质量、高投入、高技术和系统性的特点。国际多式联运的发展与集装箱运输系统特别是集疏运系统的完善有紧密的关系。

案 例 分 析

在现有的班轮航线上,绝大多数的冷藏货物的流向是单向的,而干货箱也普遍存在双向的数量差异。以中国—澳大利亚航线为例,南行(中国至澳大利亚)承运的货物以汽车、日用百货、服装、粮食等为主,轻工业产品居多;而北行(澳大利亚至中国)则以肉类等冷藏货物为主,从而形成了南北向的两个不平衡,即相对于澳大利亚而言,干货箱进口大于出口,而冷藏箱出口大于进口。为解决这两个不平衡,船公司必须依靠调运空箱解决,即南行调运冷藏空箱至澳大利亚,北行调运普通空箱至中国。调运空箱是不得已而为之的,所有的船公司都试图利用有限的舱位装满重箱,取得运费收入,而非"运送空气"。冷箱干用(Non-Operating Reefer,NOR),是指利用正常适货的冷箱,装运非冷藏货物出口的一种特殊业务操作。

问题:冷箱干用能否有效解决中国—澳大利亚航线空箱调运问题?

关键术语

集装箱 国际标准集装箱 整箱货 拼箱货 提单 陆桥运输

综合练习

一、单项选择题

1. 在国际集装箱运输业务中,货运代理可以作为( ),通过多式联运提供国际物流中的门到门货物运输服务。
   A. 间接代理人   B. 无船承运人
   C. 堆场负责人   D. 集装箱货运站负责人

2. 经过背书可以转让的提单是( )。
   A. 记名提单   B. 不记名提单   C. 指示提单   D. 清洁提单

3. 集装箱运输中整箱货的特点是( )。
   A. 多个发货人和多个收货人   B. 一个发货人和一个收货人
   C. 一个发货人和多个收货人   D. 多个发货人和一个收货人

4. 定期租船的船东通过( )控制船舶的使用。
   A. 任命船长   B. 租船合同条款
   C. 任命船长和租船合同条款   D. 雇佣船员

5. 整箱货运的空箱由( )领取及装箱,开立装箱单。
   A. 货主   B. 船公司代理   C. 发货人   D. 拖车公司

6. 集装箱空箱调运的主要原因是( )。
   A. 船公司调度不畅   B. 港口的进出口价值不平衡
   C. 贸易性货源不平衡   D. 航线管理中的僵化机制

7. 设备交接单由( )签发。
   A. 船公司   B. 船公司的代理   C. 货主的代理   D. 码头堆场管理方

8. 集装箱的加封由( )负责执行。
   A. 海关   B. 货运代理   C. 承运方   D. 装箱方

9. 集装箱交接地点的 CFS/CY 方式是（　　）货物交接。
   A. 拼箱交，整箱接　　　　　　B. 拼箱交，拼箱接
   C. 整箱交，整箱接　　　　　　D. 整箱交，拼箱接
10. 在集装箱单证中，装箱单的作用最全面，因为它是（　　）。
   A. 船公司的承运依据　　　　　B. 外贸合同与信用证的具体要求
   C. 保险合同承保依据　　　　　D. 详细记载箱内货物状况的单据

二、多项选择题

1. 提单记录的运输内容包括（　　）。
   A. 运输路线说明　　　　　　　B. 运输物品品名和代码
   C. 货物数量　　　　　　　　　D. 运输费率
2. 集装箱出堆场时，堆场工作人员与用箱人、运输人就设备收据上共同审核的内容有（　　）。
   A. 拟装船舶的船名、航次、航线、卸箱港
   B. 整箱货主名称、地址
   C. 集装箱箱号、规格、铅封号
   D. 设备情况正常或异常
3. 适合集装箱化的货物有（　　）。
   A. 面粉　　　　B. 矿石　　　　C. 原木　　　　D. 电线
4. 在全集装箱船运运输中，通常不涉及（　　）。
   A. HOOK/CY　　B. HOOK/HOOK　C. CFS/CFS　　D. CY/CFS
5. 国际多式联运的特点是（　　）。
   A. 签订一个运输合同，对货物运输的全程负责
   B. 采用两种或两种以上不同运输方式来完成运输工作
   C. 由不同运输企业按照统一的公约共同完成全程运输工作
   D. 可实现门到门运输

三、名词解释

1. 集装箱
2. 集装箱参数
3. 提单
4. 多式联运
5. 陆桥运输

四、简答题

1. 什么是集装箱？集装箱有哪些主要参数？
2. 试说明集装箱的分类。
3. 怎样选择集装箱的类型？怎样计算集装箱的需要量？
4. 集装箱运输的优点有哪些？
5. 什么是大陆桥？我国如何利用大陆桥进行国际货物运输？

五、实务题

我国某出口公司先后与伦敦 B 公司和瑞士 S 公司签订两个出售农产品合同,共计 3 500t,价值 8.275 万英镑。装运期为当年 12 月至次年 1 月。但由于原定的装货船舶出故障,只能改装另一艘外轮,致使货物到 2 月 11 日才装船完毕。在我公司的请求下,外轮代理公司将提单的日期改为 1 月 31 日,货物到达鹿特丹后,买方对装货日期提出异议,要求我公司提供 1 月的装船证明。我公司坚持提单是正常的,无须提供证明。结果买方聘请律师上货船查阅船长的船行日志,证明提单日期是伪造的,立即凭律师拍摄的证据,向当地法院控告并由法院发出通知扣留该船,经过 4 个月的协商,最后,我方赔款 2.09 万英镑,买方才肯撤回上诉而结案。

问题:

(1) 本案例的提单是否是倒签提单?为什么?

(2) 倒签提单的性质是什么?

(3) 在什么情况才可签发倒签提单?

(4) 如何鉴别一份提单是否是倒签提单?

第8章 公路旅客运输组织

【学习目标】

通过本章学习，学生应了解公路汽车客运站的分类；掌握公路客运营运方式及公路客运班车分类；了解客运班次计划及客车运行作业计划的编制；了解城市公交客运方式及营运方式；掌握城市公交线路网及公共汽车营运组织；了解城市轨道交通类型；了解列车运行组织。

【导入案例】

A城市至B城市的高速公路即将贯通，经过市场调查与预测，A城市至B城市班车客运年日均单向直达客运量将达到1 680人，由于两城市经济发展水平相当，往返客运量也基本平衡，两城市运输距离为250千米，为了规范旅客运输市场经营秩序，两地道路交通管理部门要求参营客车额定座位数为50座，并按照车辆工作率为80%、车辆实载率为70%的效率指标作为控制参营车辆数量的依据。同时，为了切实规范高速公路班线客运经营的市场秩序和提高服务质量，交通主管部门要求经营该客运线路的企业实现道路旅客运输"三优三化"、车辆当日往返、两地各设置一个客流集中的公用型汽车客运站发车。

问题：

(1) A城市至B城市日均单向直达客运量所形成的旅客周转量为多少人·km？

(2) 若按控制车辆效率指标计算，应投放多少辆50座客车才能实现运力与运量的基本平衡？

(3) 参加营运的客车在A城市至B城市之间往返行驶，这种客车运行组织方式称为何种运行方式？

(4) 交通运输主管部门要求经营企业实现旅客运输"三优三化"，其中"三优"是指哪"三优"？

(5) 经营企业在该线路上提高车辆实载率水平有哪些有效途径？

【本章知识架构】

公路运输在客运方面比其他运输方式具有明显的优势。此外，公路运输的快速、方便、直达的特点，使公路客运具有更大的竞争能力，并因此而获得飞速的发展。在工业发达国家，汽车客运量及旅客周转量均已超过铁路的客运量及旅客周转量。

8.1 城间公路客运组织

在各种客运方式中，在中短途客运方面，城间公路客运具有明显的优势。首先，从对载运能力的占用来看，汽车每运送 1 名旅客，只需占 100~200kg 货物的载货能力，而铁路每运送 1 名旅客要少运 3~8t 货物；其次，从资金占用来看，汽车运输每千人·km 所占用的投资仅为铁路的 1/5~1/3；再次，从能源消耗来看，公路客运的油耗为 5.5~

6.5kg/(千人·km)，而铁路客运为 6.6kg/(千人·km)（柴油）；最后，从社会劳动消耗看，铁路、水运的 1t·km、1t·海里相当于 1 人·km、1 人·海里，而公路汽车运输的 1t·km 相当于 10 人·km。

8.1.1 公路汽车客运站

公路汽车客运站是公路旅客运输网络的结点，是公路运输经营者与旅客进行运输交易活动的场所，是为旅客和运输经营者提供站务服务的场所，是培育和发展道路运输市场的载体。公路汽车客运站在旅客运输工作中占有重要地位，担负着组织生产、为旅客服务、管理线路和传输信息等方面的任务。

1. 车站的功能

公路汽车客运站集运输组织与管理、中转换乘、多式联运、通信、信息收集与传输、综合服务与公路运输市场管理于一身，把无形的旅客运输市场变为有形的市场，把车主、旅客和运输管理部门的利益有效地结合起来，促使公路旅客运输健康而有序地发展。

公路汽车客运站最主要的功能是运输组织管理，其内涵包括以下四个方面。

（1）客运生产组织与管理。包括发售客票、办理行包托取、候车服务、问讯、小件寄存、广播通信、检验车票等为组织旅客上下车而提供各种服务与管理；为参营车辆安排运营班次、制定发车时刻、提供维修服务与管理；为驾乘人员提供食宿服务等。

（2）客流组织与管理。客运站通过生产组织与管理，收集客流信息和客流变化规律资料，根据旅客流量、流向、类别等，合理安排营运线路，开辟新的班线与班次，以良好的服务吸引客源。

（3）运行组织与管理。包括办理参营客车到发手续，组织客车按班次时刻表准点正班发车，利用通信手段掌握营运线路的通阻情况，向驾乘人员提供线路通阻信息，发现问题及时与有关方面联系，并采取必要的措施，会同有关部门处理行车事故，组织救援，疏散旅客等。

（4）参与管理客运市场。认真贯彻执行《道路旅客运输及客运站管理规定》，建立健全岗位责任制，实行营运工作标准化，提高旅客运输质量，自觉维护客运秩序，并协助运管部门加强对客运市场的统一管理。

2. 车站的分类

根据行业标准 JT 200—2004《汽车客运站级别划分和建设要求》，可将公路汽车客运站大致按 3 种方法分类。

1）按车站规模划分

按车站规模划分，汽车客运站可分为等级站、简易车站和招呼站。

（1）等级站。是指具有一定规模，可按规定分级的车站。

（2）简易车站。是指以停车场为依托，具有集散旅客、售票和停发客运班车功能的车站。

（3）招呼站。是指公路在沿线（客运班线）设立的旅客上落点。

2) 按车站位置和特点划分

按车站位置和特点划分，汽车客运站可分为枢纽站、口岸站、停靠站和港湾站。

（1）枢纽站。可为两种及两种以上运输方式提供旅客运输服务，且旅客在站内能实现自由换乘的车站。

（2）口岸站。位于边境口岸城镇的车站。

（3）停靠站。为方便城市旅客乘车，在市（城）区设立的具有候车设施和停车位，用于长途客运班车停靠、上下旅客的车站。

（4）港湾站。道路旁具有候车标志、辅道和停车位的旅客上落点。

3) 按车站服务方式划分

按车站服务方式划分，汽车客运站可分为公用型车站和自用型车站。

（1）公用型车站。这类车站一般由国家投资或所在地交通管理部门筹助资金兴建。它具有独立法人地位，自主经营，独立核算，是全方位为客运经营者和旅客提供站务服务的车站。

（2）自用型车站。隶属于运输企业，主要为自有客车和与本企业有运输协议的经营者提供站务服务的车站。

3. 公路汽车客运站级别划分

在《汽车客运站级别划分和建设要求》中，根据车站设施和设备配置情况、地理位置和设计年度平均日旅客发送量（以下简称日发量）等因素，将车站等级划分为 5 个级别，以及简易车站和招呼站。

（1）一级车站。设施和设备符合表 8-1 和表 8-2 中一级车站必备各项，且具备下列条件之一：①日发量在 10 000 人次以上的车站；②省、自治区、直辖市及其所辖市、自治州（盟）人民政府和地区行政公署所在地，如无 10 000 人次以上的车站，可选取日发量在 5 000 人次以上具有代表性的一个车站；③位于国家级旅游区或一类边境口岸，日发量在 3 000 人次以上的车站。

（2）二级车站。设施和设备符合表 8-1 和表 8-2 中二级车站必备各项，且具备下列条件之一：①日发量在 5 000 人次以上，不足 10 000 人次的车站；②县以上或相当于县人民政府所在地，如无 5 000 人次以上的车站，可选取日发量在 3 000 人次以上具有代表性的一个车站；③位于省级旅游区或二类边境口岸，日发量在 2 000 人次以上的车站。

（3）三级车站。设施和设备符合表 8-1 和表 8-2 中三级车站必备各项，日发量在 2 000 人次以上，不足 5 000 人次的车站。

（4）四级车站。设施和设备符合表 8-1 和表 8-2 中四级车站必备各项，日发量在 300 人次以上，不足 2 000 人次的车站。

（5）五级车站。设施和设备符合表 8-1 和表 8-2 中五级车站必备各项，日发量在 300 人次以下的车站。

（6）简易车站。达不到五级车站要求或以停车场为依托，具有集散旅客、停发客运班车功能的车站。

（7）招呼站。达不到五级车站要求，具有明显的等候标志和候车设施的车站。

表 8-1 公路汽车客运站设施配置表

		设施名称	一级站	二级站	三级站	四级站	五级站
场地设施		站前广场	●	●	★	★	★
		停车场	●	●	●	●	●
		发车位	●	●	●	●	★
建筑设施	站房	候车厅(室)	●	●	●	●	●
	站务用房	重点旅客候车室(区)	●	●	★	—	—
		售票厅	●	●	★	★	★
		行包托运厅(处)	●	●	★	—	—
		综合服务处	●	●	★	★	—
		站务员室	●	●	●	●	●
		驾乘休息室	●	●	●	●	●
		调度室	●	●	●	★	—
		治安室	●	●	★	—	—
		广播室	●	●	★	—	—
		医疗救护室	★	★	★	★	★
		无障碍通道	●	●	●	●	●
		残疾人服务设施	●	●	●	●	●
		饮水室	●	★	★	★	★
		盥洗室和旅客厕所	●	●	●	●	●
		智能化系统用房	●	★	★	—	—
	办 公 用 房		●	●	●	★	—
	辅助用房	生产辅助用房					
		汽车安全检验台	●	●	●	●	●
		汽车尾气测试室	★	★	—	—	—
		车辆清洁、清洗台	●	●	★	—	—
		汽车维修车间	★	★	—	—	—
		材料间	★	★	—	—	—
		配电室	●	●	—	—	—
		锅炉房	★	★	—	—	—
		门卫、传达室	★	★	★	★	★
		生活辅助用房 司乘公寓	★	★	★	★	★
		餐厅	★	★	★	★	★
		商店	★	★	★	★	★

注：●——必备；★——视情况设置；———不设。

表 8-2 公路汽车客运站设备配置表

	设备名称	一级站	二级站	三级站	四级站	五级站
基本设备	旅客购票设备	●	●	★	★	★
	候车休息设备	●	●	●	●	●
	行包安全检查设备	●	★	★	—	—
	汽车尾气排放测试设备	★	★	—	—	—
	安全消防设备	●	●	●	●	●
	清洁清洗设备	●	●	★	—	—
	广播通信设备	●	●	★	—	—
	行包搬运与便民设备	●	●	★	—	—
	采暖或制冷设备	●	★	★	★	★
	宣传告示设备	●	●	●	★	★
智能系统设备	微机售票系统设备	●	●	★	★	★
	生产管理系统设备	●	★	★	—	—
	监控设备	●	★	★	—	—
	电子显示设备	●	●	★	—	—

注：●——必备；★——视情况设置；———不设。

8.1.2 公路客运营运方式

由于旅客的年龄、职业、收入等有别，旅行目的、旅行距离也不尽相同，因此，他们对旅行条件的要求也会有一定差别。为了适应旅客对旅行乘车的不同需要，公路运输部门采用定班和不定班两种营运形式。

定班运行是指按班次时刻表，在指定的线路上按班次时刻运行的营运方式。不定班运行则没有固定的线路和班次，一切根据实际情况临时安排。

针对不同的旅客，目前公路客运部门主要采用的具体营运方式有长途直达客运、城乡短途客运、普通客运、旅游客运、旅客联运和包（租）车客运。

1. 长途直达客运

长途直达客运是在运距较长的线路上，在起终点站之间不停靠，或仅在大站才停靠的旅客班车运输方式。该种方式主要用于跨省、跨区的长途干线上的旅客运输。一般情况下，当直达客流量大于客车定员的 60% 时，可考虑开行直达客车。

高等级公路上的长途直达客运，可以不配乘务员，旅客上下由停靠站组织。采用该种运输方式的客车，要做到车容整洁，车况良好，要尽可能提高乘坐的舒适性和车辆行驶速度。

现在行驶在高等级公路上的长途直达客运班车，有的已配一名乘务员负责上下车引导、车上饮料分发、录像放映等服务。这也是现代公路运输的新要求。

2. 城乡短途客运

开行城乡线路上的客车，需要沿途各站频繁停靠，因此，为方便随车售票，组织招呼站旅客上下车，这种营运方式的客车上通常配有乘务员。用于该种方式的客车，除有一定数量的座椅外，还应保留一定站位和放置物品的空间。

3. 普通客运

普通客运是普遍采用的客运班车营运方式，该方式的客车在沿线主要站点都停靠进行服务作业。当直达客流不多，区间客流占班线客流的80%以上时，一般采用该种运输方式。普通客运可与直达客运在客流量较大的干线上共运，相互配合，以满足不同旅客的需要。普通客运班车上可以配乘务员，但不强求统一。

4. 旅游客运

旅游客运是在游客较多的旅游线路上开办的旅客运输方式。该种客车通常对舒适性要求较高，而且车型不能单一，应备有较高级的大、中、小型客车，以满足不同游客的需要。甚至在可能的条件下，应配有导游人员。客车应根据旅客要求在风景点停靠，开行的方式可以采用定线、定班或根据游客要求安排诸如包车等适当的形式。

5. 旅客联运

随着生活水平的提高，远距离旅行越来越多，因此，选择多种运输方式旅行已很自然。开展旅客联运，各地联运企业要与各运输部门签订联售火车、轮船、汽车、飞机等客票的协议；在港、站设立联合售票所，积极开展火车、汽车、轮船、飞机客票的代订、联售业务，并代办行包托运、保管、接送、旅行咨询等服务项目；在旅客中转量大的城市，可设立代办中转客票的专门机构等。旅客联运可以减少旅客的中转换乘时间，受到旅客的欢迎。

6. 包（租）车客运

包（租）车客运是为有关单位或个人、集体选择公路旅行提供方便而采用的营运方式。其主要服务对象是机关、企事业单位集体外出学习、游览的职工。包（租）车可根据具体情况分为计时和计程两种。为了满足包车用户乘车人数和舒适程度等不同要求，运输企业要有不同车型、不同座位数的大、中、小各型客车，制定不同运价，供租车人选用。由于包车没有固定线路和固定客流，往往忙闲不均。为此，各兄弟车站、兄弟运输企业之间与旅游服务单位之间，可商定合作办法，建立联营，以发展租车业务。

8.1.3　公路客运班车的分类

目前，公路客运班车根据国家及有关部委的规定，具体包括以下分类。

1. 按班次性质分类

（1）直达班车。指由始发站直达终点站，中途只做技术性停留，但不上下旅客的班车。

（2）普快直达班车。指站距较长，沿途只停靠县、市及大镇等主要站点的班车。

(3) 普通班车。指站距较短，停靠站点(含招呼站)较多，配备随车乘务员的班车。

(4) 城乡公共汽车。指由城区开往附近农村乡镇，站距短，旅客上下频繁，并配备随车乘务员的短途班车。

2. 按班次时间分类

(1) 白班车。指在白天运行的各种客运班车。

(2) 夜班车。指在夜间运行，发车时间或到达时间在夜间的客运班车。

3. 按运行区域分类

(1) 县境内班车。指运行在本县境内的各种客运班车。

(2) 跨县班车。指运行在本地(市、州)境内，县与县之间的各种客运班车。

(3) 跨区班车。指运行在本省(自治区、直辖市)境内，地(市)与地(市)之间的各种客运班车。

(4) 跨省班车。指运行在国内省与省之间的各种客运班车。

(5) 跨国班车。指在国与国之间运行的客运班车。

4. 按运行距离分类

(1) 一类班车。指运行距离在 800 km 以上(含 800 km)的客运班车，一般称超长客运。

(2) 二类班车。指运行距离在 400(含 400)～800 km 的客运班车。

(3) 三类班车。指运行距离在 150(含 150)～400 km 的客运班车。

(4) 四类班车。指运行距离在 25～150 km 的客运班车。

(5) 短途班车。指运行距离在 25 km 以下的客运班车。

5. 按车辆结构和服务档次分类

(1) 高级客运班车。指车辆主要结构性能优良、座位舒适、内部装饰豪华，并设有高性能的空调、音响和影像设备及小型厕所等装置的客运班车。

(2) 中级客运班车。指车辆的主要性能良好、结构较好、座位舒适的客运班车。

(3) 普通客运班车。指车辆的主要性能良好，结构一般的客运班车。

6. 按车辆类型分类

(1) 大型客运班车(大客)。指车辆长度超过 9m，45 座以上的客运班车，具体又可分为高三级、高二级、高一级、中级和普通级五个等级。

(2) 中型客运班车(中客)。指车辆长度 6～9 m，20～45 座的客运班车，具体又可分为高二级、高一级、中级和普通级四个等级。

(3) 小型客运班车(小客)。指车辆长度在 6 m 以下，20 座以下的客运班车，具体又可分为高二级、高一级、中级和普通级四个等级。

8.1.4　客运班次计划的编制

客运班次计划是客运服务活动有秩序进行的重要基础工作。它根据客流调查，掌握、了解各线、各区段、区间的旅客流量、流向、流时的基本规律，再结合企业的客运能力,从而确定营运线路、客运班次数、起迄站点和停靠站点,编排班次发车时刻表,然后对外公布。客运班次一经公布,不应变更频繁。除冬夏两季为适应季节客流变化需进行调整外,应竭力避免临时变动,更不要轻率地停开班次、减少班次或变动行车时刻。

拟订客运班次计划是一项细致、复杂的工作。要达到编制的要求,做到方便旅客,提高车辆运行效率,就必须采取科学的方法。在此介绍一种常用的编制方法。

(1) 对客运线路所有站点进行客源调查,并对调查资料进行全面整理分析,旧线可进行日常统计,新辟线路调查资料要进行核对、整理,确保全面正确。根据核实的调查资料,编制沿线各站日均发送旅客人数表。

(2) 根据各站日均发送旅客人数表编制旅客运量计划综合表,绘出客流密度图。

(3) 编制客运班次计划表。

(4) 进行运力运量平衡测算,编制客班运行时刻简表。

(5) 编制客车运行周期表。

下面举两例对客运班次计划的编制进行详细说明。

【例 8-1】编制 AE 线路的客运班次计划(AE 线路各站点位置及站间距离参见图 8.1)。

解:(1) 进行客源调查并进行核对、整理,根据核实的调查资料,编制沿线各站日均发送旅客人数表。

假设经过调查和资料汇总计算,得知 AE 线路日均发送旅客人数见表 8-3。

表 8-3 AE 线各站日均发送旅客人数

起迄站	站距/km	日均发送人数/人		合 计	
		下 行	上 行	运量/人	周转量/(人·km)
A—B	70	136	138	274	19 180
A—C	120	64	70	134	16 080
A—D	150	48	42	90	13 500
A—E	210	52	47	99	20 790
B—C	50	36	33	69	3 450
B—D	80	12	10	22	1 760
B—E	140	14	16	30	4 200
C—D	30	9	8	17	510
C—E	90	12	10	22	1 980
D—E	60	26	24	50	3 000
合计	1 000	409	398	807	84 450

(2) 根据上述各站日均发送旅客人数表分以下两步进行。

① 编制旅客运量计划综合表,见表 8-4。

表 8-4 AE 线旅客运量计划综合表

年　月

到站下行\发站上行	A	B	C	D	E	日均发送人数/人			区段流动人数/人	
						合计	下行	上行	下行	上行
A	✕ 300 / 297	136	64	48	52	300		300	300	297
B	138	136 ✕ 138 / 62 59	36	12	14	200	62	138	226	218
C	70	33	100 ✕ 103 / 21 18	9	12	124	21	103	147	133
D	42	10	8	69 ✕ 60 / 26 24	26	86	26	60	104	97
E	47	16	10	24	104 ✕ / 97	97	97			

注：①表中所列人数均为日平均数。②表中交叉斜线栏中，上、下格填写下、上行到达该站的下车人数；左、右格填写由该站发送的上、下行人数。③区段流动人数＝车辆到站时的车上实际人数－下车人数＋上车人数，即由该站发车时车上总载客人数。

② 绘制客流密度图，如图 8.1 所示。

图 8.1 客流密度图

制图说明：每一区段上面都画有一条横线，横线上面填注上行流动人数，横线下面填注下行流动人数；本例均按车辆定员 40 人安排班次，根据区段上、下行流动人数，取其较多的流动人数折算成需要的车辆数，标注在各区段上；应尽量安排直达班次，故本例每日应安排的对开班次是 A—E 为 3 班，A—D 为 1 班，A—C 为 2 班，A—B 为 2 班，共对开 8 班。

（3）编制客运班次计划表，见表 8-5。

根据客流密度图所安排的班次填入表 8-5 相应栏内，并计算总行程和每日需要运力，作为运力运量平衡和确定开行班次的依据。

表 8-5　AE 线客运班次计划表

年　月

线别	日均计划运量/人			计划周转量 /(人·km)	安排班次计划					日总行程 /km	每日需要运力 /(客位·km)
	合计	下行	上行		起	止	运距 /km	额定客位/座	每日对开班次		
A E 线					A	E	210	40	3	1 260	50 400
					A	D	150	40	1	300	12 000
					A	C	120	40	2	480	19 200
					A	B	70	40	2	280	11 200
合计	807	409	398	84 450				40	8	2 320	92 800

（4）进行客运运力运量平衡。可用简化的方法测算，即只要分别计算各线使用同类车型的班次所需要的正班车数及预测的专线客运、包车等车数，与本企业营运客车的车型、车数相比较，得出车数差额，然后采取平衡措施，确定正班班次和机动运力。需要车数的计算公式为

$$C = \frac{L}{\overline{L}_d \alpha_d} \tag{8-1}$$

式中，C——需要车数（辆）；

　　　　L——日总行程（km）；

　　　　$\overline{L}_d$——平均车日行程（km）；

　　　　α_d——工作率（%）。

【例 8-2】某运输公司经营的 AI 线（包括 AJ、AK、AL、AM 等支线）线路示意图如图 8.2 所示。根据客源调查资料已经编制出的客运班次计划，见表 8-6。运输公司计划部门提供某 40 座客车的季度生产效率指标为：工作率 90%，平均车日行程 220km，实载率 92%，按表 8-6 确定 AI 正班车需要的车辆数和机动运力。

解：根据公司资料，客车为 40 座，工作率 90%，平均车日行程 220km，则需要车数

$$C = \frac{L}{\overline{L}_d \alpha_d} = \frac{2\,568}{220 \times 0.9} \approx 13\,（辆）$$

另外估计需要机动车 3 辆，共 16 辆。

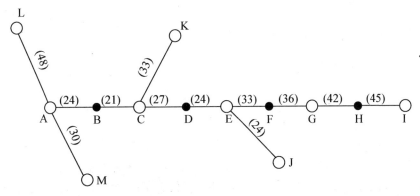

图 8.2　AI 线路营运里程示意图

表 8-6 AI 线客运班次计划表

年   月

线别	日均计划运量/人			计划周转量/(人·km)	安排班次计划					日总行程/km	每日需要运力/(客位·km)
	合计	下行	上行		起	止	运距/km	额定客位/座	每日对开班次		
AI线					A	I	252	40	1	504	
					A	G	165	40	1	330	
					A	J	120	40	1	240	
					A	E	96	40	2	384	
					A	K	78	40	3	468	
					A	C	45	40	3	270	
					A	L	48	40	2	192	
					A	M	30	40	3	180	
合计	1 315	672	643	95 572					16	2 568	102 720

(5) 编制客班运行时刻简表。客班运行时刻简表是客运班次计划的初始方案，主要是拟订各班次的始发时间，沿途停靠站点，并预计到达时间，凭此衔接班次。

始发时间是以各站提出的建议时间为基础，经研究分析符合旅客流时要求，并查核各站一次发出的班次数与车位数相协调而拟订。预计到达时间是安排日运行计划时，研究两轮班次衔接间隔时间是否符合要求的必要资料，其计算依据如下：①分线、分区段测定的平均技术速度；②中途停靠站上下旅客和装卸行包需要的时间；③途中用餐休息时间，一般在 11:00～13:00 的时间内安排午餐休息 1h。

预计到达时间可以按各停靠站分段计算，也可以全程一次计算。全程一次计算又有需在中途用餐和不需在中途用餐两种情况，其计算公式分别为

$$T_A = T_1 + \frac{L_2}{v_t} + T_2(P_1 - P_2) + T_3 \tag{8-2}$$

$$T_B = T_1 + \frac{L_2}{v_t} + T_2 P_1 \tag{8-3}$$

式中，T_A——需要中途用餐的到达时间；

T_B——不需要在中途用餐的到达时间；

T_1——始发时间；

T_2——中途站停留时间；

T_3——中途用餐时间；

L_2——起讫站距离(km)；

v_t——车辆技术速度(km/h)；

P_1——沿途停靠站数(个)；

P_2——中途用餐站数(个)。

【例 8-3】 接例 8-2，AI 线 101 次班车始发时间为 6:30，车辆行驶的技术速度为 36km/h，沿途停靠站点为 4 个，每站停留 10min，中途午餐休息 1h。求 AI 线 101 班次的到达时间。

解： 101班次的到达时间为

$$T_A = T_1 + \frac{L_2}{v_t} + T_2(P_1 - P_2) + T_3 = \left[6\frac{30}{60} + \frac{252}{36} + \frac{10}{60} \times (4-1) + 1\right] = 15 \text{（时）}$$

即101班次的到达时间为15:00。其余各班次均按以上公式计算，得出预计到达的时间见表8-7。

表8-7 AI线客班运行时刻简表

年　月

班车路线		每日对开班数	下行			上行			营运方式	沿途停靠站点
起	止	运距/km	班次编号	始发时间	到达时间	班次编号	始发时间	到达时间		
A	I	252	1	101	6:30	15:00	102	6:30	15:00	直快	E,F,G,H
A	G	165	1	111	9:40	15:35	112	7:00	12:00	直快	E,F
A	J	120	1	121	7:00	10:50	122	12:00	15:50	普客	C,D,E
A	E	96	2	131	7:00	10:00	132	11:30	14:30	普客	C,D
				133	9:30	12:30	134	13:30	16:30		
A	K	78	3	141	7:00	9:30	142	7:00	9:30	普客	B,C
				143	10:30	13:00	144	10:30	13:00		
				145	14:00	16:30	146	14:00	16:30		
A	C	45	3	151	8:00	9:25	152	7:00	8:25	普客	B
				153	10:40	12:05	154	10:00	11:25		
				155	15:30	16:55	156	13:10	14:35		
A	L	48	2	161	6:30	7:50	162	8:20	9:40	普客	
				163	13:30	14:50	164	15:20	16:40		
A	M	30	3	171	6:30	7:20	172	6:30	7:20	普客	
				173	13:10	14:00	174	7:50	8:40		
				175	15:10	16:00	176	14:30	15:20		
合计			16	16							

（6）编制客车运行周期表。编制客车运行周期表是充分发挥车辆运行效率，搞好班次之间衔接的一个重要步骤，需要有一定技巧，主要应掌握以下要领。

① 不同的营运方式（如普通班车、长途直达班车、城乡公共汽车、旅游班车等），使用不同车型的班次，应分别编制运行周期。

② 同一天内两轮班次之间的衔接，一般要有1h左右的间隔时间，短途班车不得少于0.5h，以便有秩序组织旅客上车、装卸行包和驾驶员进行车辆技术检查与适当休息。

③ 编制运行周期的重点是安排好日运行计划。编制日运行计划必须满足以下条件。

除一个工作车日不能到达终点站的长途直达班车外，其余班车必须在终点站停宿，使旅客当天能到达目的地。这样，既方便了旅客，又便于组织运行周期和调车维修或换班。

综合平均车日行程应略高于计划指标，才能完成和超额完成生产计划。

各个日运行计划的工作时间要在 8h 左右，不宜过长过短。

④ 各班次的始发时间基本上要与拟订的客班运行时间简表相一致（为便于安排日运行计划，这一条可在最后调整）。

要满足以上条件，可采取如下方法。

车日行程指标按日行程的班次多少分档确定。例如，长途直达班车（包括一天到达终点站的班次）的车日行程应高于计划指标 15% 以上；一天往返一趟或运行两个班次的车日行程应高于计划指标 10%～15%；一天运行 3～4 个班次的车日行程应高于计划指标 5%～15%；短途多趟运行的车日行程可接近或略低于计划指标。如受班次运程的限制，也可灵活掌握。这样用车日行程一项条件来控制调节，既能保证完成生产计划，又可使各个日运行计划的工作时间基本相近，容易安排。

暂不考虑两轮班次的衔接时间，只计算车日行程达到分档指标，就可安排一个日运行计划。如车辆当天回到原始发站停宿，即是一个运行周期；如车辆在外地终点站停宿，次日即可逆向返回原始发站，两天组成一个周期；如外地某站是一个小区的中心，分支线汇集的班次较多，可以以小区中心点为主组成周期。虽然各地营运线路的分布情况不同，但这一基本方法是比较适用的。运行周期的组织灵活多样，最好能拟订几种草案，以供选择采用。

考虑到班次有长有短，安排日运行计划时要采取先长后短、先易后难、循序渐进的方法。一般的安排顺序是先长途，次往复和环行，再次短套班，然后将剩余的短途班次组织多趟运行，并应使各个班次的车日行程大体相等，各单车均衡地完成生产任务。

按照以上方法，组成 AI 线的客车运行周期表见表 8-8。

表 8-8 AI 线客车运行周期表

周期编号	日运行计划编号	班次	运行路线及开到时间	车日行程/km
一	1	101	6:30 开　　　　　　　　　　15:00 到 A————————————————I	252
一	2	102	6:30 开　　　　　　　　　　15:00 到 I————————————————A	252
二	3	121 122	10:50 到　　15:50 到 7:00 开　　12:00 开 A————J————A	240
三	4	141 144 145	9:30 到　　13:00 到　　16:30 到 7:00 开　　10:30 开　　14:00 开 A————K————A————K	234
三	5	142 143 146	9:30 到　　13:00 到　　16:30 到 7:00 开　　10:30 开　　14:00 开 K————A————K————A	234

续表

周期编号	日运行计划编号	班次	运行路线及开到时间	车日行程/km
四	6	171 174 111	7:20 到 8:40 到 15:35 到 6:30 开 7:50 开 9:40 开 A———M———A———G	225
四	7	112 173 176	12:00 到 14:40 到 15:20 到 7:00 开 13:10 开 14:30 开 G———A———M———A	225
五	8	131 132 155	10:00 到 14:30 到 16:55 到 7:00 开 11:30 开 15:30 开 A———E———A———C	237
五	9	152 133 134	8:25 到 12:30 到 16:30 到 7:00 开 9:30 开 13:30 开 C———A———E———A	237
六	10	161 162 153 156 175	7:50 到 9:40 到 12:05 到 14:35 到 16:00 到 6:30 开 8:20 开 10:40 开 13:10 开 15:10 开 A———L———A———C———A———M	216
六	11	172 151 154 163 164	7:20 到 9:25 到 11:25 到 14:50 到 16:40 到 6:30 开 8:00 开 10:00 开 13:30 开 15:20 开 M———A———C———A———L———A	216
合计	11	32		2 568

表 8-8 中各班次的衔接时间可进行适当调整，对同一起讫点开行多班次的班线，要选择其中衔接时间较好的班次填列。在不影响旅客流时规律的情况下，可将班次的始发时间适当提前或移后。客车运行周期表可作为模板保存，以备编制客车运行作业计划时用。

表 8-8 中的日运行计划编号又称车辆运行路牌或循环序号，是指一辆客车在一天内的具体任务，运行指定的一个或几个班次。一般一个运行线路相同的运行任务编为同一个编号。编号按顺序排列，便于循环。有了日运行计划编号，才能进一步编制单车运行作业计划和进行车辆调度。

编制客车运行周期表须满足以下条件：①保证全部客运班次均有车辆参运；②充分发挥每辆客车的运输效率，使其各项效率指标尽可能相近；③循环周期不宜过长，以便安排车辆的保修作业及驾、乘人员的食宿和公休；④确保行车安全正点。

8.1.5 客车运行作业计划的编制

客车运行作业计划是将客运生产任务具体落实到单车的日历计划。换言之，客车运行作业计划是单车运行作业计划的总表。由于客运以班车为主要营运方式,其班期班次固定,而且必须保证正点开行,因此客车运行作业计划一般按月度编制。

客运调度室应依据日运行计划编号、车辆状况及其运用情况(车辆型号、技术性能、额定座位、完好率、工作率、平均车日行程、实载率、车客位产量等),预计保留一定数量的机动车辆以备加班、包车及其他临时用车,经统筹安排、综合平衡后,编制各单车运行作业计划。

编制客车运行作业计划表,首先要确定客车运行方式。客车运行的方式主要有大循环、小循环与定车定线三种形式。

(1) 大循环运行。它是将全部计划编号统一编成一个周期,全部车辆按确定的顺序循环始终的运行方式。这种循环方式适用于各条线路道路条件相近、车型基本相同的情况。其优点是每辆客车的任务安排基本相同,车日行程接近,驾驶员的工作量比较平均。缺点是循环周期长,驾、乘人员频繁更换运行线路,不利于掌握客流及道路变化等情况,影响客运服务效果,而且一旦某局部计划被打乱,会影响整个计划的进行。

(2) 小循环运行。它是把全部计划编号分成几个循环周期,将车辆划分几个小组分别循环的运行方式。一般在营运区域内各条线路道路条件、车型等情况不同时采用。这种循环的优点是有利于驾乘人员对运行范围的线路和客流变化等情况了解和掌握,有利于安全运行和良好服务。缺点是有时客车运用效率不及大循环。

(3) 定车定线运行。它是将某一车型固定于某条线路运行的方式。一般在营运区域内道路条件复杂或拥有较多车型时采用,或在多班次班线时采用。其优点是有利于驾乘人员对运行线路客流变化等情况较详细地了解、掌握,有利于搞好优质服务。缺点是客车不能套班使用,对提高车辆运用效率有一定影响。

不论采取何种编制方式,都应以二保日期的先后次序为基准,把各车的保修日排成梯形表,而不宜按车号顺序编排。对当月不进二保的车辆,将只需一保的车辆排在最前面,需要三保和大修的车辆排在最后面。梯形表排好后,先安排上月底在外地夜宿车辆的回程任务,这时必定有一部分车辆不能从月度开始时即按新定任务安排,需要做适当的调整。

计划编好后,还要逐日检查日运行计划有无漏号和重号。经复核无误后,方可据此编制月度客车运行效率计划综合表。

现以 AI 线所有班次为例,采取定线运行和大循环运行两种方式进行编制。按以上方法编制的客车运行作业计划表见表 8-9 和表 8-10。

表 8-9　AI 线客车运行作业计划表(定线)

车辆动态	车号	座位数 日期 任务号	1	2	3	4	5	6	7	8	9	10	11	12	13	14	15	…	31	工作车日	车月行程
A	006	40	二保	1	2	1	2	1	2	1	2	1	2	1	2	1	2	…			
A	003	40		二保	1	2	1	2	1	2	1	2	1	2	1	2	1	…			
A	007	40	3	3	二保	3	3	3	3	3	3	3	3	3	3	3	3	…			

续表

车辆动态	车号	日期\任务号\座位数	1	2	3	4	5	6	7	8	9	10	11	12	13	14	15	…	31	工作车日	车月行程
A	001	40		4	5	二保	4	5	4	5	4	5	4	5	4	5	4	…			
A	005	40	4	5	4	5	二保	4	5	4	5	4	5	4	5	4	5	…			
M	009	40	11	6	7	6	7	二保	6	7	6	7	6	7	6	7	6	…			
A	002	40	6	7	6	7	6	7	二保	6	7	6	7	6	7	6	7	…			
C	011	40	9	8	9	8	9	8	9	二保	8	9	8	9	8	9	8	…			
A	004	40	8	9	8	9	8	9	8	9	二保	8	9	8	9	8	9	…			
G	012	40	7	10	11	10	11	10	11	10	11	二保	10	11	10	11	10	…			
A	008	40	10	11	10	11	10	11	10	11	10	11	二保	10	11	10	11	…			
K	010	40	5		3	4	5	6	7	8	9	10	11	二保				…			
A	014	40	1	2					机	动											
A	015	40							机	动											
I	013	40	2						机	动											
A	016	40							机	动											

注：①车辆动态表示上月底留宿的地点；②空格为机动车日；③任务号为日运行计划编号。

表8-10 AI线客车运行作业计划表(大循环)

车辆动态	车号	日期\任务号\座位数	1	2	3	4	5	6	7	8	9	10	11	12	13	14	15	16	…	31	工作车日	车月行程
A	006	40	二保	1	2	3	4	5	6	7	8	9	10	11					…			
A	003	40		二保	1	2	3	4	5	6	7	8	9	10	11				…			
A	007	40			二保	1	2	3	4	5	6	7	8	9	10	11			…			
A	001	40				二保	1	2	3	4	5	6	7	8	9	10	11		…			
A	005	40					二保	1	2	3	4	5	6	7	8	9	10	11	…			

续表

车辆动态	车号	座位数	日期\任务号	1	2	3	4	5	6	7	8	9	10	11	12	13	14	15	16	…	31	工作车日	车月行程
M	009	40		11					二保	1	2	3	4	5	6	7	8	9	10	…			
A	002	40		10	11					二保	1	2	3	4	5	6	7	8	9	…			
C	011	40		9	10	11					二保	1	2	3	4	5	6	7	8	…			
A	004	40		8	9	10	11					二保	1	2	3	4	5	6	7	…			
G	012	40		7	8	9	10	11					二保	1	2	3	4	5	6	…			
A	008	40		6	7	8	9	10	11					二保	1	2	3	4	5	…			
K	010	40		5	6	7	8	9	10	11					二保	1	2	3	4	…			
A	014	40		4	5	6	7	8	9	10	11					二保	1	2	3	…			
A	015	40		3	4	5	6	7	8	9	10	11					二保	1	2	…			
I	013	40		2	3	4	5	6	7	8	9	10	11					二保	1	…			
A	016	40		1	2	3	4	5	6	7	8	9	10	11					二保	…			

注：①车辆动态表示上月底留宿的地点；②空格为机动车日；③任务号为日运行计划编号。

编好客车运行作业计划后，应将单车完好率、工作率、车日行程等指标分车型汇总，与企业下达的生产计划指标相比较，如低于计划指标，对运行计划应作适当调整，然后正式填制月度客车运行效率计划综合表（表8-11），与客车运行作业计划表一起送有关科室复核后转送企业领导审阅。

表8-11 月度客车运行效率计划综合表

队别	车型	车别	营运车数	编制计划		完好率		工作率		车日行程		说明
				编制计划车数	占营运车日率	运行计划	比计划高(+)低(-)	运行计划	比计划高(+)低(-)	运行计划	比计划高(+)低(-)	
合计												
备注												

8.2 城市公交客运组织

城市客运主要由公共交通客运、单位客运、私人自运三部分组成,其中公共交通客运是城市客运的主体。

8.2.1 城市公交客运方式及营运方式

1. 城市公交客运方式

城市公共交通客运方式主要有公共汽车、无轨电车、有轨电车、轻轨电车、地铁、出租汽车、市郊铁路、单轨铁路等。

1)公共汽车

公共汽车是大中城市的主要公共客运方式,在特大城市也可以在干线上与地铁、电车平行行驶,以增加线路系数和线路网密度,其单向运送能力为 800~2 000 人次/h,平均运送速度为 16~25km/h,具有机动性好,原始投资比较少,可以迅速开辟新线路或改变已有线路,运输组织比较灵活等优点。其主要缺点是能耗大、对环境的污染也较大。

目前,一些工业发达国家在推进公共汽车交通上做了很大努力,采取了不少有力的措施。在车型设计方面,在研制大容量、高性能、低污染、舒适方便大型公共汽车的同时,生产了各种微型、小型公共汽车,以增加使用上的灵活性和经济性;在交通管理方面,设置了公共汽车专用道路或专用车道等,实行公共汽车优先放行的交通政策。此外,为了吸引更多的乘客,还对票价进行了修订。

2)无轨电车

无轨电车具有起动平稳、速度较快、运量适中等特点,在城市主要干线上可以代替有轨电车,适用于特大及大中城市单向最大客流量为 10 000~15 000 人次/h 的线路运输。与地铁和有轨电车比较,无轨电车还具有投资省、技术成熟、机动性好的优点。但是无轨电车所需的架空线和两根集电杆,给城市的空间利用带来了一定影响,同时影响城市美观,而且一旦发生脱线故障,还会引起城市交通阻塞。为了消除这一缺陷,有些国家开发并已试行了双动力源车辆,它具有除集电杆外的另一个集电系统(蓄电池或柴油机驱动),增加了机动性,具有一定的实用意义。

3)有轨电车和轻轨电车

有轨电车具有行驶平顺性好、运行可靠、污染较小、运量适中等特点,适用于大城市单向客流量为 6 000~12 000 人次/h 的线路运输,也适用于特大城市地铁或轻轨运输线路的延续线。有轨电车一度得到了蓬勃发展,对于一些国家城市的形成和发展起过重要作用,曾掀起了一场城市公共交通的革命。但也存在着机动性差、行驶速度低、噪声较大等缺点,使得有轨电车一度由盛变衰。随着近年具有低噪、低震、高速、节能等特点的轻轨电车的开发及应用,以轻轨电车为代表的有轨电车又成为一种很有发展前途的现代化城市交通工具。轻轨交通与传统有轨电车相比,具有容量较大、速度快、乘坐舒适、运行经济等优点,是大中城市解决城市交通问题的有效途径之一。

4）地铁

地铁具有容量大、速度快、安全、准点、污染少、可不占用城市土地或少占用城市土地等优点，且有一定的战略意义，在城市公共交通系统中，得到了逐步的发展，适用于特大和大城市主要干线及近郊大型工矿企业与大的居民点间单向客流量为 15 000～60 000 人次/h 的线路运输。目前，城市规模越来越大，世界人口城市化倾向愈来愈严重，导致城市拥挤，客运量急剧上升，因此，地铁交通在城市公共交通中的地位也变得更为显著。但是，地铁初始投资额高，工程量大，施工期长，加之地铁交通网密度低，故它不可能独立承担客运任务，必须有其他客运方式为其集散旅客。

5）出租汽车

现代化城市应有一个多元的城市公共交通系统，才能适应居民出行日益增加的需要。出租汽车作为一种较高层次的服务方式，在城市公共客运交通中起着辅助作用。它与基本公共交通相辅相成，构成一个更加完善的客运体系。出租汽车可以由各种不同的车型，根据租用者在时间和空间上的不同需要，提供灵活的客运服务。它是城市公共交通系统中，唯一能为乘客提供门到门服务的一种形式。但是，鉴于出租汽车流动运行的特性，以及完成单位运量所占用的道路时空资源大、能耗高、废气污染严重等缺点，出租汽车应有控制地发展。

6）市郊铁路

市郊铁路是连接城市与郊区，或连接中心城市与卫星城镇的铁路。市郊铁路往往是干线铁路的一部分，因此它具有干线铁路的技术特征，如通常采用重型轨道、站间距较长，以及市郊旅客列车与干线旅客列车和货物列车混跑等。

7）单轨铁路

单轨铁路是借助于橡胶轮胎或钢制车轮在单根轨道横梁上行驶的城市客运交通系统。单轨的线路采用高架结构，按构造型式不同可分为跨骑式与悬挂式两种。跨骑式是列车跨坐在高架轨道上运行的型式，车辆的走行部在车体的下部，而悬挂式单轨则是列车悬吊在高架轨道下运行的型式，车辆的走行部在车体的上部。

2. 城市公交客运的营运方式

城市公共交通客运的营运方式主要有以下三种。

(1) 定线定站式。这是一种营业线路固定、乘客上、下车地点固定，在客流比较稳定的线路上服务的营运方式。该种方式通常采用载客量较大的车辆，票价相对便宜，是国内外城市公共汽车的主要营运方式。

(2) 不定线不定站式。主要指出租汽车运输，其营运线路与乘客上、下车地点均不固定，是一种可以满足乘客门到门运输服务需求的营运方式。这种营运方式的乘车舒适性、快速性及方便性最好，但完成单位运量的运输成本较高。

(3) 定线不定站式。主要指在城市客运支线上组织的一种小型客运形式，其线路固定，但乘客上、下车地点不固定，一般采用小型客运车辆(如面包车等)。此种营运方式的乘车舒适性、快速性及方便性介于前两种营运方式之间。

8.2.2 城市公交线路网

1. 城市公交线路网的类型

由各种城市公共客运方式(公共汽车、无轨电车、有轨电车及地铁等)的线路和停车站点组成的系统称为城市公交线路网。客运任务的完成通过运输工具沿公交线路网运送乘客来实现。其中公共汽车线路网是整个城市公交线路网的重要组成部分。城市公交线路网的类型主要有以下四种。

1) 网格形

网格形线网是由若干条相互并行排列的线路与另外若干条具有相同特点的线路大致相交成直角而形成的,洛阳周王城的道路是典型的网格形线网,周王城的道路网呈方格网,道路分五级:经涂(洛阳纬涂)——主干道;环涂——城市环路;野涂——出入口道路;巷——支路;支巷——小区道路。不同道路有明确的路幅宽度,道路功能划分如图8.3所示。

图 8.3 网格形线网

网格形线网的主要优点:乘客不管去任何地方,只要转换一次车,且不需要通过人为的市中心,线路两端基本上都设在城市边缘地区,用地容易,征地方便;同时这种线网具有较高的通行能力,当客流集中时,还可以组织平行线路上的复线运输。这种线网的缺点:非直线系数较大,限制了主次干道的明确分工,对角线交通不便,大部分乘客均需换车;另外,如线网密度过大时,容易造成交通阻塞,影响道路通行能力。

2) 放射形

放射形线网是指大部分的线路汇集于城市的中心区,另一端分别延伸到城市的边缘区,与市郊、市区边缘的客流集散点相连,如图8.4所示。

图 8.4 放射形线网

放射形线网的主要优点：它有可能为任何地区居民组织方便的公交服务，各区居民能直达往返于市中心地区，同时可使边远地区居民不需换乘就一次乘车到达市中心。

放射形线网的主要缺点：对改建后的城市出现的新的商业文化中心的交通带来了多次转换乘的麻烦，增加了乘客上下车的交替频率，同时要求市中心有足够的土地用于停车和回车，影响道路的通行能力，引起交通阻塞。

3) 环形

环形线网是由若干围绕市中心的环形线构成的一族同心圆。

环形线网的优点：营运线路可以沿环形线布置，在同一环线上的任意两点可直达。其缺点是环线间的联系比较困难。环形结构很少在线网中单独使用。

4) 混合型

混合型线网指根据城市具体条件，由多种线形构成的综合性线网。通常以放射形和环形构成的放射环形线网最常见，如图 8.5 所示。

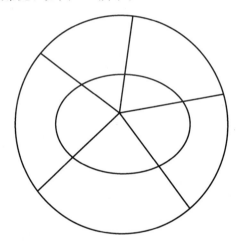

图 8.5　放射环形线网

放射环形线网的主要优点：克服了纯放射形线网的缺点，使各个人流集散点都有了公交线路相连接，东西向和南北向转换乘较方便；另外，市中心区与各区以及市区与郊区之间的联系方便、直达，非直线系数平均值最小。

放射环形线网的缺点：容易造成市中心压力过重，其交通的机动性较网格型差，如在小范围采用这种形式，则很容易造成许多不规则的街道。

2. 客运路线的线形

按照客运路线的平面形状，可以将其分为以下几种类型。

（1）直径式路线。通过市中心连接城市边缘。

（2）辐射式路线。由城市边缘各点与城市中心直通。

（3）绕行式路线。绕过市中心区连接城市两个区域。

（4）环形式路线。把市中心区以外需要有直接交通的各点以环形路线连接起来。

（5）切线式路线。与环形路线相切，连接城市边缘而不通过城市中心。

（6）辅助式路线。担负主要交通干线之间的交通联系或客流较小区域与交通干线之间交通联系的辅助联结式路线。

以上各种路线示意图如图 8.6 所示。

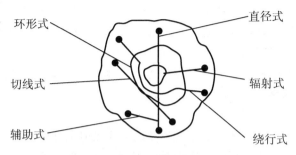

图 8.6 城市客运路线的线形示意

3. 客运路线的技术参数

客运路线的技术参数主要包括线路网密度、线路的长度和数目、非直线系数等。合理选择这些参数对乘客的乘车方便、快速运达、行车安全，提高公交车辆的运输效率和效益，改善驾驶员的劳动强度等均有重大影响。

1) 线路网密度

线路网密度是指有行车路线的街道长度与服务地区(城市)用地面积之比，即

$$\delta_N = \frac{L_{sr}}{F} \quad (8-4)$$

或

$$\delta_N = \frac{L_N}{F\mu_r} \quad (8-5)$$

式中，δ_N——线路网密度(km/km^2)；

L_{sr}——有行车路线的街道长度(km)；

F——服务地区(城市)区域面积(km^2)；

L_N——服务地区(城市)客运线路网总长度(km)；

μ_r——线路重复系数，是指客运线路网总长度与有客运路线的街道长度之比，即

$$\mu_r = \frac{L_N}{L_{sr}} \quad (8-6)$$

虽然线路重复系数越大，有客运路线的街道单位长度上平均拥有的线路也越多，可以相应减少乘客转乘，但运输企业的经济效益要相应降低，所以公共汽车的线路重复系数要有一定的限制，一般取 1.2～1.5。

线路网密度是用以评价乘客乘车方便程度的指标。线路网密度越大，表明营运线路之间的距离越短，乘客步行到营运线路的时间越少，乘车越方便。但对既定人口的城市或地区来说，其乘客周转量基本上是一定值，故其所需的车辆数也大体一定。在此前提下，随着线路网密度的增大，乘客步行时间将会随之减少，但由于单位里程线路上的车辆数减少，而使乘客的候车时间增加。反之，随着线路网密度减小，虽然乘客候车时间缩短，但步行时间增加。因而任何一个城市的线路网密度应保持适中，以使广大乘客出行的平均时间达到最省。在路网分布较均匀的情况下，线路网最佳密度 δ_N^0 为 2.5～3km/km^2。

2) 线路长度

确定客运线路长度，应综合考虑客运服务地区或城市的大小、形状、行车组织、乘客

交替情况、车辆载客量利用程度等因素。实践表明，线路越长，行车越难以准点，沿线客流量波动变化越大；反之，如果线路过短，又会造成乘客转乘较多，车辆在始末站停歇时间相对增加，营运速度下降，同时也相应增加了行车管理工作量。因此，线路的平均长度一般应根据城市大小和形状确定，取其直径（中、小城市）或半径（大城市、特大城市）为线路平均长度；也可以参照线路上乘客的交替情况来确定，一般为平均运距的2~3倍。通常市区（大、中城市）线路长度为6~10km。

3）线路数目

线路数目即线路条数，主要取决于客流量的大小及其分布情况，并应考虑尽量减少乘客转乘和等车时间。在城市客运线路网的最佳密度和客运线路平均长度基本确定后，线路数目可按下式估算，即

$$n_c = \frac{F\delta_N^0 \mu_r}{\overline{L_n}} = \frac{L_N}{\overline{L_n}} \tag{8-7}$$

式中，n_c——线路数目（条）；

δ_N^0——线路网最佳密度（km/km²）；

$\overline{L_n}$——线路的平均长度（km）。

客运线路数目应根据客流量设置。当在服务地区的个别区域（如城市中心区），职工上、下班期间客流超过一条线路的最大运送能力时，可考虑在同一条道路上设置重复线路或区间车线路，也可以开设不同运输方式的并行线路。

4）非直线系数

非直线系数是指行车路线起讫点间的实际距离与两点间的空间直线距离之比，用以表示客运线路走向是否符合乘客利益。其计算公式为

$$\eta_n = \frac{L_r}{L_I} \tag{8-8}$$

式中，η_n——非直线系数；

L_r——线路起讫点间的实际距离（km）；

L_I——线路起讫点间的空间直线距离（km）。

由于城市客运的乘行时间与有些客运线路的运费基本上与乘行里程成正比，即随 η_n 值的增大而增加，因此线路非直线系数的大小，直接影响到乘客的乘车费用和乘车时间的经济性。因此，η_n 值以尽可能小为宜。若合理布置行车路线，η_n 值可接近于1，一般不应超过1.3。

不同类型的线网，其非直线系数也不一样。例如，网格形线网，当实际里程为正方形的相邻二边之和时，η_n 为1.41；而放射环形线路网，η_n 为1.1~1.2。与网格形线网相比，放射环形线路网的运输经济性较好，因此采用较多。

4. 停车站的设置

客运线路上的停车站包括设在线路中途的中间站和设在线路两端的始末站。中间站设置是否合适，直接影响车辆的行驶速度、乘客的步行时间和道路的通行能力。设置中间站主要应解决好平均站距和站址确定两方面的问题。

1）平均站距的确定

确定站距，应全面考虑乘客的整体利益需要。乘客在上车前，希望尽早上车，即步行

时间与等车时间短，因而站距越小，上车越方便；而乘客上车后，则希望尽早到达目的地，即乘行时间短，因而站距越长越好，最好是中途不停车。综合起来说，乘客的愿望是出行时间最少，即当乘客平均等车时间 $t_W=0$ 时

$$t_{sr}=2t_{st}+t_{ri}=最小值 \tag{8-9}$$

式中，t_{sr}——乘客出行时间(min)；

t_{st}——乘客步行时间(min)；

t_{ri}——乘客乘行时间(min)。

考虑车上与车下乘客的整体利益需要，站距的长短应满足车上乘客乘行时间与车下乘客步行时间都最少的要求。由于 t_{st} 及 t_{ri} 均为平均站距 $\overline{L}_c$ 的函数。因此，欲求得 t_{sr} 为最小的最佳平均站距 $\overline{L}_c$，可令

$$\frac{\mathrm{d}(2t_{st}+t_{ri})}{\mathrm{d}\overline{L}_c}=0$$

得

$$\overline{L}_c=\sqrt{\frac{v_{st}\overline{L}_p\overline{t'_s}}{30}} \tag{8-10}$$

式中，$\overline{L}_c$——平均站距(km)；

v_{st}——乘客步行的平均速度(km/h)；

$\overline{L}_p$——乘客的平均乘距(km)；

$\overline{t'_s}$——平均每站停站的损失时间(min)，即在平均运距内，乘客因车辆停站而延误的乘行时间，包括停站时间及车辆因起步加速与停车减速而损失的时间。

近年来，随着城市的迅速发展，市区范围不断扩大，居民出行次数日益增多，道路交通量也迅速增加。这不仅使连接市区及近邻的公共客运线路增加，同时也造成车辆行驶速度逐年降低。为适应上述情况并加速车辆周转，国内各城市客运企业实际采用的平均站距一般都略大于按式(8-10)计算的理论值。因此，实际应用时，须对上式进行相应修正，即

$$\overline{L}_c=\lambda\sqrt{\frac{v_{st}\overline{L}_p\overline{t'_s}}{30}} \tag{8-11}$$

式中，λ——站距修正系数。对于市区线路，一般 $\lambda=1.0\sim1.3$；通过市中心或闹市区的线路，可取较低值；接近市区边缘或平均运距较长的线路则可取较高值。

除上述算法外，还可以采用经验的方法来确定平均站距，即以国内外同类型的城市采用的平均站距值(市区为 0.3～0.8km，郊区为 1～2km)作为参考。选其中一值作为平均站距，然后根据线路实际情况选定各停车站站址，经过试运行后最后确定下来。

在美国，普通公共汽车平均站距不超过 0.8km，在人口稠密区，平均站距小至 120m，每个主要交叉路口有一个站点。根据美国的情况，取得最大客运能力的平均站距为 0.72～1.27km。对于快速公共汽车线路，其平均站距要长一些。

2) 中间站站址的确定

中间停车站，按其利用情况可分为固定站、临时站与招呼站。固定站是指车辆在每单程运输过程中均须按时停车的停车站；临时站是指在一天中的某些时刻或一年中的某季节需停车的停车站。招呼站是指仅在线路上有乘客招呼上、下车时才停车的停车站。具体确

定站址时,应注意考虑以下几项因素。

(1) 设置合适的停车站类型。一般情况下,固定站应设在一天中往返乘客较多、乘客经常交替的地方,如火车站、商店、文化娱乐场所、机关、企业等附近;临时站应设在一天中某些时刻或一年中某季节客流交替较多的地方,如集市、庙会、大型文体活动场所等;招呼站则宜设置在较长站距之间或沿线乘客不多但发生周期性客流的地方。

(2) 便于乘客乘车、换车。为此,最好将中间站设在乘客较集中的地点和十字路口附近,如在同一地点有不同线路或不同形式车辆设站时,应尽量设在相邻处,以便于乘客换车。

(3) 便于车辆起动和加速。中间站应尽量避免设在上坡处。

(4) 减少十字路口红绿灯对车辆运行速度的影响。中间站设在十字路口附近时,一般应尽量设在十字路口前,以减少红绿灯的影响,减少速度损失。但为了不妨碍交叉路口的交通安全,即不阻挡交叉路口视距三角形内车辆和行人的视线及道路通行能力,一般宜设在距十字路口前停车线一个车长以上处。

(5) 上下行方向的对设站一般应错开。对设站的车头相对距离一般应为 30~50m。只有在路面宽阔的情况下,才可考虑在道路两侧相对应的位置设站,以保证交通安全。

(6) 不宜设站的地段。例如,桥梁、涵洞、陡坡、消防栓旁、铁路道口、狭路及危险地段、车辆进出口及大型建筑物门前等,不宜设站。

3) 始末站设置

设置始末站需综合考虑营运现场条件、始末站功能及企业的建设能力等因素。

客运线路两端的始末站是车辆调头之处,因而要有可供调车的场地。如果场地紧张,可组织绕附近街道单向行驶,也可以利用交通情况不太复杂的交叉路口调车。始末站还是线路行车调度人员组织车辆运行和行车人员休息的地方,因此应设置供调度人员工作和行车人员休息的必要设施,如调度通信设备、照明设备、饮食供应设备等。

始末站还应设有停车场地,供高峰后抽调下来的车辆暂时停放。如果设置专用场地困难,可以利用线路附近交通量较少的道路支线停车。北方地区的始末站还应设有车辆冬季运行所必须的供暖设施等。

在候车乘客较多的始末站,应适当设置排队场地、护栏、站台、防雨篷及向导牌等设施。

8.2.3 公共汽车营运组织

城市公共交通企业的营运组织工作,是企业组织营运生产,实现计划管理,改善服务质量的一项中心工作。在客运网合理布设的基础上,线路营运组织工作的好坏,在很大程度上取决于能否采用适应客流规律的车辆行驶方式,准确优质的作业计划,及时有效的现场调度。

1. 调度形式的基本类型

公共汽车调度形式是指营运调度措施计划中所采取的运输组织形式。依据车辆沿线工作时间及运停方式的不同,公共汽车调度形式可有以下两种分类方法。

1) 按车辆工作时间的长短与时段分类

(1) 正班车。主要指车辆在日间营业时间内,连续工作相当于两个工作班的一种基本调度形式,所以又称双班车、大班车。

(2) 加班车。指车辆仅在某种情况下,在某段营业时间(通常为客运高峰时间)内上线工作,并且一日内累计工作时间相当于一个工作班的一种辅助调度形式,所以又称单班车。

(3) 夜班车。指车辆在夜间上线工作的一种辅助调度形式。在一个工作日内,如车辆夜班时间不足一个工作班时,常与日间加班车相兼组织。只有在夜间客运量较大的营运线路上,夜班车连续工作时间才能相当于一个工作班。

上述3种车辆调度形式的基本分类关系见表8-12。

表8-12 车辆调度形式分类关系表

调度形式	班　　制	工作时间
正班车	双班	日间或以日间为主
加班车	单班	日间或日夜相兼
夜班车	单班	夜间或以夜间为主

2) 按车辆运行与停站方式分类

(1) 全程车。指车辆从线路起点发车直到终点站止,必须在沿线各固定停车站依次停靠,按规定时间到达各站点,并驶满全程的调度形式,因此又称慢车或全站车,是公共汽车营运组织的基本调度形式。

(2) 区间车。指车辆仅在某一客流量的高区段间行驶,是一种辅助调度形式。

(3) 快车。指为适应长乘距乘客的需要,采取的一种越站快速运行的调度形式,包括大站车与直达车两种形式。大站车是指车辆仅在客运线路上几个乘客集散量较大的停车站(包括起、终点站)停靠的调度形式;直达车是快车的一种特殊形式,指车辆仅在线路起、终点停靠,直达运行。

(4) 定班车。这是为接送有关单位职工上下班或学生上下学而组织的一种专线调度形式。车辆可按定时间、定路线、定班次或定站点的原则进行运输服务。

(5) 跨线车。这是为平衡相邻线路之间客流负荷,减少乘客转乘而组织的一种车辆跨线运行的调度形式。跨线车不受原来行驶路线的限制,根据当时客流集散点的具体情况确定起讫点。

实验证明,上述调度形式,在平衡车辆及线路负荷、缓解乘车拥挤、提高运输生产率、提高运输服务质量及促进客运发展方面都发挥了积极作用。

2. 调度形式的选择

凡公共汽车营运线路均需以全程车、正班车为基本调度形式,并根据线路客流分布与客运需求的特殊性辅以其他调度形式。

1) 区间车调度形式的确定

可以通过计算路段客流量差或路段客流不均匀系数的方法,来确定是否采用区间车调度形式。

(1) 通过计算路段客流量差确定。路段客流量差是指在统计时间内营运线路某路段客流量与沿线各路段平均客流量之差,即

$$\Delta Q_{Li} = Q_{Li} - \overline{Q}_L \tag{8-12}$$

式中，ΔQ_{Li}——第 i 路段客流量差（人次）；

Q_{Li}——第 i 路段客流量（人次）；

$\overline{Q}_L$——沿线各路段平均客流量（人次）。

凡采用区间车调度形式必须满足下述条件：

$$\Delta Q_{Li} \geqslant (2 \sim 4)q^0 \tag{8-13}$$

式中，q^0——计划车容量（人），即车辆的计划载客量定额。

（2）通过计算路段不均匀系数确定。路段不均匀系数（K_{Li}）是指统计期内营运线路某路段客流量（Q_{Li}）与该营运线路各路段平均客流量（$\overline{Q}_L$）之比，用以评价客流沿路段分布的不均匀程度，即

$$K_{Li} = \frac{Q_{Li}}{\overline{Q}_L} \tag{8-14}$$

式中，K_{Li}——营运线路第 i 路段的路段不均匀系数；

Q_{Li}——第 i 路段的客流量（人）；

$\overline{Q}_L$——平均路段客流量（人）；

n——营运线路的路段数。

当路段不均匀系数满足 $K_{Li} > K_L^0$ 时，应开设区间车。K_L^0 为根据路段不均匀系数判定是否采用区间车的界限值，可根据客运服务要求及具体客运供需条件来确定，通常 K_L^0 取 1.3~1.5。

2）快车调度形式的确定

可通过计算方向不均匀系数或通过客流量调查计算站点不均匀系数的方法确定。

（1）通过计算方向不均匀系数确定。方向不均匀系数是统计期内营运线路的高单向客运量（$Q_{f\text{max}}$）与平均单向客运量（$\overline{Q}_f$）之比，即

$$K_f = \frac{Q_{f\text{max}}}{\overline{Q}_f} \tag{8-15}$$

式中，K_f——某线路方向不均匀系数；

$Q_{f\text{max}}$——线路高单向客运量（人）；

$\overline{Q}_f$——线路平均单向客运量（人）。

当 K_f 满足 $K_f > K_f^0$ 时，应采用快车调度形式。K_f^0 为根据方向不均匀系数判定是否采用快车调度形式的界限值，可根据客运服务要求及具体客运供需条件来确定，通常 K_f^0 取 1.2~1.4。

（2）通过计算站点不均匀系数确定。站点不均匀系数是指统计期内营运线路某停车站乘客集散量（Q_{zj}）与各停车站平均集散量（$\overline{Q}_z$）之比，用以评价客流沿营运线路各站点分布的不均匀程度，即

$$K_{zj} = \frac{Q_{zj}}{\overline{Q}_z} \quad (j=1, 2, 3, \cdots, m) \tag{8-16}$$

式中，K_{zj}——营运线路第 j 站点不均匀系数；

Q_{zj}——第 j 站点旅客集散量（人）；

$\overline{Q}_z$——各站点平均集散量（人）；

m——营运线路的停车站数目。

上述站点集散量系指某一停车站在统计期内上、下车的乘客人数之和。一般当 K_{zj} 较高时，可以开设只在这类站点停靠的营运快车，以缓和这类站点乘客上下车的拥挤程度和及时疏散滞留在这类站点的乘客。

当长距离乘客较多，站点不均匀系数 K_{zj} 满足 $K_{zj} > K_z^0$ 时，可沿同方向客流集散量较大的几个站点开设快车。K_z^0 为根据站点不均匀系数判定是否采用快车调度形式的界限值，可根据客运服务要求及具体客运供需条件来确定，通常 K_z^0 取 1.4~2.0。

3) 高峰加班车调度形式的选择

可通过计算小时不均匀系数的方法确定。小时不均匀系数是指营运线路日营运时间内，某一小时的客运量（Q_{si}）与平均每小时客运量（$\overline{Q}_s$）之比，用以表示客流在日营运时间内各小时分布的不均匀程度，即

$$K_{si} = \frac{Q_{si}}{\overline{Q}_s} \quad (i=1, 2, \cdots, n) \tag{8-17}$$

式中，K_{si}——第 i 小时的小时不均匀系数；

Q_{si}——第 i 小时客运量（人）；

$\overline{Q}_s$——平均每小时客运量（人）；

n——日营运时间(h)。

通常，$K_{si} \geqslant 1.8$~2.2 时，称为客流高峰小时；当 $K_{si} < 1.0$ 时，称为客流低峰小时；其他时间为客流平峰小时。

如果小时不均匀系数 K_{ti} 满足 $K_{si} > K_t^0$ 时，应开设加班车。K_t^0 为根据客流时间不均匀系数判定是否采用加班车调度形式的界限值，可根据客运服务要求及具体客运供需条件来确定，通常 K_t^0 取 1.8~2.2。

【例 8-4】已知某公共汽车线路高峰期间高单向数据见表 8-13，试确定有无必要采用区间车与快车调度形式。

表 8-13 线路数据统计表

项目 \ 停车站	A	B	C	D	E	F	G	H	I
停车站序号 j	1	2	3	4	5	6	7	8	9
站点集散量 Q_{zj}/人次	1 864	465	467	924	1 459	1 010	674	616	1 874
路段序号 i		1	2	3	4	5	6	7	8
路段客流量 Q_{Li}/人次		1 864	2 231	2 262	2 649	2 450	2 386	1 746	1 874
路段满载率 γ_i		0.61	0.76	0.78	0.87	0.81	0.80	0.48	0.62

解：(1) 区间车调度形式的确定。首先计算各路段的平均客流量。

$$\overline{Q}_L = \frac{\sum Q_{Li}}{n} = \frac{1\,864 + 2\,231 + 2\,262 + 2\,649 + 2\,450 + 2\,386 + 1\,746 + 1\,874}{8}$$

$$\approx 2\,182.8 \text{（人次）}$$

然后分别计算各路段的路段不均匀系数。

$$K_{L1} = \frac{Q_{L1}}{Q_L} = \frac{1\ 864}{2\ 182.8} \approx 0.85$$

同理类推可得：$K_{L2} \approx 1.02$；$K_{L3} \approx 1.04$；$K_{L4} \approx 1.21$；$K_{L5} \approx 1.12$；$K_{L6} \approx 1.09$；$K_{L7} \approx 0.8$；$K_{L8} \approx 0.86$。

由于 $K_{L1} \sim K_{L8}$ 均小于 1.3，未达到开行区间车的界限值 K_L^0，因此无必要采用区间车调度形式。

(2) 快车调度形式的确定。

首先计算各站点的平均乘客集散量。

$$\overline{Q}_z = \frac{\sum Q_{zj}}{m} = \frac{1\ 864 + 465 + 467 + 924 + 1\ 459 + 1\ 010 + 674 + 616 + 1\ 874}{9}$$
$$\approx 1\ 039.22(\text{人次})$$

然后分别计算各站点的站点不均匀系数。

$$K_{z1} = \frac{Q_{z1}}{\overline{Q}_z} = \frac{1\ 864}{1\ 039.22} \approx 1.79$$

同理类推可得：$K_{z2} \approx 0.45$；$K_{z3} \approx 0.45$；$K_{z4} \approx 0.89$；$K_{z5} \approx 1.4$；$K_{z6} \approx 0.97$；$K_{z7} \approx 0.65$；$K_{z8} \approx 0.59$；$K_{z9} \approx 1.8$。

由此计算结果可知，K_{z1} 和 K_{z9} 计算值接近判别标准 K_z^0 较高限，K_{z5} 计算值达到判别标准 K_z^0 低限，但该站车辆满载率较高（即 $\gamma > 0.8$），所以有必要考虑在 A、E 及 I 站间采用大站快车调度形式。

8.2.4 公共汽车行车作业计划的编制

公共汽车行车作业计划是指在已定线路网布局的基础上，根据企业的运输生产计划要求和基本的客流变化规律编制的生产作业性质的计划，是企业营运组织工作的基本文件。它具体规定了公共汽车运输企业各基层运输生产单位和车组在计划期内应完成的一系列工作指标，从而为线路营运管理提供依据，并为乘客乘车创造良好条件。

编制公共汽车行车作业计划必须力求保证：线路营业时间内正常的乘客运输条件，公共汽车行车人员正常的劳动条件，公共汽车的有效利用，实施企业运输工作计划指标，沿线各公共汽车间良好的行车配合，同其他线路公共汽车及其他客运方式间运行的良好配合，以及实现所要求的客运安全条件等。

公共汽车行车作业计划具有一定的稳定性，一般每季度调整一次，有的城市只在冬、夏两季调整，即半年调整一次。行车作业计划一经制订，调度员和行车人员，以及企业全体职工必须严格按照行车作业计划规定的线路班次、时间，按时出车，正点运行，保证计划的完整实现。

编制公共汽车行车作业计划，必须在线路客流调查（即掌握线路客流情况）的基础上，分别按不同车辆调度形式进行。主要包括确定车辆运行定额、计算线路运行参数及编制行车作业计划图表等。

1. 车辆运行定额的确定

车辆运行定额是指在运营线路具体工作条件下为完成运输任务所规定的运输劳动消耗标准量。

车辆运行定额是定线式公共汽车客运企业合理组织运输服务与计划管理、贯彻劳动分配原则的重要依据。制定先进、合理的车辆运行定额，将有利于促进运输劳动生产率和运输服务质量的提高。

车辆运行定额主要包括车辆运行时间定额和车辆载客量定额两种类型。其中，车辆运行时间定额又包括单程时间、始末站停站时间和周转时间。

1) 单程时间

单程时间(t_n)是指车辆完成一个单程运输工作所耗费的时间，包括单程行驶时间(t_{nt})和中间站停站时间(t_{ns})，计量单位为 min，计算公式为

$$t_n = t_{nt} + t_{ns} \tag{8-18}$$

其中，单程行驶时间为车辆在一个单程中沿各路段行驶时间之和；路段行驶时间是指车辆由起步开始，经过加速行驶、稳定行驶、行车减速至到达停车站点完全停止运行所耗费的全部时间。单程行驶时间与路段行驶时间的关系满足下式：

$$t_{nt} = \sum_{i=1}^{k} t_{ti} \tag{8-19}$$

式中，t_{ti} ——车辆沿第 i 路段的行驶时间(min)。

在实际的工作中，通常采取观测统计方法确定单程行驶时间，原则上应按路段与时间段分别确定，即首先按不同季节或时期确定行驶时间按路段与时间段的分布规律，然后相对不同路段与时间段取其均值作为标定行驶时间定额的依据，再根据沿线交通情况按各时间段分别确定行驶时间定额。在交通情况比较稳定时，可只按客流峰期(如高、平、低峰)确定。

中间站停站时间包括停车后从开车门、乘客上下车及乘客上下车完毕关车门至车辆起动前的全部停歇时间。据统计观测表明，乘客平均每人次的上下车时间，当一个车门时约为 1.5s，二个车门时约为 0.9s，三个车门时约为 0.7s，停车后从开车门至关车门后起车前的准备时间，平均每站(或每路段)约为 6s。

2) 始末站停站时间

线路始末站停站时间(t_t)包括为调度车辆、办理行车文件手续、车辆清洁、行车人员休息与交接班、乘客上下车及停站调节等必需的停歇时间，计量单位为 min。

在客流高峰期间，为加速车辆周转，车辆在始末站的停站时间，原则上不应大于行车间隔的 3 倍。而在平峰期间始末站停站时间的确定，需要考虑车辆清洁、行车人员休息、调整行车间隔及车辆例行保养等因素综合确定。

通常可依据单程时间，按下式确定平峰期间始末站平均停站时间 $\bar{t}_t$：

$$\bar{t}_t = \begin{cases} 4 + 0.11 t_n & (10 \leqslant t_n \leqslant 40) \\ 0.21 t_n & (40 < t_n \leqslant 100) \end{cases} \tag{8-20}$$

另外，在平峰期间还规定每一正班车的上、下午班车，各留出一次就餐时间，通常每次就餐时间为 15～20min。

在气温较高的季节，一般在每日中午前后一段时间里应适当增加始末站停站时间，以保证行车人员必要的休息，增加时间一般不宜超过原停站时间的 40%。

3) 周转时间

周转时间(t_0)等于单程时间与平均始末站停站时间之和的 2 倍，即

$$t_0 = 2(t_n + \bar{t}_t) \tag{8-21}$$

由于在一日内，沿线客流及道路交通量的变化均具有按时间分布的不均匀性，因此车辆的沿线周转时间须按不同的客运峰期分别确定。在早晚客运（流）低峰及各峰期之间的过渡时间段，为了在满足客流需要的前提下尽量减少运力浪费，线路车辆数或车次数将有明显的增减变化。此时，为便于组织车辆运行，常允许此期间的车辆周转时间可在一定范围内变化，即规定此期间的周转时间为一区间值。因此，各不同客运峰期内的周转时间应尽可能与该峰期的总延续时间相匹配，或不同峰期的相邻时间段周转时间与相应时间段总延续时间相协调。

4) 计划车容量

计划车容量 $(q)^0$ 是指公共汽车行车作业计划限定的车辆载客量，又称计划载客量定额。这是根据计划期内线路客流的实际情况、行车经济性要求和运输服务质量要求规定的计划完成的载客量，可按下式计算：

$$q^0 = q_0 \gamma^0 \tag{8-22}$$

式中，q^0——计划车容量（人）；

q_0——车辆额定载客量（客位）；

γ^0——车厢满载率定额。

一般规定高峰期车厢满载率定额 $\gamma_s^0 \leqslant 1.1$，平峰期车厢满载率定额平均为 $\gamma_i^0 \geqslant 0.5 \sim 0.6$。

车辆额定载客量 q_0，首先取决于车辆载质量的大小。对于有确定载质量和车厢有效载客面积的车辆，q_0 主要取决于座位数与站位数之比。

由于城市内乘客乘车时间比较短，平均 15~20min，因此站位比例可较高些。目前我国市区公共汽车座位与站位之比为 1:2~1:3；郊区线路乘客由于乘车时间较长，公共汽车的坐、站位之比为 1:0.5~1:0.7。

车厢内有效站立面积的乘客站位数，根据有关国家标准确定。我国国家标准 GB/T 12428—2005《客车装载质量计算方法》规定，每平方米有效站立面积的乘客站位数最高限定为 8 人。

2. 计算线路运行参数

公共汽车线路运行参数是指为编制行车作业计划所需有关线路行车组织的规范性数据。线路运行参数主要包括线路车辆数、行车间隔及车班数等。

1) 线路车辆数

确定线路车辆数包括确定分时间段线路车辆数和线路车辆总数。在实际工作中，确定线路总车辆数，一般以高峰小时高峰路段客流所需车辆数为准，确定营运时间内各时间段所需车辆数，则根据该段时间内最高路段客流量及计划车容量确定。

(1) 分时间段线路车辆数 (A_i)。在一个客运工作日内，可以将整个营业时间，按小时划分为若干时间段，假定只有全程车（可按正、加班车调度形式运行），那么任意 t_i 时间段线路所需车辆数（计量单位为辆）可通过该时间段的行车频率 f_i 和车辆周转系数 η_{0i} 确定，即

$$A_i = \frac{f_i}{\eta_{0i}} \tag{8-23}$$

行车频率 f_i 是指单位时间内，通过营运线路某一站点的车辆次数，计量单位为辆/h。任意时间段内的行车频率可按下式确定：

$$f_i = \frac{Q''_i}{q_0 \gamma_i^0} \tag{8-24}$$

式中，Q''_i——第 i 时间段内营运线路高峰路段客流量（人次）；

γ_i^0——第 i 时间段内客流量最高路段的计划车厢满载率定额。

周转系数 η_{0i} 是指单位时间内，车辆沿整条线路所完成的周转数，可按下式确定：

$$\eta_{0i} = \frac{60}{t_{0i}} \tag{8-25}$$

式中，t_{0i}——第 i 时间段内的车辆周转时间（min）。

将 f_i 和 η_{0i} 分别代入式（9-20），得

$$A_i = \frac{Q''_i t_{0i}}{60 q_0 \gamma_i^0} \tag{8-26}$$

（2）线路车辆总数（A）。对于一条营运线路，车辆总数代表了该线路的最大运力水平，因此，可以通过该线路最大运输需求确定线路车辆总数。通常营运线路最大运输需求可用高峰小时高峰路段客流量代表。

当营运线路所有车辆都采用全程车运行方式时，高峰小时对应的线路车辆数即为线路车辆总数，即

$$A = \frac{Q''_s t_{0s}}{60 q_0 \gamma_s^0} \tag{8-27}$$

式中，Q''_s——高峰小时高峰路段客流量（人次）；

t_{0s}——高峰小时的车辆周转时间（min）；

γ_s^0——高峰小时计划满载率定额。

当营运线路除全程车外，还有多种车辆调度形式时，线路车辆数为各种调度形式所有车辆数的总和，即

$$A = A_t + A_a + A_e \tag{8-28}$$

式中，A_t——高峰小时运行的全程车车辆数（辆）；

A_a——高峰小时运行的区间车车辆数（辆）；

A_e——高峰小时运行的快车车辆数（辆）。

可按以下几个公式确定 A_t、A_a、A_e 的值。

① 如果营运线路仅采用全程车和区间车，无快车形式，则

$$A_t = \frac{\overline{Q''_s} t_{0s}}{60 q_0 \gamma_s^0} \tag{8-29}$$

式中，$\overline{Q''_s}$——高峰小时双向平均路段客流量（人次）。

$$A_a = \frac{Q''_a t_{0a}}{60 q_0 \gamma_s^0} \tag{8-30}$$

式中，Q''_a——高峰小时高峰路段区间双向平均路段客流量与线路双向平均路段客流量的差值（人次）；

t_{0a}——高峰小时车辆沿高峰路段区间运行时的周转时间（min）。

② 如果营运线路上全程车与快车配合使用，无区间车，则

$$A_e = \frac{Q''_e t_{0e}}{60 q_0 \gamma_s^0} \tag{8-31}$$

式中，Q''_e——高峰小时高单向平均路段客流量与线路双向平均路段客流量的差值（人次）；

t_{0e}——高峰小时车辆按快车形式运行的线路周转时间(min)。

（3）正、加班车数。正班车数 A_n 通常可根据线路车辆总数 A、客流的时间不均匀系数 K_t 及客流高峰与平峰车厢计划满载率定额 γ_s^0 及 γ_f^0 按下式确定：

$$A_n = W_a \frac{A\gamma_s^0}{K_t \gamma_f^0} \tag{8-32}$$

式中，W_a——车辆系数，一般取 1.0~1.25。当线路客流处于平峰期间时可取较低值，反之应取较高值。

然后，可确定加班车数 A_w：

$$A_w = A - A_n \tag{8-33}$$

2) 行车间隔

（1）行车间隔的计算。行车间隔是指正点行车时，前后两辆车到达同一停车站点的时间间隔，又称车距。任意时间段内的行车间隔，可按下式确定：

$$I_i = \frac{t_{0i}}{A_i} \quad \text{或} \quad I_i = \frac{60}{f_i} \tag{8-34}$$

式中，I_i——第 i 时间段的行车间隔(min)；

A_i——第 i 时间段路线上的车辆数(辆)；

f_i——第 i 时间段内的行车频率(辆/h)。

行车间隔的确定是否合理，直接影响营运线路的运送能力和运输服务质量。

一般情况下，行车间隔的最大值取决于客运服务质量的要求，而行车间隔的最小值，则应满足下列条件：

$$I_{\min} \geqslant \bar{t}_{ns} + t_f + t_y \tag{8-35}$$

式中，$I_{\min}$——行车间隔的最小值(min)；

$\bar{t}_{ns}$——线路中间站的平均停站时间(min)；

t_f——车辆尾随进出站时间(min)，指前车出站时间及后车尾随进站时间；

t_y——必要时等待交通信号时间(min)。

在乘车秩序正常的情况下，对大中城市客运高峰线路，$I_{\min}$ 以不低于 3min 为宜。

另外，由于在营业时间内不同峰期车辆数及车辆周转时间各不相同，因此不同峰期内的行车间隔应分别确定。

（2）行车间隔的分配。当行车间隔的计算结果为整数或半数时，行车间隔可以按计算值等间隔排列；当行车间隔计算值为非整数和半数时，为了便于掌握，可对其进行整数化处理，但处理后的行车间隔应尽量接近原计算值。例如，若行车间隔计算值 $I=3.47\text{min}$，这时可采用 3min、4min 两种大小不同的时间间隔代替计算值，此时行车间隔的排列为不等间隔排列。

通常取两个接近原计算值的行车间隔之后，还需将该时间段的车辆（次）数在两个行车间隔之间进行分配。假设某周转时间内行车间隔的计算值为非整数，现要求按整数行车间隔发车，处理方法如下。

首先用取整函数 $\text{INT}(X)$，对原非整数行车间隔进行整数化处理，得到一大一小两个整数行车间隔 I_b 和 I_c，即

$$I = \begin{cases} I_b = \text{INT}(I + X_b) \\ I_c = \text{INT}(I - X_c) \end{cases} \tag{8-36}$$

式中，X_b、X_c——分解 I 值所采用的非负数，即 X_b、$X_c \geqslant 0$。

显然 $I_b > I > I_c$，又设 $\Delta I = I_b - I_c$，则按大间隔 I_b 运行的车辆(次)数 A_b 和按小间隔 I_c 运行的车辆(次)数 A_c 可按下式确定：

$$A = \begin{cases} A_b = \dfrac{t_0 - AI_c}{\Delta I} \\ A_c = A - A_b \end{cases} \tag{8-37}$$

式中，A——周转时间 t_0 内的发车辆(次)数(辆或次)。

由于 X_b、X_c 的取值不同，ΔI 的值的大小也各不相同，一般在 $\Delta I = 1$ 的情况下，A_b 与 A_c 的值均为整数，但当 $\Delta I > 1$ 时，A_b 的值可能为小数，此时除将 A_b 取为整数外，尚需在行车间隔 I_b 和 I_c 之间增加一种行车间隔 I_y，即 $I_b > I_y > I_c$，然后可按下式计算按此行车间隔运行的车辆(次)数 A_y 为

$$A_y = \dfrac{(t_0 - I_b A_b) - (A - A_b) I_c}{I_y - I_c} \tag{8-38}$$

则

$$A_c = A - A_b - A_y \tag{8-39}$$

这时，应有 $t_0 = \sum IA = I_b A_b + I_y A_y + I_c A_c$ 成立。

为便于掌握和计算时间间隔，除个别情况(如客运低峰时间段)外，通常选取 $\Delta I = 1$。

(3) 行车间隔的排列。行车间隔的排列是指不同大小的行车间隔计算值在同一时间段(或周转时间)内的排列次序与方法，通常包括下列 3 种形式：①由小到大顺序排列，主要用于客流量逐渐减少的场合，如高峰向平峰或平峰向低峰的过渡时间段；②由大到小顺序排列，主要用于客流量逐渐增加的场合，如低峰向平峰或平峰向高峰的过渡时间段；③大小相间排列，主要用于客流量比较稳定的时间段，应在同一时间段(或周转时间)内，尽可能使各行车间隔镶嵌均匀。

【例 8-4】已知某公共汽车线路晚低峰期间周转时间 $t_0 = 46\text{min}$，车辆数 $A = 11$ 辆，试确定其行车间隔(要求为整数)。

解：首先计算行车间隔 $I = \dfrac{t_0}{A} = \dfrac{46}{11} = 4.18(\text{min})$

因 I 值不为整数，需进行整数化处理。下面用两种方法分解 I 值。

第一种方法：当取 $X_b = X_c = 1$ 时，由式(9-33)可得

$$I = \begin{cases} I_b = \text{INT}(I + 1) = \text{INT}(4.18 + 1) = 5(\text{min}) \\ I_c = \text{INT}(I - 1) = \text{INT}(4.18 - 1) = 3(\text{min}) \end{cases}$$

此时有

$$A_b = \dfrac{t_0 - AI_c}{I_b - I_c} = \dfrac{46 - 11 \times 3}{5 - 3} = 6.5(\text{辆})$$

由于 A_b 为小数，说明需要在 I_b 和 I_c 之间增加一种行车间隔 I_y，因此令 $A_b = 6$ 辆，增设行车间隔 $I_y = 4(\text{min})$ $(I_b > I_y > I_c)$，则按 I_y 行驶的车辆数 A_y 为

$$A_y = \dfrac{(t_0 - I_b A_b) - (A - A_b) I_c}{I_y - I_c} = \dfrac{(46 - 5 \times 6) - (11 - 6) \times 3}{4 - 3} = 1(\text{辆})$$

则
$$A_c = A - A_b - A_y = 11 - 6 - 1 = 4(辆)$$

因该车周转时间处于客运晚低峰，客流量逐渐减少，故行车间隔应由小到大顺序排列，即
$$t_0 = \sum IA = I_c A_c + I_y A_y + I_b A_b = 3 \times 4 + 4 \times 1 + 5 \times 6 = 46(\min)$$

由上述计算结果可知，行车间隔为 3min 的应有 4 辆车，行车间隔为 4min 的应有 1 辆车，行车间隔为 5min 的应有 6 辆车。

第二种方法：当 $X_b = 1$，$X_c = 0$ 时，由式(9-33)可得
$$I = \begin{cases} I_b = \text{INT}(I+1) = \text{INT}(4.18+1) = 5(\min) \\ I_c = \text{INT}(I-1) = \text{INT}(4.18-0) = 4(\min) \end{cases}$$

此时有
$$A_b = \frac{t_0 - AI_c}{I_b - I_c} = \frac{46 - 11 \times 4}{5 - 4} = 2(辆)$$
$$A_c = A - A_b = 11 - 2 = 9(辆)$$

则按行车间隔由小到大顺序排列，得
$$t_0 = \sum IA = I_c A_c + I_b A_b = 4 \times 9 + 5 \times 2 = 46(\min)$$

即行车间隔为 4min 的应有 9 辆车，行车间隔为 5min 的应有 2 辆车。

上述两种行车间隔方案的选择，可根据线路有关营运的实际情况确定。

3) 车班数

车班数包括车班总数及按不同车班工作制度运行的车班数。

车班总数的计算公式为

$$\sum B = \frac{\sum T_d + \sum T_c}{t_B} \qquad (8-40)$$

式中，$\sum B$——车班总数(车班)；

$\sum T_d$——线路工作总时间(h)，即全部车辆在线路上的工作时间之和；

$\sum T_c$——全部车辆的收发车调空时间之和(h)；

t_B——车班工作时间定额(h)。

车辆的线路工作总时间 $\sum T_d$ 可按下式计算：

$$\sum T_d = \sum_{j=1}^{k_0} t_{0j} A_j \quad \text{或} \quad \sum T_d = \sum_{i=1}^{k} t_i A_i \qquad (8-41)$$

式中，t_{0j}——第 j 次周转时间(h)；

A_j——第 j 次周转时间内的车辆数(辆)；

t_i——第 i 时间段的营业时间(h)；

A_i——第 i 时间段内的发车辆(次)数(辆或次)。

确定车班总数 ($\sum B$) 之后，即可通过计算车班系数 (ΔA) 选定车班工作制度，从而确定按各车班工作制度运行的车班数 (B_i)：

$$\Delta A = \sum B - 2A \qquad (8-42)$$

式中，A——线路车辆数(辆)。

(1) 如果 $\Delta A > 0$，则车班工作制度为三班工作制。其中，第一和第二工作班的车班(辆)数均为 A，即 $B_1 = B_2 = A$，而第三工作班的车班(辆)数 $B_3 = \Delta A$。

(2) 如果 $\Delta A = 0$，则全部车辆实行双班制，每工作班车班数均为 A，即 $B_1 = B_2 = A$。

(3) 如果 $\Delta A < 0$，且 $|\Delta A| < A$，则为单班与双班兼有的车班工作制。其中按单班工作的车班数 $B_1 = |\Delta A|$，按双班工作的车班数 $B_2 = B_3 = A - |\Delta A|$。

(4) 如果 $\Delta A < 0$，且 $|\Delta A| = A$，则为单班制工作，车班数 $B_1 = A$。

3. 编制行车计划图表

1) 编排行车时刻表

行车时刻表的编排，即根据车辆沿线运行定额及运行参数，排列各分段(周转)时间内各车辆(次)的行车时刻序列，通常将其制成表格形式使用。编排行车时刻表是合理组织车辆运行，便于对驾乘人员进行劳动组织，提高服务质量的重要手段。

(1) 行车时刻表的类型。城市公共汽车行车时刻表通常有车辆行车时刻表及车站行车时刻表两种基本类型。

① 车辆行车时刻表是指按行车班次(路牌)制定的车辆沿线运行时刻表。它规定各班次车辆的出场(库)时间、每次周转(单程)中到达沿线各站时间与开出时间、在一个车班(或一日)的营业时间内需完成的周转数及回场(库)时间等。

公共汽车的行车时刻表按各行车班次(路牌)制定，即同一营运线路每天出车序号相同的车辆按同一时刻表运行，见表 8-14 所示。

表 8-14 ××路公共汽车行车时刻表

始末站：A 站—F 站　　　　　　　　　　　　　　　　　　　出场时间：5:30 分
行车班次：4　　　　　　　　　　　　　　　　　　　　　　　回场时间：20:30 分

周转/km	停车站 站距 方向		A	B	C	D	E	F
				1	0.6	0.9	0.8	1.2
1	上行 →	到	5:35	5:43	5:45.5	5:49	5:52	5:56
		开	5:40	5:43.5	5:46	5:49.5	5:52.5	6:01
	下行 ←	到						
		开						
2	上行 →	到						
		开						
	…	…						

② 车站行车时刻表是指线路始末站及重点中间站(车辆)行车时刻表。表内规定了在该线路行驶的各班次公共汽车每次周转中到达和开出该站的时间、行车间隔及换班或就餐时间等，见表 8-15。

表 8-15　××路××站公共汽车行车时刻表

班次 \ 周转时间	1		2		…	16		17	
	开	到	开	到	…	开	到	开	到
1	5:00	5:55			…				
2	5:10	6:05			…				
…					…				

(2) 编排行车时刻表的方法。

① 安排和确定行车班次（路牌）。起排的方法有两种：一种是从头班车的时间排起，自上而下，从左向右顺序地填写每一车次的发车时刻直到末班车；二是从早高峰配足车辆的一栏排起，然后向前套算到头班车，这种方法能较好地安排每辆车的出车顺序，也能较经济地安排运行时间，待全表排好后，再定车辆的序号（俗称路牌），并填进车辆进、出场时间，这样比先定序号后排时间的方法要简便一些。

确定各车辆行车班次序列（路牌）时，应注意与车辆在停车场（库）的停车方式及行车人员的工作制度相适应。

② 行车间隔的排列。行车间隔必须按规定的计算方法确定，不得随意变动，避免车辆周转不及或行车间隔不均匀。

③ 均匀增减车辆。线路上运行的车辆是按时间分组的，随着客流量的变化有增有减。车辆不论加入或抽出，均要考虑前后行车间距的均衡，要做到既不损失时间，又不产生车辆周转时间不均的矛盾。车辆均匀地加入或抽出，就能做到配车数量、行车间距虽有变化，但行车仍保持其均匀性。

④ 全程车与区间车的排列。在编制行车作业计划时，由于全程车与区间车的周转时间不等，混合行驶时，不仅要注意区间断面上的行车间隔均衡，而且要求区间车与全程车相间合理，充分发挥区间车的效能，以方便乘客。如果区间断面上的发车班次与全程车无法对等，不能相等行驶时，也要注意行车间隔分布合理。

⑤ 行车人员用餐时间的排列。连班路牌安排行车人员用餐时间，一般有三种方法：第一种是增加劳动力代班用餐；第二种是增车增人填档，替代用餐的车辆上线运行；第三种是不增车不增人，用拉大行车间距的方法，让出用餐所需要的时间。必须注意，选用任何一种方法均应考虑线路用餐时运能与运量要保持供需平衡，同时应避开客运高峰时间，无疑第三种方法对企业来说是最经济的。

2) 编制行车作业计划运行图

有的公共汽车运输企业将行车作业计划制成运行图的形式，如图 8.7 所示。运行图的横坐标为营业时间，纵坐标按线路全长依次排列线路始末站与重点中间站（即设有中间调度检查点的中途停车站）。车辆运行图就是依次把每班次车辆在沿途各站的发车与到站时刻用直线连接起来所构成的运行网络图。在图 8.7 中，连接两相邻停车站间的直线，表示车辆的行驶路线，而且该直线的斜率还表示车辆行驶速度的大小。斜率越小，行驶速度越低；反之，车辆的行驶速度就越高。车辆在起终点站的停站时间以横坐标表示，但车辆在各中间站的停站时间均小于 1min，所以在运行图上一般没有表述。

图 8.7 公共汽车运行图

8.3 城市轨道交通运输组织

城市轨道交通是指以电力为动力、轮轨运行方式为特征，车辆在固定导轨上运行的城市公共交通系统。自 19 世纪中叶世界上先后出现城市地铁与有轨电车以来，经过 100 多年的研究、开发、建设和运营，以地铁、轻轨和市郊铁路为主体，多种城市轨道交通类型并存的现代城市轨道交通发展格局已经形成。尽管城市轨道交通经历了兴盛、衰退和复兴这样一个螺旋式发展过程，但它始终占有重要的位置。城市轨道交通具有运能大、速度快、安全准时、乘坐舒适、节约能源，以及能够缓解地面交通拥挤和有利于环境保护等多方面技术经济上的优点，因此，采用立体化的快速轨道交通来解决日益严重的城市交通问题是城市交通发展的大趋势。

8.3.1 城市轨道交通的类型

城市轨道交通按不同的标准有不同的分类方法。

1. 按技术特征不同分类

按技术特征不同分类，城市轨道交通可分为市郊铁路、地铁、轻轨电车、有轨电车、单轨铁路、自动化导向交通等。这部分内容前已述及，这里不再赘述。

2. 按路权及列车运行控制方式不同分类

按路权及列车运行控制方式不同分类，城市轨道交通可分为以下 3 种类型。

（1）路权专用、按信号指挥运行。其特点是运行线路与其他城市交通线路没有平面交叉，路权专用。由于路权专用及按信号指挥运行，行车速度高且行车安全性好。属于该种类型的轨道交通系统有市郊铁路、地铁、高技术标准的轻轨等。

（2）路权专用、按可视距离间隔运行。其特点是运行线路与其他城市交通线路没有平面交叉，路权专用，行车安全性好，但由于不设信号、按可视距离间隔运行，行车速度稍低。属于该种类型的轨道交通系统主要是中等技术标准的轻轨。

（3）路权共用、按可视距离间隔运行。其特点是运行线路与其他车辆和行人共用，与其他城市交通线路有平面交叉。除在交叉口设置信号进行控制外，其余线路段按可视距离间隔运行，行车速度较低、行车安全性稍差。属于该种类型的轨道交通系统主要是低技术标准的轻轨和有轨电车。

3. 按高峰小时单向运输能力不同分类

按高峰小时单向运输能力不同分类，城市轨道交通可分为大运量、中运量和低运量3种类型。

（1）大运量轨道交通系统。其高峰小时单向运输能力为30 000人以上，属于该种类型的轨道交通系统主要有重型地铁和轻型地铁等。

（2）中运量轨道交通系统。其高峰小时单向运输能力为15 000～30 000人，属于此种类型的轨道交通系统主要有微型地铁、高技术标准的轻轨和单轨铁路。

（3）小运量轨道交通系统。其高峰小时单向运输能力为6 000～15 000人，属于该种类型的轨道交通系统主要有低技术标准的轻轨和有轨电车。

8.3.2 地铁与轻轨的技术特征

1. 地铁的技术特征

随着科学技术的发展，地铁技术目前也呈多元化发展的态势，有重型地铁、轻型地铁和微型地铁三种类型。

重型地铁就是传统的普通地铁，轨道基本采用干线铁路技术标准，线路以地下隧道和高架线路为主，仅在郊区地段采用地面线路，路权专用，运量最大；轻型地铁是一种在轻轨线路、车辆等技术设备工艺基础上发展起来的地铁类型，路权专用，运量较大；微型地铁又称小断面地铁，隧道断面、车辆轮径和电动机尺寸均小于普通地铁，路权专用，运量中等，行车自动化程度较高。

鉴于重型地铁在地铁现有三种类型中仍占主导地位，尤其是我国修建的地铁目前均是重型地铁，因此，下面以重型地铁为主对地铁的技术特征进行分析。

1）线路

根据运营的功能的不同，地铁线路分为正线、辅助线和车场线。正线通常都是专用线路，没有平面交叉。线路除修建在地下隧道外，也有部分修建在地面或高架轨道上。地铁正线一般是双线，个别城市也有四线的情况。正线的最小曲率半径一般为300～400m，最大坡度一般为30‰。

地铁轨道较多采用混凝土整体道床和焊接长钢轨，以保证列车运行平稳和减少轨道的日常维修工作量。钢轨的线质量根据年通过客运量的大小进行选择，正线钢轨通常选择60kg/m类型，以适应客运量的日趋增长。

2）车站

地铁车站按其运营功能，分为终点站、中间站和换乘站。车站位置的设置应综合考虑客流量、城市交通和既有建筑物等相关因素进行确定。车站一般应设置在直线段上。为使列车能在进站前上坡减速和出站后下坡加速，地下车站一般还应设置在凸形纵断面上。

车站设备由出入口、站厅、通道、楼梯、自动扶梯、站台、售检票设备、行车作业用房和机电设备用房等组成。车站各部位的通过能力应适应远期高峰客流的需要，并留有余地。

车站的站台设计为高站台，有侧式、岛式和混合式等类型，如图 8.8 所示。早期地铁多为侧式站台，现在较多选择的是岛式站台，但高架中间站的站台宜采用侧式站台。站台长度应满足远期列车编组长度的需要。站台宽度根据远期预测客流量、列车编组辆数和运行间隔时间确定，岛式站台的宽度通常为 10~15m。

(a) 岛式站台　　　　(b) 侧式站台　　　　(c) 混合式站台

图 8.8　车站站台型式示意图

3）信号

信号系统由信号、联锁、闭塞、行车指挥和列车运行控制等设备组成。地铁信号系统主要有两种类型：第一种是在色灯信号和自动闭塞设备基础上，能实现人工集中调度控制的信号系统；第二种是采用自动闭塞设备和列车自动控制系统，能实现列车运行和行车指挥自动化的信号系统。列车自动控制（Automatic Train Control，ATC）系统由列车自动防护（Automatic Train Protection，ATP）、列车自动驾驶（Automatic Train Operation，ATO）和列车自动监控（Automatic Train Supervision，ATS）三个子系统组成。

4）车辆

地铁车辆按有无动力分为动车和拖车两种类型，动车和拖车均又有带司机室和不带司机室两种车型，动车还有带受电弓和不带受电弓两种车型。新型地铁车辆通常容量较大，车辆宽度为 2.8~3m，车辆定员为 200~350 人。

在牵引调速、制动方式和故障诊断等方面，地铁车辆广泛采用了各种先进技术，具有自动化程度较高的特点。国际上 20 世纪 90 年代水平的地铁车辆，在牵引调速上，采用交流变频调速的 VVVF 系统，能以恒力矩恒功方式工作；在制动方式上，以再生电阻复合的电气制动为主，空气制动辅助；在故障诊断上，可随时显示车辆状态及主要部件故障，并能将故障及当时的背景数据储存下来供维修人员在分析和维修时使用。此外，为适应列车运行自动控制，车辆上还安装车载 ATP 和车载 ATO 等设备。

地铁车辆的速度参数：最高运行速度 80~100km/h，运送速度 35~40km/h，加速度 $1.0 m/s^2$，常用减速度 $1.0 m/s^2$，紧急减速度不小于 $1.2 m/s^2$。

5）行车组织

列车通常采用动车加拖车的方式编组，若干辆动车和拖车构成一个动力单元，数个动力单元编组成为列车。列车编组辆数通常是 4~8 辆。高峰小时列车运行最小间隔时间为 1.5~3min。线路单向最大运输能力为 30 000~60 000 人/h。列车运行正点率高，行车安全。

2. 轻轨的技术特征

轻轨(Light Rail Transit,LRT)是一种可以从新式有轨电车逐步发展到路权专用、自动化程度较高及车辆在地下或高架轨道上运行的城市轨道交通形式。轻轨多种技术标准并存,是一种涵盖范围较宽的城市轨道交通形式,低技术标准的轻轨接近于现代有轨电车,而高技术标准的轻轨则接近于轻型地铁。

1) 线路

轻轨线路的设计方案较多,没有固定的模式。线路修建往往是因地制宜,既可修建在市区街道上,也可修建在地下隧道或高架轨道上,后者通常是路权专用、高技术标准轻轨线路的情况。地面轻轨线路主要有无平面交叉的专用线路、有平面交叉的专用线路、与其他机动车辆共用线路3种类型。

轻轨线路大多是采用双线,在道路上的布置有3种方式:轻轨双线布置在道路的两侧、轻轨双线布置在道路的一侧、轻轨双线布置在道路的中间。但支线、短程区间或道路用地较为紧张的地段也有采用单线的情况。正线的最小曲线半径一般为30~50m,最大坡度一般为60‰~80‰。

路权专用的轻轨线路,轨道结构类似于地铁,但正线钢轨通常选择重量较轻的50kg/m类型。路权共用的轻轨线路,为了不影响其他交通,通常是将槽形钢轨嵌铺在道路面上。

2) 车站

轻轨车站有地面站、高架站和地下站三种形式,车站规模根据预测的远期客流量来确定。地面站的设施通常比较简陋,简单的风雨棚是地面站的标准设计。车站站台大多为低站台。站台宽度为2.5~3m;站台长度按列车长度加上一定余量进行确定。站台有侧式、岛式和混合式等布置。侧式站台又有横列式、纵列式和单列式几种形式。

3) 信号

在路权专用的情况下,轻轨列车按信号控制运行,运行控制有ATP系统控制和ATC系统控制两种类型。在路权共用的情况下,轻轨列车采用人工视觉控制运行,仅在平交道口安装信号。道口信号包括视觉信号和听觉信号两种,道口信号控制有轻轨列车优先运行和根据道口交通流情形确定优先通过权两种方式。

4) 车辆

新型轻轨车辆具有轻型化、铰接式、大容量、低地板和宽敞舒适等特点。

轻轨车辆的构造有单节式和铰接式两种,铰接式是发展方向,铰接式又有单铰接、双铰接和三铰接不同类型,因而有四轴车、六轴单铰接车和八轴双铰接车等车型。为适应客运量增加的需求,新型轻轨车辆有向加长和加宽发展的趋势。单铰接式轻轨车辆长度为18~30m;车辆宽度当每排三座时为2.3m,每排四座时为2.6m。车辆定员为150~300人。

轻轨车辆的速度参数:最高运行速度60~70km/h,运送速度15~35km/h,加速度$1.2m/s^2$,常用减速度$1.5m/s^2$,紧急减速度$2~3m/s^2$。

5) 行车组织

列车编组辆数通常是1~4辆。高峰小时列车运行最小间隔时间一般为1.5~3min。线路单向小时最大运输能力为6 000~30 000人。

8.3.3 列车运行计划

1. 列车交路

在列车运行计划中,列车交路规定了列车的运行区段、折返车站和按不同列车交路运行的列车对数。在线路各区段客流量不均衡程度较大的情况下,采用合理的列车交路,能在不降低服务水平的前提下提高车辆运用效率,充分利用运能,使行车组织做到经济合理。

列车交路有长交路、短交路和长短交路 3 种。长交路是指列车在线路的两个终点站间运行;短交路是指列车在线路的某一区段内运行,在指定的车站折返;而长短交路是指列车在线路上的运行距离有长、短两种情形。

长交路如图 8.9(a)所示,从行车组织的角度,长交路要比短交路列车运行组织简单,对中间站折返设备要求也不高,但在各区段客流量不均衡程度较大的情况下,会产生部分区段运能的浪费;短交路如图 8.9(b)所示,将长交路改为短交路,能适应不同客流区段的运输需求,运营也比较经济,但要求中间折返站具有两个方向的折返能力以及具有方便的换乘条件,从乘客的角度,服务水平有所降低;长短交路如图 8.9(c)所示,长短交路混跑的组织方案,既能满足运输需求,又能提高运营效益,因此,在线路各区段客流量不均衡程度较大的情况下,可以采用以长交路为主,短交路为辅的列车交路安排,组织列车在线路上按不同的密度行车。同样,当高峰期间客流在空间分布上比较均匀,而低峰期间客流在空间上分布相差悬殊时,也可以在低峰时间采用长短交路列车运行方案,组织开行部分在中间站折返的短交路列车。

(a) 长交路　　　　(b) 短交路

(c) 长短交路

图 8.9　列车交路示意

2. 列车运行方案

在传统的列车运行计划中,总是安排列车站站停车,但从优化列车运行组织、提高列车旅行速度、节约乘客出行时间出发,根据具体线路的客流特点,也可以选采用下面两种列车运行方案。

1) 跨站停车列车运行方案

跨站停车列车运行方案将全线车站分成 A、B、C 三类。A、B 两类车站按相邻分布原则确定,C 类车站按每隔 4 个车站选择一站的原则确定。所有列车均应在 C 类车站停车作业,但在 A、B 两类车站则分别停车作业,如图 8.10 所示。

跨站停车列车运行方案减少了列车停站次数,因而能压缩乘客乘车时间,提高旅行速度。同时,由于车辆周转加快,能够减少车辆全程运行时间,降低运营成本。该方案的问题是：由于 A、B 两类车站的列车到达间隔加大，乘客候车时间有所增加；此外，在 A、B 两类车站间乘车的乘客需在 C 类车站换乘，带来不便。因此，该方案比较适用于 C 类车站客流较大，而 A、B 两类车站客流较小，并且乘客平均乘车距离较远的情况。

图 8.10 跨站停车列车运行方案停车示意

注：●为列车停车站。

2) 分段停车列车运行方案

分段停车列车运行方案在长短列车交路的基础上，规定长交路运行列车在短交路区段外每站停车作业，在短交路区段内不停车通过；而短交路运行列车则在短交路区段内每站停车作业；短交路列车的中间折返点作为换乘站，如图 8.11 所示。

图 8.11 分段停车列车运行方案停车示意

注：●为列车停车站。

分段停车列车运行方案减少了长交路列车的停站次数，因而能压缩长途乘客在列车上耗费的时间，加快长交路运行车辆的周转。该方案的主要问题是，上下车不在同一交路区段的乘客需要换乘，增加了在车站内耗费的时间。因此，采用分段停车列车运行方案的基本依据是乘客时间得到的总节约应大于增加的总消耗。

3. 全日行车计划

全日行车计划是营业时间内各个小时开行的列车对数计划，它规定了轨道交通线路的日常运输任务，是编制列车运行图、计算运输工作量和确定车辆运用的基础资料。

全日行车计划根据营业时间内各个小时的最大断面客流量、列车定员人数和车辆满载率，以及希望达到的服务水平综合考虑编制。

全日行车计划编制包括以下程序。

1) 计算营业时间内各小时应开行列车数 n_i

营业时间内各小时应开行列车数 n_i 的计算公式为

$$n_i = \frac{p_{max}}{p_{列} \beta} \tag{8-43}$$

式中，n_i——全日分时开行列车数（列或对）；

p_{max}——单向最大断面客流量（人次）；

$p_{列}$——列车定员数（人）；

β——线路断面满载率（%），即单位时间内特定断面上的车辆载客能力利用率，可按下式计算：

$$\beta = \frac{p_{max}}{c_{max}} \times 100\% \tag{8-44}$$

式中，c_{max}——高峰小时线路输送能力（人次）。

为了提高车辆运用效率、降低运输成本和提高经济效益，在编制全日行车计划时，轨道交通系统可采取列车在高峰小时适当超载的做法。

2）计算行车间隔时间 $t_{间隔}$

行车间隔时间 $t_{间隔}$ 的计算公式为

$$t_{间隔} = \frac{60}{n_i} \qquad (8-45)$$

式中，$t_{间隔}$——行车间隔时间(min)。

3）最终确定全日行车计划

在已经计算得到各小时应开行列车数和行车间隔时间的基础上，应检查是否存在某段时间内行车间隔时间过长的情况。行车间隔时间过长，会增加乘客的候车时间，降低乘客的出行速度，不利于吸引客流。为方便乘客、提高服务水平，轨道交通系统在非高峰运营时间内，如 9：00～21：00，最终确定的行车间隔时间标准一般不宜大于 6min；而在其他非高峰运营时间内，最终确定的行车间隔时间标准也不宜大于 10min。另外，对全日行车计划中的高峰小时行车间隔时间应检验是否符合列车在折返站的出发间隔时间。

【例 8-5】已知某地铁线路早高峰小时(7：00～8：00)客流量为 40 000 人，全日分时最大断面客流分布模拟图如图 8.12 所示，列车编组辆数为 6 辆，车辆定员为 300 人，线路断面满载率高峰小时为 110%，其他运营时间为 90%，试编制全日行车计划。

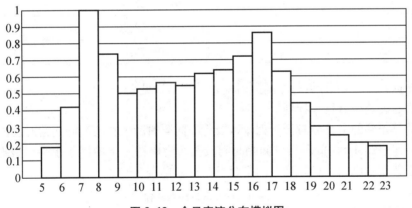

图 8.12 全日客流分布模拟图

解：（1）根据全日客流分布模拟图计算全日分时最大断面客流量，计算结果见表 8-16。

表 8-16 全日分时最大断面客流量

营业时间	单向最大断面客流量/人次	营业时间	单向最大断面客流量/人次
5：00～6：00	7 200	11：00～12：00	22 800
6：00～7：00	16 800	12：00～13：00	22 000
7：00～8：00	40 000	13：00～14：00	24 800
8：00～9：00	29 600	14：00～15：00	25 600
9：00～10：00	19 600	15：00～16：00	28 800
10：00～11：00	20 800	16：00～17：00	34 400

续表

营业时间	单向最大断面客流量/人次	营业时间	单向最大断面客流量/人次
17:00~18:00	25 200	20:00~21:00	10 000
18:00~19:00	17 600	21:00~22:00	8 400
19:00~20:00	11 600	22:00~23:00	6 400

(2) 根据式(8-43)计算营业时间内各小时应开行的列车数，计算结果见表8-17。

表8-17 全日分时开行列车数

营业时间	分时开行列车数/对	营业时间	分时开行列车数/对
5:00~6:00	5	14:00~15:00	16
6:00~7:00	11	15:00~16:00	18
7:00~8:00	20	16:00~17:00	18
8:00~9:00	18	17:00~18:00	16
9:00~10:00	12	18:00~19:00	11
10:00~11:00	13	19:00~20:00	7
11:00~12:00	14	20:00~21:00	6
12:00~13:00	14	21:00~22:00	5
13:00~14:00	15	22:00~23:00	4

(3) 根据式(8-45)计算行车间隔时间，计算结果见表8-18。

(4) 最后确定全日行车计划。

检查计算得到的全日分时开行列车数及行车间隔时间，在非高峰运营时间内的5:00~6:00和19:00~23:00时间段行车间隔时间较长，为保持一定的服务水平，根据前面提出的列车开行数调整原则，最终确定的全日行车计划见表8-18。

表8-18 全日行车计划

营业时间	列车对数	行车间隔时间	营业时间	列车对数	行车间隔时间
5:00~6:00	6	10min	14:00~15:00	16	3min45s
6:00~7:00	11	5min25s	15:00~16:00	18	3min20s
7:00~8:00	20	3min	16:00~17:00	18	3min20s
8:00~9:00	18	3min20s	17:00~18:00	16	3min45s
9:00~10:00	12	5min	18:00~19:00	11	5min25s
10:00~11:00	13	4min35s	19:00~20:00	10	6min
11:00~12:00	14	4min15s	20:00~21:00	10	6min
12:00~13:00	14	4min15s	21:00~22:00	6	10min
13:00~14:00	15	4min	22:00~23:00	6	10min

编制完毕的地铁某线路全日行车计划全天开行列车 234 对,其中早高峰小时开行列车 20 对,行车间隔时间为 3min,晚高峰小时开行列车 18 对,行车间隔时间为 3min20s。全日客运量按早高峰小时全线各站乘车人数总和占全日客运量的一定比例估算,比例系数一般可取值为 0.15～0.2,也可通过客流调查来确定。

8.3.4 轨道交通输送能力的计算

输送能力是指在一定的车辆类型、信号设备、固定设备和行车组织方法的条件下,按照现有活动设备的数量和容量,轨道交通线路在单位时间内(通常是高峰小时、一昼夜或一年)所能运送的乘客人数。输送能力是衡量轨道交通线路的服务水平和技术水平的重要指标。

通过能力反映的是线路所能开行的列车数,它是输送能力的基础。输送能力是运输能力的最终体现,它反映了在开行列车数一定的前提下,线路所能运送的乘客人数。在通过能力一定的条件下,线路的输送能力主要取决于列车编组辆数和车辆定员数,即

$$p = n_{max} m p_{车} \tag{8-46}$$

式中,p——线路在单位时间内单方向最大输送能力(人次/h);

n_{max}——线路在单位时间内单方向能够通过的最大列车数(列/h 或对/h);

m——列车编组的辆数(辆);

$p_{车}$——车辆定员数(人)。

最终输送能力还与车站设备的设计容量存在密切关系。这些设备包括站台、楼梯、自动扶梯、通道和出入口等。

1. 列车编组辆数

列车编组辆数确定的主要依据是规划年度早高峰小时最大断面客流量,计算公式为

$$m = \frac{p_{max}}{n_{高峰} p_{车}} \tag{8-47}$$

式中,p_{max}——年度早高峰小时最大断面客流量(人);

$n_{高峰}$——早高峰小时内单方向能够通过的最大列车数(列或对);

此外,在确定列车编组辆数时还应考虑如下制约因素。

(1) 站台长度限制。在大多数的线路上,当列车编组达到 8 辆时,列车长度将和站台长度相等。

(2) 对线路通过能力的影响。当列车长度接近站台长度时,要求列车在车站指定位置准确停车,通常要增加停车附加时间。另外,列车长度也影响线路通过能力。

(3) 经济合理性。采用长编组列车,车辆满载率在非运营高峰时间内一般较低。

2. 车辆定员人数

车辆定员人数由车辆的座位人数和站位人数组成。站位面积为车厢面积减去座位面积,站位人数可按 6 人/m^2 计算。显然,轨道交通车辆的尺寸大小、座椅布置方式是决定车辆定员人数多少的主要因素。表 8-19 是部分地铁系统的车辆尺寸和车辆定员人数情况。

表 8-19　部分城市地铁车辆尺寸和定员情况

城市 参数	洛杉矶	新加坡	香港	上海	莫斯科
车宽/m	3.08	3.2	3.11	3.00	2.71
车长/m	22.78	23.65	22.85	24.14	19.21
座位/座	68	62	48	62	47
站位/人	164	258	279	248	187
定员/人	232	320	327	310	234

表 8-19 中所列的美国洛杉矶地铁采用大型车辆，但车辆定员人数相对较少，其原因是为了提高乘客的乘车舒适程度，以吸引私人汽车方面的客流，其他几个城市地铁的资料基本上反映了车辆尺寸和车辆定员人数的关系。20 世纪 80 年代前后修建的新加坡、香港和上海地铁均采用大容量地铁车辆，车体宽度为 3.0～3.2m。而俄罗斯的莫斯科等城市在修建地铁时，尽管各个城市的客流量差别较大，但均采用统一的小型地铁车辆，输送能力水平则是通过在运输组织上调整行车密度和列车编组辆数，以及改变车辆内的座位数和站位密度等措施来达到。

8.3.5　列车运行组织

正常情况下的列车运行组织是指在营业时间内，采用基本列车运行控制方式和基本行车闭塞法情况下的列车运行组织。

1. 调度集中时的列车运行组织

调度集中是指挥列车运行的一种远程遥控设备。在调度集中时，自动闭塞为基本闭塞法。调度集中系统由调度集中总机、进路控制终端、显示盘与显示器、描绘仪、打印机和电气集中联锁设备等构成。

在调度集中情况下，由行车调度员人工排列列车进路，指挥列车运行及进行列车运行调整。行车调度员通过进路控制终端键盘输入各种控制命令，控制管辖线路上的信号机、道岔及排列列车进路；通过显示盘与显示器，准确掌握线路上列车运行和分布情况、区间和站内线路的占用情况，以及信号机的显示状态和道岔开通位置等。

在调度集中情况下，列车进入区间的行车凭证为出站信号机的绿灯显示。如出站信号机故障，凭行车调度员的命令发车。追踪运行列车间的安全间隔由自动闭塞设备实现。

2. 行车指挥自动化时的列车运行组织

行车指挥自动化是利用电子计算机控制调度集中设备，指挥列车运行的一种自动远程遥控设备。在行车指挥自动化时，自动闭塞为基本闭塞法。行车指挥自动化系统（ATS）包括控制中心 ATS 设备、车站 ATS 设备和车载 ATS 设备三部分。控制中心 ATS 是一个实时控制系统，由调度控制和数据传输电子计算机、工作站、显示盘和绘图仪等构成，电子计算机按双机备份配置。车站 ATS 由列车与地面间数据传输设备和电气集中联锁或微机联锁设备等构成。车载 ATS 由列车与地面间数据传输设备等构成。

在行车指挥自动化情况下，由计算机通过调度集中设备实现当日使用列车运行图、列车进路自动排列和列车运行自动调整,指挥列车运行。控制中心 ATS 通常储存数个基本列车运行图,经过加开或停运列车等修改后的基本列车运行图称为计划列车运行图。使用列车运行图是当日列车运行的计划,由基本列车运行图或计划列车运行图生成。行车调度员通过显示盘与工作站显示器,准确掌握线路上列车运行和分布情况、区间和站内线路的占用情况,以及发车表示器的显示状态和道岔开通位置等。行车调度员也可应用人工功能,通过工作站终端键盘输入各种控制命令,控制管辖线路上的发车表示器、道岔及排列列车进路,进行列车运行调整。

3. 调度监督时的列车运行组织

调度监督是一种行车调度员能监督现场设备和列车运行状态,但不能直接进行控制的远程监控设备。轨道交通系统采用调度监督组织指挥列车运行,通常是新线在信号系统尚未安装情况下投入运营时采用的过渡期调度指挥方式。为了实现调度监督,除控制中心的显示盘等设备外,需在车站安装出站信号机等临时信号联闭设备。在调度监督时,双区间闭塞为基本闭塞法。

在调度监督情况下,由车站行车值班员排列列车进路、开闭出站信号,行车调度员通过显示盘,监督线路上各车站信号机开闭显示、区间闭塞情况和列车运行状态,组织指挥列车运行。

在按双区间闭塞法行车时,列车正线运行限速为 60km/h。列车接近车站时,司机应加强对接近车站的瞭望,控制进站速度,遇有险情立即制动停车。列车进入通过式车站的限速为 40km/h,列车进入尽头式车站的限速为 30km/h。

本 章 小 结

城市公共交通客运的基本任务是以营运服务为中心,组织城市公共交通客运方式,为乘客提供安全、迅速、方便、准点、舒适、经济的运输服务,满足城市社会经济发展及公众出行需要。国内外城市客运成功的经验充分证明,为了提高城市客运的整体效益,保证城市交通高效、有序、充分合理地使用城市有限的道路空间和土地资源,城市客运必须坚持以公共交通为主,私人交通和非专业客运为辅的原则。尽管在工业发达国家中私人小汽车数量很多,但各城市在政策上和交通管理措施上都积极扶植公共交通客运,以改善城市的交通状况。

案 例 分 析

某汽车客运公司目前主要经营 3 类客运班线的班车客运业务,2012 年年底拥有平均座位 30 座位的自有营运客车 40 辆,其中 15 辆客车的技术性能、车辆外廓尺寸、轴荷和质量均符合国家有关标准与规定,其技术等级均达到了二级以上标准,类型等级达到了行业标准规定的高级标准,驾驶员全部取得了相应的机动车驾驶证,年龄均不超过 60 岁,且 3 年内无重大以上交通责任事故记录。2012 年完成旅客周转量 9 460.8 万人·km。为了扩大市场经营范围,公司决定申请从事二类客运班线经营业务,2013 年投资购置 10 辆 40 座的豪华高级客车。

问题:

(1) 该公司 2012 年营运客车的车座年产量为多少人·km?

(2) 该公司目前不具备从事二类客运班线经营资格的主要原因是什么?

(3) 经营二类客运班线,公司还应具备什么条件?

关键术语

汽车客运站　公路客运班车　城市公交　客运组织　客运路线

综合练习

一、单项选择题

1. 在公路旅客运输组织中,(　　)是按车辆约定的行驶里程计费的组织方式。
   A. 计程包车　　　B. 计时包车　　　C. 计费包车　　　D. 租赁运输

2. 用来衡量道路旅客运输成果的指标是(　　)。
   A. 旅客运输量　　B. 旅客发送量　　C. 旅客聚集人数　D. 旅客到达量

3. 超长距离班车客运一般是指运距在(　　)km 以上的班车客运。
   A. 500　　　　　B. 600　　　　　C. 700　　　　　D. 800

4. 在车辆运行组织方式中,将客车安排在营运区域内多条线路上顺序轮流运行的组织方式属于(　　)。
   A. 小循环运行方式　B. 大循环运行方式　C. 定线运行方式　D. 不定线运行方式

5. 客车运行作业计划是将(　　)在时间上和岗位上的具体落实。
   A. 运输效率计划　B. 企业经营计划　C. 运输生产计划　D. 车辆维修计划

二、多项选择题

1. 按照客运营运方式划分,道路旅客运输的类型主要包括(　　)。
   A. 班车客运　　　B. 城市客运　　　C. 包车客运
   D. 农村客运　　　E. 旅游客运

2. 根据营运区域和营运线路长度,班车客运线路分为(　　)等。
   A. 一类客运线路　B. 二类客运线路　C. 三类客运线路
   D. 旅游客运线路　E. 城乡客运线路

3. 客流分布特点有(　　)。
   A. 旅客运量的持续增长性　　　　　B. 客流地区间分布的均衡性
   C. 方向上的不平衡性　　　　　　　D. 时间上强烈的季节性
   E. 平均运距变化的不同性

4. 城市公共汽车客运线路的技术参数包括(　　)。
   A. 线路数目　　　B. 线路长度　　　C. 直线性系数　　D. 线路网密度

5. 城市公共汽车客运的营运方式,一般有(　　)。
   A. 定线定站式　　B. 不定线不定站式　C. 定线不定站式　D. 不定线定站式

三、名词解释

1. 线路网密度
2. 线路重复系数
3. 非直线系数
4. 方向不均匀系数
5. 站点不均匀系数

四、简答题

1. 公路汽车客运站的功能是什么？如何分类和分级？
2. 如何编制客车运行作业计划？
3. 城市公交客运路线的组织原则是什么？有哪些技术参数？
4. 城市公共汽车有哪些基本调度形式？应怎样选择？
5. 简述地铁和轻轨的技术特征。

五、实务题

某城市公交企业决定新增一条公交线路以提高公共交通的覆盖率，同时为了方便乘客，加速车辆周转，公交企业提出通过合理布设站点与确定合理的站距，以最大限度地缩短居民出行的时间。已知该条线路长度为60km，线路配车数为30辆，车辆额定载客量为50人，满载率定额为110%，车辆周转时间为300min，乘客在站上下车的时间为1min。假定乘客平均步行速度为5km/h，平均乘距为3km，车上乘客人数与车下候车人数相同。

问题：

(1) 该线路车辆的平均营运速度是多少？
(2) 该线路车辆的行车间隔为多少？
(3) 该线路车辆的计划车容量定额应为多少辆车？
(4) 该线路最佳的平均站距应为多少？
(5) 确定线路合理的平均站距，应考虑哪些因素？

第9章 运输优化与决策

【学习目标】

通过本章学习，学生应了解各种运输方式的技术经济特征及影响运输方式选择的因素；掌握运输方式选择的成本比较法及考虑竞争因素的方法；了解运输服务商选择的服务质量比较法和运输价格比较法；掌握层次分析法选择运输服务供应商；掌握运输问题的图上作业法；掌握运输问题的表上作业法；掌握运输问题的最短路线问题；了解最大流量问题。

【导入案例】

济南市百老泉白酒是一知名品牌，此酒已有300多年的历史，深受当地及附近消费者的喜爱。百老泉白酒由济南百老泉酒厂（厂址在市区）专业生产。除了在当地销售以外，厂家还在附近的县、镇开了几家专卖连锁店，其交通示意如图9.1所示。厂家每隔一段时间都要向这些专卖店运送一定数量的白酒，但运输方法的优劣直接影响酒厂的经济效益，厂家希望你能提供一种合理的运输方案。

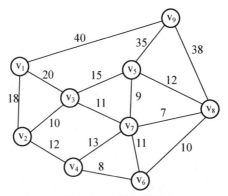

图9.1 交通示意图

注：v_9 是酒厂所在地，$v_1 \sim v_8$ 是附近的县、镇上的8个专卖连锁店，线上标记的数字表示两地距离(km)。

假设8个连锁店的每周销售量见表9-1。

表9-1 8个连锁店的周销售量统计表

连锁店	v_1	v_2	v_3	v_4	v_5	v_6	v_7	v_8
周销售/桶	20	10	5	10	20	15	25	20

问题:

(1) 为了满足这些连锁店的供货需求,若厂家采用小型运输车(每车最多装5桶)作为运输工具,每周至少行驶多少车·km?相应的行驶线路是什么?

(2) 假设每个连锁店每周销售量增加4%,小型运输车的最短运输线路应怎样设计?

(3) 假设厂家采用一种载重量足够大的大型平板车每周运送一次,即可满足供货需求,从节省油耗角度考虑(平板车自重1t,每桶酒重200kg),最佳运输线路是什么?

【本章知识架构】

运输优化与决策在物流决策中具有十分重要的地位,因为运输成本要占物流总成本的35%～50%,对许多商品来说,运输成本要占商品价格的4%～10%,也就是说,运输成本占物流总成本的比重比其他物流活动大。运输优化与决策包含的范围很广泛,其中主要的是运输方式的选择、运输服务商的选择、运输路线选择等问题。

9.1 运输方式选择

一个现代化的综合运输体系是由5种运输方式及各种相应的配套设施组成的,这5种运输方式是铁路运输、公路运输、水路运输、航空运输及管道运输。在商品生产的市场经济体制下,在运输市场上各种运输方式之间不可避免地进行着激烈的竞争。但是,一方面由于各种运输方式均拥有自己固有的技术经济特征及相应的竞争优势;另一方面由于各种方式在运输市场需求方面本身拥有的多样性,主要表现在运输量、距离、空间位置、运输速度等方面。这两个方面实际上就为各种运输方式在社会经济发展过程中营造了各自的生存及发展空间。

9.1.1 各种运输方式的技术经济特征

各种运输方式的技术经济特征主要包括运达速度、运输能力和能源消耗、运输成本、经济里程、投资水平、环境保护。

1. 运达速度

技术速度的高低主要取决于车辆本身的技术性能,由行驶里程和路线行驶时间的比值确定,而送达速度的时间除路线行驶时间外,还包括途中的停留时间和始发、终到两端的作业时间,因此送达速度低于技术速度。对旅客和收、发货人而言,送达速度具有实际的意义。铁路的送达速度一般高于水上运输和公路运输。但在短途运输方面,其送达速度反而低于公路运输。航空运输在速度上虽然占有极大优势,但必须将客、货去往机场的路途时间考虑在内,方能进行有实际意义的比较。各种运输方式有其适用的速度范围:公路运输的最优速度为50～100km/h,铁路运输为100～300km/h,航空运输为500～1000km/h。在评价某种运输方式的速度指标时,还应适当考虑运输的频率(或间隔时间)和运输经常性对送达速度的影响。

2. 运输能力和能源消耗

由于技术及经济的原因,各种运输方式的运载工具都有其适当的容量范围,从而决定了运输线路的运输能力。公路运输由于道路的制约,其运载工具的容量最小,通常载重量是5～10t。我国一般铁路的载重量是3 000t。水路运输的载重能力最大,从几千吨到几十万吨的船舶都有。运输能力方面,水运和铁路运输都处于优势地位(就单个运载工具而言,特别是海运,运输能力最大),而公路和航空的运输能力相对较小。

能源消耗方面,由于铁路运输可以采用电力牵引,因而具有优势。公路和航空运输则是能源(石油)消耗最大的。管道运输所耗能源约为水运的10%,铁路的2.5%。

3. 运输成本

运输成本是运输业的一个综合性指标,受各种因素的影响。例如,与运量无关的固定费用所占的比重较大时,则成本水平受运输密度的影响较大,铁路运输最显著,水运、公路运输则较小。又如,运输距离对运输成本也有很大影响。这是因为终端作业成本(始发和终到)的比重随着运输距离的增加而下降,因此对水运影响最大,铁路次之,公路最小。再如,运载工具的运载量的大小同样影响着运输成本,载质量较大的运输工具一般来说其运输成本较低。一般来讲,水运及管道运输成本最低,其次是铁路和公路运输,航空运输成本最高。公路、铁路和水路的运费比较(包括终端的装卸费用)如图9.2所示。

图 9.2 三种运输方式的运输距离与成本比较

当运输距离小于 A 时公路运输费用最低,当运输距离在 A 与 B 之间时铁路运输最便宜,而当运输距离大于 C 时,则以水路运输为最好。

4. 经济里程

经济性是衡量交通运输方式的重要标准。经济性是指单位运输距离所支付票款的多少(对交通需求者来说)。交通运输经济性状况除了受投资额、运转额等因素影响外,还与运输速度及运输距离有关。一般来说,运输速度与运输成本有很大的关系,表现为正相关关系,即速度越快,成本越高。

运输的经济性与运输距离有紧密的关系。不同的运输方式的运输距离与成本之间的关系有一定的差异。例如,铁路的运输距离增加的幅度要大于成本上升的幅度,而公路则相反。从国际惯例来看,300km 以内被称为短距离运输,该距离内的客货量应该尽量分流给公路运输。一般认为,运输在 300km 内主要选择公路运输,300~500km 内主要选择铁路运输,500km 以上则选择水路运输。

5. 投资水平

各种运输方式由于其技术设备的构成不同,不但投资总额大小各异,而且投资期限和初期投资的金额也有相当大的差别。铁路的技术设备(线路、机车车辆、车站、厂、段等)需要投入大量的人力物力,投资额大而且工期长。相对而言,水上运输是利用天然航道进行的,线路投资远较铁路为低,主要集中在船舶、码头。公路运输的线路设备投资介于铁路和水运之间,但高速公路的线路设备投资并不低。比较各种运输方式的投资水平,还需要考虑运输密度与运载工具利用率等因素。

6. 环境保护

运输业是污染环境的主要产业部门,运输业产生环境污染的直接原因有以下几个方面。

(1) 空间位置的移动。在空间位置移动的过程中，移动所必需的能源消耗及交通运输移动体的固定部分与空气发生接触，从而产生噪声、振动、大气污染等。空间位置移动本身不仅造成环境破坏，更重要的是随交通污染源的空间位置移动，会不断地污染环境，并破坏扩散到其他地区，造成环境的大面积污染破坏。

(2) 交通设施的建设。交通设施的建设往往破坏植被，改变自然环境条件，破坏生态环境的平衡。

(3) 载运的客体。旅客运输中造成大量塑料饭盒等废弃物扔在交通沿线上，造成大量的"白色垃圾"。运输业动力装置排出来的废气是空气的主要污染源，在人口密集的地区尤其严重。汽车运输排放的废气严重地影响空气的质量，油船溢油事故严重污染海洋，公路建设大量占用土地，大量土地的占用对生态平衡发生影响，并使人类生存环境恶化。

9.1.2 影响运输方式选择的因素分析

在各种运输方式中，如何选择适当的运输方式是物流合理化的重要问题。一般来讲，应根据物流系统要求的服务水平和可以接受的物流成本来决定，可以使用一种运输方式也可以选择联运的方式。决定运输方式，可以在考虑具体条件的基础上，对下面五项具体项目进行认真考虑研究。

1. 货物品种

关于货物品种及性质、形状，应在包装项目中加以说明，选择适合这些货物特性和形状的运输方式。

2. 运输期限

运输期限必须与交货日期相联系，保证及时运输。必须调查各种运输工具需要的运输时间，根据运输时间来选择运输工具。运输时间的快慢顺序一般情况下依次为航空运输、汽车运输、铁路运输、船舶运输。各种运输工具可以按照它的速度编组来安排日期，加上它的两端及中转的作业时间，就可以计算出所需要的运输时间。

3. 运输成本

运输成本因货物的种类、重量、容积、运距不同而不同。而且，运输工具不同，运输成本也会发生变化。在考虑运输成本时，必须考虑运输费用与其他物流子系统之间存在着互为利弊的关系，不能单从运输费用出发来决定运输方式，而要从全部的总成本出发来考虑。

4. 运输距离

从运输距离看，一般情况下可以依照以下原则：300km 以内用汽车运输；300～500km 的范围内用铁路运输；500km 以上用船舶运输。

5. 运输批量

运输批量方面，因为大批量运输成本低，应尽可能使商品集中到最终消费者附近，选择合适的运输工具进行运输是降低成本的好方法。

因为各种运输方式和运输工具都有各自的特点，而不同特性的物资对运输的要求也不一样,所以要制定一个选择运输方式的统一标准是很困难的,也没有必要这样做。但是,根据物流运输的总目标,确定一个带有普遍性的原则是可以的。

在选择运输方式时,保证运输的安全性是选择的首要条件,它包括人身、设备和被运货物的安全等。为了保证被运输货物的安全,首先应了解被运物资的特性,如重量、体积、贵重程度、内部结构及其他物理化学特性(易燃、易碎、危险性),然后选择安全可靠的运输方式。物资运输的在途时间和到货的准时性是衡量运输效果的一个重要指标。运输时间的长短和到货的准确性不仅决定着物资周转的快慢,而且对社会再生产的顺利进行影响较大,由于运输不及时,有时会给国民经济造成巨大的损失。运输费用是衡量运输效果的综合标准,也是影响物流系统经济效益的主要因素,一般来说,运输费用和运输时间是一对矛盾体,速度快的运输方式一般费用较高,与此相反,运输费用低的运输方式速度较慢。

综上所述,选择运输方式时,通常是在保证运输安全的前提下再衡量运输时间和运输费用,当到货时间得到满足时再考虑费用低的运输方式。当然,计算运输费用不能单凭运输单价的高低,而应对运输过程中发生的各种费用及对其他环节费用的影响进行综合分析。在选择运输方式时,不能仅仅从费用考虑,还应该考虑到发送方式。不同的发送方式不仅运输费用相差较大,而且运输的安全程度和在途的时间差别也很大。例如,铁路运输有整列、成组、整车、零担、包裹等发送方式,成组、整车运输由于配车编组,在途停滞时间长,而零担、包裹运输费用则较高。

如对运输方式的选择做进一步定量的分析,则应考虑不同运输工具类型所提供的服务特征,这些服务特征中最重要的是成本、速度和可靠性。因此,服务成本、平均运达时间(速度)和运达时间的变动性(可靠性)应作为运输方式选择的依据。

9.1.3 运输方式选择的成本比较法

如果不将运输服务作为竞争手段,那么能使该运输服务的成本与该运输服务水平导致的相关间接库存成本之间达到平衡的运输服务就是最佳服务方案。也就是说,运输的速度和可靠性会影响托运人和买方的库存水平(订货库存和安全库存)及其之间的在途库存水平。如果选择速度慢、可靠性差的运输服务,物流渠道中就需要有更多的库存。这样,就需要考虑库存持有成本可能升高,而抵消运输服务成本降低的情况。因此,方案中最合理的应该是,既能满足顾客需求,又使总成本最低的服务。

【例9-1】某公司欲将产品从坐落位置 A 的工厂运往坐落位置 B 的公司自有的仓库,年运量 D 为 700 000 件,每件产品的价格 C 为 30 元,每年的存货成本 I 为产品价格的 30%。公司希望选择使总成本最小的运输方式。据估计,运输时间每减少一天,平均库存水平可以减少 1%。各种运输服务的有关参数见表9-2。

表9-2 运输服务的有关参数

运输方式	运输费率 R(元/件)	运达时间 T/天	每年运输批次	平均存货量 $Q/2$/件
铁路	0.10	21	10	100 000
驮背运输	0.15	14	20	50 000×0.93
卡车	0.20	5	20	50 000×0.84
航空	1.40	2	40	25 000×0.81

注:安全库存约为订货量的 1/2。

在途运输的年存货成本为 $ICDT/365$，两端储存点的存货成本各为 $ICQ/2$，但其中的 C 值有差别，工厂储存点的 C 为产品的价格，购买者储存点的 C 为产品价格与运费率之和。

解：运输服务方案比选见表 9-3。

表 9-3 运输服务方案比选表

成本类型	计算方法	运输服务方案	
		铁路	驮背运输
运输	$R \times D$	$(0.10 \times 700\,000) = 70\,000$	$(0.15 \times 70\,000) = 105\,000$
在途存货	$ICDT/365$	$(0.30 \times 30 \times 700\,000 \times 21)/365 = 363\,465$	$(0.30 \times 30 \times 700\,000 \times 14)/365 = 241\,644$
工厂存货	$ICQ/2$	$(0.30 \times 30 \times 100\,000) = 900\,000$	$(0.30 \times 30 \times 50\,000 \times 0.93) = 418\,500$
仓库存货	$ICQ/2$	$(0.30 \times 30.1 \times 100\,000) = 903\,000$	$(0.30 \times 30.15 \times 50\,000 \times 0.93) = 420\,593$
总成本		2 235 465	1 185 737
成本类型	计算方法	运输服务方案	
		卡车	航空
运输	$R \times D$	$(0.20 \times 700\,000) = 140\,000$	$(1.4 \times 700\,000) = 980\,000$
在途存货	$ICDT/365$	$(0.30 \times 30 \times 700\,000 \times 5)/365 = 86\,301$	$(0.30 \times 30 \times 700\,000 \times 2/365 = 34\,521$
工厂存货	$ICQ/2$	$(0.30 \times 30 \times 50\,000 \times 0.84) = 378\,000$	$(0.30 \times 30 \times 25\,000 \times 0.81) = 182\,250$
仓库存货	$ICQ/2$	$(0.30 \times 30.2 \times 50\,000 \times 0.84) = 380\,520$	$(0.30 \times 30.4 \times 25\,000 \times 0.81) = 190\,755$
总成本		984 821	1 387 526

由表 9-3 的计算可知，在四种运输服务方案中，卡车运输的总成本最低，因此应选择卡车运输。

9.1.4 考虑竞争因素的方法

运输方式的选择如直接涉及竞争优势，则应采用考虑竞争因素的方法。当买方通过供应渠道从若干个供应商处购商品时，物流服务和价格就会影响到买方对供应商的选择。反之，供应商也可以通过供应渠道运输方式的选择控制物流服务的这些要素，影响买方的选择。对买方来说，良好的运输服务意味着可保持较低的存货水平和较确定的运作时间表。为了能获得所期望的运输服务，从而降低成本，买方对供应商提供唯一他能提供的鼓励——对该供应商更多的惠顾。买方的行为是将更大的购买份额转向能提供较好运输服务的供应商，供应商可以用从交易额扩大而得到的更多利润去支付由于最佳的运输服务而增加的成本，从而鼓励供应商去寻求更适合买方需要的运输服务方式，而不是单纯追求低成本。这样，运输服务方式的选择成了供应商和买方共同的决策。当然，当一个供应商为了争取买方而选择特佳的运输方式时，参与竞争的其他供应商也可能做出竞争反应，而他们会做出怎么样的竞争反应就很难估计了。因此，下述的例子说明的是在不计其他供应商的竞争对手反应的情况下，买方向能提供特佳运输服务的供应商转移更多交易份额的程度。

【例 9-2】某制造商分别从两个供应商处购买了共 3 000 个配件，每个配件单价 100 元。目前这 3 000 个配件是由两个供应商平均提供的，如供应商缩短运达时间，则可以多得到交易份额，每缩短一天，可从总交易量中多得 5% 的份额，即 150 个配件。供应商从每个配件可赚得占配件价格（不包括运输费用）20% 的利润。于是供应商 A 考虑，如将运输方式从铁路转到卡车运输或航空运输是否有利可图。各种运输方式的运费率和运达时间见表 9-4。供应商 A 只是根据他可能获得的潜在利润来对运输方式进行选择决策。

表 9-4 各种运输方式的运费率和运达时间

运输方式	运费率/(元/件)	运达时间/天
铁路	2.50	7
卡车	6.00	4
航空	10.35	2

解：供应商 A 只是根据他可能获得的潜在利润来对运输方式进行选择决策。表 9-5 是供应商 A 使用不同的运输方式可能获得的预期利润。

表 9-5 供应商 A 使用不同运输方式的利润比较表

运输方式	配件销售量/件	毛利/元	运输成本核算/元	净利润/元
铁路	1 500	30 000.00	3 750.00	26 250.00
卡车	1 950	39 000.00	11 700.00	27 300.00
航空	2 250	45 000.00	23 287.50	21 712.50

如果制造商对能提供更好运输服务的供应商给予更多份额的交易的承诺实现，则供应商 A 应当选择卡车运输。当然，与此同时供应商 A 要密切注意供应商 B 可能做出的竞争反应行为，如果出现这种情况，则可能削弱供应商 A 可能获得的利益，甚至化为泡影。

通过上述关于运输服务选择问题的讨论，我们已经认识到，在考虑运输服务的直接成本的同时，有必要考虑运输方式对库存成本和运输绩效对物流渠道成员购买选择的影响。然而，除此之外，还有其他一些因素需要考虑，其中有些是决策者不能控制的。①如果供应商和买方对彼此的成本有一定了解将会促进双方的有效合作。但供应商和买方如果是相互独立的法律实体，二者之间若没有某种形式的信息交流，双方就很难获得完全的成本信息。在任何情况下，合作都应该朝着更密切关注对方对运输服务选择的反应或对方购买量的变化的方向发展。②如果分拨渠道中有相互竞争的供应商，买方和供应商都应该采取合理的行动来平衡运输成本和运输服务，以获得最佳收益。当然，无法保证各方都会理智行事。③还没有考虑对价格的影响。假如供应商提供的运输服务优于竞争对方，他很可能会提高产品的价格来补偿至少是部分补偿增加的成本。因此，买方在决定是否购买时应同时考虑产品价格和运输绩效。④运输费率、产品种类、库存成本的变化和竞争对手可能采取的反击措施都增加了问题的动态因素，在此并没有直接涉及。⑤这里没有考虑运输方式的选择对供应商存货的间接作用。供应商也会和买方一样由于运输方式变化改变运输批量，进而导致库存水平的变化。供应商可以调整价格来反映这一变化，反过来又影响运输服务的选择。

9.2 运输服务商选择

只要运输业没有垄断存在，对于同一种运输方式，托运人或货主就有机会面临不同的运输服务商，而托运人或货主甚至是供应商在确定运输方式后，就需要对选择哪个具体的运输服务商做出决策。当然，不同的客户会有不同的决策标准和偏好，但总体而言，可以从以下几个角度来考虑。

9.2.1 服务质量比较法

客户在付出同等的运费的情况下，总是希望得到好的服务，因此，服务质量往往成为客户选择不同运输服务商的首要标准。

1. 运输质量

运输所体现的价值是把货物从一个地方运送到另一个地方，完成地理上的位移，而无须对货物本身进行任何加工。但如果运输保管不当，就会对货物的质量产生影响。因此，客户在选择运输服务商时会将其运输质量作为一个重要的因素来考虑。以海运为例，客户通常从这几个方面来考虑。

（1）该航运公司提供运输的工具，如船舶的船龄、船舶状态、集装箱新旧程度等。

（2）该公司所雇用的装卸公司的服务质量，货物在装卸过程中是比较容易造成货损货差的，因此装卸工人的服务质量会直接影响到货物的运输质量。

（3）该公司的所雇用的船员的经验及工作责任心，船员丰富的经验及高超的船艺是保证货物安全运输的首要条件，而这可由该公司的安全航行率来反映，船员除了完成航行任务外，还承担着照料货物的责任。因此，从船员在货物到船舱后的绑扎，航行途中根据货物的性质和运输要求进行通风或温度控制，到卸货时的照料都影响着货物的运输质量。

（4）该公司的货物运输控制流程，良好的运输控制流程将保证货物及时准确地发运、转运和卸载，减少货物的灭失、错卸、短卸和溢卸及错误交付等，从而保证运输质量。

2. 服务理念

随着各服务商运输质量的提高，客户对服务的要求也越来越高，于是客户在选择不同的运输服务商时还会考虑其他的服务理念。

（1）运输的准班率，较高的准班率可以方便客户对货物的库存和发运进行控制，当然也为安排其接运等提供了便利。

(2) 航班的时间间隔、船舶的发船密度、铁路运输的发车间隔等，合理的间隔同样也将方便客户选择托运的时间及发货的密度等。

(3) 单证的准确率。

(4) 信息查询的方便程度，不同的服务商除了提供运输服务以外，还在附加服务上进行投入，如价格查询、航班查询及货物跟踪等服务。

(5) 货运纠纷的处理，无论服务商如何提高运输质量，改进服务水平，但货运纠纷难免会发生，发生后如何及时圆满地处理是客户所关心的。

由于运输技术及运输工具的发展，目前各运输服务商之间的运输质量差异正在缩小，而为了吸引客户，服务商不断更新服务理念，以求与其他服务商有服务差异，为客户提供高附加值的服务，从而稳定自己的市场份额，增强竞争力。这也就为客户选择不同的服务商提供了更多空间，客户可以根据自己的需求确定选择目标。

9.2.2 运输价格比较法

正如前文所述，各运输服务商为了稳定自己的市场份额，都会努力提高服务质量，而随着竞争的日趋激烈，对于某些货物来说不同的运输服务商所提供的服务质量已近乎相同，因此运输价格很容易成为各服务商的最后竞争手段。于是客户在选择时，如面对几乎相同的服务质量，或有些客户对服务质量要求不高时，运输价格成为了另一个重要的决策准则。

9.2.3 综合选择法

当然会有更多的客户在选择运输服务商时会同时考虑多个因素，如同时考虑服务质量和运输价格，以及服务商的品牌、服务商的经济实力、服务商的服务网点数量等。用公式来表示为

$$S = \frac{k_1 Q}{k_2 P} + k_3 B + k_4 C + k_5 N + \cdots + k_n O \qquad (9-1)$$

式中，S——综合因素；

k_n——不同因素的权数($n=1, 2, 3, \cdots$)；

Q——服务质量；

P——运输价格；

B——运输服务商的品牌；

C——运输服务商的总资产状况；

N——运输服务商的网点数；

O——其他因素。

客户可以根据自己的需要，调整不同因素的权数，然后做出决策。

9.2.4 层次分析法选择运输服务供应商

层次分析法(the Analytic Hierarchy Process，AHP)是20世纪70年代由著名运筹学家T. L. 赛惕(T. L. Satty)提出的，韦伯(Weber)等提出利用层次分析法分别用于供应商

(合作伙伴)的选择。它的基本原理是根据具有递阶结构的目标、子目标(准则)、约束条件、部门等来评价方案,采用两两比较的方法确定判断矩阵,然后把判断矩阵的最大特征根对应的特征向量的分量作为相应的系数,最后综合给出各方案的权重(优先程度)。由于该方法让评价者对照相对重要性函数表,给出因素两两比较的重要性等级,因而可靠性高、误差小,不足之处是遇到的因素众多。分析规模较大的问题时,该方法容易出现问题,如判断矩阵难以满足一致性要求,往往难于进一步对其分组。它作为一种定性和定量相结合的工具,目前已在许多领域得到了广泛的应用。

【例9-3】假设有4个指标(即速度、价格、服务与质量)用来评价供应商,并有4个供应商(S1、S2、S3和S4)可以考虑,应用层次分析法求解这个问题的评价尺度(表9-6)与层次建立(图9.3)。

表9-6 评价尺度

评 价 描 述	评　　分
极端重要	9
很重要	7
明显重要	5
稍微重要	3
重要性相同	1

中间值2、4、6、8介于各评分值之间。
如果项目i相对于项目j有一个评分值,则项目j相对项目i的评分值为其倒数

图9.3　供应商选择层次

买方必须进行一系列两两比较来确定指标的相对重要性。如果买方认为速度与价格差不多,但速度比价格稍微重要,则数值2可以表达这个判断。如果价格比服务稍微重要,则数值3适宜表达这个判断。假设判断具有传递性,则速度相对于服务的重要性可用6来描述。

如前所述,判断不一定总能保持完全的一致性。例如,速度与服务相比介于稍微重要与明显重要之间,即可用4来描述这一判断。随着这一判断过程的继续,决策者已经认定速度与质量的相对重要性是3。在这一阶段需要完成6个两两比较。这些信息可以用表9-7中的两两判断矩阵来表示。矩阵中的对角线上的数据都是1,其余数据为相应判断值的倒数。供应商层次单排序见表9-8。

表9-7 两两比较矩阵

A. 初始矩阵

	速度	价格	服务	质量
速度	1	2	4	3
价格	1/2	1	3	3
服务	1/4	1/3	1	2
质量	1/3	1/3	1/2	1
和	25/12	11/3	17/2	9

B. 调整后的矩阵

	速度	价格	服务	质量	权重(行均值)
速度	12/25	6/11	8/17	3/9	0.457
价格	6/25	3/11	6/17	3/9	0.300
服务	3/25	1/11	2/17	2/9	0.138
质量	4/25	1/11	1/17	1/9	0.105
和	1.000	1.000	1.000	1.000	1.000

注：调整后数值是由原数除以相应列之和得到的。

表9-8 供应商层次单排序

A. 速度指标排序					C. 服务指标排序				
	S1	S2	S3	S4		S1	S2	S3	S4
S1	1	5	6	1/3	S1	1	5	4	8
S2	5/1	1	2	6/1	S2	1/5	1	1/2	4
S3	1/6	1/2	1	1/8	S3	1/4	2	1	5
S4	3	6	8	1	S4	1/8	1/4	1/5	1
权重	0.297	0.087	0.053	0.563	权重	0.597	0.140	0.124	0.050
B. 价格指标排序					D. 质量指标排序				
	S1	S2	S3	S4		S1	S2	S3	S4
S1	1	1/3	5	8	S1	1	3	1/5	1
S2	3	1	7	9	S2	1/3	1	1/8	1/3
S3	1/5	1/7	1	2	S3	5	8	1	5
S4	1/8	1/9	1/2	1	S4	1	3	1/5	1
权重	0.303	0.573	0.078	0.046	权重	0.151	0.060	0.638	0.151

利用矩阵中的数据可以得到指标权重的准确估计值。权重提供了对每个指标相对重要性的测度。计算过程可以总结为以下三个步骤。

(1) 对矩阵每列求和。
(2) 矩阵中每个值除以相应列之和。
(3) 计算权重（行均值）。

权重计算结果见表 9-6。在本例中，速度、价格、服务和质量权重分别为 0.457、0.300、0.138 和 0.105。因此，速度的权重约为价格权重的 1.5 倍(0.457/0.300)，约为服务权重的 3.3 倍(0.457/0.138)，约为质量权重的 4.4 倍(0.457/0.105)。

这里虽然没有讨论一致性比率的计算，但是利用 Microsoft Excel 等软件可以很容易得到计算结果。表 9-8 中两两比较矩阵中数据的一致性是可以接受的。

下一步就是对四个供应商就每个指标进行两两比较，这个过程与建立指标的两两比较矩阵的步骤一样。唯一的区别是对每一个指标都有相应的比较矩阵。决策者首先就速度指标对供应商进行两两比较，然后对其他三个指标重复上述过程。假设买方已经给出了表 9-8 中的四个两两比较矩阵，那么，供应商在每个指标下的权重就可以通过上文提到的三个步骤进行确定，每个矩阵各供应商的权重见表 9-8。

层次分析法的最后一步可以总结为表 9-9。这张表展示了总排序结果是如何得到的。这个过程被称为简单加权平均。对每一个供应商而言，在四个评价指标下的权重已经求出见表 9-8。这四个权重乘以相应指标的权重累加后就得到供应商的排序总分。每个供应商的总分代表了选择该供应商所能获得的总的利益。在本例中，供应商 S1 总分 0.325，被判断为最好；S4 总分 0.294，次之；S2 总分 0.237，更次；S3 总分 0.144，最差。因此，本例应该选择供应商 S1。

表 9-9 供应商层次总排序

	速 度	价 格	服 务	质 量	权 重
S1	0.457×0.297	0.300×0.303	0.138×0.597	0.105×0.151	0.325
S2	0.457×0.087	0.300×0.573	0.138×0.140	0.105×0.060	0.237
S3	0.457×0.053	0.300×0.078	0.138×0.214	0.105×0.638	0.144
S4	0.457×0.563	0.300×0.046	0.138×0.050	0.105×0.151	0.294
合计	1.000				

运用层次分析法有很多优点，其中最重要的一点就是简单明了。层次分析法不仅适用于存在不确定性和主观信息的情况，还允许以合乎逻辑的方式运用经验、洞察力和直觉。也许层次分析法最大的优点是提出了层次本身，它使得买方能够认真地考虑和衡量指标的相对重要性。

关于判断矩阵的一致性检验，理论上可以证明，如果判断矩阵是一个正互反阵，且各元素存在着

$$a_{ij}=a_{ik}/a_{jk}(i,j,k=1,2,\cdots,n,i\neq j) \tag{9-2}$$

的关系，或矩阵的阶数 $n=1$ 或 2 的话，则称该判断矩阵为完全一致性矩阵，此时判断矩阵 A 的最大特征根值 $\lambda_{\max}=n$。然而，由于客观事物的复杂性，人们认识上的多样性和可能产生的片面性，使得在建立判断矩阵时，不可能做到使每一个判断矩阵都具有完全的一致性。但是，我们要求所建立的判断矩阵应具有大体满意的一致性，否则，当所建立的判

断矩阵偏离一致性过大时,排序向量(即权系数)的计算结果将是不可靠的,从而会导致做出错误的决策。

为了检验判断矩阵的一致性,简单的办法就是计算随机一致性比率 CR,此值愈小,判断矩阵的一致性愈好,其极限为零;若 $n>2$ 且 $CR\leqslant 0.1$,就可以认为判断矩阵基本符合一致性条件,或称为具有满意的一致性,否则,就要调整判断矩阵中的元素赋值,直至使其具有满意的一致性时为止。而 CR 又等于判断矩阵的一致性指标 CI 与相应阶数的平均随机一致性指标 RI 之比,即

$$CR=CI/RI \tag{9-3}$$

式中的 CI 可按以下公式计算求得:

$$CI=(\lambda_{max}-n)/(n-1) \tag{9-4}$$

关于 RI 值,塞惕曾用随机方法构造了 3 500 个样本矩阵,对于不同的矩阵阶数 n 得到一批 RI 数值,天津大学的学者又对它做了修正,它可根据矩阵的阶数 n 从表 9-10 中查得。

表 9-10 RI 数值

n	1	2	3	4	5	6	7	8	9	10	11	12	13	14	15
RI	0.00	0.00	0.52	0.89	1.12	1.26	1.36	1.41	1.46	1.49	1.52	1.54	1.56	1.58	1.59

9.3 运输问题的图上作业法

运输问题的图上作业法是解决多起点、多终点的运输线路的选择优化问题。有多个货源地服务于多个目的地时,运输线路选择优化的任务是,要指定为各目的地服务的供货地,同时要找到供货地、目的地之间的最佳路径。解决这类问题常常可以运用一类特殊的线性规划方法即物资调运问题图上作业法进行求解。

9.3.1 图上作业法概述

图上作业法是我国物资部门从实际工作中创造出来的一种物资调运的方法,是一种行之有效的方法。利用图上作业法,可以帮助企业避免物资调运工作中的对流和迂回现象,提高运输过程中的里程利用率、减少空驶、增加运量、充分利用现有运输设备等,是一个有效的工具。这种方法使用图解的形式,直观易操作,计算简单,效果显著,应用相当广泛。

1. 图上作业法的定义

图上作业法是在运输图上求解线性规划运输模型的方法。交通运输及类似的线性规划问题,都可以首先画出流向图,然后根据有关规则进行必要调整,直至求出最小运输费用或最大运输效率的解。这种求解方法,就是图上作业法。

图上作业法适用于交通线路呈树状、圈状,而且对产销地点的数量没有严格限制的情况。图上作业法的求解规则可以归纳为:流向划右方,对流不应当;里圈、外圈分别算,要求不能过半圈长;若超过半圈长,应去运量最小段;反复运算可得最优方案。

在交通图中，发点用"○"表示，并将发货量记在里面，收点用"□"表示，并将收货量记在里面。两点间交通线路的长度记在交通线旁边。然后作调运物资的流向图。物资调运的方向（流向）用"→"表示，并把"→"按调运方向画在交通线右边，物资调运流量图如图9.4所示。

图9.4　物资调运流量图

在物资调运中，把某项物资从各发点调到各收点，调运方案很多，现在的目的是找出使用运输量最小的方案，这就要消灭物资调运中的对流和迂回两种不合理的运输。

2. 对流

对流即同一物资在同一线路上的往返运输，如图9.5所示，将某物资10t，从 A_1 运到 B_2，而又有同样的物资10t，在同一期间从 A_2 运到 B_1，于是 A_1 和 A_2 间就出现了对流现象。

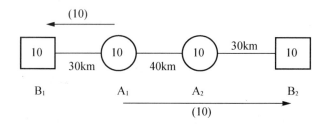

图9.5　出现对流调运流量图

如果把调运流量图改成图9.6，即将 A_1 的10t物资运到 B_1，而将 A_2 的10t物资运到 B_2，就消灭了对流，可以节省运输力量 $2×10×40=800(t·km)$。

图9.6　消灭了对流的调运流量图

3. 迂回

在交通示意图中，由于表示调运方向的箭头，要按调运方向，画在交通线的右边，因此，流向图中，有些流向就在圈外，称为外圈流向；有些流向就在圈内，称为内圈流向。如果流向图中，内圈流向的总长（简称内流长）或外圈流向的总长（简称外流长）超过整个圈长的一半，就称为迂回运输，先看一个简单的直观的例子，如图9.7所示。

图9.7就是一个迂回运输，图内流长大于全圈长的一半。如果改成图9.8，就消灭了迂回，可以节省运输力量 $10t·km(5×6-5×4)$。

图 9.7 迂回运输示意图

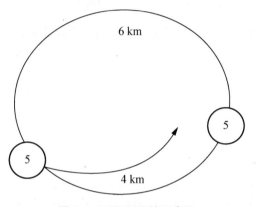

图 9.8 无迂回运输示意图

下面再看另一例子。

图 9.9 内流长 7km 大于全圈长 13km 的一半,是迂回运输。如果调整内圈长(在内圈各流量中减去内圈的最小流量 10),在外圈各流量中增加内圈的最小流量 10,同样在没有流量的线段上新添上外圈流量 10(即内圈的最小流量),便得出新的流向图,如图 9.10 所示。新的流向图等于把旧的流向图中,有 10t 运了大半圈的物资改成由小半圈调运,因为内流长大于整圈长的一半,而外流长加上没有流量的限度小于整圈长的一半,从而节省了运输力量,这是一个不太直观的迂回问题。

图 9.9 迂回运输

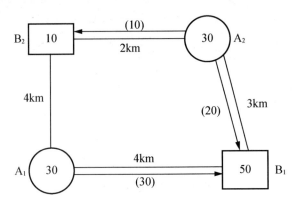

图 9.10 无迂回运输

物资调运问题的图上作业法,就是为了消灭运输中对流和迂回,节省运输力量。这种方法的步骤是,先找出一个没有对流的方案,再检查有没有迂回,如果没有迂回,这方案已是最优方案。如果有迂回,则调整这一方案,直至消灭迂回为止。

在物资调运中,运输路线可分为两种:一种是交通线路不成圈,另一种是交通线路成圈。下面分别用例子介绍这两种情况物资调运的方法。

9.3.2 线路不成圈的图上作业法

【例 9-4】有某物资 17 万 t,由 A_1、A_2、A_3、A_4 发出,发量分别为 5、2、3、7(单位:万 t),运往 B_1、B_2、B_3、B_4,收量分别为 8、1、3、5(单位:万 t),收发量是平衡的,它的交通路线如图 9.11 所示,问应如何调运,才能使运输 t·km 最小?

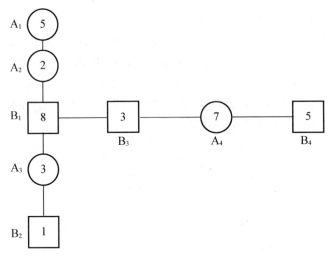

图 9.11 交通线路图

解:作一个没有对流的流向图。做法:由各端点开始,由外向里,逐步进行各收发点之间的收发平衡。把 A_1 的 5 万 t 给 A_2,A_2 成为有发量 7 万 t 的发点。由 A_3 调 1 万 t 给 B_2,A_3 剩 2 万 t,由 A_4 调 5 万 t 给 B_4,A_4 调 5 万 t 给 B_4,A_4 剩 2 万 t,将 A_2 的 7 万 t 全部调给 B_1,将 A_3 剩余的 2 万 t,先调 1 万 t 给 B_1,余下的 1 万 t 调给 B3,A_4 剩余的 2 万 t 全部调给 B_3,调运流向图如图 9.12 所示。

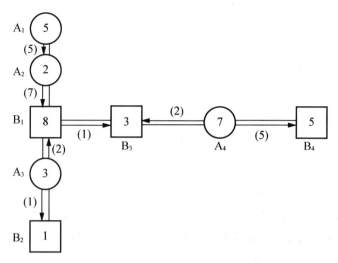

图 9.12 调运流向图

根据上面流向图的做法，很明显，所得的没有对流现象的流向图是唯一的，再根据对流现象是不合理的运输，所以这唯一没有对流的流向图就是唯一的最优方案的流向图。

有时同一流向图，可以编制各种不同的调运方案，如本例中，B_3 需要的 3 万 t，除 A_4 供给的 2 万 t 外，其余 1 万 t 可以由 A_3 给，也可以由 A_2 给，也可以由 A_2、A_3 共同给，这些方案所用的运输力量是一样的，调运时可以结合其他条件，选择其中一个。

9.3.3 线路成圈的图上作业法

【例 9-5】有某物资 7 万 t，由发点 A_1、A_2、A_3 发出，发量分别为 3、3、1(万 t)，收发量平衡，交通图如图 9.13 所示，问应如何调运，才能使运输力量最小？

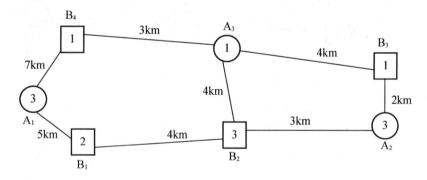

图 9.13 交通路线图

解：

(1) 作一个没有对流的流向图，用"去线破圈"的方法，去一线破一圈，有几个圈去掉几条线，把有圈的交通图，化为不成圈的交通图。一般是先去掉长度最长的交通线，如去掉 A_1B_4(7km)，破 $A_1B_1B_2A_3B_4$ 圈，再去掉 A_3B_3 线(4km)，破 $B_2A_2B_3A_3$ 圈。这样，原有圈的交通图，变成了不成圈的交通图，如图 9.14 所示。

然后先从各个端点开始，在如图 9.14 上作一个没有对流的流向图。

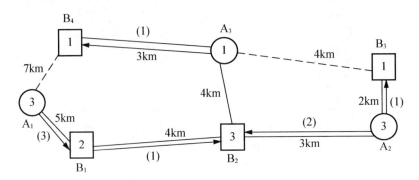

图 9.14 调运流量图

(2) 检查有无迂回。方法是对流向图中的各圈进行检查,查看有无迂回。如果没有迂回,这个初始方案就是最优方案,如果其中某一圈有迂回,这个方案就不是最优方案,需要改进。

在图 9.14,圈中 $A_1B_1B_2A_3B_4$ 的总长为 23km,外流长为 $5+4+3=12km$,大于圈长的一半,因而需要调整。再看圈 $B_2A_2B_3A_3$,其总长为 13km,圈中内流长为 3km,外流长为 2km,都小于圈长的一半,因此此圈不必调整。

对圈 $A_1B_1B_2A_3B_4$ 的调整方法:在外圈各流量中,减去外圈的最小流量 1 万 t;然后在内圈的各流量中加上 1 万 t,在此圈中,因无内流量,所以无处可加;再在无流量的线段上,新添上内圈流量 1 万 t,这样得出新的流量图,如图 9.15 所示。

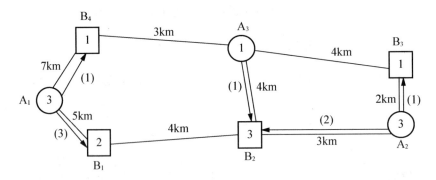

图 9.15 调整后的流量图

图 9.15 中,在 $A_1B_1B_2A_3B_4$ 圈内,内流长为 $4+7=11km$,外流长为 5km,都不超过全圈(23km)的一半;在 $B_2A_2B_3A_3$ 圈内,内流长为 3km,外流长为 $4+2=6km$,也都没有超过全长(13km)的一半,因此这个流向图没有迂回现象,是本问题的最优调运方案,总运输周转量为 $1\times7+2\times5+1\times4+2\times3+2\times1=29t\cdot km$。

9.4 运输问题的表上作业法

9.4.1 表上作业法概述

1. 表上作业法的定义

用列表的方法求解线性规划问题中运输模型的计算方法,是线性规划的一种求解方法。当某些线性规划问题采用图上作业法难以进行直观求解时,就可以将各元素列成相关表,作为初始方案,然后采用检验数来验证这个方案,否则就要采用闭回路法、位势法或矩形法等方法进行调整,直至得到满意的结果。这种列表求解方法就是表上作业法。运输问题是一类常见而且极其典型的LP问题。从理论上讲,运输问题可以用单纯型法来求解,但由于运输问题数学模型具有特殊的结构,存在一种比单纯型法更简便的计算方法——表上作业法。用表上作业法来求解运输问题比单纯型法可节约计算时间与计算费用,但表上作业法实质上仍是单纯型法。

2. 表上作业法的基本步骤

采用表上作业法求解平衡问题的物资调运最优方案,其计算可归纳为以下几个步骤。

(1) 列出调运物资的供需(产销)平衡表及运价表。
(2) 按最小元素法建立初始调运方案。
(3) 采用位势法计算初始方案每个空格的闭回路的检验数 $\Delta \chi_{ij}$。
(4) 检查检验数,如所有 $\Delta \chi_{ij} \geqslant 0$,则说明方案是最优的,已经得到想要的方案,结束求解。
(5) 如果有某个或某几个 $\Delta \chi_{ij} < 0$,则选择负检验数中绝对值最大的闭回路进行调整,建立新的方案。
(6) 重复第3~5步,直至获得最优调运方案。

9.4.2 表上作业法在运输问题中的应用

利用表上作业法寻求运费最少的调运方案,要经过三个基本步骤:首先依据问题列出调运物资的供需平衡表及运价表;其次确定一个初始的调运方案(当然不一定就是最优的方案);然后根据一个判定法则,判定初始方案是否为最优方案。当判定初始方案不是最优方案时,再对这个方案进行调整。一般来说,每调整一次得到一个新的方案,而这个新方案的运费比前一个方案要少些,如此经过几次调整,就会得到最优方案。

【例9-6】某公司下属三个储存某种物资的料库,供应四个工地的需要。三个料库的供应量及由各料库到诸工地调运单位物资的运价由表9-11给出。

表9-11 某公司物资供应表

工地 运价(元/t) 料库	B_1	B_2	B_3	B_4	供应量/t
A_1	3	11	3	10	700
A_2	1	9	2	8	400
A_3	7	4	10	5	900
需求量/t	300	600	500	600	2 000

试求运输费用最少的合理调运方案。
求解包括以下过程。

1. 列出调运物资平衡表和运价表

运用表上作业法时,首先要列出被调运物资的供需平衡表(简称平衡表)和运价表,见表 9-12 和表 9-13。

表 9-12　供需平衡表 1　　　　　　　　　　　　　单位:t

供＼需	B_1	B_2	B_3	B_4	供应量
A_1					700
A_2					400
A_3					900
需求量	300	600	500	600	2 000

表 9-13　运价表 1

运价(元/t)＼工地＼料库	B_1	B_2	B_3	B_4
A_1	3	11	3	10
A_2	1	9	2	8
A_3	7	4	10	5

平衡表和运价表是表上作业法的基本资料运算依据。表上作业法的实质就是利用运价表在平衡表上进行求解。

为了叙述和考虑问题的方便,通常把上面的平衡表看作矩阵,并把表中的方格记为 (i,j) 的形式。例如,$(2,3)$ 表示第二行第三列的方格;$(1,3)$ 代表第一行第三列的方格等。此外,在求解的过程中,如果平衡表的 $(2,1)$ 方格中写上 600,即表示由 A_2 仓库调运 600 单位物资供给 B_1 工地,此时简记为 $(2,1)=600$,而空格表示供销双方不发生调运关系。

2. 编制初始调运方案

物资调运规划总的目的是寻求一个运费最少的最优调运方案。一般最优方案是由初始方案经过反复调整得到的。因此,编制出较好的初始调运方案显得非常重要。因为最好的调运方案也就是使运费最省的方案,因此结合本例介绍一种考虑运价因素来制定初始调运方案的方法——最小元素法。

所谓最小元素法,就是按运价表依次挑选运费小的供、需点尽量优先安排供应的方法。具体做法是在运价表(表 9-13)内找出最小的数值(当数值不止一个时,可任意选择一个),方格 $(2,1)$ 的数值是 1,它最小,这样,参考 A_2 尽可能地满足 B_1 工地的需要,于是在平衡表中有 $(2,1)=300$,即在空格 $(2,1)$ 中填入数字 300。此时,由于工地 B_1 已经全部得到满足,不再需要 A_1、A_3 仓库供应给它了,运价表中的第一列数字已不起作用,因此将原运价表 9-13 的第一列划去,并标注①,见表 9-14。

然后在运价表未被划去的各行、列中,再选取一个最小的数值,即(2,3)=2,让 A_2 料库尽量供应满足 B_3 工地的需要。由于 A_2 库储存量 400t 已供应给 B_1 工地 300t 了,因此最多只能供给 B_3 工地 100t。于是在平衡表(2,3)空格中填入 100;相应地由于仓库 A_2 所储存物资已全部供应完毕,因此在运价表中与 A_2 同行的运价也不再起作用,所以也将它们划去,并标注②。

仿照上面方法,一直做下去,就可得到如下的表 9-14 和表 9-15。

表 9-14 运价表 2

料库\运价(元/t)\工地	B_1	B_2	B_3	B_4	
A_1	3	11	3	10	
A_2	1	9	2	8	②
A_3	7	4	10	5	⑤
	①	④	③		

表 9-15 供需平衡表 2   单位:t

供\需	B_1	B_2	B_3	B_4	供应量
A1			400		700
A2	300		100		400
A3		600		300	900
需求量	300	600	500	600	2 000

此时,运价表中只有方格(1,4)处的运价没有划去,而 B_4 尚有 300t 的需求没有满足。为了满足供需平衡,所以最后在平衡表上应有(1,4)=300。这样就得到表 9-16 的初始调运方案。

表 9-16 供需平衡表 3   单位:t

供\需	B_1	B_2	B_3	B_4	供应量
A1			3 400	10 300	700
A2	1 300		2 100		400
A3		4 600		5 300	900
需求量	300	600	500	600	2 000

表中方格中的右上角数字是其相应的运价(元/t)。根据得到的初始调运方案,可以计算其运输费用:

$$S = 1 \times 300 + 4 \times 600 + 3 \times 400 + 2 \times 100 + 10 \times 300 + 5 \times 300 = 8\ 600(元)$$

对于编制初始方案说明以下几点。

（1）应用最小元素法编制初始调运方案，这里的"最小"系指局部而言，就整体考虑的运费不见得一定是最小的。

（2）特别需要指出，并不是任意一个调运方案都可以作为表上作业法的初始方案。可以作为初始方案的调运方案，其填有数字的方格数目应是供应点个数加需求点个数之和再减1，即 $m+n-1$。本例表9-16所填有数字的方格数恰好是 $3+4-1=6$，因此，可以作为初始调运方案提出。但是，在制定初始方案时，有时会碰到按最小元素所确定的方格中，其相应的供应点再无物资可供或需求点已全部得到满足的情况，此时平衡表上填有数字的方格数小于 $m+n-1$。我们规定，在未填有数字的方格中必须填上一个零，并将它和其他发生供需关系的格子同样看待，而不能视作为空格。其目的是保证使填有数字的方格数满足 $m+n-1$ 的要求。

下面用一个例子说明上述情况的处理。

表9-17和表9-18给出了一个物资调运问题，运用最小元素法经过三次运算后，得到表9-19和表9-20。

表9-17　供需平衡表4　　　　　　　　　　　　　　　　　　　　单位：t

产地＼销地	B_1	B_2	B_3	供应量
A1				10
A2				20
A3				40
需求量	10	20	40	70

表9-18　运价表4

产地＼销地　运价(元/t)	B_1	B_2	B_3
A_1	1	2	2
A_2	3	1	3
A_3	2	3	1

表9-19　运价表5

产地＼销地　运价(元/t)	B_1	B_2	B_3
A_1	1	2	2
A_2	3	1	3
A_3	2	3	1

①　　　　③　　　　　　②

表9-20 供需平衡表5   单位：t

销地＼产地	B_1	B_2	B_3	供应量
A_1	10			10
A_2		20		20
A_3			40	40
需求量	10	20	40	70

可以看出，表9-20虽然构成了一个调运方案，但在运价表9-19中，(1，3)及(2，3)方格尚未被划去，所以在平衡表9-20中方格(1，3)及(2，3)处应各填上一个"0"，随后得到表9-21。

表9-21 初始调运方案1   单位：t

销地＼产地	B_1	B_2	B_3	供应量
A_1	10		0	10
A_2		20	0	20
A_3			40	40
需求量	10	20	40	70

3. 初始方案的检验与调整

在制定了初始调运方案后，需要对它进行检验，如果判定初始调运方案不是最优方案，需要对其进行调整直到获得最优调运方案。为了对初始方案进行检验，引进了最优方案的数字表征——检验数的概念。

1) 最优方案的检验数

首先介绍闭回路的概念。对于表上作业法的初始方案来说，从调运方案表上的一个空格出发，存在一条且仅存在一条以该空格(用 x_{ij} 为起点，以其他填有数字的点为其他顶点的闭合回路，简称闭回路。这个闭合回路具有下列性质：每个顶点都是转角点；闭合回路是一条封闭折线，每一条边都是水平或垂直的；每一行(列)若有闭合回路的顶点，则必有两个。

只有从空格出发，其余各转角点所对应的方格内均填有数字时，所构成的闭合回路，才是这里所说的闭回路；另外，过任一空格的闭合回路不仅是存在的，而且是唯一的。下面以表9-21给定的初始调运方案为例，说明闭回路的性质。表9-22给出了空格(1，1)和(3，1)所形成的闭回路：(1，1)—(1，3)—(2，3)—(2，1)—(1，1)；(3，1)—(2，1)—(2，3)—(1，3)—(1，4)—(3，4)—(3，1)。

表 9-22　初始调运方案 2　　　　　　　　　　　　　　　　　　单位：t

供\需	B_1	B_2	B_3	B_4	供应量
A1			400	300	700
A2	300		100		400
A3		600		300	900
需求量	300	600	500	600	2 000

其他空格的闭回路与此同理。

在调运方案内的每个空格所形成的闭回路上，做单位物资的运量调整，总可以计算出相应的运费是增加还是减少。把所计算出来的每条闭回路上调整单位运量而使运输费用发生变化的增减值，称为检验数。如果检验数小于零，表示在该空格的闭回路上调整运量使运费减少；相反，如果检验数大于零，则会使运费增加。

有了检验数这一概念，对于求运费最小的物资调运方案问题来说，如果所有空格的检验数都小于零，那么如果再对调运方案进行任何调整，都会增加运输费用。因此调运方案是否是最优方案的判定准则是，初始调运方案，如果它所有的检验数都是非负的，那么这个初始方案一定最优。否则，这一调运方案不一定是最优的。

下面介绍一种用于求检验数的方法——位势法。

仍以前面的物资调运问题为例。设 $c_{ij}(i=1,2,3;j=1,2,3,4)$ 表示变量 x_{ij} 相应的运价，将初始调运方案中填有数值方格的 c_{ij} 分解成两部分：

$$c_{ij}=u_i+v_j$$

其中 u_i 和 v_j 分别称为该方格对应于 i 行和 j 列的位势量。因为 i 有 $m=3$ 行，j 有 $n=4$ 列，故位势的个数有 $m+n=3+4=7$ 个。但填有运量数的单元只有 $m+n-1=6$ 个。这样，有 $m+n-1=6$ 个 c_{ij} 的方程，要解出 $m+n=7$ 个未知的位势量，u_i 和 v_j 可以有很多解。所以，可以先任意给定一个未知数的位势量，见表 9-23。

表 9-23　位势计算表

供点\需点	Ⅰ	Ⅱ	Ⅲ	Ⅳ	u_i
A			3	10	$u_1=2$
B	1		2		$u_2=1$
C		4		5	$u_3=-3$
v_j	$v_1=0$	$v_2=7$	$v_3=1$	$v_4=8$	

假设取 $v_1=0$，则由 $c_{21}=u_2+v_1=1$，可以得到 $u_2=1$；再由 $c_{23}=2$，又得到 $v_3=1$；由 $c_{13}=3$，可得 $u_1=2$。依次可以得到 $v_4=8$，$u_3=-3$，$v_2=7$ 等。

由上面所求出的行位势 u_i 和列位势 v_j 对应相加填入表 9-23 的空白处，得到准检验数表 9-24。

表 9-24 准检验数表

供点\需点	Ⅰ	Ⅱ	Ⅲ	Ⅳ	u_i
A	[2]	[9]	3	10	$u_1=2$
B	1	[8]	2	[9]	$u_2=1$
C	[−3]	4	[−2]	5	$u_3=-3$
v_j	$v_1=0$	$v_2=7$	$v_3=1$	$v_4=8$	

注：表中带有[ ]者为初始调运方案表里的空格。

用该调运问题的相应运价减去表 9-24 中的数值，那么对初始方案中每个填有运量数值的方格来说，都会满足

$$c_{ij}-(u_i+v_j)=0$$

而对于每个空格来说，相应得到的数值就是该空格的检验数，即

$$\Delta x_{ij}=c_{ij}-u_i-v_j \tag{9-5}$$

该式就是用位势法求检验数的公式。按照该公式计算初始调运方案的检验数，计算结果列表构成该初始调运方案的检验数表，见表 9-25。

表 9-25 检验数表

供点\需点	Ⅰ	Ⅱ	Ⅲ	Ⅳ
A	1	2		
B		1		−1
C	10		12	

在本例中，由于检验数出现负值，依照最优方案判定准则，可知该初始调运方案不一定是最优的，需进行调整。

2) 调运方案的调整

当判定一个初始调运方案不是最优调运方案时，就要在检验数出现负值的该空格内进行调整。如果检验数是负值的空格不止一个时，一般选择负检验数绝对值大的空格作为具体的调整对象。具体调整的方法仍用前例加以说明。

由表 9-25 发现，空格 x_{24} 的检验数是负值，因此对其进行调整，具体过程见表 9-26。

表 9-26 调运方案调整表

x_{13} ←		x_{14}
400+100=500		300−100=200
x_{23} ←	→	x_{24}
100−100=0		0+100=100

从空格 x_{24} 处开始，沿闭回路在各奇数次转角点中挑选运量的最小值作为调整量。本例是将 x_{23} 方格的 100 作为调整量，将这个数填入空格 x_{24} 内，同时调整该闭回路中

其他转角点上的运量，使各行、列保持原来的供需平衡，这样便得到一个新的调运方案，见表 9-27。

表 9-27　新调运方案　　　　　　　　　　　单位：t

供\需	B₁	B₂	B₃	B₄	供应量
A1	3	1	3　500	10　200	700
A2	1　300	9	2　100	8	400
A3	7	4　600	10	5　300	900
需求量	300	600	500	600	2 000

按新方案计算调运物资的运输费用为

$$S = 3\times500 + 10\times200 + 8\times100 + 1\times300 + 4\times600 + 5\times300 = 8\,500(元)$$

新方案是否是最优方案，还需要对它再进行检验。经计算，该新方案的所有检验数都是非负的，说明这个方案已经是最优调运方案了。

9.4.3　供需不平衡的物资调运问题

在应用表上作业法制定物资调运方案时，要求有产销（供需）平衡的条件。可是在实际中常常会碰到这种情况，不仅要对产销供需的规划问题进行考虑，同时还必须找出哪些供应点的库存过多，多多少，哪些需求地的供应不足，缺口又是多少。这样的问题，虽然不能直接应用表上作业法，但经过适当的处理后，还是可以化成供需平衡问题来应用表上作业清，使之获得圆满解决。

1. 供应量大于需求量

为了解决这一问题，可以引入一个虚设的需求点，令其的需求量等于实际问题中供应量与需求量之差。实际上，这就相当于在某个供应点的仓库里，将多余的供应量储存起来。由于虚高的需求并没有参加实际的调配运输，因此可视它的相应运价为零，从而实际上不会对整个物资调运问题最小运输费用值的结果产生影响。但是，由于引入了一个需求点，其需求量刚好等于多余的供应量，从而使不平衡的调运问题转化为供销平衡的运输问题，所以可以应用前面介绍的表上作业法求出它的物资调运最优方案。

2. 需求量大于供应量

同样，为了使该问题达到产销平衡状态以化为平衡问题，我们可以虚设一个供应点。令这个虚设的供应点的供应量等于实际问题中需求量与供应的差额。这样，就相当于在某个需求点内高立一个仓库，假设需求不足部分的物资已经通过另找出路供应，预先储备起来了。因此，这一部分需求量对该调运问题来说，也不存在运输问题，所以同样可设它的相应运价为零，从而也不会影响到最小运输费用的值。但这时已经可以应用表上作业法来求出它的最优物资调运方案了。

由于篇幅有限，以下仅就供过于求的情况举例说明。

【例 9-7】 某建筑公司有 3 个储砂仓，供应 4 个拌合场的混凝土搅拌机所需用砂。各拌合场估计需砂量、储砂仓的供应能力及由第 i 砂仓运往第 j 拌合场的单位运价 c_{ij} 见表 9-28。该公司要求找出一个运费最小的供砂调动方案。

表 9-28 某建筑公司供沙砖状况表

拌合场 c_{ij}/(元/t) 储砂仓	B_1	B_2	B_3	B_4	a_i/t
A_1	0.12	0.10	0.08	0.11	5 000
A_2	0.09	0.11	0.11	0.13	10 000
A_3	0.10	0.14	0.13	0.03	12 000
b_j/t	5 000	4 000	7 000	8 000	

解： 这是一个供销不平衡的调运问题。总供应量 27 000t，大于总需求量 24 000t，因此，我们虚拟一个需求量为 27 000－24 000＝3 000t 的需求点 D_0，同其他需求点 B_j 一样看待，构成新的供需平衡表，见表 9-29。

表 9-29 虚拟供砂平衡表

拌合场 c_{ij}/(元/t) 储砂仓	B_1	B_2	B_3	B_4	D_0	a_i/t
A_1	0.12	0.10	0.08	0.11		5 000
A_2	0.09	0.11	0.11	0.13		10 000
A_3	0.10	0.14	0.13	0.03		12 000
b_j/t	5 000	4 000	7 000	8 000	3 000	$\sum a_i = \sum b_j$

这样就可以运用表上作业法进行求解，经过计算最优调运方案，见表 9-30。

表 9-30 最优调运方案

拌合场 c_{ij}/(元/t) 储砂仓	B_1	B_2	B_3	B_4	D_0	a_i/t
A_1			5 000			5 000
A_2	4 000	4000	2 000			10 000
A_3	1 000			8 000	3 000	12 000
b_j/t	5 000	4 000	7 000	8 000	3 000	$\sum a_i = \sum b_j$

表中需求点 D_0 所在的列，$x_{35}=3\,000$，$x_{15}=x_{25}=0$，这说明应在三号储砂仓设一个容量为 3 000t 的储备库，将供过于求的砂子储存起来。因此最优调运方案应是：A_1 储砂仓—B_2 拌合场 5 000t 砂子；A_2 储砂仓—B_1 拌合场 4 000t 砂子；A_2 储砂仓—B_2 拌合场

4 000t 砂子；A_2储砂仓—B_3拌合场 2 000t 砂子；A_3储砂仓—B_1拌合场 1 000t 砂子；A_3储砂仓—B_4拌合场 8 000t 砂子；剩余 3 000t 砂子储存起来。

在此最优调运方案下的最小运费为

$$S=0.09\times 4\ 000+0.10\times 1\ 000+0.11\times 4\ 000+0.08\times 5\ 000+0.11\times 2\ 000+$$
$$0.03\times 8\ 000=1\ 760(元)$$

利用这种表上作业法，我们已经可以确定物资的调运方向，即物资调运的发点和收点，但是在具体实施运输方案时，还会遇到运输路线的选择问题。

9.5 最短路线与最大流量

在运输规划问题中经常会遇到最短路线和最大流量的问题。下面通过实例来说明最短路线和最大流量的概念和算法。

9.5.1 最短路线

【例 9-8】某家运输公司签订了一项运输合同，要把 A 市的一批货物运送到 B 市。该公司根据这两个城市之间可选择的行车路线的地图，绘制了如图 9.16 所示的公路网络。图中，圆圈也称结点，代表起点、目的地和与行车路线相交的其他城市。箭矢或称为分支，代表两个结点之间的公路，每一条公路上都标明运输里程(km)。

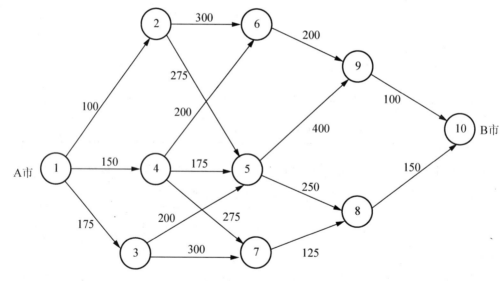

图 9.16 公路网络图

可以看出，从 A 市出发到达 B 市，可以有很多条路线可供选择。但是如何选择运输路线，才能使总路程的长度最短呢？这就是运输规划中的最短路线问题。该公司的目的就是要找出从 A 市到 B 市的最短路线。

解：

（1）从终点开始逐步逆向推算，与终点 10 连接的有两个结点，即 9 和 8，B 市先从 9 开始计算。9—10 只有一条路线，因此没有选择的余地，9—10 就是最短的路线，它的里程为 100km，记为(9—10)100km。同样 8—10 也只有一条路线，最短路线为 8—10，里程为 150km，也按相同方式记为(8—10)150km。

(2) 再看结点 6，与 6 连接的只有一个结点 9，因此最短路线为 6—9，6—9 的里程为 200km。而 9 至终点 10 的最短里程为 100km，因此 6 至终点 10 的最短里程为 200+100=300km，记为(6—9—10)300km。

(3) 再看结点 5，与 5 连接的结点有 9、8 两个，5 至 9 再至终点的最短里程为 400+100=500km，5 至 8 再至终点 10 的最短里程为 250+150=400km。400<500，所以 5 至终点 10 的最短里程为 400km，记为(5—8—10)400km。

结点 7 至终点 10 的最短里程为 125+150=275km，记为(7—8—10)275km。

(4) 再看结点 4，与 4 连接的结点有 5、6、7。4 至 6 再到终点 10 的最短里程为 200+300=500km，4 至 5 再到终点 10 的最短里程为 175+400=575km，4 至 7 再到终点 10 的最短里程为 275+275=550km。3 个里程中以 500 为最小，所以结点 4 至终点 10 的最短里程记为(4—6—10)500km。

用同样的方法，算出结点 2 到终点 10 的最短里程为 600km。结点 3 到终点 10 的最短里程也为 600km。记为(2—6—9—10)600km，(3—5—8—10)600km。

(5) 最后看结点 1，与结点 1 连接的路线有 3 条：1 至 2 再到终点 10 的最短里程为 100+600=700km，路径为 1—2—6—9—10；1 至 4 再到终点 10 的最短里程为 150+500=650km，路径为 1—4—6—9—10；1 至 3 再到终点 10 的最短里程 175+600=775km，路径为 1—3—5—8—10。

三个里程中以 650km 为最小，这就是从 A 市到 B 市的最短里程，而对应的最短路线为 1—4—6—9—10。

最短路线法除了运用于物资的运输路线的选择之外，还可以用于物流渠道的设计，以及电缆架设、管道铺设和个人旅行中。只不过网络图中箭矢的具体含义要根据具体的问题来设定。

9.5.2 最大流量

当企业要把货物运输到指定的地点时，有时会希望找到一条交通量最大的路线，以使货物能在最短时间内到达。这就是要在有一个起点和一个终点的网络中，找出在一定时间内，能在起点进入，并通过网络，在终点输出的最大流量问题。

下面仍然以一个实例来说明最大流量的算法。

【例 9-9】美国北卡罗来纳州杜哈姆市周围从北到南的交通，平时利用 85 号公路通行。后来，有两个星期因为 85 号公路要进行路面维修，车辆不能行驶，因而北卡罗来纳州公路委员会的工程技术人员需要查明，穿过杜哈姆市区的几条路线，是不是有把握让每小时 6 000 辆汽车穿过，这些汽车在正常情况下，是利用 85 公路南驶的。图 9.17 标出了穿过该市从北往南的几条路线。结点旁边的数字指明以每小时千辆汽车为单位的该行车道的流量能力。例如 1—2 支线(行车道)上的"6"字表明这条行车道通往结点 2 的流量能力为每小时 6 千辆；3—5 支线上的"5"字表示每小时可以有 5 千辆汽车从 3 向 5 开去。

现在的问题就是要求从①点到⑥点的公路网络所通过的最大流量。

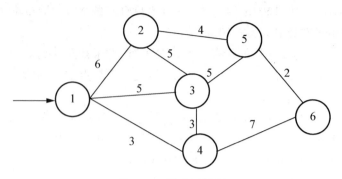

图 9.17　最大流量图

解：

（1）任意选择一条从起点①到终点⑤的路线，如选择路线 1—2—5—6。首先找出这条路线上流量能力最小的支线，即 5—6 支线，其流量能力为 2。这就表明，沿 1—2—5—6 支线南驶的汽车，其每小时的最大流量只能是 2 千辆，因为 5—6 支线限制了全线的车流量。

其次把这条路线上的每条支线的流量能力减去 2，差数则表示该车支线剩余的流量能力，将其写在原来的流量能力的旁边，并把原来的流量划掉。把减数 2 写在每条支线的终点，在减数 2 的右下角注上(1)，如 $2_{(1)}$，表示第一条路线的流量能力为 2 千辆。标注方式如图 9.18 所示。

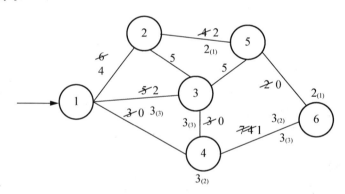

图 9.18　最大流量图

（2）另选一条从起点到终点的路线，如 1—4—6，以该路线上最小的流量能力 3 为减数，来减各条支线上的流量能力，其差数、减数的记入方法同上。在差数 3 的右下角注上(2)，如 $3_{(2)}$，表示第二条路线的流量能力为 3 千辆。

（3）再选一条从起点到终点的路线，发 1—3—4—6，以该路线上最小的流量能力 3 为减数，来减各条支线上的流量能力，其差数、减数的记入方式同上。但 4—6 支线的流量能力已经剩下 4，再减去 3，差数为 1，接续写在 4 的旁边，表示 4—6 支线的流量能力只剩余 1 千辆，同时划掉 4，再记入本路线的差数 $3_{(3)}$，表示第三条路线的流量能力为 3 千辆。

从起点到终点，已找不到这样一条路线，在这条路线上，所有各条支线的流量能力全为正数。例如，1—2—3—5—6 路线，其中 1—2、2—3、3—5 支线，都还有流量能力 4 千辆、5 千辆、5 千辆，但 5—6 支线已经没有剩余的流量能力，因而成为整线路的瓶颈，限制了全线的流量，使这条路线的流量能力等于 0。

在这个交通网络中,成为瓶颈的还有1—4、3—4支线,要想提高整个网络的流量有力,就必须改进这些薄弱环节的状况。

这样,我们已求得了这个网络的最大流量,即第一条路线上的2千辆,第二条路线上的3千辆,第三条路线上的3千辆,共为8千辆。计算结果表明,穿过杜哈姆市区的几条路线,要让每小时6千辆汽车通过,是绰绰有余的。

最大流量算法对规划铁路、公路运输及城市交通能量等很有用处。

本 章 小 结

一般的运输问题就是要解决把某种产品从若干个产地调运到若干个销地,在每个产地的供应量与每个销地的需求量已知,并知道各地之间的运输单价的前提下,如何确定一个使得总的运输费用最小的方案的方法可用表上作业法和图上作业法等。图上作业法是我国物资部门从实际工作中创造出来的一种物资调运的方法,是一种行之有效的方法。利用图上作业法,可以帮助企业避免物资调运工作中的对流和迂回现象,提高运输过程中的里程利用率、减少空驶、增加运量、充分利用现有运输设备等,是一个有效的工具。这种方法使用图解的形式,直观易操作,计算简单,效果显著,应用相当广泛。

案 例 分 析

得克萨斯州的阿马里洛和沃思堡之间的高速公路网如图9.19所示,结点之间的每条链上都标有相应的行车时间(min),结点代表公路的连接处。

问题:

(1) 如何找到阿马里洛与沃思堡之间行车时间最短的路线?最短的路线时间及路径分别是什么?

(2) 如何找到阿马里洛与俄克拉荷马城之间行车时间最短的路线?最短的路线时间及路径分别是什么?

图 9.19　高速公路网示意图

注:①表示阿马里洛;⑩表示沃思堡;⑨表示俄克拉荷马城。

关键术语

层次分析法　图上作业法　表上作业法　最短路线　最大流量

综 合 练 习

一、选择题

1. 运输方式的选择如果直接涉及竞争优势，则应考虑采用（　　）。
   A. 成本比较法　　B. 竞争因素法　　C. 图上作业法　　D. 表上作业法
2. 影响运输方式选择因素中的不可变因素是（　　）。
   A. 运输时间　　B. 运输成本　　C. 运输方式　　D. 运输商品数量
3. 图上作业法的运算步骤是（　　）。
   A. 作一个无对流的运输流向图　　B. 将路线长度与货运量相乘
   C. 减除最长运行路线　　D. 去掉迂回路线，调整为最优路径
4. 运输路线合理化的方法是（　　）。
   A. 直线法　　B. 表上作业法
   C. 图上作业法　　D. t·km 收入与支出对比法
5. 表上作业法的基本步骤是（　　）。
   A. 找出调运方案问题　　B. 列出调运物资平衡表和运价表
   C. 确定初始调运方案　　D. 方案的检验与调整

二、名词解释

1. 层次分析法
2. 图上作业法
3. 表上作业法
4. 最短路线
5. 最大流量

三、简答题

1. 选择运输商的标准是什么？如何对运输商绩效进行评估？
2. 运输问题表上作业法的基本步骤是什么？
3. 简述闭合回路的构成及利用闭合回路法求检验数的基本操作。
4. 简述利用位势法求检验数，以及利用闭合回路进行方案调整的基本操作？

四、计算题

1. 某公司经销甲产品，它下设 3 个加工厂，每日的产量分别为 A1：40t，A2：40t，A3：90t。该公司把这些产品分别运往 4 个销售点，各销售点每日销量为 B1：30t，B2：40t，B3：60t，B4：20t，B5：20t。已知从各工厂到各销售点的单位产品的运价见表 9-31。问该公司应如何调运产品，在满足各销售点需求量的前提下，使总运费为最少？

表 9-31　各工厂到各销售点的单位产品的运价

运价/(元/t) 销地 产地	B1	B2	B3	B4	B5	产量/万 t
A1	7	10	8	6	4	40
A2	5	9	7	12	6	40
A3	3	6	5	8	11	90
销量/万 t	30	40	60	20	20	

2. 某制造企业有专门为产品生产工厂提供零部件和半成品的零部件制造厂，共有 A、B、D 三个零部件制造厂和 E、F、G 三个产品生产工厂。各零部件制造厂的产量（圆圈内数字）、各生产工厂的零部件需求量（矩形框内数字）及其的位置和相互距离如图 9.20 所示。其中产量和需求量单位为 t，距离单位为 km，利用利用线路不成圈的图上作业法确定最佳的零部件调运方案。

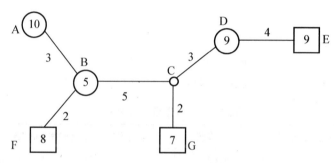

图 9.20　位置和相互距离图

3. 利用线路成圈的图上作业法确定图 9.21 最佳的调运方案。

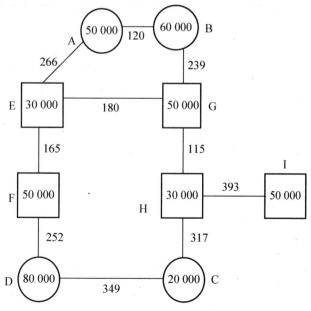

图 9.21　各个货运点位置与距离图

4. 图 9.22 所示的是一张公路运输网示意图，其中 A 是起点，J 是终点，B、C、D、E、C、H、I 是网络中的结点，结点与结点之间以线路连接，线路上标明了两个结点之间的距离，以运行时间(min)表示。要求确定一条从起点 A 到终点 J 的最短的运输路线。

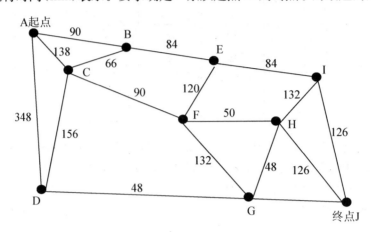

图 9.22 运输网络示意图

五、实务题

某托运人在一定时期内有一批货物需要运输到某地，已经确定选择公路运输方式，其备选的承运人信息见表 9-32，确定选择哪家承运人。

表 9-32 备选承运人信息

承运人	运价/(元/t)	信誉等级	安全性	运输时间/天	运输能力
A	0.25	AAA	8	3	9
B	0.2	AAB	7	4	10
C	0.3	AAA	9	2	8
D	0.3	AAB	10	2	10
权重	30%	10%	25%	25%	10%

注：安全性指标以 10 分为最安全，运输能力指标以 10 分为运输设备最好和运输网络最发达。

第10章 信息技术在运输中的应用

【学习目标】

通过本章学习，学生应了解条码的术语及分类；掌握物流条码的基本知识；了解 RFID 技术的概念、组成及其工作原理；掌握 RFID 技术在集装箱运输中的运用；了解 GPS 技术的基本知识及系统工作原理；掌握 GPS 技术在运输中的应用；了解 GIS 的基本知识；掌握 GIS 在运输中的应用；了解 ITS 的基本知识；了解物联网技术的基本知识。

【导入案例】

美国国防部已经在军人身份卡上印制了二维条码的 PDF417 码。持卡人的姓名、军衔、照片和其他个人信息被编成一个 PDF417 码印在卡上。卡被用来做重要场所的进出管理及医院就诊管理。该项应用的优点在于数据采集的实时性，低实施成本，卡片损坏（如枪击）也能阅读，以及防伪性。我国香港特别行政区的居民身份证也采用了 PDF417 码。其他的应用，如营业执照、驾驶执照、护照、我国城市的流动人口暂住证、医疗保险卡等也都是很好的应用方向。

问题：

(1) 条码作为一种图形识别技术与其他识别技术相比有什么特点？
(2) 简述二维条码技术的应用范围。
(3) 目前常用的二维条码有哪些？
(4) 二维条码同一维条码的比较，有什么特点？

【本章知识架构】

随着现代科学的蓬勃发展和经济全球化趋势的不断增强，随着相关技术的发展和人们认识的提高，信息技术在现代运输中得到越来越广泛的应用。各种信息技术将在现代运输业的发展中发挥越来越重要的作用。

10.1 条码技术

国际运输协会已做出规定，货物运输中，物品的包装上必须贴上条码符号，以便所运物品进行自动化统计管理。此外，铁路、公路的旅客车票自动化售票及检票系统，公路收票站的自动化，货运仓库的物流信息系统中，条码作为一种及时、准确、可靠、经济的数据输入手段已被广泛采用。

10.1.1 条码技术概述

1. 条码技术的定义

条码(Bar Code)技术是在计算机应用中产生并发展起来的，广泛应用于商业、邮政、图书管理、仓储、工业生产过程控制、交通等领域的一种自动识别技术，具有输入速度快、成本低、可靠性强等优点，在当今的自动识别技术中占有重要的地位。条码技术在仓储业的自动化立体仓库中发挥着重要作用，特别是对于小型物品的管理和入库不均衡的物品管理更显示出其优越性。

2. 条码技术的发展

条码技术诞生于20世纪40年代，现在在欧美、日本已得到普遍应用，而且正在世界各地迅速推广普及，其应用领域还在不断扩大。1970年，美国超级市场AdHoc委员会制定了通用商品代码(Universal Product Code，UPC)，UPC商品条码首先在杂货零售业中试用，这为以后该码制的统一和广泛采用奠定了基础。美国统一代码委员会(Uniform Code Council，UCC)于1973年建立了UPC商品条码应用系统。同年，食品杂货业把UPC商品条码作为该行业的通用商品标识，为条码技术在商业流通销售领域里的广泛应用，起到了积极的推动作用。

1977年，欧洲共同体在12位的UPC-A商品条码的基础上，开发出与UPC-A商品条码兼容的EAN系统，正式成立了欧洲物品编码协会(European Article Numbering Association，EAN)，现在为GS1。

1991年4月，中国物品编码中心(Article Numbering Center of China，ANCC)代表我国加入国际物品编码协会GS1(EAN)，为全面开展我国条码工作创造了先决条件。

3. 条码技术的特点

条码技术是电子与信息科学领域的高新技术，涉及的技术领域较广，是多项技术相结合的产物，经过多年的长期研究和应用实践，现已发展成为较成熟的实用技术。

在信息输入技术中，采用的自动识别技术种类很多。条码作为一种图形识别技术与其他识别技术相比有如下特点。

(1) 简单。条码符号制作容易，扫描操作简单易行。

(2) 信息采集速度快。普通计算机的键盘录入速度是 200 字符/min，而利用条码扫描录入信息的速度是键盘录入的 20 倍。

(3) 采集信息量大。利用条码扫描，依次可以采集几十位字符的信息，而且可以通过选择不同码制的条码增加字符密度，使录入的信息量成倍增加。

(4) 可靠性高。键盘录入数据，误码率为 1/300，利用光学字符识别技术，误码率约为 $1/10^4$。而采用条码扫描录入方式，误码率仅有 $1/10^6$，首读率可达 98% 以上。

(5) 灵活、实用。条码符号作为一种识别手段可以单独使用，也可以和有关设备组成识别系统实现自动化识别，还可和其他控制设备联系起来实现整个系统的自动化管理。同时，在没有自动识别设备时，也可实现手工键盘输入。

(6) 自由度大。条码通常只在一维方向上表示信息，而同一条码符号上所表示的信息是连续的，这样即使是标签上的条码符号在条的方向上有部分残缺，仍可以从正常部分识读正确的信息。

(7) 设备结构简单、成本低。条码符号识别设备的结构简单，操作容易，无须专门训练。与其他自动化识别技术相比较，推广应用条码技术，所需费用较低。

10.1.2 条码的术语及分类

1. 条码的术语

为了方便对条码的理解，特将条码中的一些术语和解释进行介绍，见表 10-1。

表 10-1 条码的基本术语

术　语	说　明
条码	由一组规则排列的条、空及其对应字符组成的标记，用以表示一定的信息
条码系统	由条码符号设计、制作及扫描识读组成的自动识别系统
条/空	条码中反射率较低的部分/条码中反射率较高的部分
空白区	条码起始符、终止符两端外侧与空的反射率相同的限定区域
保护框	围绕条码且与条反射率相同的边或框
起始符	位于条码起始位置的若干条与空
终止符	位于条码终止位置的若干条与空
中间分隔符	位于条码中间位置用来分隔数据段的若干条与空
条码字符	表示一个字符的若干空与条
条码数据符	表示特定信息的条码字符
条码校验符	表示校验码的条码字符
条码填充符	不表示特定信息的条码字符
条高	垂直于单元宽度方向的条的高度尺寸
条宽	条码字符中的条的宽度尺寸
空宽	条码字符的中空的宽度尺寸

续表

术　语	说　明
条宽比	条码中最宽条与最窄条的宽度比
条码长度	从条码起始符前缘到终止符后缘的长度
长高比	条码长度与条高的比
条码密度	单位长度的条码所表示的条码字符的个数
模块	模块组配编码法组成条码字符的基本单位
条码字符间隔	相邻条码字符间不表示特定信息且与空的反射率相同的区域
单元	构成条码字符的条或空
连续型条码	没有条码字符间隔的条码
非连续型条码	有条码字符间隔的条码
双向条码	左右两端均可作为扫描起点的条码
附加条码	表示附加信息的条码
自校验码	条码字符本身具有校验功能的条码
定长条码	条码字符个数固定的条码
非定长条码	条码字符个数不固定的条码
条码字符集	某种条码所能表示的条码字符集合
UPC 条码	美国统一代码委员会制定的一种代码。它是定长的、连续型的四种单元宽度的一维条码。包括 UPC-A 码和 UPC-E 码两种类型。表示的字符集：数字：0～9
供人识别字符	位于条码符的下方，与相应的条码字符相对应的、用于供人识别的字符

2. 条码的分类

条码可分为一维条码和二维条码。

1）一维条码

一维条码是人们通常所说的传统条码。一维条码按照应用可分为商品条码和物流条码。商品条码是以直接向消费者销售的商品为对象，以单个商品为单位使用的条码。它由13 位数字组成，商品条码包括 EAN 码和 UPC 码。物流条码是物流过程中以商品为对象以集合包装商品为单位使用的条码。标准物流条码由 14 位数字组成，除了第 1 位数字之外，其余 13 位数字代表的意思与商品条码相同。物流条码第 1 位数字表示物流识别代码。

2）二维条码

一维条码所携带的信息量有限，如商品上的条码仅能容纳 13 位（EAN – 13 码）阿拉伯数字，更多的信息只能依赖商品数据库的支持，离开了预先建立的数据库，这种条码就没有意义了，因此在一定程度上也限制了条码的应用范围。基于这个原因，在 20 世纪 90 年代发明了二维条码。二维条码除了具有一维条码的优点外，同时还有信息量大、可靠性高，保密、防伪性强等优点。目前二维条码主要有 PDF417 码、Code49 码、Code 16K 码、Code one 码、Data Matrix 码、QR 码等，如图 10.1 所示。

(a) PDF417码

(b) Gode49码

(c) Gode16K码

(d) Code one 码

(e) Data Matrix码

(c) QR码

图10.1 几种常见的二维条码

二维条码作为一种新的信息存储和传递技术,从诞生之时就受到了国际社会的广泛关注。经过几年的努力,现已应用在国防、公共安全、交通运输、医疗保健、工业、商业、金融、海关及政府管理等多个领域。

二维条码依靠其庞大的信息携带量,能够把过去使用一维条码时存储于后台数据库中的信息包含在条码中,可以直接通过阅读条码得到相应的信息,并且二维条码还有错误修正技术及防伪功能,增加了数据的安全性。二维条码可把照片、指纹编制于其中,可有效地解决证件的可机读和防伪问题。因此,可广泛应用于护照、身份证、行车证、军人证、健康证、保险卡等。美国亚利桑那州等十多个州的驾驶证、美国军人证、军人医疗证等在几年前就已采用了PDF417技术。将证件上的个人信息及照片编在二维条码中,不但可以实现身份证的自动识读,而且可以有效地防止伪冒证件事件发生。菲律宾、埃及、巴林等许多国家也已在身份证或驾驶证上采用了二维条码,我国香港特别行政区护照上也采用了二维条码技术。另外,在海关报关单、长途货运单、税务报表、保险登记表上也都有使用二维条码技术来解决数据输入及防止伪造、删改表格的例子。在我国部分地区注册会计师证和汽车销售及售后服务等方面,二维条码也得到了应用。

10.1.3 物流条码

国际上公认的用于物流领域的条码标准主要有通用商品条码、储运单元条码和贸易单元128条码三种。

1. 通用商品条码

商品条码(Bar Code for Commodity)是由 GS1(EAN)和 UCC 规定的、用于表示商品标识代码的条码,包括 EAN 商品条码(EAN-13 商品条码和 EAN-8 商品条码)和 UPC 商品条码(UPC-A 商品条码和 UPC-E 商品条码)。

条码符号的大小可在放大系数 0.8~2.0 所决定的尺寸之间变化,以适应各种印刷工艺印制合格条码符号及用户对印刷面积的要求。

1) 前缀码

前缀码由 3 位数字($X_{13}X_{12}X_{11}$)组成,GS1(EAN)已将 690~695 分配给中国物品编码中心使用。前缀码是 GS1(EAN)分配给国家(或地区)编码组织的代码。前缀码并不代表产品的原产地,而只能说明分配和管理有关厂商识别代码的国家(或地区)编码组织,GS1(EAN)已分配的前缀码见表10-2。

表10-2 GS1(EAN)已分配的前缀码

前缀码	编码组织所在国家(或地区)/应用领域	前缀码	编码组织所在国家(或地区)/应用领域
000～019 030～039 060～139	美国	627	科威特
020～029 040～049 200～299	店内码	628	沙特阿拉伯
050～059	优惠券	629	阿拉伯联合酋长国
300～379	法国	640～649	芬兰
380	保加利亚	690～695	中国
383	斯洛文尼亚	700～709	挪威
385	克罗地亚	729	以色列
387	波黑	730～739	瑞典
400～440	德国	740	危地马拉
450～459 490～499	日本	741	萨尔瓦多
460～469	俄罗斯	742	洪都拉斯
470	吉尔吉斯斯坦	743	尼加拉瓜
471	中国台湾	744	哥斯达黎加
474	爱沙尼亚	745	巴拿马
475	拉脱维亚	746	多米尼加
476	阿塞拜疆	750	墨西哥
477	立陶宛	754～755	加拿大
478	乌兹别克斯坦	759	委内瑞拉
479	斯里兰卡	760～769	瑞士
480	菲律宾	770	哥伦比亚
481	白俄罗斯	773	乌拉圭
482	乌克兰	775	秘鲁
484	摩尔多瓦	777	玻利维亚
485	亚美尼亚	779	阿根廷
486	格鲁吉亚	780	智利

续表

前缀码	编码组织所在国家（或地区）/应用领域	前缀码	编码组织所在国家（或地区）/应用领域
487	哈萨克斯坦	784	巴拉圭
489	中国香港特别行政区	786	厄瓜多尔
500～509	英国	789～790	巴西
520	希腊	800～839	意大利
528	黎巴嫩	840～849	西班牙
529	塞浦路斯	850	古巴
530	阿尔巴尼亚	858	斯洛伐克
531	马其顿	859	捷克
535	马耳他	860	南斯拉夫
539	爱尔兰	865	蒙古
540～549	比利时和卢森堡	867	朝鲜
560	葡萄牙	869	土耳其
569	冰岛	870～879	荷兰
570～579	丹麦	880	韩国
590	波兰	884	柬埔寨
594	罗马尼亚	885	泰国
599	匈牙利	888	新加坡
600、601	南非	890	印度
603	加纳	893	越南
608	巴林	899	印度尼西亚
609	毛里求斯	900～919	奥地利
611	摩洛哥	930～939	澳大利亚
613	阿尔及利亚	940～949	新西兰
616	肯尼亚	955	马来西亚
618	象牙海岸	958	中国澳门特别行政区
619	突尼斯	977	连续出版物
621	叙利亚	978、979	图书
622	埃及	980	应收票据
624	利比亚	981、982	普通流通券
625	约旦	990～999	优惠券
626	伊朗		

2) 厂商识别代码

(1) 厂商识别代码由 7~9 位数字组成，由中国物品编码中心负责分配和管理。

(2) 具有企业法人营业执照或营业执照的企业可申请注册厂商识别代码。

(3) 不得盗用、共享、转让、伪造、非法占用。

(4) 厂商生产的商品品种超过了编码容量可申请新的厂商代码。

3) 商品项目代码

(1) 商品项目代码由 3~5 位数字构成，由厂商自行编制。

(2) 编制规则：产品的基本特征不同，其商品项目代码应不同。

(3) 编码容量：3 位商品项目代码有 1 000 个编码容量，可标识 1 000 种商品；4 位商品项目代码可标识 10 000 种商品；5 位商品项目代码可标识 100 000 种商品。

4) 校验码

校验码为 1 位数字，用来校验 X_{13}~X_2 的编码正确性。校验码是根据 X_{13}~X_2 的数值按一定的数学算法计算而得。厂商在对商品项目编码时，不必计算校验码的值。该值由制作条码原版胶片或直接打印条码符号的设备自动生成。

校验码的计算包括以下几种方法。

(1) 代码所有数字包括校验码自右向左编号。

(2) 将所有偶数位置上的数值相加。

(3) 第二步结果乘以 3。

(4) 从序号 3 开始，将所有序号为奇数的位置上的数值相加。

(5) 将第三步的结果与第四步的结果相加。

(6) 用一个大于第五步结果且为 10 的最小整数倍的数减去第五步的结果，差即为校验码。

【例 10-1】 计算 690146398007X 的校验码。

解： X700893641096

$7+0+9+6+1+9=32$

$32\times 3=96$

$0+8+3+4+0+6=21$

$96+21=117$

$120-117=3$

得出校验码是 3。

2. 储运单元条码

储运单元条码是专门表示储运单元编码的条码，储运单元是指为便于搬运、仓储、订货、运输等，由消费单元(即通过零售渠道直接销售给最终用户的商品包装单元)组成的商品包装单元。在储运单元条码中又分为定量储运单元和变量储运单元。定量储运单元是指由定量消费单元组成的储运单元，如成箱的牙膏、瓶装酒、药品、烟等。而变量储运单元是指由变量消费单元组成的储运单元，如布匹、农产品、蔬菜、鲜肉类等。

(1) 定量储运单元。定量储运单元一般采用 13 位或 14 位数字编码。当定量储运单元同时又是定量消费单元时，应按定量消费单元编码，采用 13 位数字编码；当定量储运单元内含有不同种类定量消费单元时,储运单元的编码方法是按定量消费单元的编码规则,为定量储运单元分配一个区别于它所包含的消费单元代码的 13 位数字代码;当由相同种类的定量消费单元组成定量储运单元时,定量储运单元可用 14 位数字代码进行编码标识。

(2) 变量储运单元。变量储运单元编码由 14 位数字的主代码和 6 位数字的附加代码组成。变量储运单元的主代码和附加代码也可以用 EAN-128 条码标识。

(3) 交插 25 条码。交插 25 条码在仓储和物流管理中被广泛应用。它是一种连续、非定长、具有自校验功能,且条和空都表示信息的双向条码。由左侧空白区、起始符、数据符、终止符和右侧空白区构成,其中每一个条码数据符由 5 个单元组成,2 个是宽单元(用二进制"1"表示),3 个是窄单元(用二进制"0"表示)。交插 25 条码的字符集包括数字 0~9。

(4) ITF-14 条码。ITF 条码是一种连续型、定长、具有自校验功能,并且条、空都表示信息的双向条码。ITF-14 条码(图 10.2)由矩形保护框、左侧空白区、条码字符、右侧空白区组成。其条码字符集、条码字符的组成与交插 25 码相同。

图 10.2　ITF-14 条码

3. 贸易单元 128 条码

贸易单元 128 条码是一种长度可变的、连续型的字母数字条码。与其他一维条码相比,贸易单元 128 条码是较为复杂的条码系统,应用范围较大。贸易单元 128 条码的内容由左侧空白区、起始符号、数据符、校验符、终止符、右侧空白区组成,贸易单元 128 条码具有 A、B、C 三种不同的编码类型,可提供 ASCⅡ 中 128 个字元的编码使用。目前普遍使用的贸易单元 128 条码是 EAN-128 条码。EAN-128 码是根据 EAN/UCC-128 码作为标准将资料转变成条码符号,并采用 128 码逻辑,具有完整性、紧密性、连接性和高可靠度的特性。辩证范围涵盖生产过程中一些补充性能且易变动的资讯,如生产日期、批号、计量等。可运用于货运标签、携带式资料库、连续性资料段、流通配送标签等。EAN-128 码如图 10.3 所示,图中大写英文字母的含义见表 10-3。

图 10.3　EAN-128 码

表 10-3 字母的含义

代号	码别	长度	说明
A	应用识别码	18	00 代表其后之资料内容为运送容器序号,为固定 18 位数字
B	包装性能指示码	1	3 代表无定义的包装指示码
C	前置码与公司码	7	代表 EAN 前置码与公司码
D	自行编定序号	9	由公司指定序号
E	检查码	1	检查码
F	应用识别码		420 代表其后之资料内容为配送邮政码应用于仅有一邮政当局
G	配送邮政码		代表配送邮政码

10.2 射频识别技术

射频识别(Radio Frequency Identification,RFID)并不是新技术,早在第二次世界大战时它就被美军用于战争中识别自家和盟军的飞机,但自 2003 年这项技术又开始被众人所追捧。RFID 是非接触式自动识别技术的一种,识别工作无须人工干预,可工作于各种恶劣环境,还可识别高速运动物体并可识别多个标签,操作快捷方便。由于大规模集成电路技术的成熟,RFID 系统的体积缩小成本下降,使得 RFID 技术进入实用化的阶段,成为一种成熟的自动识别技术。

10.2.1 RFID 的定义、特性及应用领域

1. RFID 的定义

在 20 世纪中,无线电技术的理论与应用研究是科学技术发展最重要的成就之一。1948 年哈里·斯托克曼(Harry Stockman)发表的《利用反射功率的通讯》奠定了射频识别 RFID 的理论基础。经过几十年的发展,如今,RFID 技术理论日趋成熟,产品种类也越来越丰富。

RFID 又称电子标签、无线射频识别,是一种非接触式的自动识别技术,通过射频信号自动识别目标对象并获取相关的数据信息。利用射频方式进行非接触双向通信,达到识别目的并交换数据。RFID 技术可识别高速运动物体并可同时识别多个标签,操作快捷方便。

2. RFID 的特性

(1) 数据的读写(Read Write)机能。只要通过 RFID 阅读器即可不需接触,直接读取信息至数据库内,且可一次处理多个标签,并可以将物流处理的状态写入标签,供下一阶段物流处理的读取判断之用。

(2) 容易小型化和多样化的形状。RFID 在读取上并不受尺寸大小与形状的限制,不

需为了读取精确度而配合纸张的固定尺寸和印刷品质。此外，RFID 电子标签更可往小型化与多样型态发展，以应用在不同产品。

(3) 耐环境性。纸张受到脏污就看不到，但 RFID 对水、油和药品等物质却有较强的抗污性。RFID 在黑暗或脏污的环境之中，也可以读取数据。

(4) 可重复使用。由于 RFID 为电子数据，可以反复被覆写，因此可以回收标签重复使用。例如，被动式 RFID，不需要电池就可以使用，没有维护保养的需要。

(5) 穿透性。RFID 若被纸张、木材和塑料等非金属或非透明的材质包覆，也可以进行穿透性通信。不过如果是铁质金属的话，就无法进行通信。

(6) 数据的记忆容量大。数据容量会随着记忆规格的发展而扩大，未来物品所需携带的资料量愈来愈大，对卷标所能扩充容量的需求也增加，对此 RFID 不会受到限制。

3. RFID 的应用领域

RFID 技术在国外得到了飞速的发展，但是，相较于欧美等发达国家或地区，我国在 RFID 产业上发展较晚并较为落后。在超高频 RFID 方面，产品的核心技术基本掌握在国外公司的手中，国外公司占有绝对的优势；不过，在低频领域，我国由于发展较早，技术较为成熟，产品应用广泛，已具有了与国外产品一决高下的能力，在市场上处于完全竞争状况。另外，国内低频读写器生产加工技术非常完善，生产经营的企业很多，也有较为成熟的解决方案。应用方面，在交通、物流、防伪、制造、零售、煤矿等行业，都有 RFID 技术的身影，虽然某些应用还不是特别完善，但在国家的大力扶持与推进下，RFID 技术在我国将会全面开花，得到更多、更完善的应用。RFID 领域及应用见表 10-4。

表 10-4　RFID 领域及应用

领　域	应　用
物流	物流过程中的货物清点、查询、发货、追踪、仓储、港口、邮政、快递
零售业	商品的销售数据实时统计、补货、防盗、结账
制造业	生产数据的实时监控、质量追踪、自动化生产
服装业	自动化生产、仓储管理、品牌管理、单品管理、渠道管理
医疗	医疗器械管理、病人身份识别、婴儿防盗
身份识别	电子护照、身份证、学生证等各种电子证件
防伪	贵重物品(烟、酒、药品)的防伪、票证的防伪等
资产管理	各类资产(贵重的或数量大相似性高的或危险品等)
交通	智能交通管理、高速不停车、出租车管理、公交车枢纽管理、铁路机车识别
食品	水果、蔬菜、生鲜、食品等保鲜度管理
动物	驯养动物、畜牧牲口、宠物等识别管理
图书	书店、图书馆、出版社等应用
汽车	制造、车辆防盗、定位、车钥匙
航空	制造、旅客机票、行李包裹追踪
军事	弹药、枪支、物资、人员、卡车等识别与追踪

10.2.2 RFID 的组成

RFID 领域应用最为广泛的一个标准是 EPC(Electronic Product Code,产品电子代码)标准,它将 RFID 系统分成了四个层次,包括物理层、中间层、网络层和应用层。物理层是整个系统的物理环境构造,包括标签、天线、读写器、传感器、仪器仪表等硬件设备。中间层是信息采集的中间件和应用程序接口,负责对读卡器所采集到的标签中的信息进行简单的预处理,然后将信息传送到网络层或应用层的数据接口。网络层是系统内部以及系统间的数据联系纽带,各种信息在其上交互传递。应用层则是 EPC 后端软件及企业应用系统。在明晰的系统层次上,EPC 标准还统一了数据的报文格式,并规范了输出传输流程。这样 RFID 系统的部署就会变得严谨有序。通常人们所说的 RFID 产品处于物理层,其最基本的组成部分包括以下几项。

1. 射频标签

射频标签也可称作射频卡,它由耦合元件及芯片组成,含有物品唯一的标识体系,包含一系列的数据和信息,如产地、日期代码和其他关键的信息等,这些信息储存在一个小的硅片中,利用阅读器,可以及时方便地了解精确的信息。射频标签能储存从 512 字节到 4 兆不等的数据,由系统的应用和相应的标准决定,射频标签具有体积小、容量大、寿命长、可重复使用等特点,支持快速读写、非可视识别、移动识别、多目标识别、定位及长期跟踪管理等。按照不同的方式,射频卡的分类见表 10-5。

表 10-5 射频标签的分类

分类方式	种 类	说 明
供电方式	无源卡	卡内无电池,利用波束供电技术将接收到的射频能量转化为直接电源为卡内电路供电,作用距离短,寿命长,对工作环境要求不高
	有源卡	卡内有电池提供电源,作用距离较远,寿命有限、体积较大、成本高,且不适合在恶劣环境下工作
载波频率和作用距离的区别	低频射频卡	主要有 125kHz 和 134.2kHz 两种,常用于短距离、低成本的应用中,如门禁、货物跟踪等
	高频射频卡	13.56MHz,用于门禁控制和需传送大量数据的应用系统
	超高频射频卡	主要为 433MHz、915MHz、2.45GHz、5.9GHz 等,应用于需要较长读写距离和高读写速度的场合,如火车监控、高速公路收费,以及供应链管理
调制方式	主动式	主动式射频卡用自身的射频能量主动地发送数据给读写器
	被动式	被动式射频卡使用调制散射方式发射数据,它必须利用读写器的载波来调制自己的信号
作用距离	密耦合卡	作用距离小于 1cm
	近耦合卡	作用距离小于 15cm
	疏耦合卡	作用距离约 1m
	远距离卡	作用距离 1~10m,甚至更远

续表

分类方式	种　类	说　　明
芯片	只读卡	只读，唯一且无法修改的标识，价格低
	读写卡	可擦写，可反复使用，价格较高
	CPU	芯片内部包含微处理器单元(CPU)、存储单元、输入/输出接口单元。价格高

2. 阅读器

在 RFID 系统中，信号接收设备一般叫做阅读器(或读卡器)。阅读器的基本功能就是提供与标签进行数据传输的接口，读取(有时还可以写入)标签信息的设备。在 RFID 相关产品中，读卡器的含金量是最高的，因为它是半导体技术、射频技术、高效解码算法等多种技术的集合。

阅读器从外形上大体上可分为手持式或固定式，从工作方式来看，阅读器种类也非常的繁多，按工作频率可分为超高频、高频、低频阅读器，通常低频阅读器的读写距离则不超过 0.5m，高频阅读器的读写距离约为 1m，超高频阅读器读写距离通常在 1~10m，而读卡器的读写距离通常还会受到环境干扰以及读卡器的稳定性等影响而有所改变，此外，若采用有源标签，则读取距离可达到 100m。按配置可分为带 CPU、预装操作系统的 PAD 阅读器与普通阅读器；按传输方式可分为无线或者是有线阅读器等。

3. 天线

射频天线主要用来在标签和读取器间传递射频信号。RFID 系统中包括两类天线：一类是 RFID 标签上的天线，和 RFID 标签集成为一体；另一类是读写器天线，既可以内置于读写器中，也可以通过同轴电缆与读写器的射频输出端口相连。目前的天线产品多采用收发分离技术来实现发射和接收功能的集成。天线在 RFID 系统中的重要性往往被人们所忽视，在实际应用中，天线设计参数是影响 RFID 系统识别范围的主要因素。高性能的天线不仅要求具有良好的阻抗匹配特性，还需要根据应用环境的特点对方向特性、极化特性和频率特性等进行专门设计。在选择天线的时候的主要考虑天线的类型和天线的阻抗等。

10.2.3　RFID 的工作原理

从概念上来讲，RFID 类似于条码扫描，对于条码技术而言，它是将已编码的条码附着于目标物并使用专用的扫描读写器利用光信号将信息由条形磁传送到扫描读写器；而 RFID 则使用专用的 RFID 读写器及专门的可附着于目标物的 RFID 标签，利用频率信号将信息由 RFID 标签传送至 RFID 读写器。RFID 与传统条码采集方式的比较见表 10-6。

表 10-6　RFID 与传统条码采集方式比较表

	条　　码	RFID
扫描方式	1 次扫 1 个条码	可同时辨识读取数个 RFID 标签
数据量	标签存储信息有限	标签体积小型化、形状多样化，数据记忆量大
个人阅读可读性	受制约	不可能
使用	条码印刷后无法更改	可重复读、写、修改数据
抗污染能力和耐久性	受污染及潮湿影响严重，易磨损	对水、油、化学药品等抵抗能力强，数据存储在芯片中，几乎不受影响
读取距离	近距且无物体阻挡	能够进行穿透性通信
识别速度	低	快
成本	低	高

RFID 读写器通过天线持续发送出一定频率的信号，当 RFID 标签进入磁场时，凭借感应电流所获得的能量发送出存储在芯片中的产品信息（无源标签或被动标签，Passive Tag），或者主动发送某一频率的信号（有源标签或主动标签，Active Tag）；随后读写器读取信息并解码后，将数据传输到中央信息系统进行有关的数据处理，如图 10.4 所示。

图 10.4　RFID 组成及工作原理图

10.2.4　RFID 技术在集装箱运输中的运用

为了增加市场竞争实力，提高运输效率和服务质量，实现集装箱运输的现代化，集装箱的运输管理需要一种更加自动化、智能化、能够实时更新数据的技术，RFID 技术无疑具备了这些特点。美国倡导的集装箱安全协议（Container Security Initiative，CSI）是美国为确保进港集装箱安全而采取的新举措，是为了减少美国遭受恐怖袭击的风险。所有输美集装箱将安装电子封条,通过数据读取仪从电子封条上获取数据,然后实时传送到特设的信息平台。当集装箱受到损坏、运输线路变更或延迟等意外情况发生时,管理者可通过电脑、手机或 PDA(Personal Digital Assistant,掌上电脑)迅速接收系统的自动报警。

1. 集装箱的自动识别

将记录有集装箱号、箱型、货物种类、数量等数据的标签安装在集装箱上,在经过安装有识别设备的公路、铁路的出入口、码头的检查门时,RFID 标签自动感应后将相应的数据返回阅读器,从而将标签上保存的信息传输到 EDI 系统,实现了集装箱的动态跟踪与管理,提高了集装箱运输的效率和信息的共享。这种系统一般使用被动式 RFID 技术,在集装箱码头应用较多。通过这种系统不仅加快了车辆进港提箱的速度,而且对车辆提箱进行了严密的管理,并减少了人为因素造成的差错。

2. 电子封条与货运追踪

一般电子封条采取的是物理封条与 RFID 组件的混合形式。大多数电子封条也同样用到被动式和主动式 RFID 技术。被动式的电子封条的主要特点是,使用距离短、成本低、一次性。由于被动式封条不能提供持续的电力来检测封条的状态,因此它们也不能检测和记录损害行为发生的时间,而仅仅只能在通过装有阅读装备的供应链结点时提供它们完整与否的信息。主动式的电子封条更复杂一些,只有当其价格明显下降的时候才可能反复使用。主动式封条在结合 GPS 技术后,能在集装箱状态发生变化时实时将状态变化发生的时间、地点及周围的环境信息传输到货主或管理人员的机器上。更有一些封条能够在损害行为发生时提供即时求救信号。

RFID 技术正在全世界集装箱运输上得到不断推广。目前仍然还有各种各样的问题需要解决,包括标准化及数据收集设备与信息系统的接口问题;无线频段不统一的问题;使用的标签和阅读器的类型各异,数据交换标准也不统一;对供应链的执行系统(港口信息系统、车辆调度系统、仓储管理系统等)还没有定义好的接口。但它代表着世界港口集装箱信息化的发展方向,其应用的趋势是不可逆转的。它的应用弥补了传统集装箱信息管理的不足,实现了集装箱的自动识别和对集装箱运输过程的实时跟踪,增强了集装箱运输的安全性,提高了港口集装箱周转速率,同时大大加快了集装箱的通关速度,为构建具有国际先进水平的集装箱数字化港口指明了发展的道路。随着各类问题的逐步解决,射频识别技术将以更加经济的方式获取货物流动的信息,完全取代条码的地位,同时它也将很大程度上改变供应链业务流程、提高运营边际收益、加速存货流转和改善整个供应链服务水平。借助 RFID 技术的供应链将在运营成本和执行效率方面大大超过其竞争对手。

10.3 全球卫星定位系统

GPS 是 Global Positioning System,即全球卫星定位系统的简称。基于 GPS 实时性、全天候、连续、快速、高精度的特点运用到运输行业能给其带来一场实质性的转变,并将在运输业的发展中发挥越来越重要的作用。可随时查询运输货物车辆的位置,不但加强了车辆的监控，而且能避免绕行，选择最优路径，减少车辆损耗和运输时间，降低运输成本从而取得明显经济效益。GPS 技术在冷链物流中的应用大大提高了运输的质量和有效的保证运输时间，从而确保了冷链产品的质量和及时到达。

10.3.1　GPS 技术简介

GPS 技术是一种最直接、最经济、最可靠和最成熟的定位技术，它由发射装置和接收装置构成，发射装置由若干颗位于地球卫星静止轨道、不同方位的导航卫星构成，不断向地球表面发射无线电波。接收装置通常装在移动的目标(如车辆、船、飞机)上，接收装置接收不同方位的导航卫星的定位信号，将接收到的信息实时在系统中精确地显示移动目标的具体位置。这样，调度人员能对指定时间内车辆行驶里程、路线所在区域、超速等运行信息分析统计；能进行实时监控、管理所有车辆；能准确报告车辆位置(包括地点、时间)及运行状况，记录车辆的历史轨迹；实现灵活调度、提高效率、判断事故位置和处理紧急或非紧急等情况。由此可见，GPS 技术的引入大大提高了工作效率。

1. GPS 技术的发展

自 1957 年人类发射第一颗卫星开始，1958 年美国海军就着手卫星定位方面的研究工作，研制了子午仪卫星导航系统(Transit)，并于 1964 年正式投入使用，子午仪卫星导航系统显示出巨大的优越性。把无线电定位基站由地面搬到空间，这不仅大大扩展了定位的覆盖范围，也提高了定位精度。由于该系统卫星数目较少(5 或 6 颗)、运行高度较低(平均 1 000km)，从地面站观测到卫星的时间间隔较长(平均 1.5h)，因而它无法提供连续的实时三维导航。为了克服子午仪卫星导航系统存在的缺陷，满足军事部门和民用部门对连续实时和三维导航的迫切要求，1973 年美国国防部制订了全球定位系统计划。历经约 20 年，于 1993 年全部建成。

GPS 是新一代精密卫星导航和定位系统，不仅具有全球性、全天候、连续的三维测速、导航、定位与授时能力，而且具有良好的抗干扰性和保密性。GPS 以较好的定位精度、定位速度和定位可靠性及广域覆盖面成为空间定位的一种最好的航天技术。GPS 的研制成功成为美国导航技术现代化的重要标志，被视为 20 世纪继阿波罗登月计划和航天飞机计划之后的又一重大科技成就。GPS 通过对定位数据处理，可以在短时间内使定位精度达到厘米级，长时间观测下可以达到毫米级。随着全球定位系统的不断改进和软硬件的不断完善，应用领域正在不断地开拓，新型的 GPRS 技术孕育而生，它是一项高速数据处理的科技，以分组交换技术为基础，用户通过 GPRS 可以在移动状态下使用各种高速数据业务，包括收发 E-mail、进行 Internet 浏览等。

2. GPS 技术的特点

(1) 定轨精度。目前的 GPS 卫星的跟踪技术条件比 20 世纪 70 年代优胜高明得多，因此卫星定轨精度也比过去高得多。

(2) 卫星性能。GPS 卫星定位直径 1.5m；质量为 843.68kg(包括 310kg 燃料)；GPS 卫星通过 12 根螺旋阵列天线发射张角约为 30°的电磁波束垂直指向地面。GPS 卫星采用陀螺仪与姿态发动机构成的三轴稳定系统实现姿态稳定，从而使天线始终指向地面。卫星还装有 8 块太阳能电池翼板(7.2m^2)，三组 15A 的镍镉蓄电池为卫星提供所需的电能。

(3) 卫星信号。卫星配有 4 台频率相当稳定(量时精度为 10~13s)的原子钟，由此产生一个频率为 10.23MHz 的基准钟频信号。该信号经过倍频器降低 10 倍的频率后，成为频率为 1.023MHz 测距粗码(C/A 码)的信号频率；基准钟频信号的频率 10.23MHz，直接成为测距精码(P 码)的信号频率；基准钟频信号经过倍频器降低 204 600 倍的频率后，成为频率为 50MHz 数据码(卫星星历、导航电文的编码)的信号频率；基准钟频信号再经过倍频器倍频 150 倍和 120 倍频后，分别形成频率为 1 575.42MHz(L1)与 1 227.60MHz(L2)载波信号。测距用的码频信号控制着移位寄存器的触发端，从而产生与之频率一致的伪随机码(测距码)，测距码与数据码模二相加后再调制到 L1、L2 载波信号上通过木阵列发送出去。值得指出的是，无论是测距码的波长还是载波信号的波长，都是测量 GPS 卫星到观测点距离的物理媒体，它们的频率越高波长越短所测量的距离精度就越高，定位精度也就越高。另外 C/A 码除了用于测距外，它还用于识别锁定卫星和解调导航电文及捕获 P 码。

(4) 定位精度。利用伪随距码(测距码)的信号单机测量，理论上按照目前测距码的对齐精度约为码波长的 1/100 计算，测距粗码(C/A 码)的测距精度约为±3m；而测距精码(P 码)的测距精度约为±0.3m。为了消除公共误差提高定位精度，可利用 2 台以上的载波相位 GPS 定位仪实行联测定位，对于载波信号单频机的相对定位精度可达±(5mm+2ppm×D)，其中 D 为两台仪器的相对距离；对于载波信号双频机，它能有效地消除电离层延时误差，其相对定位精度可达±(1mm+1ppm×D)；GPS 技术不但精度高，而且定位速度快，可以满足飞机、导弹、火箭、卫星等高速运动载体的导航定位的需要。

10.3.2 GPS 的分类

1. 按接收机的用途分类

(1) 导航型接收机。此类型接收机主要用于运动载体的导航，它可以实时给出载体的位置和速度。这类接收机一般采用 C/A 码伪距测量，单点实时定位精度较低，一般为±25m，有 SA 影响时为±100m。这类接收机价格便宜，应用广泛。根据应用领域的不同，此类接收机还可以进一步分为：车载型——用于车辆导航定位；航海型——用于船舶导航定位；航空型——用于飞机导航定位。由于飞机运行速度快，因此，在航空上用的接收机要求能适应高速运动。星载型——用于卫星的导航定位。由于卫星的速度高达 7km/s 以上，因此对接收机的要求更高。

(2) 测地型接收机。测地型接收机主要用于精密大地测量和精密工程测量。定位精度高。仪器结构复杂，价格较贵。授时型接收机主要利用 GPS 卫星提供的高精度时间标准进行授时，常用于天文台及无线电通信中时间同步。

2. 按接收机的载波频率分类

(1) 单频接收机。单频接收机只能接收 L1 载波信号，测定载波相位观测值进行定位。由于不能有效消除电离层延迟影响，单频接收机只适用于短基线(<15km)的精密定位。

(2) 双频接收机。双频接收机可以同时接收 L1、L2 载波信号。利用双频对电离层延迟的不一样，可以消除电离层对电磁波信号的延迟的影响，因此双频接收机可用于长达几千千米的精密定位。

10.3.3 GPS 的组成

GPS 包括三大部分：空间部分（GPS 卫星星座）、地面控制部分（地面监控系统）和用户设备部分（GPS 信号接收机）。

1. GPS 卫星星座

GPS 工作卫星及其星座由 21 颗工作卫星和 3 颗在轨备用卫星组成，记作（21+3）GPS 星座。24 颗卫星均匀分布在 6 个轨道平面上，轨道倾角为 55°，各个轨道平面之间相距 60°。每个轨道平面内各颗卫星之间的升交角距相差 90°，一轨道平面上的卫星比西边相邻轨道平面上的相应卫星超前 30°。

在 20 000km 高空的 GPS 卫星，当地球对恒星来说自转一周时，它们绕地球运行两周，即绕地球一周的时间为 12 恒星时。这样，对于地面观测者来说，每天将提前 4min 见到同一颗 GPS 卫星。位于地平线以上的卫星颗数随着时间和地点的不同而不同，最少可见到 4 颗，最多可见到 11 颗。在用 GPS 信号导航定位时，为了结算测站的三维坐标，必须观测 4 颗 GPS 卫星，称为定位星座。这 4 颗卫星在观测过程中的几何位置分布对定位精度有一定的影响。对于某地某时，甚至不能测得精确的点位坐标，这种时间段叫做"间隙段"。但这种时间间隙段是很短暂的，并不影响全球绝大多数地方的全天候、高精度、连续实时定位。GPS 卫星网如图 10.5 所示。

图 10.5　GPS 卫星网

2. 地面监控系统

对于导航定位来说，GPS 卫星是一动态已知点。卫星的位置是依据卫星发射的星历（描述卫星运动及其轨道的参数）算得的。每颗 GPS 卫星所播发的星历，是由地面监控系统提供的。卫星上的各种设备是否正常工作，以及卫星是否一直沿着预定轨道运行，都要由地面设备进行监测和控制。地面监控系统的另一重要作用是保持各颗卫星处于同一时间标准——GPS 时间系统。这就需要地面站监测各颗卫星的时间，求出钟差，然后由地面注入站发给卫星，卫星再由导航电文发给用户设备。GPS 工作卫星的地面监控系统包括一个主控站、三个注入站和五个监测站。

3. GPS 信号接收机

GPS 信号接收机的任务是，捕获按一定卫星高度截止角所选择的待测卫星的信号，并跟踪这些卫星的运行,对所接收到的 GPS 信号进行交换、放大和处理,以便测量出 GPS 信号从卫星到接收机天线的传播时间,解译出 GPS 卫星所发送的导航电文,实时地计算出测站的三维位置,甚至三维速度和时间。GPS 卫星发送的导航定位信号,是一种可供无数用户共享的信息资源。对于陆地、海洋和空间的广大用户,只要用户拥有能够接收、跟踪、变换和测量 GPS 信号的接收设备,即 GPS 信号接收机。可以在任何时候用 GPS 信号进行导航定位测量。根据使用目的的不同,用户要求的 GPS 信号接收机也各有差异。目前世界上已有几十家工厂生产 GPS 接收机,产品也有几百种。这些产品可以按照原理、用途、功能等来分类。

静态定位中,GPS 接收机在捕获和跟踪 GPS 卫星的过程中固定不变,接收机高精度地测量 GPS 信号的传播时间,利用 GPS 卫星在轨的已知位置,解算出接收机天线所在位置的三维坐标。而动态定位则是用 GPS 接收机测定一个运动物体的运行轨迹。GPS 信号接收机所位于的运动物体叫作载体(如航行中的船舰、空中的飞机、行走的车辆等)。载体上的 GPS 接收机天线在跟踪 GPS 卫星的过程中相对地球而运动,接收机用 GPS 信号实时地测得运动载体的状态参数(瞬间三维位置和三维速度)。

接收机硬件和机内软件及 GPS 数据的后处理软件包,构成完整的 GPS 用户设备。GPS 接收机的结构分为天线单元和接收单元两大部分。对于测地型接收机来说,两个单元一般分成两个独立的部件,观测时将天线单元安置在测站上,接收单元置于测站附近的适当地方,用电缆线将两者连接成一个整机。也有的将天线单元和接收单元制作成一个整体,观测时将其安置在测站点上。

GPS 接收机一般用蓄电池做电源,同时采用机内机外两种直流电源。设置机内电池的目的在于更换外电池时不中断连续观测。在用机外电池的过程中,机内电池自动充电。关机后,机内电池为 RAM(Random Access Memory,随机存储器)供电,以防止丢失数据。

近几年,国内引进了许多种类型的 GPS 测地型的 GPS 测地型接收机。各种类型的 GPS 测地型接收机用于精度相对定位时,其双频接收机精度可达 5mm+1PPM.D,单频接收机在一定距离内精度可达 10mm+2PPM.D。用于差分定位其精度可达亚米级至厘米级。目前,各种类型的 GPS 接收机体积越来越小、重量越来越轻,便于野外观测使用。

10.3.4 GPS 的工作原理

1. GPS 的定位原理

GPS 定位是根据测量中的距离交会定点原理实现的。例如,在待测点 Q 设置 GPS 接收机,在某一时刻同时接收到 3 颗(或 3 颗以上)卫星 S_1、S_2、S_3 所发出的信号。通过数据处理和计算,可求得该时刻接收机天线中心(测站点)至卫星的距离 ρ_1、ρ_2、ρ_1。根据卫星星历可查到该时刻三颗卫星的三维坐标 (X_j, Y_j, Z_j),$j=1,2,3$,从而由式(10-1)算出 Q 点的三维坐标 (X,Y,Z):

$$\begin{cases} \rho_1^2 = (X-X^1)^2 + (Y-Y^1)^2 + (Z-Z^1)^2 \\ \rho_2^2 = (X-X^2)^2 + (Y-Y^2)^2 + (Z-Z^2)^2 \\ \rho_3^2 = (X-X^3)^2 + (Y-Y^3)^2 + (Z-Z^3)^2 \end{cases} \quad (10-1)$$

2. GPS 的工作原理

GPS 的工作原理是首先假定卫星的位置为已知,而又能准确测定我们所在地点 A

至卫星之间的距离,那么 A 点一定是位于以卫星为中心、所测得距离为半径的圆球上。进一步,我们又测得点 A 至另一卫星的距离,则 A 点一定处在前后两个圆球相交的圆环上。我们还可测得与第三个卫星的距离,就可以确定 A 点只能是在三个圆球相交的两个点上。根据一些地理知识,可以很容易排除其中一个不合理的位置。当然也可以再测量 A 点至另一个卫星的距离,也能精确进行定位。综上所述,要实现精确定位,要解决两个问题:其一是要确知卫星的准确位置;其二是要准确测定卫星至地球上我们所在地点的距离。

要确知卫星所处的准确位置。首先,要通过优化设计卫星运行轨道,而且要由监测站通过各种手段,连续不断监测卫星的运行状态,适时发送控制指令,使卫星保持在正确的运行轨道。将正确的运行轨迹编成星历,注入卫星,且经由卫星发送给 GPS 接收机。正确接收每个卫星的星历,就可确知卫星的准确位置。测定卫星至用户的距离,过去都学过这样的公式:时间×速度=距离。我们也从物理学中知道,电波传播的速度是每秒钟 30 万 km,所以只要知道卫星信号传到我们这里的时间,就能利用速度×时间=距离这个公式来求得距离。所以,问题就归结为测定信号传播的时间。要准确测定信号传播时间,要解决两方面的问题:一个是时间基准问题,就是说要有一个精确的时钟;另一个就是要解决测量的方法问题。

时间基准问题:GPS 在每颗卫星上装置有十分精密的原子钟,并由监测站经常进行校准。卫星发送导航信息,同时也发送精确时间信息。GPS 接收机接收此信息,使与自身的时钟同步,就可获得准确的时间。所以,GPS 接收机除了能准确定位之外,还可产生精确的时间信息。测量方法:为了精确地定位,可以多测一些卫星,选取几何位置相距较远的卫星组合,测得误差要小。

10.3.5 GPS 在运输中的应用

GPS 不仅能够提供物流配送和动态调度功能,还可以提供货物跟踪、车辆优选、路线优选、报警援救、预约服务、军事物流等功能。

1. 物流配送

GPS 对车辆的状态信息包括位置、速度、车厢内温度等,以及客户的位置信息快速、准确地反映给运输系统,由特定区域的配送中心统一合理地对该区域内所有车辆做出快速的调度。这样便大幅度提高了车辆的利用率,减少了空载车辆的数量和空载的时间,从而降低物流公司的运营成本,提高物流公司的效率和市场竞争能力,同时增强配送的适应能力和应变能力。

2. 动态调度

运输企业可进行车辆待命计划管理。操作人员通过在途信息的反馈,车辆未返回车队前即做好待命计划,提前下达运输任务,减少等待时间,加快车辆周转,以提高重载率,减少空车时间和空车距离,充分利用运输工具的运能,提前预设车辆信息及精确的抵达时间,用户根据具体情况合理安排回程配货,为运输车辆排解后顾之忧。

3. 货物跟踪

通过 GPS 和电子地图系统,可以实时了解车辆位置和货物状况,如车厢内温度、空载或重载，真正实现在线监控，避免以往在货物发出后难以知情的被动局面，提高货物的安全性。货主可以主动、随时了解到货物的运动状态信息，以及货物运达目的地的整个过程，增强物流企业和货主之间的相互信任。

4. 车辆优选

查出在锁定范围内可供调用的车辆，根据系统预先设定的条件判断车辆中哪些是可调用的。在系统提供可调用的车辆同时，将根据最优化原则，在可能被调用的车辆中选择一辆最合适的车辆。

5. 路线优选

地理分析功能可以快速地为驾驶人员选择合理的物流路线，以及提供这条路线的一些信息，所有可供调度的车辆不用区分本地或是异地都可以统一调度。配送货物目的地的位置和配送中心的地理数据结合后，产生的路线将是整体的最优路线。

6. 报警援救

在运输过程中有可能发生一些意外的情况。当发生故障和一些意外的情况时，GPS可以及时地反映发生事故的地点，调度中心会尽可能地采取相应的措施来挽回和降低损失，增加运输的安全和应变能力 GPS的投入使用，使过去制约运输公司发展的一系列问题将迎刃而解，为物流公司降低运输成本、加强车辆安全管理、推动货物运输有效运转发挥了重要作用。此外，GPS的网络设备还能供上千车辆同时使用，跟踪区域遍及全国。物流企业导入GPS，是物流行业以信息化带动产业化发展的重要一环，它不仅为运输企业提供信息支持，并且对整合货物运输资源、加强区域之间的合作具有重要意义。

7. 军事物流

GPS首先是因为军事目的而建立的，在军事物流中，如后勤装备的保障等方面应用相当普遍。尤其是在美国，其在世界各地驻扎的大量军队，无论是在战时还是在平时都对后勤补给提出很高的需求，在战争中，如果不依赖GPS，美军的后勤补给就会变得一团糟。目前，我国军事部门也在逐步开始运用GPS。

8. 车辆的安全防护

车载导航系统对车辆的安全防护体现在两个方面：一是车辆在被非法启动的情况下，会发出声光信号，威慑犯罪分子，提醒他人车辆被盗；二是车载系统会将被盗警示信息通知车主和交通中心，同时将车辆位置显示在中心控制台，使警务人员能在最短的时间内找到被盗车辆，将犯罪分子抓获。

10.4 地理信息系统

地理信息系统（Geographic Information System，GIS）具有强大的数据组织、空间分析及可视化功能，将其应用于现代运输系统可以使运输企业能最大限度地利用内部人力、物力资源缩短配车计划编制时间，合理安排运输车辆行驶路线，确定合理的配送中心及配送方案，优化人员与车辆的调度，使物流配送达到最优，以降低企业的运营成本。

10.4.1 GIS 概述

1. GIS 的定义

地理信息系统是在计算机软硬件支持下,把各种地理信息按照空间分布及属性,以一定的格式输入、存储、检索、更新、显示、制图、综合分析和应用的技术系统。GIS 是在计算机技术、网络技术、通信技术、空间技术、自动化技术等学科不断发展的历史背景下产生的,是一门融计算机科学、信息科学、地理学、测绘遥感学、环境科学、城市科学和管理科学为一体的新兴边缘学科,其应用范围也随上述学科的发展而不断扩大。

2. GIS 技术的发展

GIS 是国际上 20 世纪 60 年代以来发展起来的一门新兴技术。它是利用现代计算机图形和数据库技术来处理地理空间及其相关数据的计算机系统,是融地理学、测量学、几何学、计算机科学和应用对象为一体的综合性高新技术。其最大的特点就在于:它能把地球表面空间事物的地理位置及其特征有机地结合在一起,并通过计算机屏幕形象、直观地显示出来。这一特点使得 GIS 具有更加广泛的用途。1963 年,加拿大建立了世界上第一个地理信息系统(CGIS)。随后美国、澳大利亚、欧洲、日本和巴西等国也相继建立各自的地理信息系统。以上这些国家都是较早从事 GIS 研究与开发的国家,也都是 GIS 技术比较发达的国家。

GIS 是以地理空间数据库为基础,在计算机软、硬件环境的支持下,对空间相关数据进行采集、存储、管理、操作、分析、模拟和显示,并采用地理模型分析方法,适时提供多种空间和动态的地理信息,为地理研究、综合评价、科学管理、定量分析和决策服务而建立的一类计算机应用系统。简言之,GIS 是以计算机为工具,具有地理图形和空间定位功能的空间型数据管理系统,它是一种特殊而又十分重要的信息系统。就目前来讲,GIS 的用途十分广泛,不仅涉及国民经济的许多领域,如交通、能源、农林、水利、测绘、地矿等,而且与国防安全密切相关,在未来"数字地球"的建设中,GIS 将起十分重要的作用。

3. GIS 的优越性

GIS 是以图形、图像与属性数据管理及模型分析为基础的,它能获取、存储、检索、分析和显示各种空间动态信息,进行辅助决策。GIS 将具有空间特征的信息可视化,为信息的使用者提供更为直观、清晰的表达形式。因此,采用 GIS 具有许多优越性,主要表现在以下几点。

(1) 图形显示输出上的优势。GIS 能提供良好的图形展示界面,除了图形的显示、输出功能以外,还能根据各种属性信息做不同的主题展示,将图形根据需要任意缩放。此外,GIS 制图还可以解决传统单一主题叠合问题,可将统一坐标系下的不同主题有效叠合。

(2) 分析功能上的优势。GIS 既具备处理各种图形的能力,又能处理图形相关的属性信息,并能处理大量的统计资料,使得图形资料能够灵活应用,任意叠合、分割、截取和统计分析。而且,GIS 的空间分析功能能够对点、线、面做不同的空间分析,获取相关信息。

（3）模型仿真模拟上的优势。GIS 强大的功能还表现在它能够根据不同的模型对地物进行仿真模拟，模拟目标物体发展过程，完全在可视化的操作界面下了解目标物体的发展过程。

10.4.2 GIS 的组成

GIS 是以地理空间数据库为基础，在计算机软硬件的支持下，对地理空间数据及其相关属性数据进行采集、输入、存储、编辑、查询、分析、显示输出和更新的应用技术系统。GIS 一般由以下四大部分组成。

1. 硬件

GIS 的硬件是一组电子设备。它通常包括中央处理器、磁盘存储器、数字化仪和扫描仪、显示器、绘图仪等。其中，中央处理器用来处理数据，磁盘存储器用来存储数据和程序，数字化仪和扫描仪用来输入数据，显示器和绘图仪用来显示与输出数据。

2. 软件

GIS 的软件是一个含若干程序模块的软件包。它主要包括数据输入和格式转换模块、数据编辑模块、数据管理模块、数据操作模块及数据显示和输出模块等。其中，数据输入和转换模块负责空间数据及属性数据的输入，实现不同的 GIS 数据格式之间的互为转换；数据编辑模块负责建立空间数据的拓扑关系，实现空间数据和属性数据的关联，完成数据的增加、删除和修改；数据管理模块负责数据库的定义、建立、访问和维护；数据操作模块负责对空间数据进行放大、缩小和漫游操作，对空间数据及属性数据进行双向查询，对空间数据进行缓冲区分析、叠加分析及网络分析等；数据显示和输出模块负责显示或输出地形图、专题图、文档与表格。

3. 数据

GIS 的数据是和空间地理要素相关的数据。GIS 数据按类型可分为空间数据和属性数据。其中空间数据通常为几何图形或图像数据，属性数据通常为文档或表格数据。GIS 数据按内容又可以分为：①基础数据，如地质、地貌、地形数据；②专题数据，如规划、房地产、交通、环保、公用事业、公安和消防等数据；③宏观数据，如综合统计指标数据。

4. 用户

GIS 的用户是使用 GIS 的操作者。这些操作者必须受过严格的培训，具有 GIS 的基本概念，熟悉专业的管理业务，具备通用的计算机操作能力，能够在实际工作中运用 GIS 软件来处理管理中的日常事物。

10.4.3 GIS 的功能

GIS 的核心问题可归纳为五个方面的内容：位置、条件、变化趋势、模式和模型。

1. 位置

首先，必须定义某个物体或地区信息的具体位置(Locations)，常用的定义方法是，首先通过各种交互手段确定位置，或者直接输入一个坐标；其次，指定了目标或区域的位置后，可以获得预期的结果及其所有或部分特性，如当前地块所有者、地址、土地利用情况、估价等。

2. 条件

条件(Conditions)问题即什么地方有满足某些条件的东西。首先，可以用下列方式指定一组条件，如从预定义的可选项中选择选取；填写逻辑表达式；在终端上交互式填写表格。其次，指定条件后，可以获得满足指定条件的所有对象的列表，如在屏幕上以高亮度显示满足制定条件的所有特征。例如，其所位于的土地类型为居民区，估价低于200 000美元，有四个卧室而且是木制的房屋。

3. 变化趋势

分析变化趋势(Trends)需要综合现有数据，以识别已经发生了或正在发生变化的地理现象。首先，确定趋势，当然趋势的确定并不能保证每次都正确，一旦掌握了一个特定的数据集，要确定趋势可能要依赖假设条件、个人推测、观测现象或证据报道等。其次，针对该趋势，可通过对数据的分析，对该趋势加以确认或否定。GIS可使用户快速获得定量数据及说明该趋势的附图等。例如，通过GIS，可以识别该趋势的特性：有多少柑橘地块转作他用？现在作为何用？某一区域中有多少发生了这种变化？这种变化可回溯多少年？哪个时间段能最好反映该趋势？1年、5年还是10年？变化率是增加了还是减少了？

4. 模式

模式(Patterns)问题是分析与已经发生或正在发生事件有关的因素。GIS将现有数据组合在一起，能更好地说明正在发生什么，找出发生事件与哪些数据有关。首先，确定模式，模式的确定通常需要长期的观察、熟悉现有数据、了解数据间的潜在关系。其次，模式确定后，可获得一份报告，说明该事件发生在何时何地、显示事件发生的系列图件。例如，机动车辆事故常常符合特定模式，该模式(即事故)发生在何处？发生地点是否与时间有关？是否在某种特定的交叉处？在这些交叉处又具有什么条件？

5. 模型

模型(Models)问题的解决需要建立新的数据关系以产生解决方案。首先，建立模型，如选择标准、检验方法等。其次，建立了一个或多个模型后，能产生满足特定的所有特征的列表，并着重显示被选择特征的地图，而且提供一个有关所选择的特征详细描述的报表。例如，要兴建一个儿童书店，用来选址的评价指标可能包括10min、15min、20min可到达的空间区域。附近居住的10岁或10岁以下的儿童的人数、附近家庭的收入情况、周围潜在竞争的情况。为了完成上述GIS的核心任务，需要采用不同的功能来实现它们。尽管目前商用GIS软件包的优缺点不同，而且它们在实现这些功能所采用的技术也不一样，但是大多数商用GIS软件包都提供了如下功能：数据的获取(Data Acquisition)、数据的初步处理(Preliminary Data Processing)、数据的存储及检索(Storage and Retrieval)、数据的查询与分析(Search and Analysis)、图形的显示与交互(Display and Interaction)。

GIS功能包括：数据采集、监测与编辑(手扶跟踪数字化)；数据处理(矢栅转换、制图综合)；数据存储与组织(矢量栅格模型)；空间查询与分析(空间检索、空间拓扑叠加分析、空间模型分析)；图形交互与显示(各种成果表现方式)。

10.4.4 GIS 在运输中的应用

事实上，凡是涉及地理分布的领域都可以应用 GIS 技术。将 GIS 引入运输配送系统中，将使所建立的模型及算法不再显得抽象，它将针对动态及现实世界中的真实数据，并根据这些数据，运用所提出的模型及算法，得出相应的方案，并直观地显示在地图上，给用户以全新的感受。正所谓"一幅图胜过千言万语"，取得"一目了然"的效果。

运输对地理空间具有较大的依赖性，配送运输中的交通路网数据就属于空间信息，因此将 GIS 引入到配送系统是必要的，GIS 的引入将极大方便运输中的路网信息的更新和处理。借助于 GIS，用户可以根据需要添加更新各种路网信息，如路长、路的类型和时速限制等，同时也可以将各个供应点和需求点及所有在运输中涉及的相关信息在 GIS 中直观表现出来，方便决策者使用。综合运输对地理信息分析的需求和 GIS 强大的地理数据处理功能，可以总结出 GIS 应用到以下运输的方向。

1. 设施定位选址

GIS 技术是融合 CAD(Computer Aided Design，计算机辅助设计)技术和数据库技术，可以管理空间数据如配送中心、配送点的位置坐标信息功能，在进行城市配送系统规划时，能够通过数据访问方便地获取配送中心、配送点的位置坐标，并且，在配送中心选址过程中，能够利用其空间分析与拓扑分析功能，自动避开障碍物，因此，它用来确定零售商店、仓库、医院、加工中心等设施的最佳位置，其目的是为了降低操作费用、提高服务质量及使利润最大化等。设施定位模型可以用于确定一个或多个物流设施的位置。在物流系统中，物流中心、仓库和运输线共同组成了物流网络，物流中心和仓库处于网络结点上，结点决定着线路，如何根据供求的实际需要并结合经济效益等原则，在既定区域内设立多少个物流中心和仓库，每个物流中心和仓库的地理位置、规模以及物流中心和仓库之间的物流关系等，运用此模型和容易得到解决。

2. 车辆路线问题

主要用于解决一个起始点、多个终点的货物运输中如何降低操作费用并保证服务质量，包括决定使用多少车辆、每个车辆经过什么路线的问题。在物流分析中，在一对多收发货点之间存在多种可供选择的运输路线的情况下，应该以物资运输的安全性、及时性和低费用为目标，综合考虑，权衡利弊，选择合理的运输方式并确定费用最低的运输路线。例如，一个公司只有一个仓库，而零售店却有 30 个，并分布在各个不同的位置上，每天用卡车把货物从仓库运到零售商店，每辆卡车的载重量或者货物尺寸是固定的，同时每个商店所需的货物重量或体积也是固定的，因此，需要多少车辆及所有车辆经过的路线就是一个最简单的车辆路线问题。

3. 网络物流问题

用于解决寻求最有效的分配货物路径问题，也就是物流网点布局问题。例如，将货物从 N 个仓库运往到 M 个商店，每个商店都有固定的需求量，因此需要确定由哪个仓库提货送给哪个商店，总的运输代价最小。在考虑线路上车流密度前提下，GIS 可以解决怎样把空货车从所在位置调到货物所在位置。

4. 分配布局问题

根据各个要素的相似点把同一层上的所有或部分要素分为几个组，主要用于解决和确定服务范围、销售市场范围等问题。例如，某一家公司要建立若干个分销点，要求这些分销点要覆盖某一个地区，而且要使每个分销点的顾客数目大致相等。对于既定经济区域（可大至一个国家，小至某一地区、城市）内，可考虑每个仓储网点的规模及地理位置等因素，合理划分配送中心的服务范围，确定其供应半径，实现宏观供需平衡。

5. 空间查询问题

利用 GIS 的空间查询功能，可以查询以某一商业网点为圆心某半径内配送点的数目，以此判断哪一个配送中心距离最近，为安排配送做准备。

6. 车辆定位导航

借助 GIS 技术，还可以在车辆定位导航等方面得到车辆在三维空间中的运动轨迹，不但可获得车辆的准确位置，还可得到车辆的速度、运动方向等数据，为交通运输管理提供动态监测和导航的工具。

GIS 应用于物流配送系统主要是利用了 GIS 强大的处理地理数据功能和空间分析功能来完善物流分析技术，其作用表现在对相关问题的分析、检索、处理和决策上。例如，了解货物配送、储存等动态过程中的各种性能指标；配送中心选址、最佳配送路径选择等方面的决策。可见，将 GIS 应用于物流配送系统中，有利于提高物流配送的实时性和效率，有效控制成本，提高物流企业的服务质量和客户满意度。基于 GIS 建立的物流配送信息管理系统，充分发挥了 GIS 空间查询、分析及管理决策等功能，并有针对性地处理物流配送过程中的配送中心选址、运输车辆调度、行车路径选择、物资适时查询等关键问题，既满足了现代物流的要求，又为物流配送企业有效利用现有资源、降低消耗、提高效率提供了新型的管理方法。

10.5 智能交通系统

智能交通系统(Intelligent Transportation System，ITS)是目前世界上交通运输科学技术的前沿，它能使交通基础设施发挥出最大的效能，提高服务质量，使社会能够使用高效的交通设施和能源，从而获得巨大的社会经济效益，在交通路网如此繁忙的今天，ITS 能够有效地改善交通环境，提高交通质量，在交通行业有着无可比拟的优越性，起着不可替代的作用。

10.5.1 ITS 概述

随着社会经济的高速发展，许多国家都建成了四通八达的现代化国家道路网，与此同时，路网通过能力已经满足不了交通量增大的需要，交通阻塞和交通拥挤现象日益严重，交通污染与事故越来越引起社会的普遍关注，许多发达国家以从主要扩大路网规模来解决日益增长的交通需求，逐渐转移到用高新技术来改造现有的道路运输系统及管理体系，从而大幅度提高了路网的通行能力和服务质量。

1. ITS 定义

ITS 综合运用了现代通信技术、信息技术和计算机技术、导航定位技术、图像分析技术等，将交通系统所涉及的人、车、道路和环境有机地结合在一起，使其发挥智能作用，从而使交通系统智能化，更好地实现安全、畅通、低公害和低耗能的目的。

2. ITS 的发展

美国交通系统的智能化研究是最早的，始于 20 世纪 60 年代末，当时叫做电子路径导向系统(Electronic Route Guidance System，ERGS)。到 80 年代中期后，在美国全国开展了被称为智能化车辆道路系统(Intelligent Vehicle-Highway System，IVHS)的研究。1991 年，成立了美国智能交通系统协会(Intelligent Transportation Society of America)，这是一个非营利性的社团组织，主要宗旨是帮助并加速 ITS 在政府和民间企业的发展，协会成员来自民间企业、学术单位、环保团体及各级政府相关单位，参与面十分广泛，从而有力地促进了美国 ITS 研究的发展。1991 年，美国总统签署了综合提高陆上交通效率法案(Intermodal Surface Transportation Efficiency Act，ISTEA，又称冰茶法案)，把开发研究智能化车辆道路系统作为国策并给予充足的财政支持。1994 年将美国 IVHS 改为美国 ITS，以表明这方面的研究开发不仅限于车辆和道路，而可以推广到一切交通工具和交通中所组成的智能化系统。当然，就目前来讲，主要还是以道路交通为对象。目前已建立起相对完善的车队管理、公交出行信息、电子收费和交通需求管理四大系统及多个子系统和技术规范标准。

随着信息技术的发展，数字交通越来越显示出巨大的应用潜能。进入 20 世纪 90 年代以后，美国、欧洲、日本及澳大利亚、韩国等国家，对 ITS 的研究开发给予了更高的重视，投入了大量的人力物力。20 世纪 90 年代中期，我国数字交通事业正式起步，但在智能交通管理方面已经开展了一系列研究和工程实施，在城市交通管理、高速公路监控系统、收费系统、安全保障系统等方面取得多项科研成果。

总结美国、日本、欧盟研发 ITS 的进程，可以得出表 10-7 所示的美、日、欧研发 ITS 的计划中其分系统名称及变迁表。我国在借鉴美国、欧盟、日本的 ITS 子系统建立经验的基础上，也确立了中国的 ITS 子系统。

表 10-7　美国、日本、欧洲研发 ITS 计划中子系统名称及变迁对照

美　国		日　本		欧　盟	
IVHS	ITS	UTMS	ITS	DRIVE Ⅱ	TELEMATICS
先进交通管理系统 (Advanced Traffic Management System，ATMS)		集成交通控制系统 (Integrated Traffic Contrl System，ITCS)，动态路径导行系统 (Dynamic Route Guidance System，DRGS)	交通管理最适化 (OTM)，道路管理效率化 (ERM)，导行系统高度化 (ANS)	城市交通综合管理	交通管理与控制
先进出行者信息系统 (Advanced Traveler Information System，ATIS)		先进车辆信息系统 (Advanced Mobile Information System，AMIS)		交通旅行情报	交通与旅行情报

续表

美国		日本		欧盟	
IVHS	ITS	UTMS	ITS	DRIVE II	TELEMATICS
先进车辆控制系统 (Advanced Vehicle Contrl System, AVCS)		车辆运行控制系统 (Mobile Operation Control System, MOCS)	安全运行支援 (ASD)	司机援助与协作驾驶	车辆控制
商车运行管理系统 (Commercial Vehicle Operation System, CVOS)			商用车高效化 (ECVO)	货运交通及其车队管理	
	先进公交运行系统 (Advanced Public Transportation System, APTS)	公交优先系统 (Public Transportation Priority System, PTPS)	公共交通支援 (SPT)	公共交通管理	
	先进市际交通系统 (Advance Rural Transportation System, ARTS)			城际交通综合管理	
		环境保护管理系统 (Environment Protection Management System, EPMS)			
			电子收费系统 (Electronic Toll Collection System, ETCS)		
			步行者支援(SP)		
			紧急车辆运行支援 (SEVO)		
				交通需求管理	
自动道路系统 (Automated Highway System, AHS)					

10.5.2 ITS 体系结构

ITS 的体系结构是指系统所包含的子系统、各个子系统之间的相互关系和集成方式,以及各个子系统为实现用户服务功能、满足用户需求所应具备的功能。

1. 美国的国家 ITS 体系结构

满足用户服务和用户服务要求是对 ITS 体系结构的基本要求,美国国家 ITS 体系结构覆盖了 30 项 ITS 用户服务,见表 10-8。UNIA 确定的美国 ITS 总图如图 10.6 所示。

表 10-8 美国 ITS 用户服务

用户服务领域	用户服务
出行和运输管理	途中驾驶员信息(En-Route Driver Information)
	路线导行(Route Guidance)
	旅行者服务信息(Traveler Services Information)
	交通控制(Traffic Control)
	偶发事件管理(Incident Management)
	排放测试与缓解(Emissions Testing and Mitigation)
	道路-铁路交叉口(Highway-Rail Intersection)
出行需求管理	出行前旅行信息(Pre-Trip Travel Information)
	合乘车匹配与预约(Ride Matching and Reservation)
	需求管理和运营(Demand Management and Operations)
公共运输运营	公共运输管理(Public Transportation Management)
	在途公交信息(En-Route Transit Information)
	个人化公共交通(Personalized Public Transit)
	公共出行安全(Public Travel Security)
电子付费服务	电子付费服务(Electronic Payment Services)
商用车运营	商用车电子结算(Commercial Vehicle Electronic Clearance)
	自动路边安全检查(Automated Roadside Safety Inspection)
	车载安全监视(On-Board Safety Monitoring)
	商用车行政管理(Commercial Vehicle Administrative Processes)
	危险物品异常响应(Hazardous Material Incident Response)
	商用车队管理(Commercial Fleet Management)
紧急事件管理	紧急事件通报与个人安全(Emergency Notification and Personal Security)
	紧急车辆管理(Emergency Vehicle Management)
先进车辆控制和安全系统	纵向防撞(Longitudinal Collision Avoidance)
	横向防撞(Lateral Collision Avoidance)
	交叉口防撞(Intersection Collision Avoidance)
	防撞视野强化(Vision Enhancement for Crash Avoidance)
	危险预警(Safety Readiness)
	撞前避伤(Pre-Crash Restraint Deployment)
	自动公路系统(Automated Highway Systems)

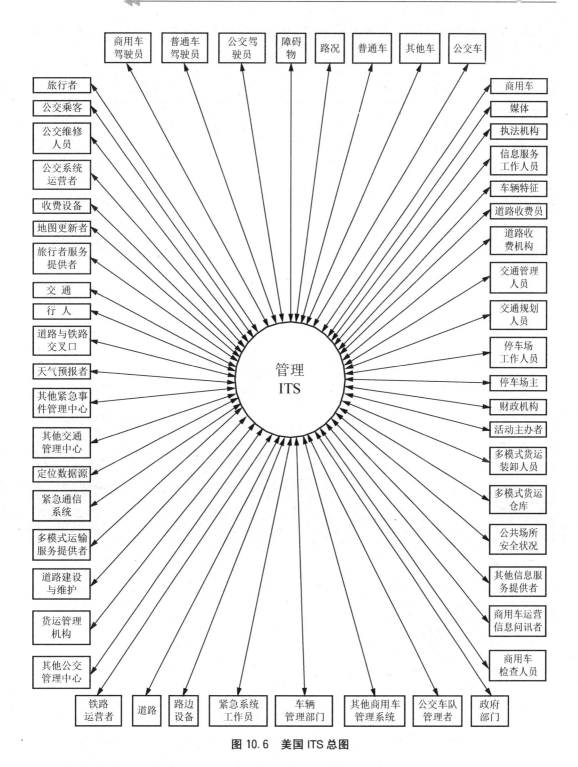

图 10.6 美国 ITS 总图

2. 中国国家 ITS 体系结构

中国国家 ITS 体系结构逻辑结构与美国国家 ITS 体系结构逻辑结构的差异主要来源于中、美 ITS 用户服务与用户服务要求的差异。根据中国 ITS 用户服务要求，可初步确定中国 ITS 总图如图 10.7 所示；与美国 ITS 总图相比，增加了防灾救灾办公室、自行车、残疾车、骑自行车者、残疾人、科研人员等外部终端。

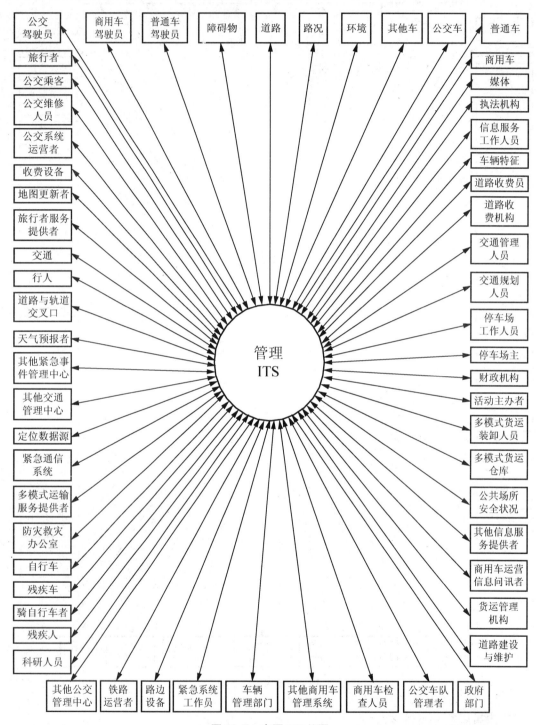

图 10.7 中国 ITS 总图

10.5.3 ITS 的内容

1. 先进的交通信息系统

先进的交通信息系统（Advanced Traveler Information System，ATIS）是建立在完善的信息网络基础上的，交通参与者可以通过装备在道路上、车上、换乘站上、停车场上及气象中心的传感器和传输设备，向交通信息中心提供各处的交通信息；该系统得到这些信息并经过处理后，适时向交通参与者提供道路交通信息、公共交通信息、换乘信息、交通气象信息、停车场信息及与出行相关的其他信息；出行者根据这些信息确定自己的出行方式和选择路线。这样可以提高人们的出行能力和安全系数。由于合理地选择了出行方式和路线，从而使路网上的交通流获得平衡分配。如果车上装备了自动定位和导航系统，该系统还可以帮助驾驶员自动选择行驶路线。

2. 先进的交通管理系统

先进的交通管理系统（Advanced Traffic Management System，ATMS）是ITS中一个基本的应用领域。ATMS最主要的特征就是系统的高度集成化。它利用先进的通信、计算机、自动控制、视频监控技术，按照系统工程的原理进行系统集成，使得交通工程规划、交通信号控制、交通检测、交通电视监控、交通事故的救援及信息系统有机地结合起来，通过计算机网络系统，实现对交通的实时控制与指挥管理。ATMS的另一特征是信息高速集中与快速处理，ATMS由于运用了先进的网络技术，获取信息快速、实时、准确，因而提高了控制的实时性，城市ATMS的应用使交通管理系统中交通参与者与道路及车辆之间的关系变得更加和谐，缩短了旅行时间，使城市的交通变得更加有序。

ATMS具有向交通管理部门和驾驶员提供对道路交通进行实时疏导、控制和对突发事件作出应急反应的功能。它包括交通管理信息服务、城市交通控制系统、事故管理系统、不停车自动收费系统等。

在道路、车辆和监控中心之间建立起通信联系，监控中心接收到各种交通信息（如车辆检测、车辆识别、交通需求、告警和救助信号）并经过迅速处理后，通过调整交通信号，向驾驶员和管理人员提供交通实时信息和最优路径引导，从而使交通始终处于最佳状态。

3. 先进的公共交通系统

先进的公共交通系统（Advanced Public Transit System，APTS）是ITS中的一个重要子系统，优先发展公共交通也是缓解城市交通问题的重要思路。ITS的宗旨是最大程度解决交通问题，实现交通的安全、效率与舒适；而APTS正是实现交通安全与效率的有效手段之一。该系统的主要目的在于改善公共交通的效率，包括公共汽车、地铁、轻轨交通、城郊铁路和城市间的公共汽车等，提高公共交通的可靠性和安全性，以提供便捷、经济、大运量的公交系统。

APTS主要是采用各种智能技术以促进公共运输业的发展，它包括公共车辆定位系统、客运量自动检测系统、行驶信息服务系统、自动调度系统、电子车票系统、响应需求型公共交通系统等。例如，利用GPS和移动通信网络对公共车辆进行监控和调度，采用IC卡进行客运量检测和公交出行收费，通过个人计算机、闭路电视等向公众就出行时间和方式、路径及车次选择等提供咨询，并在公交车辆上和公交车站通过电子站牌向候车者提供车辆的实时运行信息、提供电话预约公共汽车的门到门服务等，最终实现提高公共交通吸引力的目标。

4. 先进的车辆控制系统

从当前的发展看，由于先进的车辆控制系统（Advanced Vehicle Control System，AVCS）为驾驶员提供了各种形式的碰撞和安全保障措施，改善了驾驶员对行车环境的感应和控制能力，通常把它分为以下两个层次。

（1）车辆辅助安全驾驶系统。该系统包括车载传感器（微波雷达、激光雷达、摄像机、其他形式的传感器等）、车载计算机和控制执行机构等。行驶中的车辆通过车载的传感器测定出与前车、周围车辆，以及与道路设施的距离和其他情况，由车载计算机来处理，在紧急情况下，还可以强制车辆制动。

（2）自动驾驶系统。装备了该系统的汽车也称智能汽车，它在行驶过程中可以做到自动导向、自动检测和回避障碍物。在智能公路上，能够在较高的速度下自动保持与前车的距离。智能汽车只有在智能公路上使用时才能发挥其全部功能，如果在普通公路上使用，它仅仅只是装备了辅助安全驾驶系统的汽车。

5. 商用车运行管理系统

商用车运行管理系统（Commercial Vehicle Operation System，CVOS）是以高速道路网和信息管理系统为基础，利用物流理论进行管理的智能化的物流管理系统。综合利用卫星定位、GPS、物流信息及网络技术来有效地管理和改善客货汽车、公共汽车企业的行驶技术与设备，并组织运输，使营运车辆的安全性和生产效率得到提高，使公路系统的所有用户都能获益于更为安全可靠的公路环境，提高运输效率。

6. 电子收费系统

公路收取通行费是公路建设资金回收的重要渠道之一，但是随着交通流量的增加，收费站开始成为道路上新的瓶颈。电子收费系统（Electronic Toll Collection，ETC）就是为解决这个问题而开发的。使用者可以在高速公路公司或银行预交一笔通行费，领到一张内部装有电子线路的通行卡，将其安装在自己汽车的指定位置，这样当汽车通过收费站的不停车收费车道时，该车道上安装的读取设备与车上的卡进行相互通信，自动在预交账户上将本次通行费扣除。这样就可以使所有地面交通收费系统实现自动化，以减少因用现金收费所造成的交通延误。如果在现有的车道上安装电子不停车收费系统，则可以使车道的通行能力提高3~5倍。

7. 紧急救援管理系统

紧急救援管理系统（Emergency Management System，EMS）是一个特殊的系统，其基础是ATIS、ATMS和有关的救援机构与设施。通过ATIS和ATMS，这些设施可以将交通监控中心与职业的救援机构联成有机的整体，提高对突发交通事件的报告和反应能力，改善应急反应的资源配置，为道路使用者提供车辆故障现场紧急处置、拖车、救护、排除故障车辆等服务。

10.5.4 我国ITS的发展思路和目标

我国ITS的发展思路是紧密围绕国家经济发展和交通运输发展的总体目标，以行业标准为先导，以资源整合为关键，以出行者需求为导向，以技术研发为支撑，以做大做强本国企业为依托，立足国内交通特点，坚持政府推动和市场培育相结合，基础研究和项目建设共推进，打破体制约束，构建信息平台，努力研究和开发具有自主知识产权的技术和系统，加快推动产业发展壮大，努力使智能交通领域成为我国高技术开发和新兴产业成长的重要领域，为国民经济社会环境健康持续较快发展做出积极的贡献作用。

根据我国交通运输业的总体发展水平和智能交通的发展现状，我国智能交通的发展可分为三个阶段，各阶段包括以下具体目标。

（1）到 2015 年年底，建成覆盖全国高速公路、国道、干道和省道的道路信息监测体系，监测道路的交通流信息，以及周边的气象条件、污染排放等交通环境信息。

（2）到 2018 年年底，开发融电视、广播、影视、GPS、车辆诱导等多种功能于一体的车载终端产品，结合北斗卫星系统的建设，形成完善的交通信息利用平台。

（3）到 2020 年年底，利用完善的交通信息平台，实现智能交通的出行决策功能，为人们提供基础的公交信息公益性服务，同时开展针对个人出行的个性化服务，将市场机制引入智能交通行业，使 ITS 成为人们生活的必要组成部分，进入智能交通发展的成熟期，接近发达国家水平。

10.5.5 ITS 提供的服务

1. 出行者信息服务

在家中或在任何地方的人均可使用个人出行帮助系统来获得自己所需的相关信息，以帮助他选出符合其出行预算和时间要求的交通工具与出行路线。在行程中，导航系统将引导司机到达目的地，司机将不断地接受到前方有关交通状况的信息。司机与外界完全相通，出行变得容易、安全和舒适。交通信息数字化很容易与其他服务系统一体化，在进入一个城市前，司机被预先告之停车场位置及如何与公交相接，他可以预定停车位；其移动通信可以直接进入 Internet，自动访问所选择服务（如餐厅、旅馆等）的站点。另外，通过与相邻交通区域信息的交互，交通管理水平将会有很大提高。

2. 高效的快速应急服务

在出现紧急状况时，ITS 可以对事故发生地进行迅速与精确的定位，并且可以根据出事车辆传感器所提供的数据，选择合适的应急设备，从而最大限度地拯救人的生命。

3. 安全行车服务

在车辆行驶过程中，车内的各种传感器可自动告诉司机所处行车环境的各种信息，及时向司机提出警告并帮助司机摆脱潜在的危险。在交通拥挤地段，车辆只能顺序行驶，以减少碰撞与交通事故。在学校、居民区等地段，司机可以通过按动车内的车速自动控制按钮，将行驶车速控制在允许的范围之内。

4. 减少交通阻塞，提高交通安全

与 ITS 控制中心相连的路况监控设备对路网交通状况进行实时监控，借助人工智能的帮助，控制中心将所连续监控的路网信息进行整合处理，从而提出整个路网的优化运行方案。与此同时，司机接收到与路网优化运行方案相应的引导信息。他可以根据引导信息选择行车路线，从而大幅度提高现有路网基础设施的使用效率和安全性。

5. 高质量低成本的快货运输

ITS 强大的网络效能可以给整个社会提供高质量低成本的快货运输。一方面，运营者可以运用 ITS 综合不同的运输模式，选出能够及时运抵货物的最低成本的承运方案，并据此向货主提供承运报价；另一方面，货主可以根据不同运营者各自的承运方案与报价进行合理选择。另外，在承运过程中，被运货物始终由电子标签进行追踪，同时，承运者还可以根据货主需要随时改变货运路线及其目的地。

6. 方便快捷的支付手段

作为无现金社会的扩展，交通运输服务要求实现更加方便快捷的电子支付手段。智能卡将被广泛用来支付过路费及停车费等，从而代替现金支付。当车辆处于行驶过程中时，可以通过用户与 ITS 支付中心可靠的无线通信来完成交易。

10.6 物联网技术

物联网时代的到来，给中国交通运输业发展带来新的机遇与挑战。物联网拥有全面、精确、详细的信息采集技术，将使社会管理与服务得到全面提升，运输效率将大规模提升。然而交通运输业越发展、越繁荣，交通运输安全问题将越突出。目前，交通运输事故死亡人数占全国非正常死亡总人数的 80% 以上。物联网作为新兴的信息网络技术，将对车辆运输安全技术的发展起到巨大的推动作用。

10.6.1 物联网技术概述

1. 物联网的概念

按照国际电信联盟的定义，物联网(Internet of Things，IOT)主要是解决物品到物品之间的互联。通过物联网可以实现人对人、人对物及物对物的互联互通。IOT 在方式上可以是点对点，也可以是点对面或面对点，它们通过现有的网络平台，可以获取、传递和处理相应物品的信息或进行相应的控制。

物联网是通过 RFID、红外感应器、GPS 和激光扫描器等信息传感设备，按约定的协议，把任何物体与互联网相连接，进行信息交换和通信，以实现对物体的智能化识别、定位、跟踪、监控和管理的一种网络。目前，发展物联网是我国国民经济发展的大好机遇，其中一个能广泛发挥作用的领域就是运输系统。基于物联网的运输系统会真正实现运输的信息化、智能化、网络化，极大地提高运输效率，大大降低运输成本，因此，物联网技术是联系运输系统中车辆、货物、人与计算机的有效途径。

2. 产品电子代码

1999 年美国麻省理工学院成立了自动识别技术中心(AUTO ID CENTER)，提出了产品电子代码(Electronic Product Code，EPC)概念。EPC 是提供对物理世界对象的唯一标识。它通过计算机网络来标识和访问单个物体，就如在互联网中使用 IP 地址来标识、组织和通信一样。EPC系统的最终目标是为每一单品建立全球的、开放的标识标准。通过EPC系统的发展能够推动自动识别技术的快速发展；通过整个供应链对货品进行实时跟踪；通过优化供应链来给用户提供支持；可以大大提高供应链的效率。

全新网络的心脏是EPC。跟条码一样，EPC用一串数字代表产品制造商和产品类别。不同的是EPC还外加了第三组数字，是每一件产品所特有的。存储在RFID标签微型晶片中的唯一资讯就是这些数字。EPC还可以与数据库里的大量数据相联系，包括产品的生产地点和日期、有效日期、应该运往何地等。而且，随着产品的转移或变化，这些数据可以实时更新。

3. 物联网的技术架构

物联网的技术架构分为三层：感知层、网络层和应用层，如图10.8所示。其中，感知层实现物联网全面智能化感知，网络层将实现接入信息管理和由计算机网络及通信网络构成的承载网络，应用层实现应用支撑服务和用户应用服务。

图10.8 物联网三层体系结构图

（1）感知层。感知层主要实现物联网的末端智能感知，由各种类型的采集和控制模块组成,包括 RFID 标签和读写器、摄像头、二氧化碳浓度传感器、GPS、温度传感器和湿度传感器等感知终端,主要功能是识别物体和采集信息。

(2) 网络层。网络层由互联网、各种私有网络、无线网、网络管理系统和云计算平台等组成,负责传递和处理感知层获取的信息。而多种通信网络的融合将会充分发挥已建设起的网络基础设施的应用价值,也为物联网的发展提供了一个高水平的网络通信基础设施条件。

(3) 应用层。应用层是物联网和用户的接口,它与行业需求相结合,实现物联网的智能应用。应用层的应用支撑子层由各种支撑平台和中间件组成,其主要功能包括对采集数据的汇集、转换、分析,以及用户层呈现的适配和事件的触发等。在物联网中,RFID 标签中存储着规范而具有互用性的信息,通过无线通信网络把信息采集到处理系统,实现对物品信息的分析和处理,并通过互联网实现信息的交换和共享。

4. 物联网在我国的发展

国内研究人员对物联网的研究属于跟踪发达国家的研究,参与这方面研究的有中国物品编码中心等非营利机构及 Auto-ID 中国实验室等科研机构,取得了一些的成果,EPC 物联网处于宣传和推广的起步阶段。作为 EPC 物联网的关键之一的射频识别技术的研究,中国物品编码中心早在 1996 年就开始了。1999 年,中国物品编码中心完成了原国家技术监督局的科研项目《新兴射频识别技术研究》,制定了射频识别技术规范。2002 年中国物品编码中心开始积极跟踪国际 EPC 的发展动态,2003 年完成了《EPC 产品电子代码》课题的研究,出版了《条码与射频标签应用指南》。2003 年 12 月 23 日,由国家标准化管理委员会主办、中国物品编码中心牵头,全国物流信息管理标准化技术委员会承办,在北京举行第一届中国 EPC 联席会。此次会议,统一了 EPC 和物联网的概念,协调了各方的关系,将 EPC 技术纳入标准化、规范化的管理,为 EPC 在我国的快速、有序的发展奠定了坚实的基础。从此,EPC 技术的研究纳入标准化、规范化管理的范畴,EPC 在中国的发展走向正轨。2004 年 1 月,中国物品编码中心取得了国际物品编码协会的唯一授权,2004 年 4 月 22 日,EPC Global China 在北京成立,其主要职责是负责统一管理、统一注册、统一赋码和统一组织实施我国的 EPC 系统推广应用工作及 EPC 标准化研究工作,EPC Global China 的成立从组织机构上保障了我国物联网事业整体的有效推进。保证了我国 EPC 的标准化和管理方面的最终的统一和高度一致。

10.6.2 物联网系统的结构

1. 物联网系统的构成

物联网系统是一个非常先进的、综合性的和复杂的系统。EPC 的目标是提供对物理世界对象的唯一标识,为每一单品建立全球的、开放的标识标准。它通过计算机网络来标识和访问单个物体,就如在互联网中使用 IP 地址来标识、组织和通信一样。EPC 系统由六方面组成(表 10-9 和图 10.9):EPC 编码标准;EPC 标签;解读器;Savant(神经网络软件);对象名解析服务(Object Naming Service,ONS);物理标记语言(Physical Markup Language,PML)。通过 EPC 系统的发展不仅能够对货品进行实时跟踪,而且能够通过优化整个供应链给用户提供支持,从而推动自动识别技术的快速发展并能够大幅度提高全球消费者的生活质量。

表 10-9 物联网系统的构成

系统构成	名 称	注 释
EPC 编码体系	EPC 代码	用来标识目标的特定代码
射频识别系统	EPC 标签	贴在物品之上或者内嵌在物品之中
	读写器	识读 EPC 标签
信息网络系统	EPC 中间件	EPC 系统的软件支持系统
	ONS	
	EPC 信息服务	

图 10.9 物联网系统的结构图

物联网系统作为一项革命性的新技术，它是信息社会、网络社会发展的必然结果；它是一个系统性的工程，涉及许多方面，包括技术、管理、硬件、软件、网络、系统安全、无线电频率等，需要统筹考虑。面对目前的国内外形势，首先要做好国内推广 EPC 系统的发展规划，制定近期和长期的发展目标。总之，EPC 系统的发展将为全社会带来巨大的效益，给电子、信息技术、包装、印刷等行业带来了新的发展机遇，同时，也是严峻的挑战。我国必须充分抓住这个机遇，及时调整发展策略，促进民族工业的发展，在全球 EPC 产业当中占有一席之地。

2. 物联网的工作流程

在由 EPC 标签、解读器、Savant 服务器、Internet、ONS 服务器、PML 服务器以及众多数据库组成的物联网中，解读器读出的 EPC 只是一个信息参考（指针），该信息经过网络，传到 ONS 服务器，找到该 EPC 对应的 IP 地址并获取该地址中存放的相关的物品信息。而采用分布式 Savant 软件系统处理和管理由解读器读取的一连串 EPC 信息，Savant 将 EPC 传给 ONS，ONS 指示 Savant 到一个保存着产品文件的 PML 服务器查找，该文件可由 Savant 复制，因而文件中的产品信息就能传到供应链上，如图 10.10 所示。

图 10.10 物联网工作流程示意图

10.6.3 物联网的作用

EPC 概念的提出是一件具有革命意义的事件，表现为：在世界范围内为每件单品进行唯一标识，这是前所未有的事情；将 RFID 技术的远期应用推到了无所不在的极致状态，由此为射频识别技术的发展注入了极大的动力；提出了物联网的概念，极大地拓展了互联网的远期内涵。

1. 物联网的发展能提高供应链的信息透明度

从目前技术的发展状况来看，EPC 技术是一项综合了物品编码规则、RFID 技术及计算机互联网技术的综合体系。EPC 物联网的目标是为人们提供在任何时间（Anytime）、任何地点（Anywhere）、任何一件物品（Anything）的信息服务功能。这一点与现代物流业所倡导的理念一致。现代物流发展的核心就是以信息技术为支撑，整合复杂的产品信息，提高供应链的信息透明度，使供应链内企业展开良好协作，共同降低物流成本。

2. 物联网的发展使供应链管理方法得到真正应用

物联网技术的应用将给物流业带来革命性影响，它能够将供应链管理系统上的制造、运输、包装、仓储、销售等主要环节集成起来，实现产品的智能跟踪、信息查询、产品物流控制和管理，从而使供应链管理方法能得到真正应用。据国际商用机器公司的专家分析，应用 EPC 物联网技术能将公司的库存平均减少 5%～25%，大大节省公司的库存成本；同时有 50% 的英国供应商和制造商正考虑采用 EPC 物联网技术方案来改进供应链效率。

3. 物联网能推动物流产业的发展

自动识别技术是支持物流业发展的基础技术，条码技术曾经推动物流信息的采集和管理获得发展，而 RFID 技术作为更便利、更可靠的信息采集技术必然会将物流产业推上发展的快车道。同时物联网是构建在互联网通信基础上的信息互通网络，强烈的发展需求会给互联网提供前所未有的发展契机，为物流企业信息沟通提供极大便利。总之物联网的发展将为现代物流业的发展插上理想的翅膀，虽然其中困难重重，许多技术问题，包括概念模型的建立都还在探索中，但前途光明、道路曲折，正是所有新生事物发展的必然轨迹，物联网技术必将推动物流产业乃至我们的生活都迈上一个新的台阶。

4. EPC 物联网能使制造商实现高效的生产

实施 EPC 物联网对制造商来说，可以实现高效的生产计划，减少库存，也就是说，制造商提供的产品正是它供应链下游参与方所需要的东西，同时，供应链下游参与方所需要的东西它的制造商正在积极组织生产，彼此间真正做到了"心有灵犀"。同时，制造商可以对需求做出更快的响应，这样就在市场信息的捕捉方面夺得先机，积极组织生产，满足市场需要，提高市场份额。此外，制造商通过主动跟踪产品的信息，对有"瑕疵"的产品或"缺陷"产品进行有效召回，提高自己的服务水平，同时也提高消费者的信心，EPC 物联网为消费者和制造商架起了一座信息交流的桥梁。不仅如此，实施 EPC 物联网，制造商可以提高劳动生产效率，降低产品退货率，因为生产做到了有的放矢，通过供应链的流通，各个环节的需求实时的反馈回来，制造商可以相应的调整自己的生产，包括内部员工的调配、生产资料的采购等，一切都发挥最大效能。当然，制造商还可以大大减少配送与运输成本，提高固定资产利用率，因为可以通过 EPC 物联网所告知的信息合理调配相关设备，实现利用率的最大化。

5. 运输商通过 EPC 物联网系统可以进行货物真伪标识

运输商通过 EPC 物联网系统的应用可以进行货物真伪标识，实现自动通关，实施运输路线追踪，可以提高货物运输的安全性。同时，EPC 系统的实施，提高了运输商送货可靠性和送货效率，从而改善了服务质量，提高了对客户的服务水平。此外，应用 EPC 物联网系统，运输商可以自动获取数据，自动分类处理，降低取货、送货成本，提高质量管理和客户服务水平。另外，运输商使用 EPC 物联网系统可以降低索赔费用，降低保险费用，提供新信息增值服务，从而提高收益率。运输商还可以通过 EPC 物联网系统加强资产管理、资产的追踪、资产的维护，从而提高资产的利用率。

6. 零售商通过 EPC 物联网系统可以提高订单供品率

零售商实施 EPC 系统可以提高订单供品率，增加产品可获取性，减少脱销，从而增加收入。EPC 系统在商场的使用，可以大大提高自动结算的速度，减少缺货，降低库存水平，减少非流通存货量，降低最小安全存货量，防盗，带给零售商前所未有的喜悦。同时，零售商还可以通过 EPC 系统进行产品追溯，提高了产品的质量保证，减少了自己的损失。另外，EPC 在零售商管理中，可以降低运转费用，提高运转效率、工作效率，减少货物损失，从而进一步降低零售商的成本。

7. EPC 物联网系统的应用可以使消费者实现个性化购买

对消费者而言，EPC 系统的应用可以实现个性化购买，减少排队等候的时间，提高生活质量。同时，通过 EPC 系统，消费者可以了解自己所购买的产品及其厂商的有关信息，一旦产品出现问题，便于进行质量追溯，维护自己的合法权益。

10.6.4 运输与物联网的结合

行驶的车辆是一个由驾驶员—车辆—道路环境构成的闭环系统，车辆的行驶状态受到驾驶员、车辆状况和行驶环境的共同影响。物联网应能根据驾驶员意图、车辆运行状况和复杂多变的行驶环境，通过对 RFID 传感器采集到的信息进行综合分析判断，确定最佳控制方式，对突发事件采取应对措施，保证车辆以最佳综合性能运行。

1. 车辆与物联网

如何根据驾驶员意图、道路状况和车辆运行参数自动地完成车辆运输安全监测控制，是物联网控制的核心技术，控制性能的好坏直接影响汽车的经济性、安全性。车辆的尺寸会影响到道路线形、交通结构物的净空、停车场地等交通设施的设计。车辆的性能参数包括动力性、燃油经济性、最小转弯半径、通过性、操纵稳定性、制动性和舒适性等，各种性能与使用这些性能的驾驶员结合在一起，又会影响到交通流的特性和交通安全。在车辆运输安全监测传感网中，车辆的导航终端根据 GPS 接收器采集的信息与航位测定、地图匹配技术等计算跟踪车辆的具体位置，车辆的车载信息系统采集路况、天气等道路环境信息，驾驶员通过驾驶界面操纵车辆进行加速、减速或制动，避开拥挤路段，减少冲突，增强行驶安全性。

2. 驾驶员与物联网

驾驶员作为车辆操纵的主体，其行为特性直接影响车辆的行驶状态，与行驶环境条件、车辆状况的相互影响具有非常密切的关系。根据美国各州公路工作者协会规定，驾驶员从感知判断、开始制动到制动发生效力所需时间通常为 2.5～3.0s。反应时间的长短取决于驾驶员的素质、个性、年龄、情绪、环境、行车途中思想集中情况及工作经验。驾驶员长时间开车容易产生疲劳，统计表明，因疲劳发生的交通事故次数占总事故的 1%～5%。驾驶员通过车辆运输安全监测传感网的驾驶员界面，根据车载和导航终端提供的交通信息，可实现自动化驾驶，提前告知驾驶员前方可能存在的交通困难路口、路段，使驾驶员不会过度紧张，事前有心理准备，从而大大降低驾驶疲劳概率。

3. 道路环境与物联网

道路是交通的基础、支撑物。道路服务性能的好坏体现在道路建设数量是否充足、道路结构和质量能否保证安全快速行车、路网布局和道路线形是否合理等方面。此外，路网的天气条件对车辆的安全运行也会产生重大影响。在车辆运输安全监测传感网中，通过RFID传感器采集的道路环境数据信息传递至车辆导航控制中心，为车辆运行提供实时路线指导，保证行车安全。

4. 物联网在运输系统中的应用

从技术上讲，物联网与运输系统是共通的，都是通过各种信息标示和传感设备将物体相互连接，达到信息共享与交换的目的，最终实现物体实时、准确运输和智能化管理。物联网技术的引入有助于运输系统突破反应灵敏低下、货物信息采集不准确、信息反馈不及时和智能系统预测准确性能低等发展瓶颈，从而进入快速发展的新时期。

物联网拓展了互联网应用发展的空间，推进了智能运输系统的发展，促进了物联网在现代物流领域的开发应用，尤其是在新鲜水果、蔬菜等要求较高运输环境的物流运输系统的应用。采用物联网技术的运输系统，可促进交通运输和现代物流的安全，使驾驶员能在复杂多变的交通环境中操纵、行驶，以求最大限度地减少道路交通事故的发生，不断提高运输系统安全水平。

物联网相关技术在运输系统的推广应用，通过各类现有的通信网络接入到物联网管理中心、信息中心，实现物与物、物与人的链接，实现对物品和过程的智能化感知、识别和管理。物联网技术并不是一个单向技术，而是多种信息领域的新技术组合。

本 章 小 结

当前，信息化已经成为现代运输必然的发展方向和趋势，加强对于信息技术在我国运输领域的应用，以信息技术为中心全面更新和装备我国的运输产业，对实现国家经济可持续高速发展具有不可估量的作用。

案 例 分 析

2005年澳大利亚的葡萄酒供应商和法国的葡萄酒协会曾经对澳大利亚产的葡萄酒的质量发生过争执。澳大利亚的葡萄酒供应商通过船运向法国出口葡萄酒，法国人对葡萄酒的品位是世界知名的，法国葡萄酒进口商在品尝澳大利亚产葡萄酒时发现味道过酸，由此产生了争执。法国人认为是澳大利亚产葡萄酒质量有问题，而澳大利亚人不认为自己的葡萄酒有质量问题。对此，澳大利亚供应商在葡萄酒包装里加入了带温度传感器的RFID标签，当葡萄酒到达法国后使用RFID读写装置读取了芯片内的温度信息，发现在货船经过赤道的一段时间内，葡萄酒包装内的温度超过了30℃。由此证明了葡萄酒味过酸不是酒的质量问题，而是运输问题。将RFID温度监测器放入物品包装或货箱中，监控器按照系统预定的时间间隔周期性地记录测量到的温度，并将温度数据传送给安装在仓库、配送中心等各结点的读写器,各个温度监测点的数据通过数据传输网络集中上传至数据中心存储和处理,最终汇总至中心数据平台;同时向消费者提供方便的查询手段,向社会公布产品的安全溯源信息。

问题:

(1) 在解决这样的长途冷链物流,特别是国际物流时,需要做哪些工作?

(2) 如何实现冷链温度监测的高效、集中数据管理?

(3) 企业或联盟成员如何实现对冷链温度的全程、实时监控和预警?

关键术语

条码　RFID　GPS　GIS　物联网

综合练习

一、单项选择题

1. 关于 GPS 在运输中的作用的说法不正确的是( )。

　　A. 车辆跟踪　　　B. 合理分配车辆　　C. 降低能耗　　　D. 提高运营成本

2. ( )是商品条码。

　　A. 39 码　　　　　B. 库德巴码　　　　C. ITF 码　　　　　D. EAN 码

3. 厂商应选择适宜的代码结构,应遵循的三项基本编码原则不包括( )。

　　A. 唯一性原则　　B. 可替代原则　　　C. 无含义性原则　　D. 稳定性原则

4. 商品条码符号的大小可在放大系数( )所决定的尺寸之间变化,以适应各种印刷工艺印制合格条码符号及用户对印刷面积的要求。

　　A. 0.8~2.0　　　　B. 0.8~2.8　　　　　C. 1.0~5.0　　　　D. 0.5~3.0

5. EAN/UCC-13 厂商识别代码由( )数字组成,由中国物品编码中心负责分配和管理。

　　A. 4~6　　　　　　B. 7~9　　　　　　　C. 8~10　　　　　D. 9~11

6. 根据 EAN/UCC 规范,按照国际惯例,一般来讲,不再生产的产品自厂商将最后一批商品发送之日起,至少( )年内不能重新分配给其他商品项目。对于服装类商品,最低期限可为 2 年半。

　　A. 7　　　　　　　B. 6　　　　　　　　C. 4　　　　　　　D. 5

7. ( )的宗旨是建立全球统一标识系统,促进国际贸易。其主要任务是协调全球统一标识系统在各国的应用,确保成员组织规划与步调的充分一致。

　　A. 国际物品编码协会　　　　　　　　　B. 中国条码技术与应用协会
　　C. 国际自动识别协会　　　　　　　　　D. 中国物品编码中心

8. 由 4 位数字组成的商品项目代码可标识( )种商品。

　　A. 1 000　　　　　B. 10 000　　　　　C. 100 000　　　　D. 1 000 000

9. 条、空的( )颜色搭配可获得最大对比度,所以是最安全的条码符号颜色设计。

　　A. 红白　　　　　B. 黑白　　　　　　C. 蓝黑　　　　　D. 蓝白

10. 图书按 ISBN 进行编码，中国图书代码由（　　）位数字构成。
A. 13　　　　　B. 9　　　　　C. 7　　　　　D. 12

二、名词解释

1. 条码
2. RFID
3. GPS
4. GIS
5. ITS
6. 物联网

三、简答题

1. 简述条码的定义及其分类。
2. 说明 GPS 的概念、组成及其工作原理。
3. EPC 系统的由哪几部分组成？
4. RFID 的特点有哪些？

四、实务题

智能交通在欧美日等发达国家已得到广泛应用。其在美国的应用率达到 80% 以上，预计到 2015 年的市场规模累计将达 5 250 亿美元，其中基础设施投资为 750 亿美元，车载设备为 3 500 亿美元，服务等领域为 2 000 亿美元。相比于国外智能化和动态化的交通系统，我国智能交通服务手段和内容单一、运行效率和管理水平不高、地区分割和行业分割普遍，整体发展水平还比较落后。而近年来随着国民经济的快速增长和人民生活水平的提高，我国的汽车保有量迅速增加，交通出行量大幅上升，使得巨大的行车需要与有限的交通基础设施之间的冲突进一步加剧，必将催生出庞大的智能交通产品市场。仅以车载导行系统为例，目前我国车载导行系统的安装率仅为 2%，远低于日本 60%、韩国 40%、欧美 25% 的水平。按目前市场价格每台 10 000 元计算，保守估计，若我国达到 25% 的安装率，车载导航系统的潜在市场规模就可达 1 400 亿元。

问题：

（1）如何理解智能交通将带动并催生庞大的产业链？
（2）分析说明智能交通直接带来物流效率的显著提高。
（3）分析说明智能交通带来哪些广泛的社会效益。

参考文献

[1] 戴彤焱,孙学琴. 运输组织学[M]. 北京:机械工业出版社,2006.
[2] 陈京. 汽车运输组织管理[M]. 北京:机械工业出版社,2004.
[3] 纪震,等. 电子标签原理与应用[M]. 西安:西安电子科技大学出版社,2006.
[4] 余群英. 运输组织与管理[M]. 北京:机械工业出版社,2006.
[5] 鲍吉龙,江锦祥. 物流信息技术[M]. 北京:机械工业出版社,2008.
[6] 张成海,张铎,赵守香. 条码技术与应用[M]. 北京:清华大学出版社,2010.
[7] 王玮,等. 城市交通规划理论与方法[M]. 北京:人民交通出版社,1992.
[8] 张成海,等. 自动识别技术导论[M]. 武汉:武汉大学出版社,2007.
[9] 于英. 交通运输工程学[M]. 北京:北京大学出版社,2011.
[10] 孟祥茹. 现代物流管理[M]. 北京:人民交通出版社,2010.
[11] 杨浩. 运输组织学[M]. 北京:中国铁道出版社,2004.
[12] 杨浩,何世伟. 铁路运输组织学[M]. 北京:中国铁道出版社,2001.
[13] 胡思继. 交通运输学[M]. 北京:人民交通出版社,2001.
[14] 王苏男. 旅客运输[M]. 北京:中国铁道出版社,1998.
[15] 陈唐民. 汽车运输学[M]. 北京:人民交通出版社,1998.
[16] 沈志云. 交通运输工程学[M]. 北京:人民交通出版社,2003.
[17] 崔书堂. 交通运输组织学[M]. 南京:东南大学出版社,2008.
[18] 李维斌. 公路运输组织学[M]. 北京:人民交通出版社,2002.
[19] 陈志红. 运输组织技术[M]. 北京:人民交通出版社,2003.
[20] 董千里. 交通运输组织学[M]. 北京:人民交通出版社,2008.
[21] 李勤昌. 国际货物运输实务[M]. 北京:清华大学出版社,2008.
[22] 郝毓. 货物运输与保险实用教程[M]. 天津:南开大学出版社,2008.
[23] 王艳艳. 集装箱运输管理[M]. 北京:北京理工大学出版社,2007.
[24] 武德春,武骁. 集装箱运输实务[M]. 北京:机械工业出版社,2007.
[25] 胡列格,何其超,盛玉奎. 物流运筹学[M]. 北京:电子工业出版社,2005.
[26] 万耀明,熊青. 物流运输组织与管理[M]. 北京:机械工业出版社,2009.
[27] 吴玉贤,高和岩. 物流运输管理与实务[M]. 北京:北京大学出版社,2007.
[28] 石磊. 物流运输管理[M]. 上海:上海交通大学出版社,2008.
[29] 刘艳霞. 物流运输管理[M]. 北京:机械工业出版社,2008.
[30] 朱新明. 物流运输管理[M]. 大连:东北财经大学出版社,2008.

21世纪全国高等院校物流专业创新型应用人才培养规划教材

序号	书名	书号	编著者	定价	序号	书名	书号	编著者	定价
1	物流工程	7-301-15045-0	林丽华	30.00	38	企业物流管理	7-301-20818-2	孔继利	45.00
2	现代物流决策技术	7-301-15868-5	王道平	30.00	39	物流项目管理	7-301-20851-9	王道平	30.00
3	物流管理信息系统	7-301-16564-5	杜彦华	33.00	40	供应链管理	7-301-20901-1	王道平	35.00
4	物流信息管理(第2版)	7-301-25632-9	王汉新	48.00	41	现代仓储管理与实务	7-301-21043-7	周兴建	45.00
5	现代物流学	7-301-16662-8	吴 健	42.00	42	物流学概论	7-301-21098-7	李 创	44.00
6	物流英语	7-301-16807-3	阚功俭	28.00	43	航空物流管理	7-301-21118-2	刘元洪	32.00
7	第三方物流	7-301-16663-5	张旭辉	35.00	44	物流管理实验教程	7-301-21094-9	李晓龙	25.00
8	物流运作管理	7-301-16913-1	董千里	28.00	45	物流系统仿真案例	7-301-21072-7	赵 宁	25.00
9	采购管理与库存控制	7-301-16921-6	张 浩	30.00	46	物流与供应链金融	7-301-21135-9	李向文	30.00
10	物流管理基础	7-301-16906-3	李蔚田	36.00	47	物流信息系统	7-301-20989-9	王道平	28.00
11	供应链管理	7-301-16714-4	曹翠珍	40.00	48	物料学	7-301-17476-0	肖生苓	44.00
12	物流技术装备	7-301-16808-0	于 英	38.00	49	智能物流	7-301-22036-8	李蔚田	45.00
13	现代物流信息技术(第2版)	7-301-23848-6	王道平	35.00	50	物流项目管理	7-301-21676-7	张旭辉	38.00
14	现代物流仿真技术	7-301-17571-2	王道平	34.00	51	新物流概论	7-301-22114-3	李向文	34.00
15	物流信息系统应用实例教程	7-301-17581-1	徐 琪	32.00	52	物流决策技术	7-301-21965-2	王道平	38.00
16	物流项目招投标管理	7-301-17615-3	孟祥茹	30.00	53	物流系统优化建模与求解	7-301-22115-0	李向文	32.00
17	物流运筹学实用教程	7-301-17610-8	赵丽君	33.00	54	集装箱运输实务	7-301-16644-3	孙家庆	34.00
18	现代物流基础	7-301-17611-5	王 侃	37.00	55	库存管理	7-301-22389-5	张旭凤	25.00
19	现代企业物流管理实用教程	7-301-17612-2	乔志强	40.00	56	运输组织学	7-301-22744-2	王小霞	30.00
20	现代物流管理学	7-301-17672-6	丁小龙	42.00	57	物流金融	7-301-22699-5	李蔚田	39.00
21	物流运筹学	7-301-17674-0	郝 海	36.00	58	物流系统集成技术	7-301-22800-5	杜彦华	40.00
22	供应链库存管理与控制	7-301-17929-1	王道平	28.00	59	商品学	7-301-23067-1	王海刚	30.00
23	物流信息系统	7-301-18500-1	修桂华	32.00	60	项目采购管理	7-301-23100-5	杨 丽	38.00
24	城市物流	7-301-18523-0	张 潜	24.00	61	电子商务与现代物流	7-301-23356-6	吴 健	48.00
25	营销物流管理	7-301-18658-9	李学工	45.00	62	国际海上运输	7-301-23486-0	张良卫	45.00
26	物流信息技术概论	7-301-18670-1	张 磊	28.00	63	物流配送中心规划与设计	7-301-23847-9	孔继利	49.00
27	物流配送中心运作管理	7-301-18671-8	陈 虎	40.00	64	运输组织学	7-301-23885-1	孟祥茹	48.00
28	物流项目管理	7-301-18801-9	周晓晔	35.00	65	物流管理	7-301-22161-7	张佺举	49.00
29	物流工程与管理	7-301-18960-3	高举红	39.00	66	物流案例分析	7-301-24757-0	吴 群	29.00
30	交通运输工程学	7-301-19405-8	于 英	43.00	67	现代物流管理	7-301-24627-6	王道平	36.00
31	国际物流管理	7-301-19431-7	柴庆春	40.00	68	配送管理	7-301-24848-5	傅莉萍	48.00
32	商品检验与质量认证	7-301-10563-4	陈红丽	32.00	69	物流管理信息系统	7-301-24940-6	傅莉萍	40.00
33	供应链管理	7-301-19734-9	刘永胜	49.00	70	采购管理	7-301-25207-9	傅莉萍	46.00
34	逆向物流	7-301-19809-4	甘卫华	33.00	71	现代物流管理概论	7-301-25364-9	赵跃华	43.00
35	供应链设计理论与方法	7-301-20018-6	王道平	32.00	72	物联网基础与应用	7-301-25395-3	杨 扬	36.00
36	物流管理概论	7-301-20095-7	李传荣	44.00	73	仓储管理	7-301-25760-9	赵小柠	40.00
37	供应链管理	7-301-20094-0	高举红	38.00					

如您需要更多教学资源如电子课件、电子样章、习题答案等，请登录北京大学出版社第六事业部官网 www.pup6.cn 搜索下载。

如您需要浏览更多专业教材，请扫下面的二维码，关注北京大学出版社第六事业部官方微信(微信号：pup6book)，随时查询专业教材、浏览教材目录、内容简介等信息，并可在线申请纸质样书用于教学。

感谢您使用我们的教材，欢迎您随时与我们联系，我们将及时做好全方位的服务。联系方式：010-62750667，dreamliu3742@163.com，pup_6@163.com，lihu80@163.com，欢迎来电来信。客户服务QQ号：1292552107，欢迎随时咨询。